U0153139

里斯本條約後
歐洲聯盟新面貌

陳麗娟 著

EU

[2025]
最新版

SWEDEN

FINLAND

ESTONIA

LATVIA

LITHUANIA

DENMARK

UNITED
KINGDOM

POLAND

IRELAND

NETHERLANDS

GERMANY

BELGIUM

CZECH REP.

SLOVAKIA

AUSTRIA

HUNGARY

FRANCE

SLOVENIA

ROMANIA

五南圖書出版公司 印行

ITALY

BULGARIA

TURKE

PORTIUGAL

SPAIN

GREECE

四版序

　　時值2024年末，歐盟進入一個新里程碑，歐洲議會改選，執委會主席Ursula von der Leyen連任繼續率領歐盟執行團隊。在原來「歐洲綠色政綱」的基礎上，持續推動淨零排放與氣候中和目標。隨著歐盟新的執政團隊上任，本書亦增補新的政策綱領，以期廣大讀者對於歐盟未來的新政綱有更多的認識。感恩五南圖書出版公司團隊的協助及辛勞，尚祈廣大讀者不吝賜教指正。

陳麗娟

2024年12月4日

淡江大學歐盟研究中心

自序

　　里斯本條約是一個新的規則，根本的改變原來三根支柱的架構，在組織上與法律上建立一個新的歐洲聯盟，以期能更民主與追求更好的核心價值。歐洲聯盟完全取代歐洲共同體，而成爲一個具有法律人格的超國家組織，歐洲共同體條約更名爲歐洲聯盟運作條約。有鑑於此，配合歐洲聯盟的新發展，里斯本條約生效後歐洲聯盟呈現一個新面貌，國內讀者可以隨著歐洲統合的進展認識歐洲聯盟。

　　承蒙五南圖書出版公司長期以來對於歐洲聯盟法不遺餘力的支持，感謝幕後工作人員在炎炎夏日付出的辛勞與汗水，使得本書能順利付梓。筆者才疏學淺，倉促成書，如有掛一漏萬之處，尚祈廣大讀者不吝賜教斧正。

陳麗娟

2010年7月14日

台北士林

目錄

第一章 導 論

壹、里斯本條約的由來： 從歐洲憲法條約到里斯本條約

　　2005年5、6月時，歐洲憲法條約分別遭受法國與荷蘭公民投票否決，無疾而終。輿論普遍憂慮歐盟東擴帶來的負面社會效應，布魯塞爾歐洲高峰會議緊急回應此一現象，廣泛的討論，以期消除輿論憂心的意見，並對歐洲憲法條約進行改革[1]。在2007年1月1日德國接掌理事會的輪值主席後，聯邦總理Merkel積極協調各會員國的政治立場，並在2007年6月底的歐洲高峰會議宣布繼續中斷的改革進程，以解決歐洲憲法條約的憲法問題[2]。

　　歐洲高峰會議在2007年12月13日簽署里斯本條約（Treaty of Lisbon; Vertrag von Lissabon）[3]，又稱為改革條約（Reform Treaty; Reformvertrag），希望使歐盟更有效率、更透明與更民主。除愛爾蘭應舉行公民投票外，其他26個會員國只需由國會表決批准里斯本條約。2008年4月30日理事會公布了歐洲聯盟條約與歐洲聯盟運作條約（Treaty on the Functioning of the European Union; Vertrag über die Arbeitsweise der Europäischen Union）的合訂本[4]，原來計劃由全體會員國完成批准里斯本條約，並將在2009年1月1日生效，匈牙利是第一個批准里斯本條約的會員國，但2008年6月愛爾蘭公民投票否決里斯本條約，卻為里斯本條約的生效與否投下一顆震撼彈[5]，因而也使歐盟的統合深陷危機。一方面歐盟盡力消除愛爾蘭對於在社會政策與安全政策主權保障的疑

---

[1]　COM (2006) 212.

[2]　The Law Society, A Guide to the Treaty of Lisbon: European Union Insight, 2008 London, p. 6.

[3]　OJ 2007 C 306/1.

[4]　OJ 2008 C 115/1.

[5]　http://newsvote.bbc.co.uk/mpapps/pagetools/print/news.bbc.co.uk/2/hi/Europe/777696/stm?ad, last visited 01/03/2009.

慮，另一方面歐盟盡力協助愛爾蘭走出金融風暴中的經濟衰退谷底。

　　2008年6月19日與20日隨即在布魯塞爾召開歐洲高峰會議，以處理里斯本條約可能遲延生效的問題。在愛爾蘭公投否決後，法國與德國支持執行委員會主席Barroso的見解，主張應繼續里斯本條約的批准程序[6]。愛爾蘭公投否決的結果，對於歐洲聯盟是一個空前的挑戰，也引發前所未有的憲政危機，這反映出歐洲聯盟的統合是由政治菁英所設計，由上而下的設計歐洲聯邦國，但卻未必與歐洲人民緊密的結合在一起，歐洲議會與會員國國會的代表均未參與里斯本條約的起草制定，也因此歐洲人民對於歐洲聯盟的憲政體制還充滿著疑慮[7]。在歐盟東擴增加12個新會員國後，過去的運作機制並無法有效率的作成決策，因此里斯本條約的核心即爲決策程序的改革。

　　2009年1月1日，捷克接手理事會輪值主席的棒子，但捷克政府仍不願批准里斯本條約，除非國會支持美國在捷克設立雷達基地的計畫，捷克國會在2月討論里斯本條約與美國間飛彈防禦條約。雖然波蘭國會在2008年4月2日批准里斯本條約，但由於2008年8月俄羅斯大軍入侵喬治亞，使得波蘭也認爲美國的飛彈防禦基地對於東歐國家的安全非常重要。愛爾蘭政府已經承諾在2009年舉行第二次的公民投票，並在2009年10月前完成里斯本條約的批准程序[8]；捷克終於在2009年5月6日批准里斯本條約。里斯本條約必須經由全體會員國依據憲法的規定完成批准，在2007年12月簽署時預計在2009年1月1日生效，但由於愛爾蘭的遲延批准、捷克與波蘭國內的反對聲浪，而捷克國會完成批准如同爲歐洲統合的未來打了一劑強心針，可以對愛爾蘭的第二次公民投票施壓，但捷克總理Topolanek因而下台，由一個看守政府（caretaker government）取代[9]，2009年時德國聯邦總統Horst Köhler則是在等待聯邦憲法法院（Bundesverfassungsgericht）針對里斯本條約合憲性的判決結果，波蘭總統Lech Kaczynski堅持要等到愛爾蘭第二次公民投票結果出爐才願意簽署，使得里斯

---

[6]　http://newsvote.bbc.co.uk/mpapps/pagetools/print/news.bbc.co.uk/2/hi/Europe/6901353.stm?ad, last visited 01/03/2009.

[7]　Phil Syrpis, The Treaty of Lisbon, 37 Industrial Law Journal 2008, p. 222.

[8]　http://newsvote.bbc.co.uk/mpapps/pagetools/print/news.bbc.co.uk/2/hi/Europe/7792553.stm?ad, last visited 01/03/2009.

[9]　http:/eurobserver.com/9/28078?print=1, last visited 06/25/2009.

本條約的命運又處於不確定的狀態。

　　2009年6月30日德國聯邦憲法法院作成判決,同意德國在履行一定的負擔下批准里斯本條約,德國的里斯本條約同意法(Zustimmungsgesetz zum Lissabon-Vertrag)符合基本法(Grundgesetz)的規定,而聯邦議會(Bundestag)與聯邦參議院(Bundesrat)在同意的過程中並未充分的行使參與權,因此是違憲的。只要是德國國會未依法行使參與權時,里斯本條約同意法即尚未生效,德國即不得寄存批准生效文件。聯邦憲法法院在判決中亦明確的指出,基本法同意里斯本條約,但亦要求在國家層次應加強國會的統合責任[10]。聯邦憲法法院的判決具有重大的歷史意義,保障德國法治國家和德意志民族自決的本質,同時邁向一個由德意志民族所祈願的自由、和平與社會的歐洲[11]。德國於2009年9月25日簽署批准文件。

　　愛爾蘭的第二次公投結果有助於里斯本條約完成批准的目標。愛爾蘭不再堅持反對縮編執行委員會,同時愛爾蘭亦表明里斯本條約未變更會員國對於租稅政策、安全暨防禦政策的職權,以及使愛爾蘭維持中立、里斯本條約不牴觸愛爾蘭憲法關於生存權和組成家庭權利的規定[12]。

　　里斯本條約必須經由全體會員國依據憲法的規定完成批准,2009年10月10日波蘭總統簽署批准里斯本條約使完成批准里斯本條約的腳步又向前跨了一大步;2009年10月30日在布魯塞爾舉行的歐洲高峰會議給與捷克可以選擇不適用歐洲聯盟基本權利憲章,與波蘭和英國適用相同的豁免要件。捷克是最後一個批准里斯本條約的會員國,並於2009年11月13日將批准文件完成寄存的手續,里斯本條約終於在2009年12月1日生效,里斯本條約的生效有助於歐盟統合進程的向前邁進與在國際社會確立其全球的角色。

---

[10] Karlsruhe billigt Lissabon-Vertrag unter Auflagen, http://faz.net, last visited 10/04/2009.

[11] Verfassungsgericht billigt Lissabon-Vertrag unter Auflagen, http://spiegel.de/politik/deutschland, last visited 10/04/2009.

[12] E. Pache/F. Rösch, Die neue Grundrechtsordnung der EU nach dem Vertrag von Lissabon, EuR 2009, S. 770.

貳、里斯本條約的內容

里斯本條約為一國際法上的條約，修訂了歐洲聯盟條約與歐洲共同體條約，根本地改變歐洲聯盟的組織結構，里斯本條約必須將歐洲憲法條約的本質轉換至現行的主要歐盟法[13]，捨棄憲法的名稱與類似國徽的表徵，以此一方式解決了歐盟的憲法危機與討論[14]。

在結構上，里斯本條約修訂與根本地重編現有的基礎條約，不僅對歐洲統合作了許多重大的結構、組織與實體法的改革[15]。里斯本條約只是對現行條約的一個修改條約，共有七個條文。

第一條	修改歐洲聯盟條約
第二條	修改歐洲共同體條約
第三條	里斯本條約無適用期限
第四條	第 1 號議定書與第 2 號議定書分別修訂規則規定歐洲聯盟條約、歐洲共同體條約與歐洲原子能共同體條約。
第五條	為技術規定，規定應重新編排歐洲共同體條約與歐洲聯盟條約的條文與章節
第六條	里斯本條約必須由全體會員國依據其憲法的規定批准，批准文件應寄存於義大利政府，雖然里斯本條約預計在 2009 年 1 年 1 日生效施行，但係以全體會員國寄存批准文件為前提，或在最後一個批准文件寄存的下一個月第一日生效。
第七條	里斯本條約的原本應以保加利亞文、丹麥文、德文、英文、愛沙尼亞文、芬蘭文、法文、希臘文、愛爾蘭文、義大利文、拉脫維亞文、立陶宛文、馬爾他文、荷蘭文、波蘭文、斯洛維尼亞文、西班牙文、捷克文、匈牙利文作成；每個語言版本有相同的拘束力；里斯本條約的原本應寄存於義大利政府的檔案庫；義大利政府應交付給每個締約國一份認證的副本。

---

[13] H. - J. Rabe, Zur Metamorphose des Europäischen Verfassungsvertrages, NJW 2007, S. 3153; A. Weber, Vom Verfassungsvertrag zum Vertrag von Lissabon, EuZW 2008, S. 7.

[14] A. Weber, aaO., EuZW 2008, S. 7.

[15] E. Pache/F. Rösch, aaO., EuR 2009, S. 769.

　　里斯本條約的新規定主要有：

1. 增設歐盟常設的理事會主席，應在每年舉行兩次的歐洲高峰會議擔任主席，以利歐盟工作的順利進行，廢除每六個月輪職主席的現象。

2. 增設歐盟外交暨安全政策的高級代表，應執行外交工作。

3. 縮編歐盟執行委員會的規模，自2014年起，並非每一個會員國都有一名委員，僅三分之二的會員國得派一名委員，其餘的會員國則必須輪流擔任委員職務。執行委員會人數將由目前的27名減少至15名，會員國必須依據輪流原則（Rotationsprinzip）任命委員，而會員國的國會未來享有更大的發言權，在執行委員會提出法案後，各會員國的國會認為侵害其國內的職權時，八週內可以提出異議，執行委員會必須對其草案說明係合法正當。

4. 歐洲議會在2009年6月的大選中，從785席減少至750席；歐洲議會享有更大的職權，例如歐洲議會與理事會對於預算有平等的權利，在司法合作、國內安全與非法移民的事務，並擴大歐洲議會的職權。

5. 里斯本條約明確地定義職權範圍，同時擴大歐盟的職權，歐洲議會首次享有廣泛的職權，以形成歐洲單一市場；在司法與內政的合作上（即過去屬於第三根支柱的事務），納入歐盟法的架構下，歐洲議會對於司法與內政事務，將有更大的立法參與權；以規章設立歐洲檢察署（Europäische Staatsanwaltschaft），首先僅侷限於負責偵辦違反歐盟財務利益的犯罪行為。

6. 擴大適用多數決的決策過程，簡化歐盟的決議程序，在許多情形廢除一致決議，而改採條件多數決。條件多數決議成為一般的表決方式，亦適用於警察與司法合作上，僅針對敏感的議題，例如外交政策、租稅政策與社會政策仍繼續適用一致決議原則。

7. 表決權重新分配，在理事會的多數決議，適用雙重多數原則，即應有55%的會員國贊成與65%的總人口數贊成，才會通過決議。由於波蘭的反對，自2014年起才會適用新的雙重多數原則。至2017年止，仍適用尼斯條約所規定的表決權分配與約翰尼亞條款（Joanina-Klausel）。

8. 明文規定處分條款，授權歐盟無需修改條約即可取得額外的職權或簡化程序。依據靈活條款（Flexibilitätsklausel），對於原來無職權的事務亦得補充地執行職務，將適用於所有的政策領域，而不只是侷限於單一市場的事務。

另外，橋梁條款（Brückenklausel）使歐洲高峰會議可以作成相關的決議，同時歐洲高峰會議並得隨時決議擴大歐洲檢察署的職權，以防制跨國的犯罪。

9. 市民權的擴大，只需有100萬歐盟人民的連署，即得向執行委員會要求提出法案，里斯本條約將歐洲聯盟基本權利憲章納入歐洲聯盟條約，使得基本權利憲章具有法律上的拘束力與直接適用的效力。

10. 歐盟法的優先適用性，在里斯本條約的一項聲明文件中首次明文規定，歐盟法的優先適用，也就是歐盟法優先於會員國法律，亦包括優先於憲法在內，實際上是將歐洲法院所確立的原則明文化。

11. 加入與退出，想加入歐洲聯盟的國家必須遵循歐洲聯盟的價值，里斯本條約首次規定會員國可以自願的選擇退出歐盟，但已退出的國家仍有可能再重新加入歐洲聯盟。

參、歐盟新的政策方向

里斯本條約是歐洲聯盟長期發展中的一個高潮，由經濟共同體（Wirtschaftsgemeinschaft）邁向一個政治同盟（politische Union），歐盟政策有新的法律基礎，並且重新詮釋歐盟的目標。三根支柱結構的解體，內政與司法政策及外交政策納入歐盟政策的範疇[16]。

整體而言，里斯本條約生效後，歐盟實施的新的政策方向，包括下列各項：

一、人民的歐盟

歐盟目標愈來愈關注生活在歐盟內的人民，而隨著里斯本條約的生效施行，歐盟由會員國的歐洲繼續發展為人民的歐洲，這個趨勢特別是顯現在歐洲

---

[16] Olaf Leiße (Hrsg.), Die Europäische Union nach dem Vertrag von Lissabon, 1.Auflage, 2010 Wiesbaden: GWV Fachverlag, S. 100.

聯盟基本權利憲章成爲具有拘束力的規定，歐盟人民得直接向位於盧森堡的歐洲法院主張適用在全歐洲的基本權利，但英國、愛爾蘭與波蘭保留，選擇不適用條款（opt-out-Klausel），歐洲基本權利以其保障形成歐盟的價值與社會模型的基礎。

　　歐盟人民反映在新創設的人民請願制度上，也讓人民有積極參與的機會，由來自四分之一的會員國至少100萬人民的連署，即得行使創制權，要求執行委員會針對特定議題提出立法草案[17]。此一直接民主的要素是歐洲人民參與機會的數量突破，實質加強人民與歐盟機關間的關係，而人民請願亦是加強歐盟認同的一個重要的步驟。

　　里斯本條約新規定歐洲高峰會議常設主席應由人民直接選舉產生的歐洲議會選舉產生；在考慮歐洲議會選舉結果下，由歐洲議會選舉執行委員會主席，因而加強了人民與執行委員會主席間的正當性連結與有助於消除歐盟欠缺民主的弱點。另外，人民與歐盟主要行政機關的直接連結也促成人民更容易認同歐盟，也讓人民參與執行委員會的組成。

二、社會的歐洲

　　內部市場的社會方向突顯由一個純粹的經濟同盟轉變成一個政治同盟。歐洲聯盟條約第3條第3項規定，歐盟應建立一個單一市場。歐盟應致力於以一個均衡的經濟成長與價格穩定爲基礎的歐洲永續發展、在一個高程度以充分就業和社會進步爲目標的有競爭力的社會市場經濟，以及高度的環境保護與改善環境品質。歐盟應促進學術與技術的進步。歐盟應對抗社會排擠和差別待遇，並促進社會的公平正義與社會保護、男女平等地位、世代間的團結、兒童權利之保護。歐盟應維護其文化與語言多樣性的財富，並關注歐洲文化遺產之保護與發展。

　　強調社會市場經濟就是一個清楚的標誌，而反對一個只是單純以市場機制爲基礎，實現單一市場的目標連結其他的目標，即高度就業水準、社會保護、防制社會排擠和差別待遇、高水準的一般和職業教育、高水準的衛生與環境保

---

[17] Kaufmann報告（Kaufmann Bericht）詳細規定歐洲人民的請願方式，2008/2169 (INI).

護。這些都在歐盟內視爲政策形成的一般原則，而具體規定於歐洲聯盟運作條約第9條至第11條。另外，男女平等亦爲歐盟的價值[18]，而同時男女平等地位亦成爲歐盟的目標之一。

三、經濟政策與貿易政策

從過去到現在經濟政策與貿易政策都是歐盟的核心領域，里斯本條約明顯地又加強此二政策，不僅加強其行爲能力與效率，而且加強其正當性[19]。在歐洲聯盟運作條約第206條與第207條規定的共同貿易政策原則，依據普通的立法程序，歐洲議會與理事會應符合世界貿易制度，共同制定歐盟的貿易政策措施。

四、內政與司法政策

里斯本條約明確地在歐盟政策內強調內政與司法政策，主要是要創設一個自由、安全與司法區域，在共同的領域應實施單一的法律架構，因此在里斯本條約生效後應會以一般的法規類型（例如規章與指令），進行會員國法規的調適。

基本權利會影響內政與司法政策，依據歐洲聯盟運作條約第67條之規定，形成一個自由、安全與司法區域結合歐盟和會員國對於基本權利和法律制度的保護，歐盟基本權利憲章中已經明確地表明自由與安全的限度。

五、環境與氣候政策

近年來，環境與氣候政策成爲歐盟新的且愈來愈重視的政策。里斯本條約將現存的環境政策擴大爲歐盟目標之一，應促進防制氣候變遷，並使此一目標

---

[18]　歐洲聯盟條約第2條規定。

[19]　Olaf Leiße (Hrsg.), aaO., S. 101.

成為歐洲環境政策的一部分[20]，歐盟體認到在氣候政策應肩負全球的責任[21]。

里斯本條約更首次將能源政策規範為歐盟在主要法的立法職權，即包括：(1)應保證在歐盟內能源供應和確保能源市場發揮作用；(2)促進能源的效率、節省能源、發展可再生能源；以及(3)連結會員國的能源網絡成為一個歐洲能源網絡。雖然在能源領域仍由會員國享有決策權，但歐盟得致力於促進特定能源領域科技發展的誘因。

六、外交政策

里斯本條約明確地強調，歐盟應以一個強勢的外交政策廣泛地形成國際關係。新規定賦與歐盟外交政策一個更佳的法律活動範圍，即歐盟擁有自己的法律人格，歐盟可以加入國際組織與國際協定，再者由常設的歐洲高峰會議主席對外代表歐盟，可以與全球的夥伴進行單一與持續的對話；在外交政策上，外交暨安全政策的歐盟高級代表形同歐盟的「外交部長」，同時又是執行委員會的一位副主席，使過去外交政策雙領導的情形獲得改善，對第三國與國際組織是一個單一的對話夥伴[22]。

里斯本條約將歐洲安全暨防禦政策規定為歐盟政策結合的構成部分。歐洲聯盟條約第24條第1項規定，歐盟在共同外交暨安全政策的職權涵蓋外交政策的全部領域，以及與歐盟安全的全部議題在內，包括逐步的規定可以造成共同防禦的共同防禦政策在內。歐盟藉由此一方式得以從事維護和平、預防衝突與加強國際安全的任務，以期能逐步地規範一個共同的防禦政策。

---

[20] 歐洲聯盟運作條約第191條第1項規定。

[21] Olaf Leiße (Hrsg.), aaO., S. 102.

[22] 歐洲聯盟條約第27條規定：(1)共同外交暨安全政策的歐盟高級代表擔任外交事務理事會的主席，以其提案致力於規定共同的外交暨安全政策與確保施行歐洲高峰會議與理事會公布的決議。(2)在共同的外交暨安全政策的範圍，高級代表對外代表歐盟。高級代表以歐盟的名義與第三國進行政治對話，並在國際組織與國際會議代表歐盟的立場。(3)在履行其任務上，高級代表應支援歐洲對外行動處。此一歐洲對外行動處應與會員國的外交人員合作，包含來自理事會與執行委員會總秘書處的相關部門的官員，以及會員國外交部從屬的人員。由理事會的一個決議規定歐洲對外行動處的組織與工作方式。依據高級代表之提案，在歐洲議會之聽證後，且在執行委員會之同意後，理事會決議之。

　　依據歐洲聯盟條約第42條之規定，共同安全暨防禦政策是共同外交暨安全政策結合的構成部分。共同安全暨防禦政策應保證歐盟一個以民事和軍事方法為依據的運作能力。歐盟得援引共同安全暨防禦政策，在歐盟外的任務，符合聯合國憲章的原則，以維持和平、預防衝突與加強國際安全。歐盟履行這些任務借助由會員國提供的能力。共同安全暨防禦政策包括逐步地規定歐盟共同的防禦政策。只要歐洲高峰會議以一致決議共同安全暨防禦政策時，即造成共同防禦政策的結果。在此情形，歐洲高峰會議應建議會員國依據其憲法的規定，作成此一決議。依據共同安全暨防禦政策，不得牴觸特定會員國安全暨防禦政策的特別特質；歐盟的政策應顧及某些會員國依據北大西洋公約（NATO）規定在北大西洋公約組織內應履行的共同防禦義務，且應符合在任何一個範圍所確定的共同安全暨防禦政策。會員國應提供歐盟民事與軍事能力，以落實共同安全暨防禦政策，作為致力於實現由理事會所規定的目標。共同部署多國軍力的會員國亦得為共同安全暨防禦政策提供此一能力。會員國必須逐步地改善其軍事能力。歐洲防禦署（係負責防禦能力之發展、研究、籌措與軍備的專門機構）應調查軍事行動的需求、促進滿足需求的措施、致力於調查加強防禦領域的工業和科技基礎的措施，與必要時施行這些措施。在能力和軍備領域，參與歐洲政策與支援理事會判斷軍事能力之改善。

　　而在歐洲聯盟運作條約第214條規定中尤其承認人道援助為具有完全價值的歐盟政策，發展援助與人道援助應依據普通的立法程序，由歐洲議會與理事會規定措施，以規定在該範圍內施行歐盟的援助措施。

七、文化與休閒政策

　　里斯本條約新增訂許多廣義的文化活動成為歐盟政策，例如擴大青少年政策的適用範圍，以便促進青少年參與歐洲的民主生活，因此支援學習外語、鼓勵學習者與教學者的機動性、承認文憑、擴大青少年的交流[23]。另外，里斯本條約擴大觀光領域，依據歐洲聯盟運作條約第195條之規定，歐盟應補充在觀光業會員國的措施，應為觀光業者創造一個更有利的環境與支援會員國在觀光業的合作；同時，歐盟應致力於促進歐洲規模的體育相關政策。

---

[23] 歐洲聯盟運作條約第165條規定。

肆、歐洲綠色政綱

2019年12月至2024年11月，執委會的六大優先政策為[24]：

一、歐洲綠色政綱（European Green Deal）：歐盟的目標為透過成為一個現代及有能源效率的經濟成為第一個氣候中和的大陸。

二、適應數位時代的歐洲（A Europe fits for the digital age）：歐盟的數位策略賦予人民一個新的科技世代。

三、為人民謀福祉的經濟（An Economy that works for people）：歐盟必須創造一個更有吸引力的經濟環境，特別是為年輕人及小企業創造優質工作的成長。

四、全球更強的歐盟（A stronger Europe in the world）：透過倡導多邊主義和以規則為基礎的全球秩序，歐盟將加強話語權。

五、促進歐洲的生活方式（Promoting our European way of life）：歐洲必須維護法治、支持公平正義與歐盟的核心價值。

六、歐洲民主的新動力（A new push for European democracy）：應使歐洲人民有更多的參與及防止外來的干預（例如假消息與網路仇恨訊息）影響歐洲民主。

「歐洲綠色政綱」為2019年12月至2024年11月執委會任期內最重要的政策綱領。歐洲綠色政綱主要目標係為對抗氣候變遷與環境惡化的挑戰，而且是一個新的成長策略，將歐盟轉型為具備公平、繁榮、現代化、資源效率且有競爭力的經濟體；並在2050年以前達到零淨溫室廢氣排放的目標，使歐盟成為全球第一個氣候中和（climate neutrality）的大陸；另外，經濟成長必須與資源利用脫鉤，強調經濟發展與環境生態的平衡，應在歐盟內採取鼓勵經濟活動結合氣候目標的策略。歐洲綠色政綱不僅要保護、保存及提高歐盟的自然資源，而且還要防止人民的健康及福祉受到環境相關的風險及衝擊，並應合理及融合多

---

[24] European Commission, The European Commission's priorities: Keeping our promise to Europe, https://op.europa.eu/en/publication-detail/-/publication/8bff495a-e021-11ee-a5fe-01aa75ed71a1/language-en?WT.mc_id=Selectedpublications&WT.ria_c=41957&WT.ria_f=7147&WT.ria_ev=search&WT.URL=https%3A%2F%2Fop.europa.eu%2Fen%2Fweb%2Fgeneral-publications%2Fhow-the-eu-works, last visited 2024/10/24.

方面的轉型，首先應把人民放在第一位，關注面臨最大挑戰的區域、產業部門與勞工，因此將加速並支持所有產業部門的轉型。

伍、2024年至2029年「歐洲永續繁榮與競爭力計畫」

　　Ursula von der Leyen以「檢查交貨」（Check against delivery）為題，在歐洲議會進行同意表決的政策綱領演講[25]，首先強調捍衛歐洲的民主、選擇投資歐洲的安全及防禦、投資一個繁榮的新時代與改善生活品質，並倡議一個強大的歐洲（a strong Europe）面對挑戰解決歐洲的內部和外部問題，應避免社會的極端兩極化與捍衛民主。強大歐洲的願景就是繁榮、保護人民與捍衛民主、社會公平和支持人民、以公平的方式實現「歐洲綠色政綱」（European Green Deal）實用、技術中和及創新的目標。

　　當務之急為促進繁榮與提高競爭力，過去五年歐盟經歷了新冠肺炎疫情封城和俄羅斯入侵烏克蘭所引起的無預警能源危機，雖然全力克服了這些嚴峻的挑戰，但應大幅提高歐洲的競爭力，全球經濟的基礎正在改變，因此歐盟應改變策略、應使企業更容易和更快速應變、應深化單一市場減少官僚主義造成的負擔、中小企業是歐盟經濟的骨幹，應擺脫繁瑣的微觀管理及採行改造中小企業和競爭力檢查，給中小企業更多的信任和更好的誘因。

　　2024年時，歐盟已經達到50%的再生能源發電，在歐盟清淨技術的投資已經超過三倍，未來將投資更多的清淨氫能，並且已經與全球夥伴簽署了35個清淨技術和關鍵材料協定（agreements on clean tech, hydrogen and critical raw materials），這些都是「歐洲綠色政綱」的行動方案，未來將持續2030年及2050年的目標與新的成長策略，在新的歐洲執委會上任後的第一百天內將提出新的「清淨產業政綱」（Clean Industrial Deal）導入投資於基礎設施和產業，特別是高耗能的產業部門。

　　歐洲氣候法（European Climate Law）已經對2040年確立了90%的氣候目

---

[25] European Commission, "Statement at the European Parliament Plenary by President Ursula von der Leyen, candidate for a second mandate 2024-2029", STATEMENT/24/3871.

標，歐洲企業現在就應對未來的十年規劃投資，不僅是對企業，對於年輕人而言，2030年、2040年及2050年已經迫在眉睫了，必須協調氣候保護與經濟繁榮，這不僅是競爭力議題，而且是世代間公平的議題。新的「清淨產業政綱」將協助降低能源費用，結構上昂貴的能源價格會阻礙競爭力，而昂貴的能源價格是人民能源匱乏的主要原因，俄羅斯切斷化石燃料的勒索記憶猶新，因此應大力投資歐盟境內廉價的再生能源，以才可以不再依賴俄羅斯的化石燃料。

從農業到工業、從數位到戰略科技，及人力和專業技術，歐盟應有更多的投資，隨著資本市場聯盟（Capital Markets Union）的完成，動員了更多的民間投資，而每年約有3,000億歐元使用於購買海外的創新技術，未來應改變這種現象而在歐盟創造成長，因此將提案成立歐洲儲蓄暨投資聯盟（European Savings and Investments Union），應有一個深化與資金流動的資本市場提供新創公司（start-ups）所需的融資，同時應有一個支持企業擴展的競爭政策，使歐盟成為機會和創新的所在地。為能善用公共預算，歐洲執委會將提案一個新的歐洲競爭力基金（European Competitiveness Fund）取代已經執行結束的NextGenerationEU的資源，以促進競爭和創新，特別是支援「清淨產業政綱」，確保在歐盟發展戰略技術和製造，從人工智慧至清淨技術，均應在歐盟促進繁榮的未來。

俄羅斯仍不斷地攻擊東烏克蘭，因此應更多投資於安全與防禦，安全不僅關係到外部的威脅，數位及混合威脅愈來愈嚴重，組織犯罪網絡滲透歐洲經濟，主要是跨國的毒品交易、勒索軟體、詐欺、人口販運，應採取立即的防制措施，未來要加強歐洲警察署（Europol）的人力與加強其任務。東邊邊界的邊防是未來保障外部邊界的重點，加強歐洲邊界保護局（Frontex）也是未來的首要任務，將增加三倍的歐洲邊防與海防人力，同時亦將以更有組織和公平的方式管理移民，移民暨庇護公約（Migration and Asylum Pact）是向前邁進的一大步，應團結一致共同回應移民問題，特別是應與南方的鄰國發展全面的夥伴關係執行共同的遣返行動，將提出一個新的地中海議程，有效率地解決地中海區域的移民問題。

未來應提高歐盟在全球的聲量，就必須有一個更強大的歐盟，這有助於降低依賴，才能確保在全歐洲的民主、繁榮和穩定。在國際舞台上，歐盟應扮演一個積極的角色，應從睦鄰開始，特別是中東地區，應立即停止加薩地區

（Gaza）的血戰，應提供更多的人道援助，兩國方案（two-state solution）是確保雙方人民安全的最佳解決方法，歐盟支持中東地區人民的和平、安全和繁榮。

　　歐盟有高的生活品質、廣泛的社會保障和頂級的區域食物，可以說是豐衣足食，農業的未來是歐盟重要和敏感的議題，應發展好的解決方案，因此應在歐盟建立一個農業未來的戰略對話（Strategic Dialogue for the Future of Agriculture），在整個食物鏈內的農民、環境保護團體與專家共同討論農業和食品業的策略，支持農民有公平的收入、不應強迫低於生產成本販售好品質的食品、應提高農民在食品業價值鏈的地位、應鼓勵永續處理自然和生物多樣，並致力於降低二氧化碳排放、農民應維持景觀生態和保持歐洲的原貌，農業和景觀是歐洲文化的一部分，同時要關注糧食安全。

　　氣候變遷造成許多棘手的問題，極度氣候與缺水現象一年比一年嚴重，歐洲的氣溫一年比一年更高，已經對田地和森林造成毀滅性的影響，農地面貌大幅改變，應大力改善氣候變遷對農業的衝擊，因此歐洲執委會將提出克服氣候變遷必須要調整的農業計畫（Plan for Agriculture）與永續解決寶貴水資源策略（Strategy for sustainable solution of valuable Resource Water），對於糧食安全和整體競爭力至關重要。

　　歐盟有先進的社會權利支柱（Pillar of Social Rights），在經歷全球新冠肺炎疫情的挑戰後，人工智慧、工作上的心理健康與新貧族的衝擊成為新的挑戰，因此應有新的行動計畫，確保公平轉型與對勞工和自由業者良好的工作條件。社會對話（Social Dialogue）是社會市場經濟的標誌，因此應提高團體協商和加強歐洲社會對話。居住危機是目前另一個重要議題，高漲的房價和租金是急迫的問題，因此將提供一個歐洲人民負擔得起的居住計畫（European Affordable Housing Plan）解決居住危機與推動民間和公共投資。

　　青年人保護也是未來的當務之急，特別是應避免社群媒體（social media）影響青少年的心理健康、過長的上網時間和上癮的情形、網路霸凌，應採取行動防止網路平台令人上癮的設計，以期解決在全歐盟社群媒體對青少年福祉的衝擊。雖然歐盟已經公布董事會婦女席次指令（Women on Boards Directive）和薪資透明，但施暴婦女、協調照顧與生涯對於婦女是一個重要問題，縮短薪資和退休金的差距、避免婦女的老年貧窮等亦有待解決，因此應發展一個婦女

權利路徑圖（Roadmap for Women's Rights）。

　　最後歐盟應全力捍衛民主、保護自由的媒體和公民社會、法治和防制貪汙、保障歐盟發揮作用與提高民主的正當性。思考歐盟再次擴大加入新會員的改革，可能需要修訂基礎條約。未來歐洲執委會將與歐洲議會緊密合作討論修訂架構協議，確保在歐洲議會有更透明、更負責任與更多的呈現。歐盟的全體機關共同合作，歐盟就能向前邁進，一個更強大的歐盟可以持續地團結歐洲，世世代代要選擇團結歐洲在一起。

　　2024年7月時，執委會主席Ursula von der Leyen以歐洲中央銀行前總裁Mario Draghi（2011-2019）提出的競爭力報告為基礎提出新的歐洲繁榮計畫（European Prosperity Plan），強調歐盟未來發展的六大方向[26]：

一、更簡單的商業環境與深化歐洲單一市場。

二、建立一個「清潔工業政綱」（Clean Industrial Deal）推動脫碳及降低能源價格。

三、在經濟的核心投入研究與創新。

四、以數位科技傳播鼓勵生產力。

五、大幅投資於永續競爭力。

六、解決專業人才和缺工問題。

一、更簡單的商業環境與深化歐洲單一市場

　　單一市場是歐盟競爭力的關鍵，單一市場保障商品、人員、服務與資金的自由流通，同時開放市場，使人民、企業和投資人更容易生活，但歐盟應更加實現單一市場，例如在服務業、能源、國防、金融、電子通訊和數位，特別是可以擴大中小企業的規模而成為市場的主宰[27]。因此，歐盟應有一個新的競爭政策（competition policy），更佳掌控共同的目標與更支援歐洲企業邁向全球市場，同時確保一個公平的交易環境，歐盟應評估合併的影響，以便可以完全

[26] Ursula von der Leyen, Europe's Choice – Political Guidelines for the Next European Commission, Strasbourg 18 July 2024, p. 1.

[27] Ursula von der Leyen, Europe's Choice – Political Guidelines for the Next European Commission, Strasbourg 18 July 2024, p. 6.

考慮創新和韌性。

　　歐盟應確保競爭政策符合全球市場的發展及防止因價格上漲或降低給消費者的商品或服務品質而造成市場集中（market concentration）。歐盟有約2,400萬中小企業，雖創造了優質工作，但卻面對許多複雜的問題，因此應使商業環境更簡化，每位執委會委員應聚焦於減少行政負擔與簡化執行程序，也就是更少的繁文縟節和申報、更多的信任、更佳的執行及更快速的審批程序。歐盟應定期與利害關係人舉行對話，討論如何可以最佳實施各項措施，未來應對整個歐盟進行壓力測試（stress-test），因此執委會將起草精簡、合併及法典化法案，以消除重疊和互相矛盾者，同時維持高標準[28]。

　　各會員國法規的差異會造成在不同國家進行商務的複雜程度，因此應以降低失敗成本的方法，使創新者更容易獲得成功，而起草一個更廣泛的法規協助創新企業的成長，防止被外國企業收購，並將實施新的中小型類股，檢討現行法規，以降低對這些中小類型股的阻礙及負擔。未來應簡化立法及設計有利於小企業的發展，避免不必要的行政負擔，同時又維持高水準。更佳的立法是所有機關應共同合作，因此應檢討現行的機構間精簡及更佳立法協議（Interinstitiutional agreement on simplification and better law making），以期確保共同執行精簡立法[29]。

二、「清潔工業政綱」

　　「清潔工業政綱」[30] 係以2019年12月生效的「歐洲綠色政綱」（European Green Deal）為基礎，繼續推動氣候目標與降低碳排放，同時脫碳化及工業化歐洲經濟。歐盟必須以最簡單、最公平與最具成本效益的方式，聚焦於實施現行的2030年架構，因此歐盟須有一個新的「清潔工業政綱」以便有競爭力的產

---

[28] Ursula von der Leyen, Europe's Choice – Political Guidelines for the Next European Commission, Strasbourg 18 July 2024, p. 7.

[29] Ursula von der Leyen, Europe's Choice – Political Guidelines for the Next European Commission, Strasbourg 18 July 2024, p. 7.

[30] Ursula von der Leyen, Europe's Choice – Political Guidelines for the Next European Commission, Strasbourg 18 July 2024, pp. 8-9.

業及優質工作，爲達到共同的目標，應支持與創造對於企業正確的條件，因此應精簡、廉價、永續及安全的能源供應與原料供給，這是準備邁向2040年減碳90%的目標，將提案納入歐洲氣候法（European Climate Law），與產業、社會夥伴與所有利害關係人共同合作。另外，亦將提出工業脫碳加速法（Industrial Decarbonization Accelerator Act）法案，支持產業和企業進行轉型，引導投資到基礎設施與產業，特別是高耗能的產業部門，支援發展、生產和傳播清淨技術產業的歐洲領導市場，並協助加速相關的規劃、招標及審批核准程序。

必須對企業與家庭用戶降低電費，再生能源已經達到歷史新高，2023年50%以上的發電使用再生能源，已經實質減少了對俄羅斯化石燃料的依賴，節能已經減少了消耗能源，但歐盟仍面臨許多挑戰，能源市場必須更順利的運作，才能降低價格與確保消費者從清淨能源更低的生產成本中獲益。歐盟將以移除化石燃料、加強共同採購燃料及對一個眞正能源聯盟（Energy Union）發展出必要的治理模式，持續降低能源價格。因此，將擴大與優先投資於清淨能源基礎設施與技術，包括再生和低碳技術、網格基礎設施、對捕捉到碳的儲存能力及運輸基礎設施，並投資於能源效率的措施、數位化能源系統與部署一個氫網絡。

執委會將草擬清淨貿易與投資夥伴關係（Clean Trade and Investment Partnership），協助安全供應來自全球的原料、清淨能源與清淨技術。歐盟應在國際氣候談判維持領導的角色，在歐盟的全球議題倡議，例如甲烷、碳定價和再生能源及能源效率的全球目標，扮演一個更積極的角色。歐盟亦將擬定全球氣候和能源願景，主張綠色外交（green diplomacy），並與更多非歐盟國家推動歐盟的氣候政策。

爲能達到氣候目標，應使人民可以更容易轉換至更永續的選擇。值得一提的是移動的情形，跨國的火車旅遊對許多人民仍是很困難的，人民應能使用開放的訂票系統（open booking system），以數個提供者購買跨歐的旅遊，而不會喪失其退款補償權或補償的旅遊。爲達到此一目標，應起草一個單一數位訂位和購票規章（Single Digital Booking and Ticketing Regulation），確保歐洲人可以在單一的平台購買單一的車票與享有整個行程的旅客權利。

在2050年以前達到氣候中和（climate neutrality），從移動到能源需要許多的創新技術，例如年汽車的氣候中和目標，也應對投資人和製造商創造可預

測性，應有技術中和的方法，因此e燃料將扮演一個重要的角色。

三、更循環與更韌性的經濟[31]

　　著手脫碳經濟將成爲歐盟持續轉型至一個更永續模式的生產和消費、更長時間在經濟中保留資源的價值，這也將是新的循環經濟法（Circular Economy Act）的目標。即將起草新的化學工業包裹（Chemicals Industry Package），簡化REACH規章與規定「永遠化學品」（forever chemicals）或PFAS的明確性，必須使歐盟經濟更有韌性及更少的依賴。最重要的是在保健及藥品業，歐盟面對醫療器材和藥品、抗生素、胰島素及其他特別困難取得產品的嚴重短缺。

　　爲補救這些情形，歐盟將起草關鍵藥品法（Critical Medicines Act），以降低關鍵藥品和成分的依賴，特別是少數供應製造商或國家的產品。這也是歐盟應以多元供應鏈努力完成歐洲健康聯盟（European Health Union）的一部分，取得最先進的治療、更韌性的保健系統和關鍵藥品的策略盤點，必須持續進行抗菌素抗藥性方面的工作，並應著手進行預防保健（preventive health），特別是心理健康，尤其是在工作的心理健康、心臟疾病，以及退化性疾病治療與自閉症研究，將建立在戰勝癌症計畫（Beating Cancer Plan）的成功模式上，同時必須更加保障保健系統，因保健系統愈來愈成爲數位和勒索軟體的攻擊目標。爲改善威脅偵察、準備和危機回應，執委會將起草歐洲醫院及健康照護機構數位安全行動計畫（European action plan on the cybersecurity of hospitals and healthcare providers）。

四、透過數位科技散播提高生產力[32]

　　與其直接的全球競爭者相比，歐盟的競爭力因低生產力而受挫，最主要是未充分地散播數位科技，而影響歐盟運用科技的能力發展新的服務和商業模

---

[31] Ursula von der Leyen, Europe's Choice – Political Guidelines for the Next European Commission, Strasbourg 18 July 2024, p. 9.

[32] Ursula von der Leyen, Europe's Choice – Political Guidelines for the Next European Commission, Strasbourg 18 July 2024, pp. 9-10.

式。透過關注於施行已經通過的數位法所開始的這些工作，科技大廠必須肩負其在社會和經濟巨大系統力（systemic power）的責任。歐盟已經開始積極施行數位服務法（Digital Services Act）與數位市場法（Digital Markets Act），並將加強執法力度。

透過電子商務平台處理所面對的挑戰與支持執行數位法，以確保消費者及企業從以有效的關稅、租稅、安全檢查和永續標準為基礎的公平交易環境獲利。達到數位目標與建構一個真正的數位單一市場，是歐盟生產力和競爭力的遊戲改變者（gamechanger）在下一波的尖端科技的目標，歐盟將增加投資，特別是超級計算（supercomputing）、半導體、物聯網、基因組學、量子計算、太空技術等。

透過人工智慧（Artificial Intelligence；簡稱AI），在使AI更安全、更值得信賴與從其誤用找出風險上，歐盟已經屬於領先地位。歐盟必須關注於努力成為AI創新的全球領導者。因此，首先透過AI工廠倡議（AI Factories Initiative），歐盟將確保AI新創公司及產業進用新的客製化超級計算能力。歐盟並將以會員國的產業及公民社會發展一個應用AI策略（Apply AI Strategy）以促進AI新的產業運用與改善提供各種的公共服務，例如健康照護。因此，執委會將草擬建立一個歐洲AI研究理事會（European AI Research Council）結合所有的資源。

為支持發展AI與其他尖端科技，歐盟應利用未開發的潛在數據取得進用數據，其不僅是占將近歐盟GDP4%競爭力的主要動力，而且對生產力及社會創新，及從個人化的醫療到節能至關重要。仍有許多歐洲企業努力要進用其所需的數據，而許多大型的外國公司卻在其業務上使用歐洲的數據。在確保高水準保護數據的同時，歐盟將透過改善開放進用數據支持企業，特別是支持中小企業履行其申報義務。歐盟需要一個數據革命（data revolution），這也是為何歐盟將進行一個歐洲數據聯盟策略（European Data Union Strategy），並草擬現行的數據規則以確保給企業和政府機關管理無縫且大規模共享數據，一個精簡、清楚和整合的法律架構，同時尊重高度的隱私和安全標準。

五、研究和創新成為經濟的核心 ³³

　　在努力清淨和數位經濟上，歐盟的競爭力和地位將依賴於開啓一個發明和獨創的新紀元，應將研究和創新、科學和技術作為經濟的核心。歐盟將增加研究經費、更聚焦於策略的優先性、突破的基本研究和首創的創新、學術卓越。為達成此一目標，歐盟應擴大歐洲研究理事會與歐洲創新理事會（European Innovation Council）。

　　在新興科學、科技和工業間亦應創新，應更快速轉型此一科技革命，尤其是在生物科技，可以從農業到林業、再到能源與保健，協助現代化歐洲經濟的全部領域。為了可以更容易使生物科技從實驗室到工廠，然後上市，在2025年執委會將提出歐洲生物科技法（European Biotech Act）草案。此一草案將成為更廣泛的歐洲生命科學策略（Strategy for European Life Science）的一部分，可以看到歐盟支持綠色及數位轉型與發展高價值的科技。

　　為引領創新，歐盟應努力為研究人員創造條件，也就是應提供他們所需要檢測的基礎設施和創新的實驗室，並透過新的公私夥伴關係（public-private partnership），例如聯合企業（joint undertakings）開發創新的想法，也就是指應吸引新的人才與在歐洲留住最佳及最聰明的人才。因此，應加強研究單位、高等教育和企業間的合作，尤其是透過加強大學聯盟（University Alliances）的方式進行合作。

六、永續的生活品質、食品安全、水及自然 ³⁴

　　歐盟的生活品質取決於安全及可負擔地供應當地的優質食物，農業是歐洲生活方式的核心部分，應持續維持這種生活方式。歐盟約有900萬農民，有廣泛的農產，歐盟有全球最健康與最優質的食物。這是一個戰略資產，係指歐洲對全球的食品安全至關重要。

---

[33] Ursula von der Leyen, Europe's Choice – Political Guidelines for the Next European Commission, Strasbourg 18 July 2024, pp. 10-11.

[34] Ursula von der Leyen, Europe's Choice – Political Guidelines for the Next European Commission, Strasbourg 18 July 2024, pp. 21-22.

　　氣候變遷的衝擊、不公平的全球競爭、高的能源價格、欠缺年輕的農民與取得資金困難，農民和鄉村地區也愈來愈飽受壓力，同時農民又很努力地致力於綠色轉型，例如透過以自然為基礎的解決方案。歐盟將持續關注農民、決策者、公民社會、利害關係人及人民，以便於建構一個有競爭力和韌性的農業與實務系統。

　　執委會主席Ursula von der Leyen將召開農業的策略對話（Strategic Dialogue on Agriculture），儘快提出一個報告，並提出一個農業和食物願景（Vision for Agriculture and Food），以期確保農業長期的競爭力。重要的是使農民有公平和足夠的收入，系統上農民不應被迫以低於生產成本的價格出售其產品，應為歐盟農民訂立一個所得政策（income policy），確保符合歐盟的預算與共同農業政策的目標，在誘因、投資與規範間有正確的均衡[35]。應使農民耕作其農地而無過多的官僚主義、支持家庭農場、鼓勵與大自然合作的農民、保存生物多樣及自然的生態系統、協助我們的經濟脫碳在2050年以前達到淨零目標。

　　透過投資農場與農場創新，支持整個食物價值鏈的競爭力，同時也要與農產品的企業和農業的許多中小企業進行合作。在整個食物價值鏈中，通常農民是最脆弱的一群人，因此應改正現有的不均衡現象，提高農民的地位與保護農民免受不公平交易的衝擊。歐盟將保護自己的食物主權（food sovereignty），與所有提供我們食物的人。

　　這些原則亦必須適用於漁民，漁民使漁業可以保留海岸共同體的生活及經濟。漁民提供健康的食物供應給當地、國內和國際市場[36]。未來執委會將任命一位負責漁業暨海洋的委員，確保漁業維持永續、有競爭力及韌性、支持歐洲漁業鏈的公平交易環境。歐洲海洋公約（European Oceans Pact）將聚焦於促進藍色經濟（blue economy），與確保在海洋所有範圍的良好治理及永續性。因此應持續保護自然，森林、林地、濕地和草地不僅是我們的住所地和歐洲生物的景觀，而且對調節氣候和確保食物及水的安全非常重要。因此，聚焦於鼓勵

---

[35] Ursula von der Leyen, Europe's Choice – Political Guidelines for the Next European Commission, Strasbourg 18 July 2024, p. 21.

[36] Ursula von der Leyen, Europe's Choice – Political Guidelines for the Next European Commission, Strasbourg 18 July 2024, p. 21.

和平等及有效施行，以確保達到歐盟在國際上的生物多樣承諾，例如在昆明蒙特利爾協定（Kunming Montreal Agreement）所做的承諾[37]。

七、氣候調適、準備與團結[38]

　　氣候變遷的衝擊是現階段對安全的一個最大風險，極度氣候、乾旱、淹水、野火已經侵害歐洲一整年和許多區域，歐盟的民事保護機制（European Civil Protection Mechanism）、人員、飛機和直升機在全歐洲協助消滅森林大火與處理洪水、暴雨或乾旱的毀滅性衝擊。歐盟應善加運用資源，因此應建構一個歐洲民防機制（European Civil Defence Mechanism），以進行危機和災害管理與建構共同的韌性。

　　歐盟氣溫的快速升高已經高於全球的平均，因此歐盟必須加速處理氣候韌性與準備，應描繪風險和基礎設施、能源、水、食物及在城市和鄉村地區做土地所需的準備，以及數據和及早預警系統需要的準備，這將成為歐洲氣候調適計畫（European Climate Adaptation Plan）的一部分，支持會員國做準備和規劃與確保定期以科學為基礎的風險評估；必須與加強歐洲的水安全（Water Security）合作，水是保障食物、能源和經濟的必要資源，在氣候變遷的壓力下與愈來愈多的需求，水也愈來愈重要。因此，應有一個新的歐洲水韌性策略（European Water Resilience Strategy）確保可以適當管理水源、找出缺水、提高水工業的競爭創新及採行一個循環經濟方法，盡力協助減緩和防止全球的緊急缺水。

---

[37] Ursula von der Leyen, Europe's Choice – Political Guidelines for the Next European Commission, Strasbourg 18 July 2024, p. 22.

[38] Ursula von der Leyen, Europe's Choice – Political Guidelines for the Next European Commission, Strasbourg 18 July 2024, p. 22.

第二章　歐洲聯盟的法人化

壹、憲法本質

一、憲法政治

　　本質上歐洲聯盟法屬於國際法（Völkerrecht），自1952年歐洲煤鋼共同體邁出歐洲統合的第一步起，歐洲聯盟法已經發展成歐洲憲法（Europäisches Verfassungsrecht），即便是未以歐洲憲法條約（Vertrag über eine Verfassung für Europa）[1]命名，仍不影響歐洲憲法的性質[2]。

　　里斯本條約使歐洲聯盟在動態的憲法發展邁入一個更廣泛的階段[3]，在歐洲憲法條約草案中已經加強了歐洲議會的角色，明確地規範歐盟的職權和行為形式，當然在確定歐洲憲法條約胎死腹中時，在各會員國的政治妥協下，刪除了一些有爭議的規定，例如基本權利、類似國家的象徵等，雖然歐洲聯盟條約與歐洲聯盟運作條約具有憲法的性質，但卻又與傳統的國家憲法不盡相同。

　　里斯本條約的主要內容為組織的修訂，最重要的是要改善歐洲聯盟的組織，新的條件多數表決制度重新平衡在部長理事會會員國的表決制度，以因應增加至28個會員國並確保在大國與小國間、原來的會員國與新加入會員國間的平衡；原來在立法上的共同決定程序修訂為普通的立法程序，會員國的國會亦有權參與刑事司法與公平的立法。會員國國會在監督立法提案上，有更大的職權；為使歐洲聯盟在國際舞台上更有效率地處理國際事務，需要以一致的聲音（one voice）參與外交與安全政策的事務，在歐洲聯盟擴大至28個會員國後，使得運作效率難度增加，因此有必要改革組織結構與決策機制。

---

[1] 2003年公布歐洲憲法條約草案，但因2005年時法國與荷蘭的公民投票否決，導致歐洲憲法條約草案未能完成批准手續，而告失敗。OJ 2004 C 310/1.

[2] Franz Mayer, Der Vertrag von Lissabon im Überblick, JuS 2010, S. 189.

[3] Albrecht Weber, aaO., EuZW 2008, S. 14.

　　里斯本條約對於執行委員會、歐洲議會與理事會的機關三面關係並未做很大的變更，但在確立了歐洲高峰會議為歐盟機關後，亦未建立一個機關的四面關係，因為歐洲高峰會議仍然維持歐洲聯盟推動者的角色。2009年6月已經舉行歐洲議會的選舉，使整個歐洲聯盟的組織架構呈現新面貌。

　　總而言之，里斯本條約生效後，歐盟有自己三權分立特質的政府、自己政治上的「總統」、自己的人民、自己的人權與民權規約、自己的貨幣、經濟政策與稅收、自己的國際條約締約權、外交政策、對外代表、在聯合國的外交使節團、自己的刑法與執行追訴的檢察官，以及早已擁有的國家象徵，例如旗幟、5月9日「歐洲日」。里斯本條約希望將歐盟由上而下建構成一個更中央集權的歐洲聯邦，但憲法的最低要件為主權在民，里斯本條約並不是由人民代表參與起草制定，也不是由歐洲議會或會員國國會參與制定，因此里斯本條約仍不是一部真正的憲法。無論如何，里斯本條約相較於歐洲憲法條約，對於實際的憲法政治已經是一個好的表徵，也顯示出歐洲聯盟更緊密結合的決心。

二、確立歐洲聯盟的國際法律人格

　　里斯本條約以超國家的歐洲聯盟的憲法形式，建立一個在法律上全新的歐洲聯盟，因此根本地改變了歐洲聯盟與其會員國的憲法與政治制度[4]。歐洲聯盟條約第1條第3項明文規定，歐盟的基礎為本條約與歐洲聯盟運作條約；此二條約在法律上位階相同。在里斯本條約生效後，此二修訂的條約將成為新的歐洲聯盟事實上的憲法。歐洲聯盟取代歐洲共同體，歐洲聯盟是歐洲共同體法律上的繼承者。依據此一規定，歐洲聯盟條約與歐洲聯盟運作條約不僅有相同的憲法位階，而且歐洲聯盟是歐洲共同體的繼承者[5]，歐洲聯盟條約第47條規定，歐盟享有法律人格，也就是歐洲聯盟是國際法上的主體，享有國際法律人格。

　　依據歐洲聯盟運作條約第335條之規定，歐盟在每個會員國內享有依據其法律制度賦與法人廣泛的權利能力與行為能力；特別是歐盟可以取得和讓與動

---

[4] Constitutional implications of the Treaty of Lisbon, http://www.vrijspreker.nl/wp/2008/04/constitutional-implications-of-the-treaty-of-lisbon, last visited 01/02/2009.

[5] Albrecht Weber, Vom Verfassungsvertrag zum Vertrag von Lissabon, EuZW 2008, S. 7.

產與不動產，以及在法院進行訴訟。爲達成此一目標，由執行委員會代表歐洲聯盟；在涉及個別機關作用的議題上，根據行政自治是由相關的機關代表歐盟。

　　因此，在里斯本條約生效後，自馬斯垂克條約以來，三根支柱的基礎與歐洲聯盟僅爲一個政治屋頂[6]而無國際法律人格的法律爭議，獲得圓滿的解決。歐洲聯盟在法律上是一個全新的聯盟，爲具有超國家憲法形式的國際組織。歐洲聯盟更可以以一個聲音在國際社會參與國際事務。換言之，里斯本條約根本地改變原來三根支柱的架構，在組織上與法律上建立一個新的歐洲聯盟，在組織結構上，歐洲聯盟不等同於會員國，而是高過會員國，歐洲聯盟在其職權範圍內得與其他國家或國際組織締結國際協定，在國際社會中如同一個國家，例如在聯合國內亦得參與外交政策，會員國必須以忠誠和共同團結的精神支援歐盟的共同外交與安全政策。

三、歐洲聯盟之目標

　　爲補充歐洲聯盟條約的前言與強調歐洲聯盟對於基本價值的信仰和歐洲聯盟的目標，歐洲聯盟條約第3條規定歐盟之目標，爲促進和平、價值與各民族的福祉。歐盟應給與其人民一個無內部邊界的自由、安全與司法的區域；在此一區域內，涉及在外部邊界的檢查、政治庇護、移民，以及預防和防制犯罪，應連結適當的措施，保障人員自由遷徙。歐盟應建立單一市場；歐盟應致力於以均衡的經濟成長和價格穩定爲基礎持續的發展歐洲、一個有高度競爭力，以充分就業和社會進步爲目標的社會市場經濟，以及高度的環境保護和改善環境品質。歐盟應促進學術和技術進步。歐盟應防制社會排擠與差別待遇，促進社會公平與社會保護、男女平等待遇、在世代間的團結與兒童權利的保護。歐盟應促進經濟、社會和領域的結合、與會員國間的團結。歐盟應維護其文化和語言多樣性的資產，並關注歐洲文化遺產的保護與發展。歐盟應建立經濟暨貨幣同盟，其貨幣爲歐元。在歐盟與其他世界的關係上，歐盟應保護與促進其價值和利益、致力於保護其人民。歐盟應致力於和平、安全、全球的永續發展、在

6　陳麗娟，阿姆斯特丹條約解讀，1999，台北：五南圖書，頁6。

各民族間的團結和相互尊重、自由和公平的貿易、消除貧窮和保障人權，特別是兒童的權利，以及嚴格的遵守和繼續發展國際法，特別是維護聯合國憲章的原則。歐盟目標雖然是各會員國的政治意願，但是明文規定於歐洲聯盟條約就會成為全體會員國應履行的法律義務，而各民族應尊重歐盟的目標[7]。

社會市場經濟成為新的目標規定，歐洲聯盟運作條約第119條[8]與第27號關於單一市場議定書[9]對於社會市場經濟原則有詳細的規定。里斯本條約並且強調社會國家原則，在團結的概念下，體現在歐洲聯盟條約的規定中[10]。

值得注意的是，歐洲聯盟條約第4條規定，條約（歐洲聯盟條約與歐洲聯盟運作條約）未移轉給歐盟的所有職權，依據第5條之規定，仍由會員國行使。歐盟應尊重在條約（歐洲聯盟條約與歐洲聯盟運作條約）前會員國的平等與每個在其根本的政治結構與符合憲法的結構，包括區域和地方自治明文規定的國家認同。歐盟應尊重國家的基本作用，特別是維護領土的不可侵犯性、維持公共秩序和保護國家安全，特別是國家安全仍繼續屬於個別會員國單獨的責任。依據忠誠的合作原則，歐盟應尊重與支援會員國相互履行源自條約（歐洲聯盟條約與歐洲聯盟運作條約）的任務。會員國應採取所有一般或特別類型的適當措施，以履行源自條約（歐洲聯盟條約與歐洲聯盟運作條約）或歐盟機關行為的義務。會員國應支援歐盟履行任務與不採取所有會危害實現歐盟目標的措施。由此一新規定可知，更明確的強調會員國對於國家安全的職權，而忠誠原則與團結原則成為歐盟核心的法律原則[11]，全體會員國必須符合規定，以施

---

[7]　Armin Hatje, Grenzen der Flexibiltät einer erweiterten Europäischen Union, EuR 2005, S. 152.

[8]　歐洲聯盟運作條約第119條規定：（1）歐洲聯盟條約第3條規定的會員國與歐盟的職務，包括依據條約（歐洲聯盟條約與歐洲聯盟運作條約）之規定實施以會員國經濟政策緊密協調、單一市場與規定共同目標為基礎的經濟政策，以及須具有自由競爭的開放市場經濟原則。（2）同時依據這兩個條約之規定與條約中規定的程序，這些職務包括實施單一貨幣（歐元），以及規定與實施一個單一的貨幣與匯率政策。單一的貨幣與匯率政策首要追求的目標為價格穩定，不牴觸此一目標，在遵守有自由競爭的開放市場經濟原則下，應支援歐盟的一般經濟政策。（3）會員國與歐盟的職務，應以遵守下列的目標基本要點為前提要件：穩定的價格、健全的公共財政與貨幣的綱要條件，以及一個持續可支付的收支平衡。

[9]　第27號關於單一市場議定書規定在內部市場應建立一個防止競爭扭曲的制度。

[10]　Franz Mayer, aaO., JuS 2010, S. 192.

[11]　Armin Hatje, Loyalität als Rechtsprinzip in der Europäischen Union, 2001 Baden-Baden:

行歐盟法。全體會員國授權歐洲聯盟，在會員國移轉給歐洲聯盟的特定政策領域，會員國自願地遵守歐洲聯盟的更高職權；而在未移轉職權的政策領域，例如傳統的社會政策、租稅，仍屬於會員國的職權。國家的主權將分爲歐盟層次與會員國層次，類似一個聯邦國家。

　　雖然會員國彼此有不同的政治與文化差異，歐洲憲法條約已經嘗試要保障會員國政治與文化的多樣性，里斯本條約沿襲此一構想，仍在憲法層次上保障會員國的國家認同和文化認同，以及各國語言的平等地位[12]。歐洲聯盟條約第55條明文規定保加利亞文、丹麥文、德文、英文、愛沙尼亞文、芬蘭文、法文、希臘文、愛爾蘭文、義大利文、克羅埃西亞文、拉脫維亞文、立陶宛文、馬爾他文、荷蘭文、波蘭文、斯洛維尼亞文、西班牙文、捷克文、匈牙利文、葡萄牙文、羅馬尼亞文、斯洛伐克文、瑞典文爲官方語言；每個語言版本有相同的法律拘束力。

四、歐洲聯盟新的民主架構

　　里斯本條約加強民主原則，且在歐洲聯盟條約中有自己的民主原則的規定，不僅規定歐盟人民是歐盟行爲的重點[13]，而且強調代議民主，在歐洲聯盟條約第10條第2項強調歐盟的雙重正當性（doppelte Legitimation）[14]，不僅是基於人民，而且也是基於會員國，因此歐洲聯盟的民主結構爲三重結構，即人民有權參與民主生活、會員國可以積極參與歐盟的運作，以及歐洲議會在立法程序、人事任命與監督上扮演這核心的角色[15]。

　　里斯本條約加強了歐盟人民（union citizenship）的民主正當性，歐洲聯盟具有法律人格，歐盟人民附加於會員國的國民身分，歐盟人民具有雙重的人民

Nomos Verlagsgesellschaft, S. 63f.

[12] Armin Hatje, aaO., EuR 2005, S. 154.

[13] 歐洲聯盟條約第9條規定，在其全部的行爲，歐盟應注意歐盟人民的平等原則，歐盟的機關、機構與其他的單位對於歐盟人民的平等原則有相同的注意義務。歐盟人民係指擁有一個會員國的國籍者，歐盟應加諸於會員國的國籍，而不是取代會員國國籍。

[14] Johann Schoo, Das neue institutionelle Gefüge der EU, EuR 2009 Beiheft 1, S. 53.

[15] Johann Schoo, aaO., EuR 2009 Beiheft 1, S. 54.

身分,即在歐盟層次與會員國層次享有不同的民權。歐盟人民固有的權利義務高於會員國國民身分的權利義務,歐洲聯盟條約第10條即規定,歐盟的運作方式以代議制的民主為基礎;在歐盟層級,歐洲議會直接代表人民;會員國的國家元首或政府首長在歐洲高峰會議代表會員國;會員國政府的主管部長在理事會中代表會員國;全體歐盟人民有權參與歐盟的民主生活,歐盟應盡可能作成開放與接近人民的決策;在歐盟層級的政黨應致力於形成歐洲政治意識與表達歐盟人民的意願。

里斯本條約規定了實施直接民主的要素,即歐洲聯盟條約第11條第1項規定歐盟人民的直接參與權,歐盟機關應以適當的方式給與歐盟人民與代表的協會機會,針對歐盟行為的全部領域公開的發表與交流其看法;而依據歐洲聯盟條約第24條第1項之規定,應以規章更詳細地規定歐盟人民的直接參與權[16]。依據歐洲聯盟條約第11條第3項之規定,歐盟機關的行為必須透明化與凝聚。歐洲聯盟條約第11條第4項規定了直接民主(direkte Demokratie),即至少應有100萬歐盟人民的連署,得行使創制權,敦促執行委員會提出適當的法案,以期落實條約規定的目標。歐洲政黨與人民創制有共同的作用,以形成一個歐洲政治意識的方式,創造跨國的交流關聯[17]。

里斯本條約賦與會員國國會一個重要的角色,具有三重作用,即

1. 歐洲聯盟條約第10條第2項規定,在理事會中,以民主方式向會員國國會說明,藉以監督政府在理事會中的行為。

2. 歐洲聯盟條約第12條與會員國國會角色與適用輔助原則和比例原則議定書[18]規定會員國國會積極參與歐洲聯盟的運作。歐洲聯盟條約第12條首次明文規定會員國的國會納入歐盟的運作,也就是在條約中明文授與會員國特定的權利,尤其是會員國的國會應注意遵守歐洲聯盟的職權制度與輔助原則。為達成此一目標,歐盟的機關應告知會員國的國會(例如申請加入歐洲聯盟)與直接向會員國國會告知歐洲法規的草案[19]。

---

[16] Grünbuch der Europäischen Kommission, KOM (2009) 622 endg.

[17] Johann Schoo, Das neue institutionelle Gefüge der EU, EuR 2009 Beiheft 1, S. 55.

[18] ABlEU 2008 C 115/203.

[19] 第1號關於會員國國會在歐洲聯盟角色議定書。

歐洲聯盟條約第5條第3項更將會員國國會規定為輔助原則的守護者，會員國國會應依據輔助原則與比例原則規定的程序，注意輔助原則之遵守。

3. 在會員國國會間建立一個網絡關係。其中最重要的是，會員國國會在輔助原則的適用上所扮演的角色，里斯本條約首次賦與會員國國會在歐洲聯盟立法程序上的直接參與，即告知權和監督權，以及在立法程序上的參與權[20]。在歐洲聯盟運作條約第70條與第71條規定司法和內政的敏感範圍，在採取司法與內政措施時，應向會員國國會報告關於採取措施的評估與改善運作方式的委員會；歐洲聯盟運作條約第85條與第88條則規定會員國國會對於歐洲司法處（Eurojust）與歐洲警察署（Europol）的監督權。

在預警制度（Frühwarnsystem）的範圍，會員國國會對於執行委員會有更大的參與決定權（Mitsprachrecht），預警制度主要為在適用輔助原則和比例原則議定書規定的八個星期內的程序，至少應有三分之一的票數才得反對歐洲聯盟想提出的法案，若會員國國會認為歐洲聯盟想提出的法案侵害會員國的職權時，即為所謂的黃牌程序（Gelbe-Karte Verfahren）；若執行委員會仍堅持其草案時，則執行委員會必須使該草案正當化，每個會員國國會在此一程序範圍有兩票，按個別會員國的議會制度分配，例如在兩院制（Zweikammersystem）的會員國，每個院有一票，兩院制的會員國為奧地利、比利時、捷克、法國、德國、愛爾蘭、義大利、荷蘭、波蘭、羅馬尼亞、斯洛維尼亞、西班牙[21]。以德國為例，聯邦議會（Bundestag）有一票，聯邦參議院（Bundesrat）有一票。若這些票數的總數為普通多數反對執行委員會的提案時，且在理事會中有55%的會員國和在歐洲議會中有過半數反對執行委員會的提案時，則不得繼續討論此一提案，即為紅牌程序（Rote-Karte Verfahren），表示不再繼續討論此一提案。

在修改條約（歐洲聯盟條約第48條）與會員國國會間合作上，會員國國會亦得參與。另外，在自由、安全與司法區域範圍的特定活動，會員國國會亦參與之。

---

[20] Johann Schoo, aaO., EuR 2009 Beiheft 1, S. 55.

[21] List of EU member states by political system, https://www.en.m.wikipedia.org, last visited 10/24/2024.

貳、基本權利憲章與加入歐洲人權公約

　　里斯本條約改善了基本權利保護[22]，強調歐盟是一個價值共同體（Wertgemeinschaft），在許多的政策領域中有更明確的權限分配、更透明、更有效率與更民主的程序及統合的進展[23]。

一、基本權利憲章之法律拘束力

　　早在2000年12月在法國尼斯歐洲高峰會議時，已經宣布歐洲聯盟基本權利憲章（Charta der Grundrechte der EU）[24]，但當時只是一個政治宣言[25]，原來在歐洲憲法條約草案的第二部分納入歐洲聯盟基本權利憲章，成為具有法律拘束力的規定，但僅有限地適用於英國與波蘭。歐洲聯盟條約第6條第1項規定，歐盟承認在歐洲聯盟基本權利憲章規定的權利、自由與原則；基本權利憲章與歐洲聯盟的基礎條約在法律上有相同的位階。換言之，在里斯本條約生效後，基本權利憲章有了更明確的法源（Rechtsquelle）[26]，解決了過去在歐洲聯盟條約第6條舊規定中將基本權利作為會員國共同的憲法傳統和歐洲人權公約保障的一般原則的法律爭議[27]，而使得歐洲聯盟基本權利憲章具有法律拘束力[28]。

　　而在歐洲聯盟條約第6條第1項新的規定中，應依據基本權利憲章規定的解釋與適用的一般規定與考慮在憲章中列舉的法源，討論解釋在基本權利憲章規定的權利、自由與原則。換言之，此一規定加強了歐洲法院針對基本權利憲章

[22] E. Pache/F. Rösch, Europäischer Grundrechtsschutz nach Lissabon-die Rolle der EMRK und der Grundrechtecharta in der EU, EuZW 2008, S. 519ff.

[23] J. P. Terhechte, Der Vertrag von Lissabon-Grundlegende Verfassungsurkunde der Europäischen Rechtsgemeinschaft oder technischer Änderungsvertrag?, EuR 2008, S. 143ff.

[24] ABIEG 2000 C 364/1.

[25] Franz Mayer, aaO., JuS. 2010, S. 192.

[26] Tettinger/Stern, Europäische Grundrechtecharta, 2006 München: Verlag C.H.Beck, Rn. 2, 12.

[27] Albrecht Weber, aaO., EuZW 2008, S. 7.

[28] Franz Mayer, aaO., JuS. 2010, S. 190.

判決的角色 [29]。歐洲聯盟條約第6條第1項亦指明，即便是基本權利憲章對於歐洲聯盟有拘束力，但不因此擴大歐洲聯盟的職權。因此，歐洲法院亦應遵守此一原則解釋歐洲聯盟基本權利憲章 [30]。

里斯本條約以民權規定授權歐盟人民，歐洲聯盟條約第6條第1項規定，歐洲基本權利憲章與條約在法律上有相同的位階，在里斯本條約生效後，執行委員會可以提案，以確保在全體會員國內一致的實施與保障歐洲基本權利憲章的權利規定。

歐洲聯盟條約第51條規定，議定書為歐洲聯盟條約與歐洲聯盟運作條約的構成部分，議定書亦有主要歐盟法的位階 [31]，因此關於會員國國會在歐洲聯盟角色議定書、適用輔助原則與比例原則議定書，以及關於英國、波蘭和捷克適用基本權利憲章議定書對於在歐盟內落實基本權利的保障有正面的意義。

二、歐洲聯盟加入歐洲人權公約

歐洲聯盟條約第6條第2項新規定，歐盟應加入歐洲保障人權與基本自由公約（即通稱的歐洲人權公約）；加入並不變更在基礎條約中規定的歐盟職權。此一規定明文規定加入歐洲人權公約之授權 [32]，如同一個國家聲明自願的義務，以促成歐洲聯盟加入歐洲人權公約 [33]。

1996年歐洲法院在Bosphorus案 [34] 闡明，歐洲聯盟間接地影響與基本權利

---

[29] Albrecht Weber, aaO., EuZW 2008, S. 8.

[30] Rengeling/Sczcekalla, Grundrechte in der EU Charta der Grundrechts und Allgemeine Rechtsgrundsätze, 2004 München: Verlag C.H.Beck, Rn. 325.

[31] Franz Mayer, aaO., JuS. 2010, S. 190.

[32] Franz Mayer, aaO., JuS. 2010, S. 192.

[33] Christoph Grabenwarter, Europäische Menschenrechtskonvention, 2. Auflage, 2005 München: Verlag C.H.Beck, Rn. 18.

[34] EuGH Rs.C-84/95, Bosphorus, Slg.1996, S. 3953, 一家南斯拉夫的JAT航空公司出租給一家土耳其公司Bosphorus兩架飛機，依據租賃契約之規定，飛機的所有權仍屬於南斯拉夫的JAT航空公司，1993年1月時土耳其公司與愛爾蘭的TEAM公司締結維修飛機的契約，其中一架飛機在1993年時飛去愛爾蘭進行維修，但在維修完成後，Bosphorus的這架飛機無法如期起飛，卻遭愛爾蘭的主管機關依據原來的歐洲共同體條約對南斯拉夫禁運規章（VO Nr.990/93, ABlEG 1993 L 102/14，最主要為轉換1993年時聯合國安理會的決

有關的經濟活動，實際上將歐洲人權公約作爲聯盟法認知的來源，而不背離歐洲人權公約對於基本權利的解釋原則。2005年歐洲人權法院作成Bosphorus案判決的啓示，在歐洲法院與會員國憲法法院間的合作關係應擴大至會員國憲法法院、歐洲法院與歐洲人權法院間的三面合作關係[35]。

　　長期來看，歐洲聯盟加入歐洲人權公約有助於整合位於史特拉斯堡的歐洲人權法院與位於盧森堡的歐洲聯盟法院在基本權利判決上的歧見，此一新規定以加入歐洲人權公約的方式，在制度上加強整合對基本權利的保障[36]。歐洲聯盟條約第6條第3項規定，如同在歐洲保護人權與基本自由公約所保障的基本權利，與如同在各會員國共同的憲法傳統所產生的基本權利，是歐盟法的一部分，係作爲一般的原則。過去歐洲法院關於基本權利判決所發展出來的一般法律原則，歐洲基本權利對於會員國具有拘束力，雖然第30號議定書對於英國、波蘭與捷克在適用基本權利憲章有特別的規定，僅有限的適用範圍，但由於基本權利已經成爲歐洲聯盟的一般法律原則，不得牴觸基本權利的效力。

議）之規定，扣押這架飛機，並扣留長達三年之久。Bosphorus認爲侵害其基本權利，Bosphorus透過愛爾蘭法院向歐洲法院依據原來的歐洲共同體條約第234條之規定提起預先裁判之訴。歐洲法院宣告該禁運規章爲有效，Bosphorus不服歐洲法院的判決，遂轉向歐洲人權法院請求救濟，質疑愛爾蘭的措施是否符合歐洲人權公約的附帶議定書第1條所規定的財產基本權利。本案的核心問題是愛爾蘭在國際法上的雙重義務，一方面必須遵守歐盟法上的財產保護，另一方面又必須尊重歐洲人權公約的規定，但依據維也納條約法公約第30條第2項之規定，原來的歐洲共同體條約不得牴觸會員國依據舊條約的義務，Bosphorus案闡明歐洲人權公約係爲一般利益的國際合作。

[35] 雖然會員國的憲法法院、歐洲法院與歐洲人權法院各自依據不同的法律規定執行基本權利的保障，例如德國聯邦憲法法院依據基本法，歐洲人權法院依據歐洲人權公約，雖然三個歐洲共同體條約疏漏未規定基本權利的保障，但在原來歐洲共同體層次，卻由歐洲法院發展出法官法，而認爲基本權利爲一般的法律原則，而最後終於在歐洲聯盟條約第6條第2項明文規定連結基本權利的保障。Jürgen Bröhmer, Jürgen Bröhmer, Die Bosphorus-Entscheidung des Europäischen Gerichtshofs für Menschenrechte-Der Schutz der Grund-und Menschenrechte in der EU und das Verhältnis zur EMRK, EuZW 2006, S. 76.

[36] Albrecht Weber, aaO., EuZW 2008, S. 8.

參、價值與原則

　　歐洲憲法條約草案規定了價值宣言，即人性尊嚴、自由、民主、平等、法治國家與維護人權，里斯本條約並將這些原則納入歐洲聯盟條約第6條第1項的新規定，不僅創設了正當性，而且亦作爲解釋的準繩與法規審查的標準[37]。信仰這些共同的價值也是加入歐洲聯盟和維持會員國身分的前提條件[38]，以期能確保和平、自由、福祉和建立歐洲聯盟在外交政策上的認同。即歐洲聯盟條約第49條第1項規定，任何一個尊重歐洲聯盟條約第2條規定的價值與致力於促進這些價值的歐洲國家，得申請成爲歐洲聯盟的成員。應向歐洲議會與會員國國會轉達此一申請。應向理事會提出申請；在執行委員會之聽證後，且在歐洲議會以其議員的過半數決議同意後，理事會以一致決議之。應考慮由歐洲高峰會議協議的標準。

　　歐洲聯盟條約第7條新規定，若一會員國重大牴觸在第2條規定的原則有明確的危險時，對於該會員國有一個制裁的機制；依據第2條之規定，歐盟建立的價值爲尊重人性尊嚴、自由、民主、平等、法治國家與維護人權，包括維護少數民族的權利在內。在全體會員國的社會共同的以多數主義、禁止差別待遇、容忍、公平正義、團結和男女平等突顯這些價值。

肆、退出權

　　過去歐洲聯盟條約並未規定會員國的退出權，歐洲聯盟條約第50條首次規定退出，即每個會員國得依據其憲法的規定決議退出歐盟。決議退出的會員國應通知歐洲高峰會議其意圖；基於歐洲高峰會議之準繩，歐盟應與此一國家談判關於退出細節的協定，並締結協定，並應考慮此一國家未來與歐盟之關係。應依據歐洲聯盟運作條約第218條第3項規定談判協定；由理事會以歐盟名義締

---

[37] Callies/Ruffert, Verfassung der EU, 2006 München: Verlag C.H.Beck, Art. I-2, Rn.17ff; Franz Mayer, aaO., JuS 2010, S. 192.

[38] Armin Hatje, aaO., EuR 2005, S. 152.

結之；在歐洲議會同意後，理事會以條件多數決議。

　　自退出協定生效日起、或在第2項的通知後二年，歐洲聯盟條約與歐洲聯盟運作條約不再適用於相關的國家，但在相關會員國同意下，歐洲高峰會議以一致決議延長此一期限時，不在此限。退出歐盟的國家想要重新成為會員國時，必須依據歐洲聯盟條約第49條規定的程序申請加入。

　　此一新的退出條款，主要的立法理由係考量到一會員國因嚴重的政治立場歧見而無法再與其他會員國同在歐盟內，給與相關會員國此一權利，仍可讓歐盟繼續發展，而歐盟不會因而癱瘓 [39]。惟應注意的是，此一退出條款，並非是一致同意解散歐盟，也不是要開除會員國 [40]，而是為維持歐盟的正常運作，而讓在政治上有不同意見的會員國有選擇退出歐盟的可能性。

　　自決（Selbstbestimmung）在本國的憲法結構是國家主權的核心，也是獨立主權的體現，里斯本條約在歐洲聯盟條約第50條明文規定會員國得以退出維護其憲法的主權。在歐洲聯盟政治與經濟已非常緊密的統合，在實際上歐盟上位的憲法優先於會員國的憲法，在有衝突的情形，會員國必須遵照歐洲聯盟的憲法做調整，做符合歐盟法的解釋，因此會員國的退出權僅具有理論上的意義，遠大於實質意義 [41]。

　　2016年6月23日，「英國脫歐」公投結果出爐後，對於歷經一甲子歐盟未來的發展投下了一顆「震撼彈」。強勢的英國首相梅伊（May）之態度，使歐盟認真思考「英國脫歐」的影響及未來。2017年3月1日，歐盟執委會公布「歐洲之未來白皮書」（White Paper on the Future of Europe）[42]，主席容科（Jean-Claude Juncker）描繪出歐洲未來的藍圖，個別會員國得就特別的計畫組合在一起，即便其他會員國並不想加入群組，也就是未來歐盟將以「多速」（multi-speed）方式發展。「多速歐洲」（multi-speed Europe）意指歐盟以不

---

[39] Albrecht Weber, aaO., EuR 2005, S. 853.

[40] Albrecht Weber, aaO., EuZW 2008, S. 13.

[41] Dietrich Murswiek, Die heimliche Entwicklung des Unionsvertrages zur Europäischen Oberverfassung-Zu den Konsequenzen der Auflösung der Säulenstruktur der Europäischen Union und der Erstreckung der Gerichtsbarkeit des EU-Gerichtshofs auf den EU-Vertrag, NVwZ 2009, S. 483.

[42] COM (2017) 2025 final.

同速度進行統合，實際上目前的歐元區與申根區域即爲明顯的例子。「多速歐洲」的概念已經討論多時，係作爲解決一些歐盟制度的方式，畢竟目前歐盟有高達28個會員國，而每個會員國有不同的歷史文化背景、社會制度、產業結構，因此很難針對不同的議題達到共識，在許多領域也很困難在每個會員國以相同的速度落實歐盟的目標。

歐盟執委會在2017年3月1日，公布一個名爲「歐洲之未來白皮書」，規劃在2025年以前，五種可能的統合情況，即(1)維持現狀；(2)僅致力於單一市場的統合；(3)依各國的意願，分組整合（即所謂的「多速歐洲」）；(4)聚焦於有效率的整合項目；(5)團結合作進行全面的深度整合。執委會主席容科在歐洲議會演說時指出，「多速歐洲」是最佳的解決方案。歐盟會員國的領導人思考在2019年「英國脫歐」後，歐盟該何去何從。「英國脫歐」後，執委會主席容科眞正想要的是「多速歐洲」的模式，現階段歐盟並不打算修改基礎條約，而是在技術層級進行歐洲統合[43]。2017年3月，容科提出關於歐盟路線的五點方針，以作爲至2025年止的政策方針，尤其是不同會員國可以組成不同的群組，以不同的速度進行歐洲統合。

執委會主席容科在歐洲議會演說時指出，「多速歐洲」是最佳的解決方案。歐盟會員國的領導人思考在2019年「英國脫歐」後，歐盟何去何從。簡而言之，「多速歐洲」將使歐洲統合分爲不同的群組進行，但事實上也已經是這種局面了。歐盟目前的情形，已經在地理分布上或利益考量上有不同的群組了，例如申根區域、歐元區、新近的歐洲專利網絡（European Patent Network）[44]。荷蘭提議建立一個「迷你申根」（mini-Schengen），德國、瑞典、比利時、荷蘭與奧地利支持應建立一個「迷你申根」的建議，以集體關閉邊界，恢復實施護照檢查，以管制移民與阻止難民進入，同時在這些國家的邊界外設立過境的難民營（camps for migrants），但「迷你申根」的想法似乎違反申根公約保障人民在26個歐盟會員國內自由旅遊的規定。

「多速歐洲」允許一些會員國可以用更快的速度進行統合，這些速度較慢

---

[43] "Junker's real scenario" is multi-speed Europe, https://www.eurative.com/section/future-eu/news/junckers-real-scenario-is-multi-speed-Europe, last visited 06/26/2017.

[44] 2010年12月創設的單一歐洲專利（unified European Patent），義大利與西班牙因不滿只有英文、法文與德文三種官方語言，並未加入單一歐洲專利。

的會員國僅限於參與單一市場與外交暨安全政策的合作。法國與德國爲歐盟統合的發動機，義大利、比利時、荷蘭、盧森堡及一些富有的會員國、波羅的海國家亦支持「多速歐洲」的作法[45]。

波蘭、捷克、斯洛伐克與匈牙利4個「V4集團國家」（Visegrad Group）[46]與波羅的海的三國（愛沙尼亞、拉脫維亞、立陶宛）是另一個群組；雖然挪威與冰島並非歐盟的會員國，但實際上斯堪地那維亞國家已經形成一個集團。非歐元區的北歐與東歐國家（瑞典、丹麥、波蘭、捷克與匈牙利）非常擔心在「英國脫歐」後，「多速歐洲」成爲歐盟正式的政策方針，這些會員國十分擔憂歐盟解體[47]。這些會員國當然是百感交集，畢竟歐盟是一個經濟體，足以做他們的經濟後盾。

現階段有必要有更多的統合，特別是在歐元區，「多速歐洲」的統合方式可以使核心的歐洲往前邁進，特別是經濟與難民政策議題[48]。但由於各會員國不同的利益，將使究竟哪些議題屬於核心議題的定位困難，而最早選擇不適用申根區域與歐元區的會員國是英國，但英國卻選擇脫歐！未來「多速歐洲」的統合仍將取決於德國與法國的立場，畢竟德國與法國都是歐盟的創始會員國與歐洲統合的發動機。

全球金融海嘯的衝擊，歐盟努力的尋求一個新的運作模式，以期可以永續發展，特別是每個會員國不同的歷史文化背景與產業結構，每個會員國受到金融海嘯衝擊不同，更重要的是應如何在「一體化」（unity）與「多元化」（diversity）找到一個平衡點，而歐盟全體會員國有不同的貨幣、政策與國家利益，因此在現實中，使歐洲統合出現新的模式。

2017年3月初，歐盟四大經濟國法國、德國、義大利與西班牙利用於3月

---

[45] Peter Korzun, Goodbye Old EU, Hello New Multi-Speed Europe, Online Journal Strategic Culture Foundation, 14.03.2017.

[46] 波蘭、捷克、斯洛伐克與匈牙利中歐4國於1991年2月15日成立一個文化暨政治同盟，其宗旨爲促進進一步的歐洲統合，以及促進彼此的軍事、經濟與能源合作，統稱爲「V4集團國家」。

[47] http://eadaily.com/en/news/2017/03/10/multi-speed-collapse/first-eu-summit-in-2017, last visited 06/26/2017.

[48] Hans Kundnani, The Opportunity and Danger of a 'Multi-speed Europe', http://www.translanticacademy.org/node/1015, last visited 07/15/2017.

25日在羅馬舉行的60週年慶祝大會的機會，表明支持一個「多速歐洲」，以共同努力緩衝「英國脫歐」的衝擊。法國前任總統Hollande支持新型的合作，例如在歐元區、國防上，有些會員國可以進行更快速的統合、深化經濟暨貨幣同盟與整合財政及社會政策；其他會員國可以選擇是否適用這些措施，以深化歐洲統合[49]。德國聯邦總理Merkel亦支持此一論點，某些會員國可以往前邁進，比其他會員國走快一點，在準備好以後，亦得加入，有必要以不同的速度進行歐洲統合，否則歐盟將裹足不前，而影響原來歐盟追求和平的工作，實際上Merkel在2017年2月在馬爾他舉行的非正式歐盟高峰會議即已提出此一論點[50]。

比較值得關注的是，不僅是移民問題，這些國家對財經議題亦有類似的想法，這些國家有深度的文化與歷史連結，因此亦傾向於歐元區應解體，而在這些國家間建立一個貨幣同盟。實際上，德國、法國、義大利與西班牙主張在不同的統合層級推動「多速歐洲」，首要任務為歐元區邁向單一監理的銀行聯盟（Banking Union）與單一的預算（budget）[51]。

2017年5月，法國新任總統Macron回應執委會的「歐洲之未來」白皮書，主張倡議實體的投資計畫與歐元區更團結。法國與德國是歐洲統合的核心，同時也是歐元區的二大經濟體，Macron強調法國需要一個更團結的歐洲，同時攸關歐洲的未來，Macron亦主張需要一個「多速歐洲」[52]。Macron認為「多速歐洲」已經存在，未來歐盟應採取不同的加強合作模式，特別是允許有意願的會員國選擇適用一些政策與使用歐元，同時Macron批評在南歐國家實施撙節政策是錯誤的作法，導致需求緊縮與經濟衰退，因此大力鼓吹歐洲需要實施團結政策，尤其應在數位單一市場即能源市場主張歐洲優先，並實施「買歐洲貨法」（Buy European Act）優先購買在歐洲生產的產品[53]。

---

[49] Peter Korzun, Goodbye Old EU, Hello New Multi-Speed Europe, Online Journal Strategic Culture Foundation, 14.03.2017.

[50] Peter Korzun, Goodbye Old EU, Hello New Multi-Speed Europe, Online Journal Strategic Culture Foundation, 14.03.2017.

[51] http://eadaily.com/en/news/2017/03/10/multi-speed-collapse/first-eu-summit-in-2017, last visited 06/26/2017.

[52] Macron outlines plans for multi-speed Europe-EURACTIV.com, https://www.euractiv.com/section/elections/news/macron-outlines-plans-for-multi-speed-europe/, last visited 07/15/2017.

[53] Macron outlines plans for multi-speed Europe-EURACTIV.com, https://www.euractiv.com/

中東歐國家有不同的立場，「V4集團國家」在2015年歐洲難民危機時，拒絕接納難民，匈牙利總理Viktor Orban想成立一個「無自由的民主」（illiberall democracy）。「V4集團國家」在正式的高峰會議舉行前在華沙舉行會議，表明為防止歐盟可能解體，應重新聚焦於對人民有形的利益，而不是浪費精力在區隔會員國，因此「V4集團國家」針對所有歐洲統合相關的議題，尋求否決權（right to veto），這也是「V4集團國家」堅持在歐盟決策過程中，應增加會員國國會參與的理由。

另外，「V4集團國家」對於申根區域有高度興趣，畢竟他們的人民可以進入先進會員國的就業市場，這可以減緩他們脆弱社會保障制度的壓力。另一方面，「V4集團國家」並不反對歐盟的補貼制度，畢竟「V4集團國家」獲得歐盟許多的補貼[54]。2017年3月2日，「V4集團國家」馬上發表共同的聲明回應執委會的白皮書，強烈表達難以接受「多速歐洲」的概念。這些國家感覺自己像「窮親戚」或「二等公民」被對待[55]。在華沙會議中，「V4集團國家」大聲疾呼反對「雙重標準」（double standards），「多速歐洲」將有更多「雙重標準」的問題[56]！「多速歐洲」如同在東西歐間築起一道「新鐵幕」（Iron Curtain），而在東西歐的會員國間形成兩個不同的階級[57]。

「英國脫歐」與移民問題使「V4集團國家」重新檢視在歐盟統合架構下具有共同利益的事務，「V4集團國家」公然反對歐盟接納難民的處理方式。「V4集團國家」的GDP總和是全球第15大的經濟體，這4個國家在歐洲議會的議員總和是法國、義大利與英國三國議員加總的2倍；「V4集團國家」仍繼續運用Visegrad基金（Visegrad Fund）[58]的經費，在其鄰近國家執行所謂的「軟

---

section/elections/news/macron-outlines-plans-for-multi-speed-europe/,last visited 07/15/2017.

[54] http://eadaily.com/en/news/2017/03/10/multi-speed-collapse/first-eu-summit-in-2017, last visited 06/26/2017.

[55] Alex Gorka, Alliance Inside the EU, Undermining Unity and Cohesion, Online Journal Strategic Culture Foundation, 08.08.2016.

[56] http://eadaily.com/en/news/2017/03/10/multi-speed-collapse/first-eu-summit-in-2017, last visited 06/26/2017.

[57] http://www.politico.eu/article/multispeed-europe-the-eus-loch-ness-monster-future/, last visited 06/26/2017.

[58] 「V4集團國家」於2000年6月9日設立國際Visegrad基金（International Visegrad Fund），

實力」（soft power）政策。

2016年4月，希臘與葡萄牙簽署一個共同聲明，主張歐盟撙節政策是錯誤的作法，撙節政策使經濟[59]停滯低迷與社會分裂。2016年9月，希臘組織南歐國家召開所謂的「地中海俱樂部」（Club Med），主張採取保護措施，要求執委會給予會員國政府財政支出與借款更多的裁量權。2016年9月9日，希臘總理Tsipras邀集法國、義大利、西班牙、葡萄牙、賽浦路斯與馬爾他6個南歐國家在雅典舉行一個「反撙節聯盟」（anti-austerity alliance）論壇，聚焦於經濟、政治與制度面的議題，特別是撙節措施、財政紀律與移民問題，基本上這個六國會議是2016年9月16日歐盟高峰會議前的聚會。

這些南歐國家（法國、義大利、希臘、西班牙、葡萄牙）面臨移民、安全、不穩定的鄰近地區的挑戰，這些議題足以在這些國家間加強合作（enhanced cooperateon），特別是在「英國脫歐」後，同時由於2015年以來的難民危機，導致大部分的申根區域國家傾向於廢止申根區域，以取回對於邊界檢查與管制的主權[60]。希臘與義大利不同意北方國家對於難民危機的處理方式，特別是法國、義大利等國興起即右派的團體，例如法國「民族陣線」（Front national）[61]的雷朋（Le Pen）、義大利的「五星運動」（Five Star Movement）[62]均使國內各項選舉受到莫大的挑戰。

加強合作（enhanced cooperation）為歐洲統合的新模式，依據歐盟條約第

總部位於斯洛伐克首都Bratislava，主要宗旨為促進發展彼此更緊密的合作，並提供經費給在共同文化、學術與教育的項目、青年交流、跨國合作與促進觀光，同時提供獎學金與藝術獎項。

[59] https://spuntniknews.com/europe/20160805104395077-europe-anti-austerity-alliance/, last visited 07/17/2017.

[60] Sarantis Michalopoulos, Southern EU countries in push for anti-austerity alliance, https://www.euractive.com/section/med-south/news/southern-eu-countries-in-push-for-anti-austerity-alliance/, last visited 07/17/2017.

[61] 「民族陣線」是法國的一個極右民粹主義政黨，2000年以後，「民族陣線」成為法國第三大政黨；在2014年歐洲議會選舉鐘，「民族陣線」成為法國第一大政黨。目前黨的路線為反移民、反歐盟及反伊斯蘭為基調。2017年法國總統大選雖然聲勢浩大，進入第二輪投票，但終究未獲勝選，雷朋敗給馬克洪（Macron）。

[62] 「五星運動」是義大利的民粹主義政黨，並為最大的反對黨。「五星運動」的核心價值是歐洲懷疑主義、民粹主義、環境保護主義與反對歐盟擴大權力。

20條規定，在非專屬職權範圍內相互建立加強合作的會員國，至少應有9個會員國參與加強合作，應通知歐洲議會、理事會與執委會，理事會應依據歐盟運作條約第330條[63]規定表決方式作成決議允許這些會員國加強合作，在加強合作範圍內公布的法規，僅對參與此一合作的會員國有拘束力。這些法規不視為是想加入歐盟的國家必須接受的現狀。

　　加強合作規定允許至少9個會員國在歐盟架構內進行進階的統合或合作，加強合作與選擇不適用（opt-out）不同，選擇不適用係在歐盟架構內的一種合作形式，允許會員國得不參與，例如申根區域與歐元區。1999年5月1日生效的阿姆斯特丹條約（Treaty of Amsterdam）針對司法合作暨刑事案件首次規定加強合作；2003年2月1日生效的尼斯條約（Treaty of Nice）簡化加強合作的機制，並擴大在共同外交暨安全政策範圍的加強合作，但不包括國防事務；2009年12月生效的里斯本條約（Treaty of Lisbon）擴大在國防事務的加強合作，並得在國防建立常設的結構合作（permanent structured cooperation in defence）[64]。

　　申根公約可視為是加強合作的機制，但申根公約一開始時是在歐盟架構外進行的加強合作，主要是當時並非全體會員國均有共識廢除邊界管制[65]，而有些會員國已經就廢除邊界管制準備就緒，並不願意等其他會員國，1980年代尚無加強合作機制，無法在原來歐洲共同體的架構內建立申根區域，但在申根區域建立後，1999年的阿姆斯特丹條約將申根區域的規則納入，成為歐盟法的一部份，而允許會員國可以選擇不適用申根區域的規則。

　　加強合作允許至少應有9個會員國，依照目前的28個會員國總數，係指應有三分之一以上的會員國想在歐盟架構內進行合作，此一規定允許會員國以不同的速度邁向不同的目標，此一設計主要是要防止因少數會員國動用否決權而

---

[63] 歐盟運作條約第330條規定，全體理事會成員得參與理事會的諮商，但僅參與加強合作的理事會成員有表決權。一致決議係僅指參與加強合作的會員國代表的票數。應依據歐盟運作條約第238條第3項規定，確定條件多數。

[64] 歐盟條約第42條第6項規定，針對軍事能力履行更難滿足標準與針對最高要求任務彼此繼續履行義務的會員國，在歐盟範圍內，應建立一個常設的結構合作。

[65] Paul Craig/Grainne de Burca (2003), EU Law, 3rd Edition, Oxford: Oxford University Press, p.751.

杯葛法案通過[66]。唯應注意的是，加強合作機制並不是要在歐盟基礎條約外擴大職權，而只是要允許部分會員國在無法達成共識時的一個最後職權；同時加強合作機制也不是要對會員國有差別待遇，加強合作的事務必須是基礎條約所規定的目標，且不屬於歐盟專屬職權範圍的事務。

新近加強合作的例子為2017年6月8日，20個會員國（奧地利、比利時、保加利亞、克羅埃西亞、賽浦路斯、捷克、愛沙尼亞、芬蘭、法國、德國、希臘、義大利、拉脫維亞、立陶宛、盧森堡、葡萄牙、羅馬尼亞、斯洛伐克、斯洛維尼亞與西班牙）同意設立歐洲檢察官（European Public Prosecutor）[67]，負責調查與起訴1萬歐元以上的貪汙與1,000萬歐元以上的跨國逃漏稅，但瑞典、波蘭、匈牙利、馬爾他、丹麥、愛爾蘭、英國與荷蘭並不支持設立歐洲檢察官[68]。畢竟加強合作是最後一招在至少9個會員國以上的統合模式，為避免造成歐盟的崩解，因此應遵守加強合作在程序上的要件，才不致使歐盟因不同速度的統合而分崩離析。

伍、修改條約的程序

歐洲聯盟條約第48條規定修改條約之程序，即得依據普通的修改程序與簡化的修改程序修改條約。

一、普通的修改程序

普通的條約修改程序，是由一會員國的政府、歐洲議會或執行委員會向理事會提出修改條約的草案。這些草案可以擴大或縮小歐洲聯盟在條約內所移轉的職權。理事會應向歐洲高峰會議轉交此一草案，並應告知會員國的國會。若

---

[66] Elitsa Vucheva, Divorce rules could divide EU states, 24. July 2008, http://eurobever. com/9/26532/?rk=1., last visited 2017/07/15.

[67] 歐盟運作條約第86條規定歐洲檢察官。

[68] http://www.politico.eu/article/multispeed-europe-the-eus-loch-ness-monster-future/, last visited 2017/06/26.

歐洲高峰會議在歐洲議會與執行委員會聽證後，以普通多數決議審查提出的修訂時，則歐洲高峰會議的主席應召集一個由會員國國會、會員國的國家元首與政府首長、歐洲議會、執行委員會代表組成的會議。在貨幣範圍的機關變更時，亦應由歐洲中央銀行參與。此一代表會議審查條約草案，並在共識的程序中作成決議後，向依據第4項規定的會員國政府代表組成的會議報告。若因計畫修訂的範圍使召集會議無正當性時，歐洲高峰會議在歐洲議會同意後，以普通多數決議不召開會議。在這種情形，歐洲高峰會議確定委任召開會員國政府的代表會議。理事會主席應召集會員國政府代表會議，以期協議進行修改條約。在全體會員國依據其憲法的規定批准條約修訂後，這些修訂才發生效力。若在簽署修改條約後兩年的期限屆滿後，有五分之四的會員國批准修改的條約，且有一個或數個會員國在批准過程出現困難時，則由歐洲高峰會議處理此一議題。

二、簡化的修改程序

　　每個會員國政府、歐洲議會或執行委員會得向歐洲高峰會議提出修訂歐洲聯盟運作條約第三部分關於歐盟內政範圍規定的全部或一部；歐洲高峰會議得公布決議，以修訂歐洲聯盟運作條約第三部分規定的全部或一部。在歐洲議會與執行委員會之聽證後，在貨幣範圍的機關修訂，並應在歐洲中央銀行聽證後，由歐洲高峰會議以一致決議之。此一決議在會員國依據其憲法規定同意後，才發生效力。此一決議不得造成擴大歐盟在條約移轉職權範圍的結果[69]。另外，還有特別的簡化修改程序，例如：

　　1. 共同防禦的實施（歐洲聯盟條約第42條第2項）；
　　2. 歐盟人民權利的擴大（歐洲聯盟運作條約第25條第2項）；
　　3. 加入歐洲人權公約（歐洲聯盟運作條約第218條第8項）；
　　4. 單一的歐洲議會選舉程序（歐洲聯盟運作條約第223條第1項）；
　　5. 在智慧財產權領域歐洲法院的管轄權（歐洲聯盟運作條約第262條）；
　　6. 歐盟的自主財源（歐洲聯盟運作條約第311條第3項）。

---

[69] 歐洲聯盟條約第48條第6項規定。

第三章　歐洲聯盟的組織架構

里斯本條約修訂歐洲聯盟條約與歐洲共同體條約，尤其是里斯本條約明顯地修訂歐洲聯盟的組織架構[1]，希望建構一個穩定與持續的組織架構，以期使歐洲聯盟的運作更有效率[2]。

壹、歐盟的機關

歐洲聯盟取代歐洲共同體，是歐洲聯盟法律上的繼承人，歐洲聯盟享有自己的法律人格[3]。在里斯本條約生效後，歐洲聯盟將原來的歐洲共同體融合為歐洲聯盟新的組織架構，將解決支柱結構組織法上的混合現象，而重新做組織上的整合，使歐洲統合的架構更清楚[4]。

為建構新的單一歐洲聯盟，里斯本條約規定平衡機關的改革與深化修訂決策程序。組織架構與程序上的新規定是里斯本條約改革重要的目標，特別是希望提高擴大後的歐洲聯盟未來的行為能力、提高歐洲聯盟民主的正當性與改善行為的透明化[5]。歐洲聯盟的機關結構大致與目前的相同；修訂與強化歐洲高峰會議，明文化歐洲高峰會議的機關地位；歐洲中央銀行亦將成為歐洲聯盟的機關，仍享有獨立的法律人格與獨立性。

整體而言，歐洲聯盟新的組織結構特別強調歐洲議會在立法程序上的角色、常設任期二年半的歐洲高峰會議主席、擴大理事會的多數決議、縮小執行

---

[1]　歐洲聯盟條約第13條至第19條與歐洲聯盟運作條約第223條至第287條的新規定。

[2]　European Council Presidency Conclusions, Brussels, 14. Dec. 2007, p. 6.

[3]　J. P. Terhechte, Verfassung ohne Rhetorik-Zur neuen Gestalt der Europäischen Union, EuZW 2007, S. 521.

[4]　E. Pache/F. Schorkorpf (Hrsg.), Die Europäische Union nach Lissabon, S. 24.

[5]　Streinz/Ohler/Hermann, Die neue Verfassung für Europa, Einführung und Synopse, 2005 München: Verlag C.H.Beck, S. 40.

委員會的規模、增設歐洲聯盟共同外交暨安全政策的高級代表。

　　歐洲聯盟條約第13條規定歐洲聯盟的組織架構，歐盟的機關包括歐洲議會、歐洲高峰會議、理事會、歐洲執行委員會、歐洲聯盟法院、歐洲中央銀行與歐洲審計院，以期使其價值發揮效果、追求目標、有利於人民與會員國的利益，以及確保其政策和措施的整合、效率與持續。新規定將歐洲中央銀行提升為主要的機關[6]，但不得牴觸其在憲法上的獨立性[7]。整體而言，歐洲高峰會議與歐洲議會是里斯本條約的受惠者，歐洲高峰會議應推動歐盟的必要發展、擬定歐盟一般的政治方針和優先任務；歐洲議會的民意基礎更加穩固，在立法程序上獲得更多的職權，而有更多實質的參與。

一、歐洲議會

　　歐洲議會可說是里斯本條約改革組織架構最大的贏家[8]，里斯本條約創設一個代表歐盟人民的歐洲議會，加強了歐洲決策的民主要素，同時亦改善歐洲議會的議事能力[9]。

　　歐洲議會是在歐洲層級直接民主正當性最重要的主體，里斯本條約擴大並加強歐洲議會的職權，確立歐洲聯盟立法程序的議會正當性，即依據歐洲聯盟條約第14條第1項之規定，歐洲議會與理事會共同為立法者，共同的行使預算職權，依據條約的規定履行政治監督的任務與諮詢的作用。歐洲議會應選舉執行委員會的主席，此一規定明確地強調歐洲議會的立法功能[10]。

　　歐洲聯盟條約第14條第2項規定，歐洲議會由歐盟人民的代表組成，包括議長在內，其總數不得超過750人。在歐洲議會的人民代表依遞減的比例，但至少每個會員國應有6名議員，且不得超過96席；依據歐洲議會之提議，歐洲高峰會議應以一致決議、且經歐洲議會之同意，公布歐洲議會的組成決議。以

---

[6]　Albrecht Weber, aaO., EuZW 2008, S. 9.

[7]　Albrecht Weber, aaO., EuZW 2008, S. 9.

[8]　E. Pache/F. Schorkopf, aaO., S. 25.

[9]　Matthias Ruffert, Institutionen, Organe und Kompetenzen-der Abschluss eines Reformprozesses als Gegenstand der Europarechtswissenschaft, EuR 2009, Beiheft 1, S. 39.

[10]　Matthias Ruffert, aaO., EuR 2009, Beiheft 1, S. 39.

普通、直接、自由與秘密選舉歐洲議會的議員，其任期爲五年。自歐洲議會議員中選舉議長與主席團。在新的代議制模式，歐洲議會採遞減的比例，議員總席次爲750的人數上限，每個會員國至少有6席議員，但不得超過96席。雖然歐洲議會係由歐盟人民代表組成，但並未保證選舉平等原則[11]，第3項規定並未列舉平等的選舉，雖然理事會依據歐洲聯盟運作條約第223條第1項之規定，應以一致決議公布歐洲議會的組織法，但歐洲議會的選舉法仍應由全體會員國批准才會生效。

歐洲議會在立法程序上獲得更大的職權，在普通的立法程序上，歐洲議會與理事會爲共同的立法機關，普通立法程序成爲政策的一般立法程序，歐洲議會有更多的實質參與立法。在一些政策領域，例如歐洲聯盟運作條約第19條規定的禁止差別待遇立法，賦與歐洲議會否決權[12]，即不牴觸條約的其他規定，理事會在條約移轉給歐盟的職權範圍內，依據特別的立法程序，在經得歐洲議會之同意後，以一致決議採取適當的措施，以期防制基於性別、種族、人種、宗教或世界觀、殘疾、年齡或性傾向之事由而造成的差別待遇。除此之外，歐洲議會與理事會得依據普通的立法程序，在排除調適會員國的法律規章下，規定歐盟促進措施的基本原則，以支援會員國應採取的措施，以期致力於實現前述的消除差別待遇之目標。

里斯本條約將立法程序大幅修訂，分爲普通的立法程序與特別的立法程序。過去的共同決定程序修改爲普通的立法程序（ordentliches Gesetzgebungsverfahren），在普通的立法程序，由理事會與歐洲議會共同的制定歐洲法規，即依據歐洲聯盟運作條約第294條之規定，首先由執行委員會向歐洲議會與理事會提出一個提案，進入第一讀程序；在第一讀程序中，歐洲議會應確定其立場，並將其立場告知理事會，理事會同意歐洲議會之立場時，則應以歐洲議會立場之版本公布相關的法規；若理事會不同意歐洲議會之立場時，則理事會應在第一讀中確定其立場，並將其立場告知歐洲議會。理事會應詳細告知歐洲議會關於其在第一讀中確定其立場的全部理由，執行委員會亦應完全地告知歐洲議會關於其立場。接著進入第二讀程序，若歐洲議會在告知後

---

[11] Matthias Ruffert, aaO., EuR 2009, Beiheft 1, S. 39.

[12] Phil Syrpis, op.cit., 37 Industrial Law Journal 2008, p. 224.

三個月內同意理事會在第一讀的立場時或未發表意見時，則視爲通過理事會在第一讀立場版本的相關法規；以歐洲議會議員過半數拒絕理事會在第一讀的立場時，則視爲未公布所建議的法規；若歐洲議會議員過半數建議變更理事會在第一讀的立法程序時，則應將變更的版本交付給理事會與執行委員會，執行委員會應就此一變更發表意見。若理事會在歐洲議會的變更案到達後三個月內，以條件多數決議，同意所有變更的內容時，則視爲通過相關的法規；若理事會不同意所有的變更內容時，則由理事會主席在歐洲議會主席之同意下，在六星期內召集調解委員會。執行委員會對變更案發表意見時，應由理事會以一致決議變更案。在調解程序，由理事會的成員或其代表與同數的歐洲議會的議員代表組成調解委員會。調解委員會的任務爲基於歐洲議會與理事會在第二讀的立場達成共識，執行委員會應參與調解委員會之工作，並採取所有必要的創制，以期致力於使歐洲議會與理事會的立場更接近。若在召集後六星期內，調解委員會不同意共同的草案時，則視爲未通過所提案的法規。最後進入第三讀程序，若在召集後六星期內，調解委員會同意共同的草案時，則歐洲議會與理事會在自此一同意時起六星期的期限內，在歐洲議會應有出席議員的過半數，且在理事會應有條件多數決議，以期符合此一草案的內容公布相關的法規；其他情形視爲未通過所提案的法規。

　　另外，尚有特別的立法程序，在歐洲聯盟條約與歐洲聯盟運作條約規定，由數個會員國的集體提案、歐洲中央銀行建議或歐洲法院申請，以普通的立法程序公布法規時，則不適用執行委員會提案與告知其立場，以及發表意見的規定，在這些法定的情形，歐洲議會與理事會應告知執行委員會法規的草案與其在第一讀和第二讀的立場；在整個程序進行中，歐洲議會與理事會得向執行委員會請求發表意見，執行委員會並得主動發表意見，執行委員會並得參與調解委員，以執行委員會認爲必要者爲限。

　　歐洲議會將參與將近95%的立法工作，歐洲聯盟法也因而明顯的提高其民主的正當性，僅在少數的例外情形，針對特定的事務才須經歐洲議會的同意。值得一提的是，在預算案的決議上，亦加強了歐洲議會的職權，即在特別的立法程序範圍，由理事會與歐洲議會共同確定歐盟的年度預算案，在特定的情形，歐洲議會甚至有最後決定權，里斯本條約對於預算的新規定，不再區分義務支出與非義務支出。

　　歐洲議會應選舉執行委員會的主席[13]，依據歐洲聯盟條約第17條第7項之規定，應依據歐洲高峰會議之提名，而歐洲高峰會議應與歐洲議會諮商後提名，歐洲議會選舉執行委員會主席主要是在歐盟層次作爲議會政府制度的核心要素[14]，以期繼續擴大歐洲議會的地位。

　　總而言之，歐洲議會的三個主要職務爲：

1. 立法：與部長理事會共同通過由執委會提案的法律、決議批准國際協定、決議歐盟擴大加入新的會員國、審查執委會的工作計畫與敦促執委會提出法案。

2. 監督：監督所有歐盟機關的民主遵循、選舉執委會主席與通過執委會作爲一個整體的人事同意、通過歐盟的預算、審查人民的請願及舉行查詢、與歐洲中央銀行討論貨幣政策、質詢執委會與理事會、進行選舉觀察。

3. 預算：與部長理事會共同制定預算、核准歐盟「多年財政架構」（Multiannual Financial Framework）的長期預算。

　　關於歐洲議會組成的新規定主要係爲改善歐洲議會的工作能力，實際上歐洲議會的議員席次在羅馬尼亞和保加利亞加入後，已經超過732席議員的最高額度，在2009年6月歐洲議會大選前有785席議員。依據歐洲聯盟條約第14條第2項的新規定，歐洲議會的議員席次應降至750名的上限。但這樣的名額仍是一個相當龐大的議會，是否眞能提高歐洲議會的運作能力與有效率的工作，仍不無疑問[15]。

　　由於2013年7月1日克羅埃西亞正式加入歐洲聯盟，當時歐洲議會共有751席議員，各會員國席位分配如下：德國96席；法國74席；義大利以及英國分別有73席；西班牙54席；波蘭51席；羅馬尼亞32席；荷蘭26席；比利時和希臘、捷克、葡萄牙、匈牙利各有21席；瑞典20席；奧地利和保加利亞各17席；丹麥、芬蘭、斯洛伐克各13席；愛爾蘭、克羅埃西亞、立陶宛各11席；斯洛維尼亞、拉脫維亞各8席；愛沙尼亞、塞浦路斯、盧森堡、馬爾他各6席。

---

[13]　歐洲聯盟條約第17條第7項規定。

[14]　W. Kluth, Die demokratische Legitimation der Europäischen Union, 1995, S. 90ff.

[15]　E. Pache/F. Schorkopf, aaO., S. 26.

　　歐洲議會由不同的黨團組成，2019年第9屆歐洲議會有7個不同的黨團，即右翼的歐洲人民黨（European People's Party；簡稱EPP）、中間偏左的社會暨民主前進聯盟（Progressive Alliance of Socialists and Democrats；簡稱S&D）、自由派的更新歐洲（Renew Europe；簡稱Renew）、綠黨／歐洲自由聯盟（Group of the Greens/European Free Alliance；簡稱Greens/EFA）、極右的認同暨民主（Identity & Democracy；簡稱ID）[16]、保守的歐洲保守派暨改革派（European Conservatives and Reformists；簡稱ECR）、極左的歐洲聯合左翼－北歐綠色左翼聯盟黨團（Confederal Group of the European United Left – Nordic Green Left；簡稱GEU/NGL）、以及其他無結盟團體。過去EPP與S&D一直是歐洲議會的兩大陣營，但在2019年歐洲議會選舉時失去大多數的席次，而必須與更新歐洲合作[17]，而成為第9屆歐洲議會主要的三大黨團。

　　由於英國於2020年1月30日正式退出歐盟，因此歐洲議會總席次做了調整，由於各會員國有不同的選舉制度與不同的選罷法，因此在2024年6月6-9日舉行投票選出第10屆的歐洲議會，共720席（由原來的705席增加至720席），據估計2024年約有3億7,200萬人為合格選民，這也是自2020年1月英國脫歐後的第一次歐洲議會選舉。由於歐盟並無統一的歐洲議會議員選舉罷免法，而是依據各會員國的選舉罷免法舉行投票，各會員國的投票日如下[18]：

6月6日	荷蘭	
6月7日	愛爾蘭	捷克
6月8日	拉脫維亞、馬爾他、斯洛伐克	捷克、義大利

---

[16]　ID主要由法國Le Pen所屬的政黨、荷蘭的自由黨、奧地利的自由黨與德國的AfD組成。義大利總理Meloni所屬的義大利兄弟黨（Brothers of Italy）、前波蘭總理Morawiecki所屬的PiS黨、瑞典民主人士（Sweden Democrats）與捷克的人民民主黨（Civic Democratic Party）亦屬於極右勢力。Le Pen所屬政黨「國民陣線」（National Front）後來更名為「國民聯盟」（National Rally；法文為Rassemblement National）。

[17]　Cas Mudde, "The Far Right and the 2024 European Elections", Intereconomics 2024, 59 (2), p.63.

[18]　European Parliament, "European Elections 6-9 June 2024", https://elections.europa.eu/, last visited 06/01/2024.

| 6月9日 | 比利時、保加利亞、丹麥、德國、愛沙尼亞、希臘、西班牙、法國、克羅埃西亞、塞浦路斯、立陶宛、匈牙利、盧森堡、奧地利、波蘭、葡萄牙、羅馬尼亞、斯洛維尼亞、芬蘭、瑞典 | 義大利 |

各會員國歐洲議員席次分配如下[19]：

	96	德國
	81	法國
	76	義大利
	61	西班牙
	53	波蘭
	33	羅馬尼亞
	31	荷蘭
	22	比利時
會員國席次分配，共 720 席	21	瑞典、捷克、匈牙利、希臘、葡萄牙
	20	奧地利
	17	保加利亞
	15	芬蘭、丹麥、斯洛伐克
	14	愛爾蘭
	12	克羅埃西亞
	11	立陶宛
	9	斯洛維尼亞、拉脫維亞
	7	愛沙尼亞
	6	塞浦路斯、馬爾他、盧森堡

　　第10屆歐洲議會2024年至2029年任期共選出720席議員，依據歐洲議會議事規則第7條之規定，黨團應由來自四分之一會員國（即7個會員國）且至少23

---

[19] European Parliament, "European Elections 6-9 June 2024", https://elections.europa.eu/, last visited 06/01/2024.

位議員組成，新一屆歐洲議會各黨團得票席次如下[20]：

歐洲議會黨團	席次
EPP（Europen People's Party；由各國基督教民主黨組成的歐洲人民黨）	188
S&D（Group of the Progressive Alliance of Socialists and Democrats in the European Parliament；社會民主進步聯盟）	136
Patriots for Europe（歐洲愛國黨；簡稱 PfE）[21]	84
European Conservatives and Reformists（歐洲保守暨改革派；簡稱 ECR）	78
Renew Europe（更新歐洲黨）	77
Greens/EFA（綠黨／歐洲自由聯盟）	53
The Left（左派）	46
Europe of Sovereign Nations（主權國家的歐洲；簡稱 ESN）	25
NI（無附屬政黨議員）	33

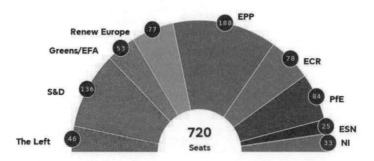

---

[20] European Parliament, "European Parliament 2024-2029 Constitutive Session", https://results.elections.europa.eu/en/european-results/2024-2029/, last visited 07/20/2024.

[21] 「歐洲愛國黨」（Patriots for Europe）的政治主張為捍衛猶太教和基督教的根源、對抗非法移民。

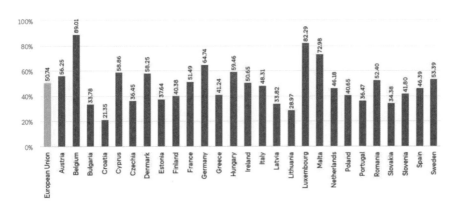

06/09/2024 - 11:28　　All times are GMT+2

Turnout by country (%)

Final results

Source: Provided by Verian for the European Parliament

二、歐洲高峰會議

　　里斯本條約加強了歐洲高峰會議（European Council）的政治地位，在新的歐洲聯盟組織架構中，歐洲高峰會議成為一個獨立的主要機關[22]，依據歐洲聯盟條約第15條之規定，歐洲高峰會議由會員國的國家元首與政府首長、歐洲高峰會議主席與執行委員會的主席組成，外交暨安全政策的歐盟高級代表參與其工作。歐洲高峰會議應給與歐盟發展必要的推動，而為推動發展確定一般的政治目標和優先的項目；歐洲高峰會議不參與立法。以條約（歐洲聯盟條約與歐洲聯盟運作條約）無其他規定者為限，歐洲高峰會議採共識決。歐洲高峰會議對於歐洲統合發動機（Motor der Integration）的角色將更加重要，理事會仍是主要的立法機關，歐洲高峰會議仍維持立法催生者的角色[23]，而在穩固的條約基礎上，讓歐洲高峰會議繼續作為歐洲聯盟的政治領導機關與催生機關。

[22]　Ingolf Pernice (Hrsg.), Der Vertrag von Lissabon: Reform der EU ohne Verfassung?, 2008 Baden-Baden: Nomos Verlagsgesellschaft, S. 100; J. P. Terhechte, aaO., EuR 2008, S. 161.

[23]　Ingolf Pernice (Hrsg.), aaO., S. 101.

　　在歐洲聯盟條約第15條第5項新規定，歐洲高峰會議以條件多數決議，以二年半的任期選舉其主席，連選得連任一次。在無法視事或重大失職的情形，歐洲高峰會議應以相同的程序，解除其職務。在新規定中明顯地加強了歐洲高峰會議作為歐洲聯盟領導機關的角色，尤其是主要職務的主席[24]，但歐洲高峰會議主席不得擔任任何一個會員國或在歐盟層級的其他政治職位。

　　歐洲高峰會議仍然維持政治領導的角色，但其決議仍不具有法律上的拘束力[25]。依據歐洲聯盟條約第15條第5項之新規定，不牴觸外交暨安全政策的歐盟高級代表之職權，歐洲高峰會議主席在歐洲高峰會議層級與以其特徵，在共同外交暨安全政策的事務上，對外代表歐盟。而依據歐洲聯盟條約第27條之規定，歐盟外交暨安全政策高級代表在外交事務理事會擔任主席，以其提議致力於確定共同的外交暨安全政策，並確保執行由歐洲高峰會議與理事會公布的決議。歐盟外交暨安全政策高級代表在共同外交暨安全政策範圍，代表歐盟。以歐盟的名義，高級代表應與第三國進行政治對話，並在國際組織與在國際會議上代表歐盟的立場。雖然高級代表負責領導共同外交暨安全政策，但歐洲高峰會議主席仍有重要的代表任務。歐洲高峰會議的主席對外代表歐洲聯盟，如同聯邦制度國家的總統，亦成為歐洲聯盟的官員[26]。

　　由於歐洲高峰會議主席的任期得連任、不再是會員國的國家元首或政府首長輪值擔任主席，而是一個常設的職位，應該有助於加強歐洲聯盟發展的連續性、在歐洲高峰會議長期有計劃的規劃與訂定優先的目標[27]。但應注意的是，常設歐洲高峰會議主席的任務並未因而擴大逾越在輪值制度中歐洲高峰會議主席的職權，歐洲高峰會議主席應準備和召集歐洲高峰會議，並主持歐洲高峰會議，因而得成為歐洲高峰會議採取在歐洲聯盟基本的政治決策最重要的動力。

　　在歐盟法不同的範圍，歐洲高峰會議有許多新的任務，特別是人事決定，例如選舉歐洲高峰會議的主席、提名執行委員會主席人選、任命全體執行委員會委員與共同外交暨安全政策的歐盟高級代表，尤其是在共同外交暨安全政策

---

[24]　Albrecht Weber, aaO., EuZW 2008, S. 9.

[25]　Callies/Ruffert, aaO., Art. I-20, Rn. 3.

[26]　Constitutional implicateons of the Treaty of Lisbon, http://www.vrijspreker.nl/wp/2008/04/constitutional-implications-of-the-treaty-of-lisbon, last visited 01/02/2009.

[27]　E. Pache/F. Schorkopf, aaO., S. 26.

範圍在外交關係上的任務、協調經濟政策、在勞工自由遷徙上的社會政策措施的仲裁角色、在刑事案件的司法合作與警察合作。

三、理事會（部長理事會）

里斯本條約基本上並未改變理事會的角色，仍然是一個由會員國政府代表組成的委員會，在組織架構上是一個聯邦的要素[28]，仍繼續維護立法與政府治理的作用[29]，理事會仍維持不同的組合進行會議，例如「財經理事會」、「環境理事會」、「農業暨漁業理事會」、「一般事務理事會」、「外交事務理事會」、「司法暨內政理事會」、「就業及培訓、社會政策、健康暨消費者保護理事會」、「競爭事務理事會」、「教育、青少年、文化暨運動理事會」、「交通、電信暨能源理事會」等10個理事會。

歐洲聯盟條約第16條第1項規定，理事會與歐洲議會共同作為立法機關，共同行使預算職權；依據條約（歐洲聯盟條約與歐洲聯盟運作條約）之規定，確定政策與協調亦屬於理事會的任務。一直以來，部長理事會行使立法與政府的行政職權，新規定改變了理事會與歐洲議會間的機關平衡關係，再度擴大歐洲議會的立法權[30]。理事會的主要任務為立法與通過預算，里斯本條約最大的修訂就是將過去由理事會單獨立法修訂為在普通的立法程序上由理事會與歐洲議會共同的立法，尤其是在農業政策、合法的移民與共同貿易政策範圍的立法。新規定將使在歐盟層次的立法程序更透明與更符合民主的正當性[31]。

理事會的決議方式可分為簡單多數決議、條件多數決議與一致決議。歐洲聯盟條約第16條第2項仍規定，理事會由每個會員國部長層級的一位代表組成，有權為其所代表的會員國為有拘束力的行為與行使表決權。普通多數決議，成為理事會決議的一般規定[32]；同時可確保理事會的行為能力，無論如

---

[28] Ingolf Pernice (Hrsg.), aaO., S. 107.

[29] E. Pache/F. Schorkopf, aaO., S. 27.

[30] Peter M. Huber, Das institutionelle Gleichgewicht zwischen Rat und Europäischem Parlament in der künftigen Verfassung für Europa, EuR 2003, S. 597.

[31] E. Pache/F. Schorkopf, aaO., S. 27.

[32] 過去普通多數決議是一個補充的規定，係適用於條約沒有特別的規定時，即應適用普通

何,條件多數決議比一致決議更能有效率地達成協議[33]。一致決議必須是會員國認為是敏感(sensitive)的事務,例如共同外交暨安全政策、涉及歐盟人民權益、取得歐盟會員國身分、整合會員國的間接稅立法、歐盟財政(例如自主財源、多年財政架構)、內政暨司法政策的特定規定(例如歐洲檢察官、家事法、警力合作)、整合在社會安全及保護領域的會員國立法。

擴大使用條件多數決議(qualifizierte Mehrheit)方式,以促進理事會的行為能力,尤其是針對內政暨司法政策的事務,將不再適用一致決議,而是適用條件多數的決議方式。2003年尼斯條約(Vertrag von Nizza)對於條件多數決議有新的規定,即自2004年11月1日起,在理事會的票數加權(Stimmgewichtung)形成一個在國際法上的國家平等原則和民主代議間的均衡[34],但依據歐洲聯盟運作條約第16條第4項的新規定,自2014年11月1日起,條件多數應有至少理事會成員55%的多數,即至少應有15個會員國的贊成,且這些贊成的會員國至少應有聯盟人口的65%贊成。也就是條件多數為雙重多數(doppelte Mehrheit),即會員國的多數與歐盟總人口數65%的多數,可以阻止動輒癱瘓議事而影響正常運作的情形[35],適用條件多數決議的立法主要是在經濟法規,包括人員自由遷徙、租稅法等。

在條件多數決議,總票數是352票,各國票數加權(Stimmengewichtung)的票數分配如下[36]:

會員國	票數
德國、法國、義大利、英國	29
西班牙、波蘭	27
羅馬尼亞	14
荷蘭	13
比利時、捷克、希臘、匈牙利、葡萄牙	12

多數決議。

[33] Ingolf Pernice (Hrsg.), aaO., S. 114.

[34] Albrecht Weber, aaO., EuZW 2008, S. 10.

[35] Armin Hatje, aaO., EuR 2005, S. 151.

[36] http://www.consilium.europa.eu/showPage.aspx?id=242&lang=de, last visited 01/26/2010.

會員國	票數
奧地利、保加利亞、瑞典	10
丹麥、愛爾蘭、立陶宛、斯洛伐克、芬蘭、克羅埃西亞	7
賽浦路斯、愛沙尼亞、拉脫維亞、盧森堡、斯洛維尼亞	4
馬爾他	3

　　在理事會中對於必要的條件多數爭議，是里斯本條約在政治妥協過程中的核心爭議[37]，在冗長的討論與意見交換後，會員國達成共識，以雙重多數作爲理事會主要的決議方式[38]。此一新規定自2014年11月1日起才開始實施，尼斯條約的條件多數決議規定仍繼續有效，主要是波蘭的強烈反對[39]，因此在布魯塞爾歐洲高峰會議上達成共識，新規定自2014年11月1日起生效。由於波蘭堅持延長適用在1994年歐洲高峰會議協議的約翰尼亞條款（Ioannia-Klausel），2007年理事會輪值主席德國與葡萄牙提議應作成聲明決議（Beschluß），在2014年11月1日至2017年3月31日這段期間，若至少有四分之三的人民或至少四分之三的會員國否決法案時，仍得否決理事會的決議[40]。也就是自2017年4月1日起，應有歐盟總人口的65%與會員國的55%的雙重多數決議[41]，此一聲明可視爲是約翰尼亞條款有拘束力的解釋規則[42]。也就是應有15個會員國贊成且涵蓋歐盟總人口數的65%。

　　另有一種所謂的阻擋少數（blocking majority）的例外情形，也就是4個會員國未達到阻擋少數的門檻時，可視爲已達到條件多數，例如有3個會員國反對，但可視爲達到條件多數，也就是即便有24個會員國贊成，但少於歐盟總人

---

[37]　J. P. Terhechte, aaO., EuR 2008, S. 166.

[38]　E. Pache/F. Schorkopf, aaO., S. 28.

[39]　E. Pache/F. Schorkopf, Der Vertrag von Nizza-Institutionelle Vorbereitung der Erweiterung, NJW 2001, S. 1381.

[40]　Erklärung zu Art.9c IV des Vertrags über die Europäische Union und zu Art.205 II des Vertrags über die Arbeitaweise der Europäischen Union，至2014年11月1日止仍適用過渡規定，自2014年11月1日至2017年3月31日止，仍適用約翰尼亞協議。

[41]　Art.1-4 Erklärung zu Art.9c IV des Vertrags über die Europäische Union, RK 2007, CIG 3/1/07, REV1 (OR2) des COREPER.

[42]　Albrecht Weber, aaO., EuZW 2008, S. 10.

口數的65%。

　　依據歐盟運作條約第238條第2項規定，由執委會或外交暨安全政策的歐盟高級代表的提案，理事會應適用強化的條件多數決議（reinforced qualified majority），即至少有72%的會員國贊成（即至少有20個會員國）且涵蓋歐盟總人口數的65%，才可通過決議。

　　2020年1月31日英國正式脫歐後，對於理事會的條件多數決議的會員國加權有很大的衝擊，因此會員國的表決權必須進行調整，但條件多數決議的雙重多數要件會員國贊成數目與歐盟總人口數的門檻值，仍是重要的標準。

　　值得一提的是，為提高理事會在立法程序上的透明度，歐洲聯盟條約第16條第8項規定，理事會諮商與表決法案時，理事會應進行公開的會議；為達成此一目標，每次的理事會會議應分為兩部分，一部分應就歐盟的法案進行諮商，另一部分為協商與立法無關的事務。此一規定是透明化與對媒體公開資訊的關鍵一步 [43]，有助於歐盟人民體驗歐洲聯盟的實際運作，使歐盟人民更清楚的瞭解歐洲聯盟。

　　歐洲聯盟條約第16條第9項規定，除外交事務理事會外，在理事會會議的主席由理事會的代表擔任，並在歐洲聯盟運作條約第236條規定的條件下，依據平等的輪值制度確定輪值主席表。即外交事務理事會由共同外交暨安全政策的歐盟高級代表擔任主席，其他的理事會主席則由輪值國擔任主席，每六個月交接輪值主席。擔任輪值主席的會員國應負責任期內半年的理事會議程與舉辦會議（但不包括外交事務理事會的會議），以及理事會會議的準備事宜，例如委員會或工作小組，但不包括對於外交政策與防禦事務的外交事務理事會與由理事會秘書處負責特定的工作小組或委員會準備事宜 [44]。會員國擔任輪值主席時，得擬定半年的議程，通常會選定由歐洲高峰會議擬定特定的熱門議題，以期解決在會員國、理事會，與歐洲議會間的歧見，以達成政策或立法的共識。

　　2007年1月1日理事會作成決議 [45] 規定至2020年的輪值主席國的順序，其順序如下：

---

[43]　Ingolf Pernice (Hrsg.), aaO., S. 109.

[44]　OJ 2009 L 315/50.

[45]　OJ 2007 L 1/11.

年度	輪值主席國
2007 年	德國、葡萄牙
2008 年	斯洛維尼亞、法國
2009 年	捷克、瑞典
2010 年	西班牙、比利時
2011 年	匈牙利、波蘭
2012 年	丹麥、賽浦路斯
2013 年	愛爾蘭、立陶宛
2014 年	希臘、義大利
2015 年	拉脫維亞、盧森堡
2016 年	荷蘭、斯洛伐克
2017 年	馬爾他、英國
2018 年	愛沙尼亞、保加利亞
2019 年	奧地利、羅馬尼亞
2020 年	芬蘭

　　2016年時，理事會作成第1316號決議[46]調整理事會的輪值主席國順序，自2017年7月1日起至2030年12月31日止，施行新的輪值主席國順序如下：

輪值主席國	年度	月分
荷蘭	2016 年	1 月至 6 月
斯洛伐克	2016 年	7 月至 12 月
馬爾他	2017 年	1 月至 6 月
愛沙尼亞	2017 年	7 月至 12 月
保加利亞	2018 年	1 月至 6 月
奧地利	2018 年	7 月至 12 月
羅馬尼亞	2019 年	1 月至 6 月
芬蘭	2019 年	7 月至 12 月
克羅埃西亞	2020 年	1 月至 6 月

---

[46] OJ 2016 L 208/42-43.

輪值主席國	年度	月分
德國	2020 年	7 月至 12 月
葡萄牙	2021 年	1 月至 6 月
斯洛維尼亞	2021 年	7 月至 12 月
法國	2022 年	1 月至 6 月
捷克	2022 年	7 月至 12 月
瑞典	2023 年	1 月至 6 月
西班牙	2023 年	7 月至 12 月
比利時	2024 年	1 月至 6 月
匈牙利	2024 年	7 月至 12 月
波蘭	2025 年	1 月至 6 月
丹麥	2025 年	7 月至 12 月
賽浦路斯	2026 年	1 月至 6 月
愛爾蘭	2026 年	7 月至 12 月
立陶宛	2027 年	1 月至 6 月
希臘	2027 年	7 月至 12 月
義大利	2028 年	1 月至 6 月
拉脫維亞	2028 年	7 月至 12 月
盧森堡	2029 年	1 月至 6 月
荷蘭	2029 年	7 月至 12 月
斯洛伐克	2030 年	1 月至 6 月
馬爾他	2030 年	7 月至 12 月

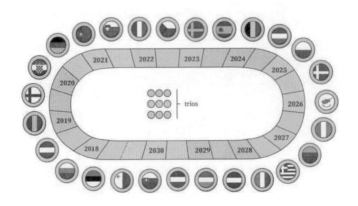

　　2009年里斯本條約採行所謂的「三人組」（trios）制度，也就是由前後三個會員國組成一個緊密合作的模式，擬定長期目標與準備在十八個月期限要決定的議題和主要問題的共同議程。在這樣的基礎上，每個會員國應準備自己更詳盡的六個月計畫。以2024年7月至12月匈牙利擔任輪值主席國為例，自其前手比利時接棒，之後將交棒給波蘭。由於歐盟正面對鄰近地區的戰爭挑戰、全球競爭、支離破碎的安全情勢、非法移民、自然災害、氣候變遷的影響與少子化高齡化社會的人口挑戰。匈牙利聚焦在下列七個主題[47]：

1. 提高歐盟的競爭力；
2. 加強歐盟的防禦政策；
3. 持續地擴大政策與擇優挑選新會員；
4. 遏止非法移民；
5. 形塑凝聚力政策的未來；
6. 促進以農民為導向的歐盟農業政策；
7. 找出人口挑戰。

　　2016年第1316號決議第3條並規定，在2029年12月31日前，理事會將決議自2031年1月1日起的輪值主席國順序。

四、執行委員會

　　里斯本條約加強了執行委員會（又稱為執委會）的民主正當性與行為能力[48]，在加強執行委員會的民主正當性上，反映在執行委員會的主席應負責執行委員會工作的準繩，執行委員會是一個整體，應對歐洲議會負責，歐洲議會對於執行委員會以一個整體行使委員的任命同意權，並得以不信任投票強制全體委員集體退職。歐洲聯盟條約第17條規定，執行委員會應促進歐盟的一般利益與為達成此一目標，而採取適當的作法。執行委員會應注意適用條約（歐洲

---

[47] European Council/Council of the European Union, The presidency of the Council of the EU, https://www.consilium.europa.eu/en/council-eu/presidency-council-eu/, last visited 2024/10/25.

[48] E. Pache/F. Schorkopf, aaO., S. 29.

聯盟條約與歐洲聯盟運作條約）與由機關依據條約所公布的措施；在歐盟法院
的監督下，執行委員會應監督歐盟法之適用。執行委員會應提出預算案與管理
計畫。執行委員會依據條約之規定，行使協調、行政與管理的職權；除在共同
外交暨安全政策和條約規定其他的情形外，執行委員會對外應代表歐盟。執行
委員會應實施一年與多年的計畫規劃，以達成機關間協議之目的。以條約（歐
洲聯盟條約與歐洲聯盟運作條約）未有其他規定者為限，歐盟的法案僅得由執
行委員會提出。若條約有規定時，則其他的法案應依據執行委員會的提案公
布。執行委員會的任期為五年。依據一般的資格與投入歐洲事務的人士中選任
執行委員會委員，並完全保障其獨立性。執行委員會應完全獨立的執行職務。
不牴觸第18條第2項之規定，執行委員會委員既不得請求、亦不得接受一會員
國政府、一機關、一機構或其他局處的指示。執行委員會不得為牴觸其職務或
履行其任務的行為。在里斯本條約生效後與2014年10月31日間任命的執行委員
會，由執行委員會主席、外交暨安全政策的歐盟高級代表（同時為執行委員會
的一位副主席）、每一會員國的一名國民擔任的委員組成。

　　2010年2月10日葡萄牙籍的Barroso（自2004年起即為執委會委員）再度就
任執委會主席，執委會由下列的總署組成：

1. 外交暨安全政策總署。
2. 數位議程總署。
3. 機構關係暨行政總署。
4. 司法暨基本權利總署。
5. 企業暨產業總署。
6. 交通總署。
7. 競爭總署。
8. 就業、社會事務暨機會均等總署。
9. 教育、文化、青少年暨多語言總署。
10. 內部市場暨服務總署。
11. 能源總署。
12. 擴大暨歐洲睦鄰政策總署。
13. 財政規劃暨預算總署。
14. 漁業暨海洋事務總署。

15. 研究暨創新總署。

16. 健康暨消費者保護總署。

17. 貿易總署。

18. 內政總署。

19. 氣候保護總署。

20. 農業暨農地發展總署。

21. 區域政策總署。

22. 租稅、關稅暨詐欺防制總署。

23. 環境總署。

24 經濟暨貨幣總署。

　　歐洲聯盟條約第17條第5項規定，自2014年11月1日起，執行委員會由執行委員會主席、外交暨安全政策的歐盟高級代表、以歐洲高峰會議未以一致決議變更委員人數為限，會員國三分之二的委員數組成。執行委員會的委員應從會員國國民中以在會員國間嚴格的平等輪流的制度選任，以便能表示會員國全體的人口與地理多樣性。歐洲高峰會議應依據歐洲聯盟運作條約第244條之規定，以一致決議規定此一制度。換言之，至2014年10月31日止，在執行委員會中仍為每一會員國有一位委員的原則，包括主席與外交暨安全政策的歐盟高級代表在內，共有27位委員；但自2014年11月1日起，則將依據輪流的制度，由三分之一的會員國輪流擔任委員的職位，縮編執行委員會的規模，以期改善執行委員會的行為能力和工作能力。

　　歐洲聯盟條約第17條第7項規定，歐洲高峰會議在依據諮商後以條件多數決議，向歐洲議會提名擔任執行委員會主席的候選人；而歐洲高峰會議在提名時應考量歐洲議會的選舉結果。歐洲議會以其議員過半數選任執行委員會主席；若此一候選人未獲過半數同意時，則在一個月內，歐洲高峰會議應以條件多數決議向歐洲議會提名新的候選人，而歐洲議會亦應以相同的條件多數選任執行委員會主席。在當選的執行委員會主席之同意下，理事會提出建議擔任委員的人選名單，而此一委員候選人名單應依據會員國根據第3項第2句與第5項第2句規定的標準提名。執行委員會主席、外交暨安全政策的歐盟高級代表與其他委員係一合議機關，由歐洲議會進行同意的表決。依據歐洲議會之同意，

由歐洲高峰會議任命執行委員會。依據歐洲聯盟條約第17條第8項之規定，執行委員會係一合議機關，以一個整體對歐洲議會負責。歐洲議會得依據歐洲聯盟運作條約第234條對執行委員會提起不信任申請。若通過此一申請，則執行委員會全體委員必須辭職，外交暨安全政策的歐盟高級代表必須辭去在執行委員會範圍的職務。此一新規定一方面加強執行委員會主席的角色和對歐洲議會的民主責任，另一方面也加強歐洲高峰會議主席的角色；以不牴觸歐盟高級代表的職權爲限，不僅是執行委員會主席，而且歐洲高峰會議的主席都必須爲歐盟的福祉，同時在對外和履行任務時都必須爲歐盟的福祉。此一新的雙領導制度規定於一個雙軌的結構，而使執行委員會主席扮演歐洲聯盟的總理或首相的角色[49]。

總而言之，執委會主席是每週執委會會議的主席，並擬定執委會的政策議程。執委會主席代表執委會出席下列的會議：

1. 歐洲高峰會議；
2. G7[50] 與G20高峰會[51]；
3. 與第三國的雙邊高峰會議；
4. 在歐洲議會與理事會主要的討論會議。

2014年11月1日，盧森堡籍的Jean-Claude Juncker接任執委會主席，目前的執委會任期至2019年10月31日止。爲落實2017年6月24日歐洲高峰會議公布的歐盟策略守則（State-gic Guidelines for the European Union），Juncker上任後提出政策守則（Political Guidelins），揭示2014年至2019年執委會的十大優先項目：

1. 鼓勵就業、成長與投資；
2. 一個連結的數位單一市場；

---

[49] Jürgen Schwarze (Hrsg.), Der Verfassungsentwurf des Europäischen Konvents, 2004 Baden-Baden: Nomos Verlagsgesellschaft, S. 489.

[50] G7係指七大工業國會議，成員包括美國、加拿大、日本、英國、法國、德國與義大利。

[51] G20是一個國際經濟合作論壇，於1999年12月9日在德國柏林成立，由原來的G7成員加上「金磚五國」（中國、印度、巴西、俄羅斯、南非）以及澳洲、墨西哥、韓國、土耳其、印尼、沙烏地阿拉伯、阿根廷，以及歐盟所組成，按照慣例，IMF與世界銀行均會列席G20的會議。

3. 具有前景的氣候變遷政策彈性的能源聯盟；

4. 更深化與更公平的單一市場；

5. 更深化與更公平的經濟暨貨幣同盟；

6. 促進均衡與進度的貿易政策，以治理全球化；

7. 一個基於相互信任的司法暨基本權利區域；

8. 新的移民政策；

9. 更強的全球角色；

10. 一個民主變遷聯盟。

　　德國前聯邦國防部長Ursula von der Leyen於2019年11月接任歐盟執委會主席的職位，她不僅是德國第一位女性擔任聯邦國防部長，而且也是歐盟執委會第一位女性主席；接任歐盟執委會主席，除了是她個人職業生涯邁向顛峰外，也意謂著「容科時代的結束」，歐盟進入另一個新的里程碑。在歐洲議會的人事同意大會上，Ursula von der Leyen在演說中做出了許多的政策承諾，可謂前所未有！例如二氧化碳超量排放課徵碳費、適用於全歐盟公平的最低工資法、失業再保險等。

　　2024年9月17日，新任執委會主席Ursula von der Leyen公布執委會委員名單，為2024年至2029年的執政團隊。

　　　新的執委會（2024-2029）執掌下列的事務：

1. 清潔、合理暨有競爭力轉型。
2. 貿易與經濟安全、國際關係暨透明。
3. 經濟與生產力、施行暨精簡。
4. 地中海。
5. 科技主權、安全暨民主。
6. 健康暨動物福祉。
7. 氣候、淨零暨清潔成長。
8. 國防暨太空。
9. 擴大。
10. 繁榮暨工業策略。
11. 國際夥伴關係。
12. 漁業暨海洋。
13. 金融服務與儲蓄暨投資聯盟。
14. 準備與危機管理暨平等。
15. 外交事務暨安全政策。
16. 內部事務暨移民。
17. 環境、水韌性暨一個有競爭力的循環經濟。
18. 預算、反詐欺暨公共行政。
19. 能源暨住房。
20. 新創公司、研究暨創新。
21. 民主、公平正義暨法治。
22. 永續運輸暨觀光。
23. 人民、專業暨準備。
24. 農業暨食物。
25. 世代公平、青年、文化暨休閒運動。
26. 凝聚暨改革。

五、外交暨安全政策的歐盟高級代表

　　歐洲憲法條約草案規定的歐盟外交部長（Aussenminister der Union），在里斯本條約中改為外交暨安全政策的歐盟高級代表。在執行委員會主席的同意下，由歐洲高峰會議以條件多數決議選任及以相同的程序解任之。高級代表應領導歐盟的共同外交暨安全政策，應藉提案致力於共同外交暨安全政策的確定，並貫徹理事會的委任；高級代表亦應在共同安全暨防禦政策的範圍行為。在外交事務理事會，由高級代表擔任主席。高級代表為執行委員會的一位副主席。高級代表應注意歐盟對外行為的凝聚；在執行委員會內，賦與高級代表在外交關係範圍的職權，以及協調聯盟對外行為的其他事務。在執行委員會行使這些職權與僅針對這些職權，以符合第18條第2項與第3項規定為限，高級代表應遵守適用執行委員會工作方式的程序[52]。總而言之，外交暨安全政策的歐盟高級代表結合三個職位，即外交暨安全政策的高級代表、擔任執行委員會的一位副主席，為執行委員會對外關係的代表與外交部長理事會會議的主席。

　　外交暨安全政策的歐盟高級代表係經執行委員會主席之同意，由歐洲高峰會議以條件多數決議任命之。在進行表決前，應在歐洲議會就外交暨安全政策的歐盟高級代表候選人與執行委員會全體成員進行同意的表決。外交暨安全政策的歐盟高級代表是一個新設立的職位，應支持理事會、執行委員會與會員國進行外交事務[53]。

六、歐洲聯盟法院

　　里斯本條約將歐洲聯盟的三根支柱結構解體，歐洲聯盟條約的規範含有超國家的特性，新的歐洲聯盟條約增訂歐洲聯盟法院，依據歐洲聯盟條約第19條第1項之規定，歐洲聯盟法院包括歐洲法院、普通法院與專業法院。僅以無明確的限制為限，歐洲法院的管轄權涵蓋歐洲聯盟條約全部的規定，因此歐洲聯盟的基本價值係全歐洲最高的憲法，高於全體會員國的憲法，而歐洲法聯盟院

---

[52] 歐洲聯盟條約第18條新規定。

[53] Auswärtiges Amt, Denkschrift zum Vertrag von Lissabon vom 13.12.2007, AS-RK 2007, S. 9.

亦將成爲最高的憲法法院，位階高於會員國的法院[54]。

　　基本上新的歐洲聯盟條約對於歐洲聯盟法院並無實質的變更，依據歐洲聯盟條約第19條第1項之規定，歐洲聯盟法院包括歐洲法院、普通法院與專業法院。歐洲聯盟法院在解釋與適用條約時，應確保權利之維護。會員國應建立必要的法律救濟，以期保障在歐盟法規範的領域有效率的權利保護。歐洲聯盟法院應依據條約之規定，判決由一會員國、一歐盟機關、自然人或法人提起的訴訟、由個別會員國的法院申請以預先裁判的方式解釋歐盟法或機關行爲之效力，以及所有在條約規定的其他情形。歐盟法院應確保歐盟法的解釋與適用，在每個會員國是相同的。

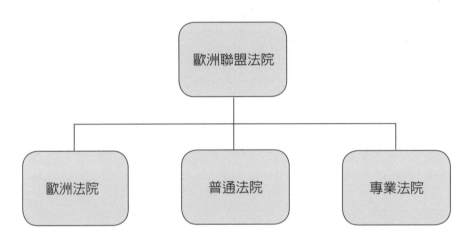

　　里斯本條約使歐洲聯盟與全體會員國間的關係有一番的創新變革，擴大歐盟法院的管轄權，使得歐洲聯盟法院管轄權延伸到會員國的憲法，除了可對歐盟機關違反歐洲聯盟條約的行爲進行審判外，並得對會員國違反歐洲聯盟條約的行爲進行審判。歐洲聯盟法院對於違反歐洲聯盟條約與歐洲聯盟運作條約的行爲都有管轄權[55]。惟應注意的是，雖然歐洲聯盟法院對於歐盟機關行爲的法律效果可以進行司法審查，但依據歐洲聯盟運作條約第275條第1項之規定，歐洲聯盟法院對於針對共同外交暨安全政策的規定與依據這些規定公布的法規，

---

[54]　Dietrich Murswiek, aaO., NVwZ 2009, S. 481.

[55]　Dietrich Murswiek, aaO., NVwZ 2009, S. 481.

無管轄權。

在自由、安全與司法區域，擴大了歐洲聯盟法院的職權。歐洲聯盟運作條約第276條規定，在自由、安全與司法區域範圍的職權行使，對於會員國的警察或其他追訴機關措施的效力或適當性的審查、會員國維護公共秩序與保障國內安全措施的效力與適當性之審查，歐洲聯盟法院無管轄權。也就是歐洲聯盟法院僅限於審查在刑事追訴與危險防禦上的會員國措施。

歐盟法院仍維持「一會員國一法官」原則[56]，而總辯官之人數，依據歐洲聯盟運作條約第252條第1項之規定，由8名總辯官支援歐盟法院；基於歐盟法院之申請，理事會以一致決議得提高總辯官的名額；目前有11名總辯官。

里斯本條約擴大歐盟法院的審判權，涵蓋了整個歐洲聯盟條約，即依據歐洲聯盟運作條約第258條之規定，執行委員會得對違反歐洲聯盟條約第2條價值的會員國，或依據歐洲聯盟運作條約第259條之規定，得由另一會員國對違反歐洲聯盟價值的會員國向歐盟法院提起違反條約之訴。

歐洲法院過去的判決，在里斯本條約生效後，仍然適用於歐洲聯盟條約，尤其是歐洲法院在1963年van Gend & Loos案[57]確立的直接適用效力原則亦適用於歐洲聯盟條約第2條規定的價值[58]。會員國的法院與機關在其本國的法規牴觸歐洲聯盟條約第2條的基本價值時，有權利與義務不適用其本國的法規。

里斯本條約生效後，歐洲聯盟條約是上位的憲法（Oberverfassung），依據歐盟法優先適用原則，當然優先於會員國的憲法，會員國憲法必須配合歐洲聯盟的憲法，在施行上通常就是符合歐洲法院判決的解釋，雖然歐洲聯盟條約第50條規定會員國的退出權，但歐盟已經緊密結合與經濟統合的緊密程度，此一退出權的規定應該只是理論上的意義[59]，會員國應該不會輕易退出歐洲聯盟，但英國卻挑戰此一新規定。

歐洲聯盟運作條約第269條規定，僅基於由相當會員國對於歐洲高峰會議或理事會之法規確認申請，且係針對遵守上述條文所規定的程序規定，歐洲法

---

[56] 歐洲聯盟條約第19條第2項規定。

[57] EuGH Rs. 26/62, van Gend & Loos, Slg.1963, S. 3.

[58] Dietrich Murswiek, aaO., NVwZ 2009, S. 485.

[59] Dietrich Murswiek, aaO., NVwZ 2009, S. 483.

院有權審判依據歐洲聯盟運作條約由歐洲高峰會議或理事會所公布的法規之合法性。在每個法規確定後一個月內必須提出申請。歐盟法院在申請提出後一個月內應作成判決。

　　由於歐洲聯盟條約超國家的適用效力，在法規衝突的情形，亦優先適用於會員國的憲法，不僅只是一個國際法上的義務，而且也具有廣泛的法律效力，因此歐洲聯盟條約不僅對於憲法的實質內容，而且對於會員國的憲法結構都是具有優先適用性，這也形成一個史無前例的創新[60]。

七、歐洲中央銀行

　　依據中央銀行體系暨歐洲中央銀行章程之規定，於1998年7月1日設立歐洲中央銀行於德國的法蘭克福，以及設立中央銀行歐洲體系（European System of Central Banks）。歐洲中央銀行是歐元體系（Eurosystem）與中央銀行歐洲體系的核心。里斯本條約生效後，歐洲中央銀行亦成為歐盟機關之一。依據歐洲聯盟運作條約第282條之規定，歐洲中央銀行與會員國的中央銀行組成中央銀行歐洲體系。歐洲中央銀行與其貨幣是歐元的會員國中央銀行組成歐元體系，並推動歐洲聯盟的貨幣政策。由歐洲中央銀行的決議機關領導中央銀行歐洲體系，其首要目標為保證價格穩定，不牴觸此一目標，應支援在歐盟的一般經濟政策，以期致力於其目標之實現。因此，中央銀行歐洲體系是由歐洲中央銀行與全體會員國的中央銀行組成，而歐元體系則是由歐洲中央銀行與使用歐元的會員國中央銀行組成，只要尚有會員國尚未使用歐元，即會同時存在中央銀行歐洲體系與歐元體系，這也是「多速歐洲」[61]的最佳例子。

　　自1999年1月1日起，歐洲中央銀行負責歐元區貨幣政策之施行，即屬於歐元區的19個會員國（德國、法國、義大利、比利時、盧森堡、荷蘭、西班牙、葡萄牙、奧地利、芬蘭、愛爾蘭、希臘、斯洛維尼亞、賽浦路斯、馬爾他、斯

---

[60] Dietrich Murswiek, aaO., NVwZ 2009, S. 484.

[61] 2017年3月1日，執委會公布「歐洲之未來」白皮書（White Paper on the Future of Europe），當時的主席容科（Jean-Claude Juncker）描繪出歐洲未來的藍圖，個別會員國得就特別的計畫組合在一起，即便其他會員國並不想加入群組，也就是未來歐盟將以「多速」（multi-speed）方式發展。

洛伐克、愛沙尼亞、拉脫維亞與立陶宛）將其貨幣職權移轉給歐洲中央銀行行使，使得歐洲中央銀行成為一個新的超國家機構。目前歐元區僅20個會員國 [62] 加入，丹麥並以選擇條約不加入（opt-out）歐元的第二階段歐洲匯率機制（European Exchange Rate Mechanism II）[63]，瑞典與波蘭亦不急著加入歐元區。在2002年1月1日啟用歐元後，歐洲匯率機制的政策聯繫非歐元國的貨幣與歐元，有助於提高這些非歐元區會員國貨幣的穩定，並成為是否可以加入歐元的評價機制。依據歐洲聯盟運作條約第282條第3項之規定，歐洲中央銀行擁有法律人格；其專屬的職權為核准歐元之發行。歐洲中央銀行獨立的行使其職權與管理其資金。歐盟的機關、機構與其他的單位及會員國政府應尊重此一獨立性。

中央銀行歐洲體系主要的任務 [64] 為：
1. 規定與施行歐盟的貨幣政策；
2. 實施符合第219條規定的外匯交易；
3. 保存與管理會員國官方的貨幣儲備；
4. 促進支付體系的順利發揮作用。

歐洲中央銀行的主要任務 [65] 為：
1. 享有專屬權，以核准歐元紙鈔之發行；
2. 制定歐元區的貨幣政策；
3. 與會員國的中央銀行合作，以履行必要的統計資料的任務；
4. 監督金融機構與金融體系之穩定；
5. 進行國際與歐洲的合作；
6. 在其職權涵蓋的範圍，對於歐盟法規的草案，以及在會員國層次的所有法規草案，應進行聽證與發表意見。

---

[62] 希臘、斯洛維尼亞、馬爾他、賽浦路斯、斯洛伐克、愛沙尼亞、拉脫維亞、立陶宛與克羅埃西亞陸續符合使用歐元的凝聚標準，而正式使用歐元。

[63] 1999年起，加入歐洲匯率機制的會員國，才能加入歐元。也就是在使用歐元前，至少應已經加入第二階段的歐洲匯率機制。

[64] 歐洲聯盟運作條約第127條第2項規定。

[65] http://www.ecb/int/ecb.orga/tasks/html/index.de.html, last visited 01/26/2010.

　　雖然里斯本條約將歐洲中央銀行提升為歐盟機關，但歐洲中央銀行卻是一個具有獨立性質的機關，其獨立性反映在下列的事項：

1. 政策上的獨立性

　　歐洲中央銀行的獨立性係有助於保證價格穩定，以實施單一的貨幣政策。

2. 人事上的獨立性

　　依據歐洲聯盟運作條約第130條之規定，在行使其職權與履行其任務和義務時，歐洲中央銀行與會員國的中央銀行不得請求歐盟機關、機構或其他單位、會員國政府或其他單位的指示，歐洲中央銀行的決議機關成員亦不得接受歐盟機關、機關或其他單位、會員國政府或其他單位的指示；而歐盟機關、機構或其他單位，以及會員國政府必須尊重此一原則，並不得嘗試影響歐洲中央銀行決議機關的成員或會員國中央銀行的成員執行其任務。

3. 財務上的獨立性

　　歐洲中央銀行的財務協議與歐洲聯盟的財務係分離的，歐洲中央銀行擁有自己的預算，而依據中央銀行歐洲體系暨歐洲中央銀行章程第28條之規定，歐洲中央銀行的資本額為50億歐元，而由會員國的中央銀行依據各會員國總人口數與國民生產總值計算應分擔的金額。歐洲中央銀行每五年或有新會員國加入時，都會調整各會員國的比例。自1999年1月1日開始經濟暨貨幣同盟的第三階段起，已經歷經四次修改各會員國的比例[66]。

八、審計院

　　1975年7月22日設立審計院，位於盧森堡，依據歐洲聯盟運作條約第285條之規定，審計院由每一會員國的一位國民組成。因此，目前審計院有28位審計員。歐洲聯盟運作條約第286條規定，在隸屬於或曾經隸屬於各會員國所屬的審計機關、或特別適合此一職務的人士中，選任審計院的審計員，並應保障審計員的獨立，以六年的任期任命審計員。根據個別會員國建議的候選人名單，

---

[66] http://www.ecb.int/ecb/orga/capital/html/index.de.html, last visited 01/26/2010.

在歐洲議會之聽證後，由理事會通過提名，審計員連選得連任，自審計員中，以三年任期選舉審計院院長，連選得連任。在履行其任務時，審計員既不得要求會員國政府或其他機關給與指示，亦不得接受會員國政府或其他機關的指示。審計員不得做違反其任務的行為，在任期期間，審計員不得從事其他有給職或無給職的職業活動。在著手其職務時，審計員應承擔莊嚴的義務，在執行職務時與在職務執行結束後，應履行由其職務產生的義務，特別是在承擔一定的職務或對職務結束後的利益，應履行正派的與拘謹的義務。除定期的重新任命與死亡的情形外，審計員因退職、或因由歐洲法院依據第6項規定予以免職，而終止其職務。對卸任的審計員所剩餘的任期，應任命繼任者。除在免職的情形外，審計員至重新任命時止，應繼續執行職務。歐洲法院基於審計院之申請，確認審計員不再符合必要的前提要件、或不再履行由其職務產生的義務時，方得免除審計院審計員的職務、或宣告喪失其退休金請求權或其他在其職位所給與的津貼。理事會規定對於審計院院長與審計員的工作條件，特別是薪水、津貼與退休金。理事會規定其他作為報酬而支付的津貼，關於歐洲聯盟特權與豁免議定書中適用於歐洲聯盟法院法官的規定，亦適用於審計院的審計員。

　　審計員是依據歐洲聯盟運作條約之規定，負責審查歐盟的財政，係作為歐盟的外部審計人員，以致力於改善歐盟的財政管理與作為歐盟人民財政利益獨立的維護者[67]。依據歐洲聯盟運作條約第285條之規定，審計院應進行歐盟的帳目審查。審計員應完全獨立為歐盟的一般福祉，執行其任務。也就是審計院的主要任務為進行歐盟的帳目審查。

　　歐洲聯盟運作條約第287條明文規定，審計院應審查歐盟的所有收入與支出的帳冊。同時亦審查每個由歐盟設置機構或其他單位的所有收入與支出的帳冊，以其設立法規無排除規定者為限。審計院應向歐洲議會和理事會提出關於會計項目的可靠性，以及所根據的過程之合法性與符合制度之聲明，並應在歐洲聯盟的公報中公告該聲明。得以對所有歐盟更大的職務範圍的特別判斷補充此一聲明。審計院應審查收入與支出的合法性與符合規章制度，以及確信預算執行符合經濟效益。就此方面，審計院特別是應報告所有舞弊行為的情形。收

---

[67]　Http://eca.europa.eu/portal/page/portal/aboutus/abouttheeca, last visited 01/26/2010.

入的審查，應以實際向歐盟繳納的款項與支付的收入為依據。支出的審查，應以義務性的支出與支付為依據。這些審查得在相關的預算年度帳目結束前進行。根據帳冊資料及必要時在其他的歐盟機關所在地、管理歐盟收入與支出帳目的機構或其他單位場所，以及獲得預算支付的自然人與法人、與在會員國內進行審查。在會員國內的審查，應與個別會員國的會計審查機關聯繫、或會員國的會計審查機關無必要的職權時，則應與個別會員國的主管單位聯繫。在維護會員國會計審查機關的獨立性下，審計院與會員國的會計審查機關應充分信任的合作。這些機關或單位應通知審計院，是否想參與帳目審查的工作。

　　歐盟的其他機關、管理聯盟收入與支出帳目的機構或其他單位、獲得預算支付的自然人或法人、個別會員國的會計審查機關、或個別會員國的會計審查機關無必要的職權時，個別會員國的主管單位等，基於審計院之請求，應交付給審計院對履行其任務必要的帳冊或資訊。

　　與歐洲投資銀行在管理歐盟收入與支出有關的工作，審計院有調閱歐洲投資銀行資料的權利，應規定於在審計院、歐洲投資銀行與執行委員會間的協議中。若無相關的協議時，審計院亦有權調閱為審查由歐洲投資銀行管理歐盟的收入與支出必要的資料。

　　在每個預算年度結束後，審計院應製作年度報告。此一年度報告應向歐盟的其他機關提出，並與這些機關針對審計院的意見答覆一起公告於歐洲聯盟公報。除此之外，審計院得隨時針對特別的問題提出意見，特別是以特別報告的形式提出，且依據歐盟其他機關的申請發表意見。審計院以其成員過半數作成年度報告、特別報告或意見。依據其議事規則之規定，對作成特定類型的報告或意見，審計院得成立小組委員會（Kammer）。在監督預算的執行上，審計院應支援歐洲議會與理事會。審計院應規定自己的議事規則。應由理事會批准此一議事規則。

貳、諮詢機構　

　　經濟暨社會委員會是歐盟的基礎機構，自1958年歐洲經濟共同體成立以

來，即已存在一個立法程序的諮詢機構[68]，1993年11月1日歐洲聯盟新設立區域委員會，是另一個諮詢機構，亦參與歐盟的立法與運作。里斯本條約規定了調整條款（Anpassungsklausel）[69]，歐洲歐盟運作條約第300條第5項規定經濟暨社會委員會與區域委員會的組成種類，理事會應做定期的檢討，以期考慮歐盟的經濟、社會與人口發展。

　　另外，里斯本條約並未明文規定個別會員國在此二諮詢機構的代表席次，而只是規定此二委員會的人數上限，即350位委員的人數上限[70]。而此二諮詢委員會的組成則由理事會基於執行委員會之提案，以一致決議之[71]，因此即便將來有新的會員國加入歐盟，則是調整會員國的委員席次，但並不會改變此二諮詢委員會的基本結構[72]。

一、經濟暨社會委員會

　　經濟暨社會委員會係以法國的經濟、社會暨環境理事會（Conseil Economique, Social et Environmental）為參考模式而成立的一個參與經濟與社會事務立法的一個諮詢機構，以作為聯盟機關與歐洲市民社會的橋梁[73]。

　　里斯本條約生效後，在歐洲聯盟運作條約第301條明文規定，經濟暨社會委員會委員人數為350名，但2020年1月英國脫歐後，經濟暨社會委員會人數調整為329名，由27個會員國依其人口多寡分配席次，依據第36號議定書第7條之規定，會員國的席次分配如下：

　　德國、英國、法國、義大利各24席；波蘭、西班牙各21席；羅馬尼亞15席；希臘、葡萄牙、瑞典、比利時、保加利亞、捷克、匈牙利、奧地利、荷蘭分別有12席；丹麥、愛爾蘭、斯洛伐克、芬蘭、立陶宛、克羅埃西亞各有9

---

[68] Roberto Hayder, Der Europäische Wirtschafts- und Sozialausschuss-eine unterschätzte EU-Instittution, EuZW 2010, S. 171.

[69] Roberto Hayder, aaO., EuZW 2010, S. 176.

[70] 歐洲聯盟運作條約第301條第1項與第305條第1項規定。

[71] 歐洲聯盟運作條約第301條第2項與第305條第2項規定。

[72] Roberto Hayder, aaO., EuZW 2010, S. 176.

[73] Roberto Hayder, aaO., EuZW 2010, S. 171.

席；拉脫維亞、斯洛維尼亞、愛沙尼亞各7席；盧森堡、塞浦路斯各6席；馬爾
他5席。

　　依據歐洲聯盟運作條約第302條第1項之規定，依據個別會員國建議的委員
名單，由理事會以五年的任期任命經濟暨社會委員會的委員。新的任期規定，
使得歐洲議會、執行委員會與經濟暨社會委員會有相同的任期。

　　經濟暨社會委員會的挑選，主要是由會員國政府選任其國內重要的協會，
大部分是由工商協會與公會代表中選出，僅小部分的委員是獨立營業者、自由
業者的代表。歐洲聯盟運作條約第300條第4項規定，經濟暨社會委員會委員不
受任何指示之拘束，應完全的獨立為歐盟的一般福祉，執行職務。因此，經濟
暨社會委員會委員並非各工商協會等的遊說人員，而是要為歐盟的一般福祉參
與歐盟經濟暨社會事務的立法。

　　經濟暨社會委員會的委員主要可以分為三大群組，即資方群組、勞方群組
與不同利益群組，不同利益群組包括不同職業與手工業，例如自由業、農業、
林業、消費者保護協會、自然保護協會或學術機構的代表組成[74]。歐洲聯盟運
作條約第300條第2項規定，經濟暨社會委員會由資方組織與勞方組織的代表，
以及其他市民社會的代表，特別是來自社會、經濟、市民、職業與文化領域的
組織代表，里斯本條約將過去在實務上的組成群組明文化。

　　經濟暨社會委員會主要的任務為發表意見，即依據歐洲聯盟運作條約第
304條第1項之規定，在條約（歐洲聯盟條約與歐洲聯盟運作條約）明文規定的
情形，歐洲議會、理事會或執行委員會應聽取經濟暨社會委員會的意見，這種
情形為義務的意見[75]，也就是依據列舉的個別授權原則（Prinzip der
enumerativen Einzelermächtigung）歐洲聯盟在為立法與事實行為時，都應有法
律授權的依據，例如在歐洲聯盟運作條約第114條規定，為實現單一市場的目
標，在調適整合會員國法規以建立單一市場與發揮單一市場作用的立法，均應
有經濟暨社會委員會之聽證。

　　另外，還有其他形式的意見發表，歐洲聯盟運作條約第304條第1項第2句
規定，若係合乎目的時，亦得請經濟暨社會委員會發表意見。經濟暨社會委員

---

[74] Roberto Hayder, aaO., EuZW 2010, S. 172.

[75] Roberto Hayder, aaO., EuZW 2010, S. 172.

會係代表著市民社會的聲音，因此經濟暨社會委員會常會自己提出合乎目的之意見。例如2008年經濟暨社會委員會即針對歐洲金融機構的倫理與社會範圍的特別問題發表意見[76]。

除了諮詢作用外，經濟暨社會委員會尚有一個橋梁作用，由於經濟暨社會委員會係由各會員國市民社會組織各階層的代表組成，委員有加乘的效果，同時又是歐盟在各會員國市民組織與網絡的「大使」[77]。經濟暨社會的主席團每個月舉行會議，並且會舉行各種會議、論壇與針對歐洲政策議題的工作小組，這些活動主要在經濟暨社會委員會的所在地布魯塞爾舉行。執行委員會也積極推動各項在經濟與社會生活領域的活動，例如自1998年以來每年舉行的歐洲消費者日（European Consumer Day）即為一個有名的例子[78]，並且已經發展成一定的規模，持續地關注消費者保護。

經濟暨社會委員會亦積極地參與歐盟會員國經濟暨社會理事會歐洲網絡的工作[79]，此一網絡在法律上並不屬於歐盟的組織架構，而是在自願的基礎上，此一網絡最著名的為每半年定期的與地中海周圍的國家的合作，以及每半年定期的聚會加強落實「2000年里斯本策略」的目標，以提高會員國的競爭力[80]。

二、區域委員會

依據歐洲聯盟運作條約第300條第3項之規定，區域委員會由區域與地方的區域團體代表組成，這些代表基於選舉在區域與地方的區域團體履行任務或對經選舉的集會負政治責任。區域委員會的委員，不受指示拘束，完全獨立為歐盟一般的福祉，執行職務[81]。區域委員會委員不得同時是歐洲議會的議員[82]。

各會員國在區域委員會的席次分配名額如下：

---

[76] Stellungnahme ECO 216/2008 vom 23. 10. 2008.

[77] Roberto Hayder, aaO., EuZW 2010, S. 173.

[78] http://eesc.europa.eu/sections/int/index_fr.asp?id=1470006inten.

[79] http://eesc.europa.eu/ceslink/presentation-ceslink_fr.html.

[80] Roberto Hayder, aaO., EuZW 2010, S. 174.

[81] 歐洲聯盟運作條約第300條第4項規定。

[82] 歐洲聯盟運作條約第305條第3項規定。

　　德國、英國、法國、義大利各24席；波蘭、西班牙各21席；羅馬尼亞15席；希臘、葡萄牙、瑞典、比利時、保加利亞、捷克、匈牙利、奧地利、荷蘭分別有12席；丹麥、愛爾蘭、斯洛伐克、芬蘭、立陶宛、克羅埃西亞各有9席；拉脫維亞、斯洛維尼亞、愛沙尼亞各7席；盧森堡、塞浦路斯各6席；馬爾他5席，共有329名委員。

　　直接涉及地方或區域事務的領域，依據歐洲聯盟運作條約第307條之規定，在條約（歐洲聯盟條約與歐洲聯盟運作條約）規定的情形與在所有其他歐洲議會、理事會或執行委員會認為合乎目的之情形，特別是涉及跨國合作的情形，歐洲議會、理事會或執行委員會應聽取區域委員會之意見。若歐洲議會、理事會或執行委員會認為有必要時，應規定委員會提出意見的期限；自相關的通知到達委員會主席時起算，此一期限至少應為一個月。在期限屆滿後，得不考慮其意見之欠缺。若依據歐洲聯盟運作條約第304條之規定聽取經濟暨社會委員會之意見時，則歐洲議會、理事會或執行委員會應將經濟暨社會委員會請求的意見通知區域委員會。若區域委員會認為係涉及特別的區域利益時，得發表相關的意見。若區域委員會認為合乎目的時，得主動發表意見。委員會的意見，以及諮詢的報告，應交付給歐洲議會、理事會與執行委員會。

參、歐洲投資銀行

　　早在1958年成立歐洲經濟共同體時，即設立了歐洲投資銀行，係為歐盟的利益，致力於單一市場的均衡與順利發展；就此，歐洲投資銀行應運用資金市場與其自己的資金。依據歐洲聯盟運作條約第309條之規定，歐洲投資銀行不以營利為目的，以提供貸款與保證，使所有的經濟領域在下列指稱的計畫提供資金更容易：1.為開發較少發展區域的計畫；2.為企業之現代化或轉型、或為創造新的就業機會的計畫，這些計畫係由單一市場之建立或發揮作用產生，且由於其範圍或其種類無法完全由在個別會員國以其現有的經費提供資金；3.對數個會員國具有共同利益的計畫，這些計畫由於其範圍或其種類無法完全由在個別會員國以其現有的經費提供資金。在履行其任務時，歐洲投資銀行應連結結構基金與歐盟其他提供資金方法的支援，使投資計畫的資金提供更容易。歐

洲投資銀行僅得提供資金促進開發較少發展區域的計畫與確保提供區域基礎設施促進計畫，也就是歐洲聯盟運作條約第309條並不是授權歐洲投資銀行援助財政收支困難的會員國[83]。

　　歐洲投資銀行為一自治的機構，非以營利為目的提供貸款，其資金來源為貸款的利息與會員國的出資。依據歐洲聯盟運作條約第308條之規定，歐洲投資銀行具有法律人格，其成員為全體會員國，以歐洲投資銀行章程規定歐洲投資銀行的組織與運作方式，即為第5號議定書。依據第5號議定書第4條之規定，歐洲投資銀行的資本總額為233,247,390,000歐元，而會員國出資額如下表列：

德國	37,578,019,000
法國	37,578,019,000
義大利	37,578,019,000
英國	37,578,019,000
西班牙	22,546,811,500
比利時	10,416,365,500
荷蘭	10,416,365,500
瑞典	6,910,226,000
丹麥	5,274,105,000
奧地利	5,170,732,000
波蘭	4,810,160,500
芬蘭	2,970,783,000
希臘	2,825,416,500
葡萄牙	1,820,820,000
捷克	1,774,990,500
匈牙利	1,679,222,000
愛爾蘭	1,318,525,000
羅馬尼亞	1,217,626,000
克羅埃西亞	854,400,000
斯洛伐克	604,206,500

---

[83] Sebastian Piecha, Die Europäische Gemeinschaftsanleihe-Vorbild für EFSF, ESM and Euro-Bonds?, Euzw 2012, S. 532.

斯洛維尼亞	560,951,500
保加利亞	410,217,500
立陶宛	351,981,000
盧森堡	263,707,000
賽浦路斯	258,583,500
拉脫維亞	214,805,000
愛沙尼亞	165,882,000
馬爾他	98,429,500

　　各會員國以其出資額為限負責任；歐洲投資銀行的領導理事會得以一致決議提高歐洲投資銀行的資本總額。

肆、歐盟的其他機構

一、歐洲監察人

　　歐盟人民若覺得受到歐盟機關不公平的對待時，得向歐洲監察人（European Ombudsman）請願請求協助[84]。監察人制度源自於瑞典，1919年芬蘭亦設置獨立的監察人，1953年丹麥亦繼受監察人制度。馬斯垂克條約增訂歐洲監察人，1994年時歐洲議會決議公布歐洲監察人條例（Statut des Europäischen Bürgerbeauftragten），1995年7月12日歐洲議會選舉首任的歐洲監察人芬蘭籍的Jacob Söderman（1995/07-2003/03）[85]。

　　依據歐洲聯盟運作條約第227條與第228條之規定，歐盟人民針對歐盟的職務範圍且與其有直接關係的事務，得單獨或集體向歐洲議會提出請願。歐洲議會應選任一位監察人，有權受理由歐盟人民、或其住所或依其章程所在地在任何一個會員國內的自然人或法人，針對歐盟機關、機構或其他單位在執行職務時造成弊端提出的請願，但歐洲聯盟法院已經行使其審判權時，不在此限。監

---

[84] 歐洲聯盟運作條約第20條第2項第d款規定。

[85] http://www.ombudsman.europa.eu.

察人應調查這些請願，並提出報告。也就是歐洲監察人得針對執委會及其所屬單位、理事會、歐洲議會、歐洲審計院、歐盟法院、經濟暨社會委員會、區域委員會、歐洲中央銀行、歐洲投資銀行與歐盟的各機構在執行職務時的弊端受理請願，進行正當的調查；但不適用於所主張的事實已經訴訟繫屬或終結訴訟之情形。若監察人已經確認一個弊端時，應給相關的機構或其他單位三個月的期限，以期得向監察人發表意見。接著監察人應向歐洲議會與相關的機關、相關的機構或其他的單位提出報告。監察人每年應告知這些調查的結果，監察人每年應向歐洲議會提出其調查的報告。監察人應完全獨立的執行其職務。在履行其義務時，監察人不得請求或不受任何的政府、機關、機構或其他單位之指示。在其任期內，監察人不得從事其他的有給職或無給職的職業活動。

二、其他的機構

歐盟尚有許多的機構，在落實歐盟的各項政策上扮演非常重要的角色，這些機構通常有獨立的權利能力，以支援會員國和協助歐盟人民。這些機構主要都是依據派生法而設立的，為能平衡會員國的場所利益，這些歐盟機構分散在不同的會員國。如下表3-1：

表3-1

正式名稱	縮寫	所在地	會員國	設立時間
歐洲職業教育發展中心（European Centre for the Development of Vocational Training）	Cedefop	Thessaloniki	希臘	1975
歐洲改善生活暨工作條件基金（European Foundation for the Improvement of Living and Working Conditions）	EUROFOUND	都柏林	愛爾蘭	1975
歐洲毒品暨毒癮觀察中心（European Monitoring Centre for Drugs and Drug Addiction）	EMCDDA	里斯本	葡萄牙	1993
歐盟機構翻譯中心（Translation Centre for the Bodies of the European Union）	CdT	盧森堡	盧森堡	1994

正式名稱	縮寫	所在地	會員國	設立時間
歐洲環境局（European Environment Agency）	EEA	哥本哈根	丹麥	1994
歐洲職業培訓基金（European Training Foundation）	ETF	圖林	義大利	1994
歐洲藥事局（European Medicines Agency）	EMA	阿姆斯特丹	荷蘭	2019
共同體植物品種局（Community Plant Variety Office）	CPVO	Angers	法國	1995
歐洲工作場所安全與健康保護局（European Agency for Safety and Health at Work）	EU-OSHA	畢爾包	西班牙	1996
內部市場協調局（商標與設計）（Office for Harmonization in the Internal Market）	HABM/OHIM	亞里康特（Alicante）	西班牙	1999
歐洲警察署（European Police Office）	Europol	海牙	荷蘭	1999
歐洲安全研究所（EU Institute for Security Studies）	EUISS/ISS	巴黎	法國	2001
歐洲警察學院（European Police College）	EPA/CEPOL	Hamshire	英國	2001
歐洲司法合作處（European Body for the Enhancement of Judicial Cooperation）	Eurojust	海牙	荷蘭	2002
歐洲食品安全局（European Food Safety Authority）	EFSA	Parma	義大利	2002
歐洲海洋安全局（European Maritime Safety Agency）	EMSA	里斯本	葡萄牙	2002
歐盟衛星中心（EU Satellite Centre）	EUSC	Torrejón de Ardoz	西班牙	2002
歐洲航空安全局（European Aviation Safety Agency）	EASA	科隆	德國	2003
歐洲全球衛星導航系統局（European Global Satellite Navigation System Agency）	GSA	布拉格	捷克	2004
歐洲防禦局（European Defence Agency）	EDA	布魯塞爾	比利時	2004
歐洲鐵道局（European Raiway Agency）	ERA	Valenciennes/ Lille	法國	2004

正式名稱	縮寫	所在地	會員國	設立時間
歐洲外部邊界檢查合作局（European Agency for the Management of Operational Cooperation at the External Borders of the Member States of the European Union）	Frontex	華沙	波蘭	2005
歐洲漁業監督局（Community Fisheries Control Agency）	CFCA	Vigo	西班牙	2005
歐洲網絡暨資訊安全局（European Network and Information Security Agency）	ENISA	Iraklio	希臘	2005
歐洲疾病預防暨管制中心（European Centre for Disease Prevention and Control）	ECDC	斯德哥爾摩	瑞典	2005
歐洲性別平等研究所（European Institute for Gender Equality）	EIGE	Vilnius	立陶宛	2006
歐洲聯盟基本權利局（European Union Agency for Fundamental Rights）	FRA	維也納	奧地利	2007
歐洲化學物品管制局（European Chemicals Agency）	ECHA	赫爾斯	芬蘭	2007
歐洲創新暨科技研究所（European Institute of Innovation and Technology）	EIT	布達佩斯	匈牙利	2008
能源管制機關合作局（Agency for the Cooperation of Energy）	ACER	Ljubljana	斯洛維尼亞	2009
歐洲電子通訊管制機關委員會（Body of European Regulators for Electronic Communiscations）	BEREC	里加	拉脫維亞	2010
歐洲庇護支援局（European Asylum Support Office）	EASO	Valletta	馬爾他	2010
歐洲銀行監理局（European Banking Authority）	EBA	巴黎	法國	2019
歐洲有價證券暨市場監理局（European Securities and Markets Authority）	ESMA	巴黎	法國	2011
歐洲保險業暨企業退休金監理局（European Insurance and Occupational Pensions Authority）	EIOPA	法蘭克福	德國	2011

正式名稱	縮寫	所在地	會員國	設立時間
在自由、安全與司法範圍歐洲 IT 大規模系統營運管理局 （European Agency for the Operational Man Agement of Largescale IT Systems in the area of Freedom Security and Justice）		塔林	愛沙尼亞	2012

資料來源：Agenturen der Europäischen Union, http://europa.eu。

第四章　歐洲聯盟的職權

　　歐洲聯盟條約與歐洲聯盟運作條約創設自己的組織結構，是一個超國家的國際組織，保障歐洲聯盟的意思形成與在目標中的歐盟利益。會員國以締結國際條約的方式，創設歐洲聯盟，並將部分主權移轉給歐洲聯盟，由歐盟機關行使這些職權。

　　界定歐盟與會員國的權限與阻止歐盟職權的擴大是在改革過程的熱門議題[1]。里斯本條約對於歐盟與會員國間的權限分配、歐盟職權的類型與職權項目有更明確的規定，而歐盟也獲得新的職權。

壹、權限分配原則

　　歐洲聯盟條約第4條第1項明文規定，未移轉給歐盟的職權，仍屬於會員國的職權，歐洲聯盟條約第5條第2項重複此一原則，即依據有限制的個別授權原則，歐盟僅在為實現條約（歐洲聯盟條約與歐洲聯盟運作條約）規定的目標已經移轉的職權限度內，執行職務；所有未在條約（歐洲聯盟條約與歐洲聯盟運作條約）移轉給歐盟的職權，仍屬於會員國的職權。歐洲聯盟條約第5條明文規定歐盟與會員國權限分配的基本原則，即有限制的個別授權原則、輔助原則與比例原則。

　　歐洲聯盟條約第5條明文規定，有限制的個別授權原則適用於歐盟權限之界定。早在阿姆斯特丹條約的第30號議定書就已經規定應適用輔助原則與比例原則，而更早在1992年12月11日與12日愛丁堡歐洲高峰會議便協議適用輔助原則的整體概念，阿姆斯特丹條約的議定書即是依據1993年10月25日在歐洲議會、理事會與執行委員會關於適用輔助原則程序的機關間協議[2]。

---

[1]　Franz Mayer, aaO., JuS 2010, S. 192.

[2]　ABlEG 1997 C 340/105.

　　歐洲聯盟條約第5條的新規定，明文規定歐洲聯盟與會員國的權限分配，即有限制的個別授權原則適用於歐盟的職權界定；輔助原則與比例原則適用於歐盟的職權行使。依據有限制的個別授權原則，歐盟僅在由會員國移轉給歐盟為實現條約規定的目標所移轉的權限範圍內，執行職務；所有在條約內未移轉給歐盟的職權，仍由會員國保留這些職權的行使。依據輔助原則，聯盟在非屬於其專屬職權的範圍，只要由會員國採取相關的措施，既未在中央層次，亦未在區域或地方層次足以實現目標時，而由於其範圍或其效果在歐盟層次更能達成目標。歐盟的機關應依據適用輔助原則和比例原則議定書適用輔助原則；會員國的國會應依據在議定書內規定的程序注意輔助原則之遵守。依據比例原則，歐盟的措施在內容上與在形式上不得逾越實現條約目標的必要限度；歐盟的機關應依據適用輔助原則和比例原則議定書適用比例原則。原來的歐洲共同體條約第5條第2項與第3項即規定輔助原則與比例原則，但新規定將有限制的個別授權原則明文化，若有爭議時則推定仍由會員國行使職權[3]。

　　在新的第2號關於適用輔助原則與比例原則的議定書共有9條規定，第1條規定每個機關都應遵守歐洲聯盟條約第5條規定的輔助原則與比例原則。議定書第7條第1項規定，歐洲議會、理事會、執行委員會、必要時會員國的團體、歐洲法院、歐洲中央銀行，或歐洲投資銀行在提出法案時，應考慮會員國國會或此一國會一院附具的意見；每個會員國國會有兩票，此兩票係依據個別會員國的國會制度分配；在兩院制的國會制度，每一院有一票。在三分之一的會員國國會認為法案不符合輔助原則時，則應審查法案。若法案係涉及歐洲聯盟運作條約第76條規定關於自由、安全與司法區域的法案時，則應有四分之一的票數。亦即新的歐洲聯盟條約關於監督輔助原則之適用加強新的監督機制，即讓會員國的國會有更多的參與，在附具理由的意見達到一定的比例時，即應對法案進行覆查[4]，透過會員國的國會參與，使得歐盟法可以獲得歐盟人民的支持。

　　第1號關於會員國國會在歐洲聯盟角色的議定書即明文規定輔助原則監督的規定，第1號議定書第3條規定，依據關於適用輔助原則與比例原則議定書規

---

[3]　Albrecht Weber, aaO., EuZW 2008, S. 8.

[4]　Albrecht Weber, aaO., EuZW 2008, S. 12.

定的程序，會員國國會應符合輔助原則向歐洲議會議長、理事會主席與執行委員會主席發表附具理由的意見。若由一群會員國提出法律草案時，則理事會主席應轉交給這些會員國政府附具理由的意見。若由法院、歐洲中央銀行或歐洲投資銀行提出的法律草案時，則理事會主席應轉交給相關的機關或機構附具理由的意見。也就是讓會員國國會參與更多的歐洲聯盟職務，並給與會員國國會更多的機會可以對歐洲聯盟的法規草案與其他對會員國國會可能有特別利益的議題發表意見。

貳、歐盟職權類型

依據歐洲聯盟運作條約第2條至第6條之新規定，歐盟職權可分為專屬職權、競合職權、支援、協調與補充措施的職權支援、協調與補充措施的職權，以及補充職權。

一、專屬職權

雖然在歐洲憲法條約草案中明文規定專屬職權（ausschließliche Kompetenz），即包括在關稅同盟、對於內部市場規定必要的競爭規範、歐元區會員國的貨幣政策、在共同漁業政策範圍維持生物的海洋寶藏、與共同貿易政策等，歐洲聯盟享有專屬職權，但新的歐洲聯盟條約未以列舉規定專屬職權，而仍是概括規定至目前為止歐洲法院實務承認的專屬職權[5]。里斯本條約生效後關稅同盟、為發揮單一市場必須的競爭規則、歐元區的貨幣政策、在共同漁業政策下，保存海洋資源、共同貿易政策，享有專屬的立法權[6]。

---

[5]　Callies/Ruffert, aaO., Art.I-13, Rn. 8f.

[6]　歐洲聯盟運作條約第3條規定。

二、競合職權

競合職權（konkurrierende Kompetenz）是指歐洲聯盟與會員國對於同一事務均享有職權。競合職權的重要特徵，就是歐盟法的措施具有阻擋效果（Sperrwirkung）[7]，在里斯本歐洲高峰會議上則是以一個聲明界定職權，以作為解釋的輔助，以闡明競合職權之意義[8]，明確的規定歐洲聯盟在哪些情況中不得再行使競合的職權，由歐盟與會員國共享的職權涵蓋下列主要的領域：

1. 單一市場；
2. 針對在本條約規定觀點的社會政策；
3. 經濟、社會與領域的結合；
4. 農業和漁業，但不包括維持海洋的生物寶藏；
5. 環境；
6. 消費者保護；
7. 交通；
8. 泛歐網絡；
9. 能源；
10. 自由、安全與司法區域；
11. 針對在本條約規定的觀點，在公共衛生領域共同的安全要求。

第2號關於行使競合職權議定書明文規定，若歐盟依據歐洲聯盟運作條約第2條第2項之規定，在一特定的領域關係到競合職權執行職務時，則職權行使涵蓋由歐盟以相關法規規範的要素，而不包括全部的範圍。

三、支援、協調與補充措施的職權

在一般和職業教育、青少年與休閒、文化、衛生和產業等領域，亦屬於競合職權的事物範圍，會員國仍享有職權，會員國並未移轉職權給歐洲聯盟[9]。

---

[7]   Albrecht Weber, aaO., EuZW 2008, S. 11.

[8]   Erklärung zur Abgrenzung der Zuständigkeiten vom 19.10.2007, DS 870/07.

[9]   Martin Nettesheim, Die Kompetenzordnung im Vertrag über eine Verfassung für Europa, EuR 2004, S. 530.

爲實現共同市場之目標，歐洲聯盟應承襲原來在歐洲共同體條約的規定公布支援措施與補充措施，尤其是保護與改善人類健康、觀光、產業、教育與民事保護（civil protection）。

依據歐洲聯盟運作條約第6條之規定，支援、協調與補充措施的職權包括：

1. 保護與改善人類的健康；
2. 產業；
3. 文化；
4. 觀光；
5. 一般與職業教育、青少年與休閒；
6. 災害保護；
7. 行政合作。

四、補充職權

歐洲聯盟運作條約第352條爲一補充條款，即補充行爲授權，若顯示有必要在條約所規定的政策領域的範圍內實施歐盟的行爲時，以期實現條約的一個目標，與在條約未規定必要的職權時，則基於執行委員會之提案，且在歐洲議會同意後，由理事會以一致決議公布適當的規定。若這些規定由理事會依據特別的立法程序公布時，則同樣要基於執行委員會之提案，且在歐洲議會之同意後，由理事會以一致決議公布。在監督遵守歐洲聯盟條約第5條第3項輔助原則的程序範圍，執行委員會應使會員國的國會注意依據本條約規定的提案。依據本條規定採取的措施，在條約排除調適的情形，不得包含調適會員國的法規在內。本條不得作爲實現共同外交暨安全政策目標之依據，與依據本條公布的法規，必須在歐洲聯盟條約第40條第2項規定的限度內。歐洲聯盟條約第40條第2項規定，在實施共同外交暨安全政策不得牴觸在歐洲聯盟條約運作條約所規定的機關適用的程序與其職權範圍。規定限度明顯的可以阻止逐漸的掏空會員國的職權[10]。

---

[10]　Albrecht Weber, aaO., EuZW 2008, S. 12.

參、歐盟的新職權

里斯本條約再度擴大歐盟的職權，在歐洲聯盟條約中新的職權規定包括：

1. 歐盟加入歐洲人權公約（歐洲聯盟條約第6條第2項）；

2. 人民請願的方式（歐洲聯盟條約第11條第4項）；

3. 設立歐洲防禦局（歐洲聯盟條約第45條）；

4. 對共同外交暨安全政策建立一個常設的結構合作（歐洲聯盟條約第46條第2項）；

5. 締結會員國退出協定（歐洲聯盟條約第50條第2項）。

歐洲聯盟運作條約亦有新的職權規定：

1. 民生的供應，即規定提供一般經濟利益服務發揮作用的原則與條件（歐洲聯盟運作條約第14條）；

2. 簡化外交與領事保護（歐洲聯盟運作條約第23條）；

3. 在防制恐怖主義的資金限制措施（歐洲聯盟運作條約第75條）；

4. 邊界檢查（歐洲聯盟運作條約第77條第2項）；

5. 公布護照、身分證、居留名義或同等文件的措施（歐洲聯盟運作條約第77條第3項）；

6. 對抗人口販賣（歐洲聯盟運作條約第79條第2項第d款）；

7. 融入促進（歐洲聯盟運作條約第79條第4項）；

8. 在民事案件特定領域的司法合作（歐洲聯盟運作條約第81條第2項第e款、第g款與第h款）；

9. 在刑事案件特定領域的司法合作（歐洲聯盟運作條約第82條與第83條）；

10. 支援犯罪預防的措施（歐洲聯盟運作條約第84條）；

11. 設立歐洲檢察署（歐洲聯盟運作條約第86條）；

12. 保障在全歐盟內對智慧財產一致的保護措施與實施在全歐盟一致的核准、協調與監督規則，包括語言規則（歐洲聯盟運作條約第118條）；

13. 在國際層次，歐元國的代表（歐洲聯盟運作條約第138條第1項與第2項）；

14. 歐洲規模體育之促進（歐洲聯盟運作條約第165條）；
15. 歐洲研究區域之實現（歐洲聯盟運作條約第182條第5項）；
16. 在宇航研究的計畫（歐洲聯盟運作條約第189條）；
17. 觀光（歐洲聯盟運作條約第195條第2項）；
18. 災害保護（歐洲聯盟運作條約第186條）；
19. 行政合作（歐洲聯盟運作條約第197條）；
20. 締結關於外國直接投資協定（歐洲聯盟運作條約第207條第1項）；
21. 對第三國的人道援助（歐洲聯盟運作條約第214條第3項）；
22. 建立歐洲自願軍（歐洲聯盟運作條約第214條第5項）；
23. 適用團結條款的方式（歐洲聯盟運作條約第222條第3項）；
24. 設立法官甄選委員會（歐洲聯盟運作條約第255條）；
25. 歐洲聯盟的行政（歐洲聯盟運作條約第298條）；
26. 修訂經濟暨社會委員會與區域委員會組成的規定（歐洲聯盟運作條約第300條）；
27. 確定多年期的財政架構（歐洲聯盟運作條約第312條）。

肆、歐盟的多層級治理

多層級治理（multi-level governance）在1990年代初期成為分析歐盟政策的新觀點，主要是歐盟統合進程已經比過去更複雜與更多樣，會員國已經不是簡單的移轉主權給超國家的歐盟機關，當然這也是1980年代以來新興的決策模式，即為所謂的「治理」（governance），係指決策的合作與網路形式[11]。在歐盟的整合政策決策過程，不再只是由會員國政府單獨做決策，同時亦由超國家的執委會與會員國的地方政府參與決策過程，因而形成一個多層級治理制度，使得歐盟發揮作用，而成為一個獨特的政治制度。

---

[11] Herman Lelieveldt/Sebastian Princen, The Politics of the European Union, 2nd Edition, 2015 Cambridge: Cambridge University Press, p. 39.

第五章　歐洲聯盟法

　　歐洲聯盟條約與歐洲聯盟運作條約創設自己的法律制度，係完全獨立於會員國的法律制度。歐洲聯盟是一獨立自主的組織體，擁有自己的主權與自己獨立的法律制度，不受會員國法律制度之影響，不僅會員國、而且其人民，均必須服從歐洲聯盟因行使其職權所賦與的權利義務。

壹、歐盟行為的形式

　　歐洲聯盟運作條約第288條規定，為行使歐盟的職權，機關應採取規章（Verordnung; Regulation）、指令（Richtlinie; Directive）、決議[1]（Beschluß; Decision）、建議（Empfehlung; Recommendation）與意見（Stellungnahme; Opinion）。規章具有一般的效力；規章在其所有的部分具有拘束力，並直接適用於每個會員國。指令對於所指稱的每個會員國，針對其所應達成的目標具有拘束力，但會員國的機關得自行選擇達成目標之形式與方法。決議在其所有的部分具有拘束力；若決議係針對特定人作成時，則決議僅對這些人具有拘束力。建議與意見不具有拘束力。

　　歐洲聯盟運作條約第288條規定並不是一個權限規範，只是規定歐盟機關的法律行為的形式。歐盟機關的行為形式有規章、指令、決議、建議與意見五種類型。至於在具體個案中，歐盟機關是否享有立法權，以及應以何種形式制定公布法規，則應依據在條約中明確的個別授權規定，也就是歐盟機關依據有限制的個別授權原則制定公布法規，應以法規的實質內容考量應公布法規的類型，同時應考量該法規應產生的法律效果或事實上可產生的法律效果。

---

[1] 德文版本在里斯本條約生效後改用Beschluß，Beschluß與原來的Entscheidung意義不盡相同，因此中文改以「決議」稱之。

一、規章

　　規章規範一般的與抽象的事實，具有一般和普遍的法律效力。規章在全體會員國國內具有直接適用的效力，會員國的立法機關不須再以立法程序將規章轉換成其國內法、或以批准的方式使規章成為會員國的國內法，也就是會員國對於規章的內容無任何的決定權限，規章是真正的歐盟法權限表徵，在會員國移轉主權的範圍內，由歐洲聯盟真正的行使職權[2]。會員國的行政機關與法院必須適用規章，規章的內容直接適用於全體會員國與歐盟人民。規章在各會員國直接創設權利義務，歐盟人民必須依據規章直接負擔義務與享受權利[3]。

二、指令

　　指令的規範對象為會員國，而會員國必須在指令規定的期限內將指令的內容轉換立法成為國內法規，會員國必須以自己的立法行為履行指令所規定的目標，但會員國可以自行決定達成指令目標的形式和方法，這是一種兩階段的立法程序[4]。會員國必須制定公布法律或法規命令，以轉換指令的內容為其國內法，在這些法律或法規命令的前言都會表明是以歐洲聯盟所公布的指令為立法的依據[5]。也就是歐盟的指令為第一階段的立法程序，會員國轉換立法為第二階段的立法程序。

　　指令是歐盟為達成在會員國間法規調適目的最典型的方法，最主要是要協調會員國間現存的法規差異，因此授權會員國自行決定轉換指令的形式與方法。會員國負有轉換指令的義務，若會員國未轉換、延遲轉換或不完全轉換指令的內容，都會造成阻礙歐盟法一致適用的結果，同時會員國也會構成違反條約的義務[6]。會員國將指令的內容完全轉換成國內法時，該指令即轉換成國內法，會員國的行政機關與法院基於指令的立法目的解釋國內法。

---

[2]　J.-V. Louis, The Community Legal Order, 3rd Edition, 1995 Brussels, p. 102.

[3]　C. Rohde, Europarecht, 1995 Berlin, S. 156.

[4]　H.-J. Ihnen, Grundzüge des Europarechts, 1995 München, S. 35.

[5]　M. Matzat, Europarecht, 1995 Münster, S. 27.

[6]　EuGH Rs. 147/77, Kommission/Italien, Slg. 1978, S. 1311.

　　會員國在轉換期限結束後，未將指令轉換立法成為國內法時，指令無法在會員國內發生法律效力，將直接影響歐盟人民的權利。歐洲法院認為，在指令的轉換期限結束後，指令僅在一定的要件下才會發生直接適用的效力，也就是必須指令的規定已經足夠明確、已經具備法律規範的性質、個人得直接主張其權利、不需由歐盟機關或會員國再採取其他的措施以履行該指令的內容、同時指令並不課以歐盟人民任何的負擔，才具有直接適用的效力[7]。

　　若指令欠缺明確的要件，會員國又未在轉換期限內完成立法時，該指令並不具有直接適用的效力，會員國的行政機關與法院必須依據指令的規定解釋國內的法規，以便盡可能地達成指令所規定的目標[8]。

三、決議

　　決議在其所有的部分具有拘束力；若決議係針對特定人作成時，則決議僅對這些人具有法律拘束。決議表明個別具體確定的相對人，決議對該相對人具有拘束力，決議具有個別的拘束力。決議是歐盟機關施行歐盟法典型的法律行為形式，決議在其全部的規定，對於其所指稱的相對人具有拘束力，且有直接適用的效力。

四、建議與意見

　　建議與意見雖然不具有法律上的拘束力，但仍有其重要性，特別是具有政治上的效力，因此具有間接的法律效力[9]。會員國對於歐洲聯盟負有忠誠的義務，因此會員國仍必須遵守歐盟機關公布的建議與意見；會員國的法院在解釋其國內法時，也必須考量歐盟機關所提出的建議與所發表的意見[10]。

---

[7] EuGH Rs. 41/74, van Duyn, Slg. 1974, S. 1405; Rs. 8/81, Becker, Slg. 1982, S. 53.

[8] EuGH Rs. 14/83, von Colson und Kamann, Slg. 1984, S. 1891.

[9] H.-J. Ihnen, aaO., S. 37.

[10] EuGH Rs. C-322/88, Grimaldi, Slg. 1989, S. 4421.

貳、歐盟法之優先適用性

　　歐盟法係依據歐洲聯盟的基礎條約規定的自主法源形成的法律制度，歐盟法係會員國法律制度的構成部分，歐盟法優先於會員國的國內法，不僅對會員國有拘束力，歐盟法亦直接關係其國民的權利義務。歐盟法優先適用原則，保證歐盟法不得因會員國的國內法，而遭廢止或遭修改，在歐盟法和會員國的國內法發生法規衝突的情形，應優先適用歐盟法。申言之，在法律適用上，歐盟法絕對優先於各會員國法，甚至優先於會員國的憲法，依據歐洲聯盟條約第4條第3項之規定，全體會員國對於歐洲聯盟負有忠誠的義務，也只有在歐盟法優先適用的原則下，才可以使得歐盟法在全體會員國內，發生一致的效力與一致的適用。但若歐盟法未規定的事項，仍適用各會員國的國內法規。

　　歐洲法院過去一貫的見解均認為，歐盟法優先於會員國法適用，但在2007年12月的布魯塞爾政府會議上會員國發表了一項聲明[11]，應適用過去歐洲法院一貫的見解，歐盟法有適用的優先性[12]。歐盟法適用優先性是歐盟法的基礎，此一原則係源自於歐洲聯盟的特性，自1964年Costa & ENEL案[13]以來，歐洲法院即一貫的採取此一原則，雖然此一原則未規定於條約中，但並不會影響此一原則的效力。換言之，歐洲法院的案例法（case law）與歐盟法的至高性（supremacy）仍是基本原則。

　　歐盟法具有絕對的優先適用效力，也就是在歐盟法與會員國法針對涉及歐盟法的事實存在法規衝突時，應優先適用歐盟法，但會員國的國內法並非因此無效，只是在歐盟法未規定的情形，仍得有效適用會員國的國內法。因此，歐盟法與會員國法的位階順序為主要的歐盟法[14]居於最高的位階，其次為由歐盟

---

[11] Erklärung Nr.17: Die Konferenz weist darauf hin, dass die Verträge und das von der Union auf der Grundlage der Verträge gesetzte Recht im Einklang mit der ständigen Rechtsprechung des Gerichtshofs der EU und den in dieser Rechtsprechung festgelegten Bedingungen Vorrang vor dem Recht der Mitgliedstaaten haben.

[12] Albrecht Weber, Zur förderalen Struktur der Europäischen Union im Entwurf des Europäischen Verfassungsvertrags, EuR 2004, S. 845.

[13] EuGH Rs. 6/64, Costa & ENEL, Slg. 1964, S. 1251.

[14] 主要的歐盟法是指歐洲聯盟的基礎條約、基礎條約的附件、附加於基礎條約的議定書、

締結的國際條約[15]，之後依序爲派生歐盟法[16]、會員國的憲法、會員國的法律、會員國的行政法規。

　　總而言之，里斯本條約明文規定歐盟法的至高、優先適用原則，歐盟法的位階高於會員國的憲法，在法規衝突時，應優先適用歐盟法。同時，歐洲法院的案例法亦確認歐盟法的優先適用原則、在會員國內直接適用的原則與具有憲法特質的法律制度。里斯本條約授權歐洲聯盟可以制定超國家的法律規範，在會員國內具有法律拘束力，而歐洲聯盟在立法程序大部分將以條件多數決議制定歐盟法，會員國喪失其否決權，將有助於歐洲聯盟有效率的運作。

參、歐盟法之直接適用性

　　歐洲聯盟爲超國家與政府間合作要素的混合，同時是經濟與法律的結合及政治上的合作。歐洲聯盟雖然也是由會員國締結國際條約創設的國際組織，但是卻是一個擁有獨立主權與職權的國際組織。爲有利於歐洲聯盟的運作，會員國自願放棄其部分的主權，而將這些主權移轉給歐洲聯盟行使，歐洲聯盟有權規定其職務範圍的事務，因此歐洲聯盟實際上如同一個國家。

　　歐洲聯盟係一種創新的法律制度，德國聯邦憲法法院稱其爲超國家的組織，其主要功能爲一法律共同體（Rechtsgemeinschaft）[17]。直接適用性是歐盟法的另一個重要的特徵，歐盟法之直接適用性就是指歐盟法的規定自生效時起，且在其適用期限內，必須在全體會員國內具有一致的完全效力，也就是歐盟法的規定直接創設在歐盟法所規範法律關係當事人間的權利義務，並且不問當事人爲會員國或個人，歐盟法直接適用的效力並延伸至有管轄權的會員國法

後續的修訂條約、新會員國的加入條約、不成文的一般法律原則。

[15] 由歐洲聯盟與第三國或其他國際組織所締結的國際條約，亦爲歐盟法的構成部分，對於歐盟機關具有拘束力。EuGH Rs. 181/73, Hägeman, Slg. 1974, S. 460.

[16] 派生歐盟法爲依據歐洲聯盟運作條約第288條之規定，爲履行條約的任務，由歐盟機關所制定公布的法規。

[17] Hans-Wolfgang Arndt, aaO, S. 29.

院，會員國的法院亦必須維護歐盟法賦與個人的權利[18]。

任何聯盟人民得直接在會員國的國內法院直接援引適用歐盟法[19]，歐盟法的直接適用性又可分爲垂直適用的直接效力與水平適用的直接效力。垂直適用的直接效力，是指個人有權向會員國的法院主張會員國未履行條約（歐洲聯盟條約與歐洲聯盟運作條約）所規範的義務；水平適用的直接效力，是指歐盟法亦直接適用於個人間的權利義務關係，例如歐洲聯盟運作條約第101條與第102條規定的競爭法規，即爲最典型具有水平直接效力的歐盟法。

主要的歐盟法在全體會員國內具有直接適用的效力，歐盟法不僅規範會員國的政府，而且規範歐盟人民，因此個人得直接在會員國的法院主張適用歐盟法[20]。再者，由於歐盟法的施行與生效，並不需要歐盟機關或會員國再採取其他的措施，歐盟法即得完全發生效力，並得直接適用於其所規範的法律關係[21]。

規章具有一般的效力，且直接適用於每一個會員國，在歐盟法的法源中，依據規章的法律性質與作用，規章已經具有直接的效力，個人得直接向會員國的法院主張其受保護的權利，因此不得適用牴觸規章的會員國法規[22]。

原則上指令並無直接適用的效力，僅就其所規定的目標對於會員國具有拘束力，由於會員國在指令規定的期限內必須將指令的目標轉換成國內法，也就是會員國負有轉換指令的義務，但若會員國不轉換、不完全的轉換或不在規定的期限內轉換立法指令的目標時，有可能侵害歐盟人民的權益。因此，歐洲法院認爲，若指令的規定是絕對的、無附任何的條件、且內容已經足夠明確時，即便是會員國未及時轉換指令的規定爲國內法，指令亦具有直接適用的效力[23]。也就是指令必須有絕對的、足夠清楚明確的內容，則指令的內容得直接適用會員國與歐盟人民的法律關係、會員國未在一定期限內將指令轉換或未遵照指令轉換立法時，則歐盟人民得在會員國的法院主張在指令內所規定的權

---

[18] EuGH Rs. 106/77, Simmenthal II, Slg. 1978, S. 629.

[19] J. Steiner, Enforcing EC Law, London 1995, p. 14.

[20] EuGH Rs. 26/62, van Gend & Loos, Slg. 1963, S. 1.

[21] EuGH Rs. 57/65, Lütticke, Slg. 1966, S. 257.

[22] EuGH Rs. 43/71, Politi, Slg. 1971, S. 1039.

[23] EuGH Rs. 148/78, Ratti, Slg. 1979, S. 1639.

利；若歐盟人民因而遭受權利損害，並得請求國家的損害賠償[24]。指令僅對會員國有拘束力，指令本身並未創設對歐盟人民的義務，因此相對人並無法主張行使指令規定的請求權，指令的規定並無法直接適用於歐盟人民間的法律關係，即指令並不具有水平適用的直接效力[25]。

基於歐盟法優先適用原則，歐盟機關對於會員國作成的決議，對於該會員國的所有機關，包括法院在內，亦具有法律上的拘束力[26]。對於會員國作成的決議，若內容已經清楚明確、絕對的、並未附任何條件的規定，且在一定的期限內應發生效力，但會員國在所規定的期限結束後未適用、或未依規定適用該決定時，則個人得對該會員國主張適用該決定的規定[27]。

建議雖然不具有法律上的拘束力，也不會創設個人的權利，但歐洲法院認為歐盟人民仍得向會員國的法院援引適用建議的內容，即建議的內容已足以闡明會員國法或歐盟法的解釋時，會員國的法院對於繫屬的法院，在判決時亦應考量歐盟機關所提出的建議[28]。

肆、立法程序

依據歐洲聯盟運作條約第289條之規定，歐洲聯盟的立法程序分為普通的立法程序與特別的立法程序。

一、普通的立法程序

普通立法程序是由歐洲議會與理事會基於執行委員會之提案，共同通過規章、指令或決議。普通立法程序詳細規定於歐洲聯盟運作條約第294條，必須

---

[24] EuGH Rs. C-6 und 9/90, Francovich, Slg. 1991, S. I-5357; Rs. C-208/91, Emmott,, Slg. 1991, S. I-4269.

[25] EuGH Rs. 222/84, Johnston, Slg. 1986, S. 1651; Rs. C-91/92, Facini Dori, Slg. 1994, S. I-3354.

[26] EuGH Rs. 249/85, Albako, Slg. 1987, S. 2345.

[27] EuGH Rs. C-156/91, Hansa Fleisch, Slg. 1992, S. I-5567.

[28] EuGH Rs. C-322/88, Grimaldi, Slg. 1989, S. 4407.

經過三讀的立法程序。特別立法程序是指在條約規定的特定情形，由歐洲議會在理事會參與、或由理事會在歐洲會議參與，通過規章、指令或決議。而依據立法程序通過的法規為制定法。在條約規定的特定情形，得由會員國的團體或歐洲議會之創制、或歐洲中央銀行之建議、或歐洲聯盟法院之申請、或歐洲投資銀行之申請，而制定公布法規。

　　普通的立法程序首先應由執行委員會向歐洲議會與理事會提出一個草案。即進入第一讀程序，在第一讀中，歐洲議會確定其立場，並將其立場告知理事會。若理事會同意歐洲議會之立場時，則應以歐洲議會立場之版本公布相關的法規。若理事會不同意歐洲議會之立場時，則理事會應在第一讀中確定其立場，並將其立場告知歐洲議會。理事會應詳細告知歐洲議會關於其在第一讀中確定其立場的全部理由。執行委員會應完全地告知歐洲議會關於其立場。

　　第二讀程序為若歐洲議會在告知後三個月內：

1. 同意理事會在第一讀的立場時，或未發表意見時，則視為通過理事會在第一讀立場版本的相關法規。
2. 以其議員過半數否決理事會在第一讀的立場時，則視為未通過所提案的法規。
3. 以其議員過半數變更理事會在第一讀的立場時，則應將變更的版本交付給理事會與執行委員會；執行委員會應就此一變更發表意見。

若理事會在歐洲議會的變更版本到達後三個月內，以條件多數決議：

1. 同意所有變更的內容時，則視為通過相關的法規。
2. 不同意所有變更的內容時，則在歐洲議會議長之同意下，由理事會主席在六個星期內召集調解委員會。

執行委員會對變更版本發表不同意的意見時，應由理事會以一致決議之。

　　在第二讀程序若歐洲議會與理事會無法達成共識時，則應進入調解程序，即由理事會的成員或其代表與同數代表歐洲議會的議員組成調解委員會。調解委員會的任務，為基於歐洲議會與理事會在第二讀的立場，達成協議。執行委員會應參與調解委員會的工作，並採取所有必要的創制，以期致力於使歐洲議會與理事會的立場更接近。若在召集後六個星期內，調解委員會不同意其共同的草案時，則視為未通過所提案的法規。

若在此一期限內調解委員會同意共同的草案時，則歐洲議會與理事會在自此一同意起六個星期的期限，在歐洲議會應有其出席議員過半數同意，且在理事會應有條件多數同意，以期符合此一法案公布相關的法規。其他的情形視爲未通過所提案的法規。此即爲第三讀程序。在本條規定的三個月或六個星期期限，得由歐洲議會或理事會提議最多延長一個月或二個星期。

二、特別的立法程序

依據歐洲聯盟條約第294條第15項規定，若在歐洲聯盟條約與歐洲聯盟運作條約規定的情形，由一會員國的團體提案、歐洲中央銀行建議或歐洲法院之申請，以普通的立法程序公布法規時，則不適用第2項、第6項第2句與第9項之規定。

在這些情形，歐洲議會與理事會應告知執行委員會法規的草案與其在第一讀和第二讀的立場。在整個程序進行中，歐洲議會或理事會得向執行委員會請求發表意見，執行委員會並得主動發表意見。執行委員會並得依據第11項之規定參與調解委員會，但以執行委員會認爲必要者爲限。

三、其他的立法程序

在制定法中，執行委員會行使移轉的職權，公布無法律性質，但具有一般效力的法規，以補充或變更相關制定法的特定、但非重要的規定。在相關的制定法應明確規定職權移轉的目標、內容、適用範圍與期限。制定法應保留一個領域的重要觀點，因此對該重要觀點不可能移轉職權[29]。

四、法規生效的形式要件

若歐洲聯盟條約與歐洲聯盟運作條約未規定應公布法規的類型時，則依據歐洲聯盟運作條約第296條之規定，由機關在個案中在遵守應適用的程序和比

---

[29] 歐洲聯盟運作條約第290條規定。

例原則下，決定法規的類型。法規應附具理由，且應說明在歐洲聯盟條約與歐洲聯盟運作條約內規定的提案、創制、建議、申請或意見。若歐洲議會與理事會處理一個制定法的草案時，則不通過依據立法程序對相關領域未規定的法規。

　　附具立法理由之目的，在於告知歐盟人民與會員國，歐盟機關立法時所依循的法律依據，以便歐洲法院得以進行法規審查。在立法理由中應表明歐盟機關制定公布法規的法律依據，至少應表明歐盟機關所考量事實上與法律上的理由。因此，若在法規中未表明立法理由，將構成重大的形式瑕疵，並得依據歐洲聯盟條約第263條第2項之規定，由歐洲法院宣告該法規為無效[30]。

　　法規在公布後，才得以生效施行。依據歐洲聯盟運作條約第297條之規定，依據普通的立法程序公布的制定法，應由歐洲議會議長與理事會主席簽署。依據特別的立法程序公布的制定法，應由公布法規的機關首長簽署。應在歐洲聯盟的公報公告制定法。制定法在其所規定的日期生效、或在公告後第二十日，發生效力。無法律特性的法規，以規章、指令或決議，但未對特定人公布時，應由公布法規的機關首長簽署。針對全體會員國公布的規章與指令，以及未指明特定人的決議，應公告於歐洲聯盟的公報。在其所規定的日期、或在公告後第二十日，發生效力。其他的指令、針對特定人作成的決議，應對其所規定的人公布，且因公布而發生效力。歐盟公報分為L（Legislation）與C（Communication）兩部分，具有法律拘束力的規章、指令與決議應公布於L部分，C部分僅為公告通知的性質，並不具有法律拘束力，建議與意見則是公告於C部分。

---

[30] EuGH Rs. 45/86, APS, Slg. 1987, S. 1493.

第六章　歐盟的權利保護制度

由於歐盟法的特性是一個超國家的新的法律制度，對於個人直接創設權利義務的效力，因此個人有權有效率地貫徹其權利。里斯本條約基本上並未修訂原來的權利保護制度。

壹、歐盟司法制度之形成

早於1952年簽署歐洲煤鋼共同體條約設立歐洲煤鋼共同體時，即已於盧森堡設置歐洲法院為歐洲煤鋼共同體的機關，以行使獨立的司法權。1958年成立歐洲經濟共同體與歐洲原子能共同體時，在組織架構中亦各自有法院的設置，1958年1月1日生效的三個共同體機關協定（Abkommen über die gemeinsamen Organen für die Europäischen Gemeinschaften），歐洲法院成為當時三個共同體共同的機關。

1989年時，為減輕歐洲法院的工作負擔與改善對個人權利的保護，新設第一審法院，第一審法院是一個獨立的審判機關[1]。第一審法院並非新的共同體機關，而是在歐洲法院內的獨立法院，第一審法院有自己的事務處與訴訟程序法。

原來的歐洲法院與第一審法院主要的任務為確保在適用與解釋歐洲共同體條約時的權利維護，歐洲法院與第一審法院為並列的法院，各有不同的訴訟管轄權，二者並非從屬的關係[2]，2004年時理事會決議設立歐洲聯盟公務法院（Gericht für den öffentlichen Dienst der Europäischen Union；簡稱公務法院）[3]。主要是為改善歐盟的司法審判制度的運作方式，於是將原來屬於第一

---

[1]　Beschluß 88/591/EGKS, EWG, EAG des Rates, ABlEG 1998 L 319/1.

[2]　Alexander Thiele, Das Rechtsschutzsystem nach dem Vertrag von Lissabon-(k)ein Schritt nach vorn?, EuR 2010, S. 31.

[3]　ABlEU 2004 L 333/47.

審法院管轄的職務爭訟成立一個專業法院（Fachgericht）。2005年正式成立歐洲聯盟公務法院。歐洲法院的案件以C（Cour）標示，第一審法院以T（Tribunal）標示，而歐洲聯盟公務法院則以F（Fonction publique）標示。

2009年12月1日里斯本條約生效後，歐洲聯盟法院成為歐盟機關，依據歐洲聯盟條約第19條第1項之規定，歐洲聯盟法院包括歐洲法院、普通法院與專業法院。歐洲聯盟法院是歐洲聯盟的司法機關，完全符合傳統的司法功能，不僅審查立法機關所制定法規的效力，並且審查行政機關行為的效力。

隨著歐洲聯盟的設立，會員國不僅是要成立一個國際組織，以追求經濟與政治的目標，而且也要創設一個法律共同體（Rechtsgemeinschaft）。法律共同體存在的條件，就是要保障所有歐盟的法律規範平等的適用。換言之，就是要保障憲法、行政法與民法上的訴訟程序[4]。因此，歐洲聯盟法院有權審理歐盟機關間、會員國間、會員國與歐盟機關間、會員國與企業或自然人間的法律爭訟。而歐洲聯盟條約第19條第1項第2段也規定，全體會員國應建立必要的法律救濟，以期保障在歐盟法所包含的領域有效率的權利保護。

里斯本條約並未創設歐洲聯盟法院的審級制度，歐洲法院、普通法院與專業法院只是歐洲聯盟法院的一部分。歐洲聯盟法院成為一個上位的概念，里斯本條約並未修訂歐洲聯盟法院內部權限分配，歐洲法院、普通法院與歐洲聯盟公務法院各自有自己的訴訟程序法。

歐洲聯盟運作條約第257條第1項新規定，歐洲議會與理事會得依據普通的立法程序，設立一個與普通法院並列的專業法院，以管轄針對特別事務範圍提起的特定類型訴訟的第一審判決。基於執行委員會之提案，在歐洲法院之聽證後、或基於歐洲法院之申請，在執行委員會之聽證後，歐洲議會與理事會以規章作成決議。在設立專業法院的規章中，應規定此一法院的組成與移轉的管轄權範圍。從過去歐洲法院與普通法院的工作量不斷增加，可以預期的是未來歐洲聯盟法院勢必會增加更多的專業法院，2005年正式成立的歐洲聯盟公務法院即為一個例證。

---

[4]　Hans-Wolfgang Arndt, aaO., S. 53.

貳、歐洲法院

一、組成

　　歐洲聯盟條約第19條第2項規定「一會員國一法官原則」，即歐洲法院由每一個會員國指派的一位法官組成，以便每個會員國與每個法律制度有平等的代表[5]，目前歐洲法院由28位法官與8位總辯官組成。由會員國政府在一個提名委員會之聽證後，在相互同意下，以六年的任期任命法官與總辯官，連選得連任[6]。提名委員會的任務為對被提名的候選人執行法官或總辯官職務的資格發表意見。應在給與獨立保障、且在會員國內符合最高法官職位必要要件或具有其他卓越資格的人士中挑選法官與總辯官。為維護判決的持續性，故每三年應重新任命半數的法官或總辯官。在法官中選舉院長，任期三年，連選得連任。院長領導法院的審判職務，並在大法庭的審判與評議擔任庭長。

　　歐洲聯盟運作條約第252條規定，由8位總辯官支援歐洲法院，總辯官與法官有相同的地位，亦享有第21號關於特權與豁免議定書規定的豁免權與不受處罰權。總辯官彼此間並無職位高低的關係，在執行職務上獨立的維護利益[7]。以完全超黨派與獨立，提出法律鑑定，也就是在案件指派總辯官，以最終提議提出法律見解。總辯官的設置，係以法國最高行政法院（Conseil d'Etat）的「Commissaire du Gouvernement」為藍本，以平衡歐洲法院原始的審判權與欠缺上訴審的弊端[8]。

　　總辯官的主要任務，是向歐洲法院提出一個完全獨立的、不具拘束力的判決建議，即所謂的最終提議（Schlusantrag）。最終提議並不是對法官或當事人發表的意見，而是總辯官個人、有理由與公開闡述的見解[9]。依據歐洲法院

---

[5]　Hans-Wolfgang Arndt, aaO., S. 51.

[6]　歐洲聯盟運作條約第253條規定。

[7]　Lenz/Borchart (Hrsg.), EU-Verträge: Kommentar nach dem Vertrag von Lissabon, 5. Auflage, 2010 Köln: Bundesanzeiger Verlag, Art. 252 AEUV, Rn. 3.

[8]　Hans-Wolfgang Arndt, aaO., S. 51.

[9]　EuGH Rs. C-17/98, Emesa Sugar/Aruba, Slg. 2000, S. I-675.

訴訟程序法第59條之規定，最終提議係言詞辯論的構成部分，且應與判決彙編一起公告，總辯官僅得以其在最終提議的說服力，影響歐洲法院的判決，因為總辯官並不參與判決的諮商與表決。通常，總辯官的最終提議會針對事實的背景詳細描述，並且詳細地討論個別的法律問題。依據歐洲聯盟法院組織法第20條第5項之規定，若案件無新的法律問題時，歐洲法院在總辯官的聽證後，可以無需總辯官的最終提議，而進行審判。

　　每年在總辯官間選出一位首席總辯官，以負責分配案件，而尼斯條約加強首席總辯官（Erster Generalanwalt）的角色，並賦與新的任務，為使歐盟法的一致適用與使判決更完整，首席總辯官可以將普通法院的判決，向歐洲法院提起上訴或預先裁判之訴[10]。

　　依據歐洲聯盟運作條約第253條第5項之規定，歐洲法院任命其事務長，並規定其地位，歐洲法院的事務長即為法院的秘書長，在院長的監督下，領導法院的各單位。除此之外，事務長主要的任務有處理歐洲法院訴訟程序[11]判決與決議的技術性事務，例如登錄案件、檢查起訴之合法性、補正形式上的欠缺或補齊規定的文件[12]、在書面程序範圍的送達[13]、在言詞審理製作開庭日期與筆錄[14]、製作歐洲法院的判決書、決議與其他裁定，以及準備訴訟救助與費用決議之執行。

二、訴訟類型

　　歐洲法院對於歐洲聯盟運作條約與歐洲原子能共同體條約所規定的事務，均有訴訟管轄權。歐洲法院對於過去第二根與第三根支柱的審判權在里斯本條約生效後，歐洲聯盟法院為歐盟機關，原則上對於所有的事務範圍均有管轄權，但歐洲聯盟運作條約第275條規定一個除外條款，即歐洲聯盟法院對於共

---

[10] 歐洲法院訴訟程序法第6條規定。

[11] 歐洲法院訴訟程序法第16條規定。

[12] 歐洲法院訴訟程序法第38條規定。

[13] 歐洲聯盟法院組織法第21條第2項規定。

[14] 歐洲法院訴訟程序法第62條規定。

同外交暨安全政策的規定與基於這些規定公布的法規無管轄權，也就是在里斯本條約的架構下，共同外交暨安全政策具有特別的地位[15]，由於共同外交暨安全政策仍具有高度的政治性質與會員國的國家安全有密切關聯，因此應將共同外交暨安全政策排除法院的審查機制[16]。

（一）違約之訴：歐洲聯盟運作條約第258條至第260條

在違約之訴，歐洲法院審理一會員國是否履行其歐盟法的義務，原則上是由執委會對違約的會員國向歐洲法院提起訴訟，但執委會必須先給該會員國發表意見的機會。在實務上，執委會最常提起違約之訴，但亦得由一會員國對另一會員國向歐洲法院提起違約之訴。過去違約之訴並未實際發揮作用[17]，里斯本條約對於被判違約會員國的裁判規定，有更嚴格的規定。

若歐洲法院確認被告會員國違反條約時，則該會員國必須立即停止違約的行為；若歐洲法院在執委會再度訴請救濟後確認，該會員國未履行其判決時，則歐洲法院得科違約的會員國支付一次金額及／或強制金。若會員國未告知執委會轉換指令的措施時，則基於執委會之提議，歐洲法院得在第一次的違約判決中，科以該會員國財務的制裁。此一新規定有助於提高會員國及時將指令轉換為國內法的效率[18]。

（二）無效之訴：歐洲聯盟運作條約第263條

無效之訴原則上為抽象的法規審查（abstrakte Normenkontrolle）[19]，原告訴請歐洲法院宣告一歐盟機關、一機構或其他單位的行為無效，也就是宣告規章、指令或決議為無效。但對國家補貼與傾銷的規章，則應向第一審法院訴請宣告無效。

針對在刑事案件的警察與司法合作，依據歐洲聯盟運作條約第276條之規

---

[15]　R. Streinz, Europarecht, 2008 München, Rn. 63a.

[16]　Alexander Thiele, aaO., EuR 2010, S. 49.

[17]　A. Haratsch/C. Koenig/M. Pechstein, Europarecht, 2009 Rn. 425.

[18]　Alexander Thiele, aaO., EuR 2010, S. 35.

[19]　A. Haratsch/C. Koenig/M. Pechstein, aaO., Rn. 443.

定，歐洲法院僅對於審查會員國的措施無管轄權，因此特別是歐洲警察署（Europol）的行為亦受歐洲法院的司法監督，歐洲警察署不僅可以偵察犯罪，並且享有蒐集個人資料廣泛的職權[20]。因此，里斯本條約賦與個人得對歐洲警察署的訊問權向歐洲法院提起無效之訴，訴請救濟。

（三）不作為之訴：歐洲聯盟運作條約第265條

不作為之訴係指歐洲法院審理聯盟機關、機構或其他單位不作為的合法性。僅在要求相關的單位履行其作為義務後，才得提起不作為之訴。若歐洲法院確認不作為是違法時，則被告的機關、機構或其他的單位必須以適當的措施終止不作為。

（四）預先裁判之訴：歐洲聯盟運作條約第267條

歐洲法院與全體會員國的法院合作，歐洲法院與會員國的法院應適用歐盟法。為確保實際的與一致的適用聯盟法，並且避免對於歐盟法有不同的解釋，會員國的法院得向歐洲法院訴請解釋歐盟法，以期審查其國內法規是否符合歐盟法。預先裁判之訴為歐洲法院與會員國國內法院的合作機制（Kooperations-mechanismus），以確保會員國在執行時能夠一致適用歐盟法[21]。預先裁判之訴的標的亦得為請求審查歐盟法規定的效力。

每個會員國的法院必須在其國內，依據規定適用歐盟法，但個別會員國的法院有可能對歐盟法，有不同的解釋，而造成歐盟法不一致適用的結果。因此，會員國的法院若認為，歐洲法院的判決對其裁判是有必要的，依據歐洲聯盟運作條約第267條之規定，由會員國的終審法院，向歐洲法院提請闡明歐盟法的解釋與效力。

歐洲法院會作成預先裁判的判決或附具理由的決議。提起預先裁判之訴的會員國法院，在作判決時，應受歐洲法院解釋之拘束。歐洲法院的判決以此一方式作成判決，對於處理相同問題的其他會員國法院亦有拘束力。

---

[20] Alexander Thiele, aaO., EuR 2010, S. 49.

[21] Hans-Wolfgang Arndt, aaO., S. 53.

　　預先裁判之訴給與每個歐盟人民有機會可以請求歐洲法院確認與其有關的歐盟法的明確內容，雖然只有會員國法院可以提起預先裁判之訴，但在歐洲法院的訴訟程序中，系爭訴訟的所有利害關係人、會員國與歐盟機關均得參與訴訟。

　　過去在預先裁判之訴，歐洲法院確立了歐盟法的許多原則，對於歐盟法的發展，具有非常重要的意義。

　　歐洲聯盟運作條約第267條第4項新規定，在預先裁判之訴涉及居留的犯罪嫌疑人時，歐洲法院應在最短的時間內作成判決，而早在2008年3月1日時即對在原來第三根支柱的預先裁判之訴進行速審程序 [22]，在特別緊急的情形，歐洲法院在提起預先裁判之訴後三個月內應作成判決 [23]。

（五）鑑定

　　歐洲法院不僅在法律諮商的範圍，而且也在司法功能的範圍內，履行這些任務。在法律諮商方面，依據歐洲聯盟運作條約第218條第11項之規定，一會員國、歐洲議會、理事會或執行委員會得向歐洲法院請求做一鑑定，闡釋計畫簽署中的協定是否符合條約（歐洲聯盟條約與歐洲聯盟運作條約）的規定。歐洲法院主要係以具有法律拘束力的鑑定（Gutachten）的方式，對於歐洲聯盟與第三國或國際組織即將簽署的協定，發表其法律見解。也就是由歐洲法院進行事前的法律監督，以協助有權締結國際協定的歐盟機關在締約前，先明瞭是否符合歐洲聯盟條約與歐洲聯盟運作條約之內容 [24]。

（六）上訴

　　上訴歐洲法院的案件僅限於對普通法院的判決與決議；若上訴合法且有理由時，則歐洲法院應廢止普通法院的判決。若案件已達可為判決時，則歐洲法院得對法律爭訟自為判決；否則歐洲法院應將上訴案件駁回至普通法院，普通

---

[22] W. M. Kühn, Grundzüge des neuen Eilverfahrens vor dem Gerichtshof der Europäischen Gemeinschaften im Rahmen von Vorabentscheidungsersuchen, EuZW 2008, S. 263ff.

[23] ABlEU 2008 L 24/44.

[24] M. Dauses, Das Vorabentscheidungsverfahren nach Art.177 EG-Vertrag, 2.Auflage, 1995 München, S. 38.

法院受歐洲法院上訴判決之拘束[25]。

（七）覆審

　　歐洲聯盟公務法院上訴於普通法院，而不服普通法院的判決時，得訴請歐洲法院進行覆審。在由首席總辯官申請到達後一個月內，歐洲法院應判決上訴的合法性[26]。

三、訴訟程序

　　歐洲法院開庭的方式，有全體法官參與審理的全院庭、13位法官組成的大法庭、由3位或5位法官組成的法庭進行審判[27]。全院庭僅限於歐洲聯盟法院組織法規定的特別案件，例如歐洲監察人的免職、執委會委員違反職務的免職、或歐洲法院認為一案件具有非常意義時，亦得以全院庭審理。大法庭（13位法官）審理一會員國或一歐盟機關為訴訟當事人時、且依其申請、或特別複雜或重要的案件。其他的案件則由3位法官或5位法官組成的法庭審理。5位法官的法庭庭長任期三年；3位法官的法庭庭長任期一年。

　　在歐洲法院所有的訴訟程序中，包括書面審理與公開的言詞審理[28]。由會員國法院向歐洲法院提起，請求解釋歐盟法或判決歐盟法的效力。首先由歐洲法院的翻譯處將預先裁判之訴的請求問題翻譯成所有的歐盟官方語言（共有24種）；接著，由事務長送達給系爭的當事人、會員國與歐盟機關；事務長應將函示公告於官方公報，並應公布系爭訴訟的當事人與系爭問題的內容。當事人、會員國與歐盟機關得在二個月內向歐洲法院提出書面說明。

　　其他類型的訴訟應向事務長提出訴狀，事務長應將訴訟的函示，包括訴訟申請與訴訟理由公告於官方公報；同時並將訴狀送達給被告，而被告必須在一個月內提出答辯狀。為進行審理案件，由院長確定一位書記官與由首席總辯官

---

[25] 歐洲聯盟運作條約第256條規定。

[26] 歐洲聯盟法院組織法第62條規定。

[27] 歐洲聯盟運作條約第251條；歐洲聯盟法院組織法第16條；歐洲法院訴訟程序法第11條。

[28] 歐洲聯盟法院組織法第18條至第20條。

確定一位總辯官 [29]。

　　在所有的訴訟程序中，在書面程序後，應要求利害關係人在一個月內告知是否申請進行言詞審理。歐洲法院依據書記官的報告與在總辯官的聽證後，決定案件是否需要舉證、將案件分配哪個法庭審理、是否進行由院長確定期日的言詞審理。書記官應在法庭記錄中，總結當事人事實與法律上的說明，必要時並應包括訴訟參加人提出的說明。在言詞審理的範圍，應以訴訟語言讓社會大眾可取得此一報告。

　　在公開的言詞審理中，當事人向法庭與總辯官陳述意見，法官與總辯官得向當事人提出合乎目的之問題。在數週後，再次在公開的法庭由總辯官向歐洲法院提出最終提議，尤其是針對案件的法律爭點詳細闡述，並完全獨立向歐洲法院建議判決的意見。至此，歐洲法院的言詞審理終結 [30]。若案件無新的法律問題，在總辯官之聽證後，歐洲法院得決議無最終提議而逕行判決。

　　法官根據由書記官提出的判決草案進行評議，法庭的每位法官得建議修正，然後以法官的表決多數作成歐洲法院的判決 [31]。

　　參與評議的全體法官應在判決上簽名，並在公開的法庭宣布判決。在判決宣判日與總辯官最終提議宣讀日，應上傳這些文件至歐洲聯盟法院的網頁（CURIA），之後並會公布於歐洲法院與普通法院的裁判彙編。

四、特別的程序

（一）簡化的程序

　　若請求預先裁判的系爭問題與歐洲法院已經解釋過的問題一致時、或系爭問題的答覆無須合理懷疑之虞或從判決中可一目瞭然時，則歐洲法院應敘明此一問題以作成判決或敘明相關案件，在總辯官之聽證後，應以附具理由的決議判決之。

---

[29]　歐洲法院訴訟程序法第44條。

[30]　歐洲法院訴訟程序法第59條。

[31]　歐洲法院訴訟程序法第63條。

（二）速審（快速審理的程序）

在非常急迫的情形，歐洲法院應速審，以便能盡可能在短期內遵守期限，而應優先處理這些案件。若一當事人申請速審，基於書記官之提議，且在總辯官與其他當事人之聽證後，歐洲法院院長應決定是否有特別的急迫性，而使該案件速審合法正當；亦得申請速審預先裁判，在這種情形應由會員國法院提出速審申請，會員國法院應說明判決請求預先裁判問題非常急迫的情況。

（三）緊急提出的程序

在非常短的時間，針對自由、安全與司法區域（警察合作、在民事、刑事案件的司法合作、簽證、庇護、移民與其他關於人員自由遷徙的政策）很敏感的問題，歐洲法院可以在緊急提出的程序中處理這些問題。對於緊急提出的程序，則由5位法官組成的法庭審理，在實務上以電子方式進行書面審理程序，審理時間非常短；但在訴訟的言詞審理階段，所有利害關係人均必須出庭。

（四）暫時的權利保護

暫時的權利保護主要是中止執行一機關採取的措施或應公布另一個暫時的措施，以期防止當事人遭受重大損害或無法回復的損害[32]。

五、訴訟費用

歐洲法院的裁判是免費的，但歐洲法院並不負擔代理當事人在會員國法院出庭的律師費用[33]。若當事人無法負擔全部或部分的訴訟費用時，當事人得自己提出訴訟費用救助之申請，應交付所有顯示當事人困頓的必要資料[34]。

---

[32] 歐洲聯盟法院組織法第60條第2項。

[33] 歐洲法院訴訟程序法第69條。

[34] 歐洲法院訴訟程序法第69條。

六、語言規則

目前歐盟有24種官方語言[35]，訴訟語言係指在訴訟程序進行中，審理案件使用的語言。在歐洲法院係以訴狀使用的語言作為訴訟語言[36]。在預先裁判之訴，訴訟語言為提出預先裁判之訴法院的會員國語言。在言詞審理時，按實際需要，同時翻譯數種官方語言。法官在進行評議時，無翻譯，應使用共同的語言，傳統上是法文。

參、普通法院

自1989年至2008年底，原來的第一審法院已經判決超過6,200個案件，里斯本條約生效後，第一審法院更名為普通法院，普通法院審理的案件特別是智慧財產、競爭與國家補貼的領域。

一、組成

普通法院由至少27位法官組成，亦為「一會員國一法官原則」[37]；目前每個會員國有2位法官，共有54位法官。在提名委員會對候選人的資格發表意見之聽證後，由會員國政府在相互同意下，以六年任期任命法官，連選得連任。由法官中選舉院長，任期三年。法官以六年任期任命事務長[38]。

法官完全超黨派與獨立，行使職務。不同於歐洲法院，普通法院並無常設

---

[35] 依據歐盟條約第55條之規定，這24個官方語言為保加利亞文、丹麥文、德文、英文、愛沙尼亞文、芬蘭文、法文、希臘文、愛爾蘭文、義大利文、克羅埃西亞文、拉脫維亞文、立陶宛文、馬爾他文、荷蘭文、波蘭文、葡萄牙文、羅馬尼亞文、瑞典文、斯洛伐克文、斯洛維尼亞文、西班牙文、捷克文與匈牙利文。每種語言具有相同的拘束力。

[36] 歐洲法院訴訟程序法第29條。

[37] 依據歐洲聯盟條約第19條第2項之規定，普通法院由每個會員國至少一位法官組成。

[38] 歐洲聯盟運作條約第255條。

的總辯官，在例外的情形，得將此一作用移轉給一位法官行使[39]。依據普通法院訴訟程序法第17條之規定，由全院庭審理的案件、依據普通法院訴訟程序法第18條之規定，若案件事實上或法律上困難而有必要時，即應由總辯官參與審理。

　　普通法院由3位法官或5位法官組成的法庭審理案件，在特定的案件得由一位法官審理。若法律問題複雜或案件有重要意義而有必要時，亦得由大法庭（13位法官組成）或全院庭審理。超過80%繫屬於普通法院的案件都是由3位法官組成的法庭審理。5位法官組成的法庭，以三年任期選舉庭長[40]。普通法院有自己的事務處[41]，但有需要時，仍須有歐洲法院的各單位支援其行政與翻譯需求。

二、訴訟類型

　　歐洲聯盟運作條約第256條規定，普通法院對於第263條、第265條、第268條、第270條與第272條所規定訴訟的第一級審判，有裁判權，但不包括依據第257條之規定移轉給專業法院的訴訟與依據歐洲聯盟法院組織法保留給歐洲法院的訴訟。在歐洲聯盟法院組織法中，得規定普通法院有權審判其他類型的訴訟。不服普通法院在本項規定之判決，依據歐洲聯盟法院組織法規定的條件與範圍內，僅限於法律問題，得向歐洲法院提起上訴。普通法院負責不服專業法院的法律救濟審判。不服依據普通法院判決，若有嚴重會牴觸歐盟法的一致性或整合之虞時，得依據歐洲聯盟法院組織法規定的條件與範圍內，在例外的情形，由歐洲法院審查。普通法院在組織法規定的特別事務範圍，對於第267條規定的預先裁判，有審判權。若普通法院認為，一法律案件必須有一個涉及歐盟法的一致性或整合的原則判決時，則得將此一法律案件移送歐洲法院審判。若有嚴重會牴觸歐盟法的一致性或整合之虞時，普通法院得依據在組織法內規定的條件與範圍內，提出裁判預先裁判之訴的申請，在例外的情形，得

---

[39] 歐洲聯盟法院組織法第49條。

[40] 普通法院訴訟程序法第11條與第14條。

[41] 普通法院訴訟程序法第20條。

由歐洲法院覆審。

　　普通法院管轄下列的訴訟：

1. 由自然人或法人對歐盟的機關、機構或其他單位的措施、具有規章特徵的法規、或因歐盟機關、機構或其他單位不作成決議，而提起的訴訟[42]；
2. 會員國對執委會提起的訴訟；
3. 針對在國家補貼、貿易政策上的保護措施（傾銷）與理事會行使其施行權的措施範圍，會員國對理事會提起的訴訟；
4. 因歐盟機關或其職員造成的損害，所提起的損害賠償之訴[43]；
5. 對由歐盟締結的契約，且明定普通法院有管轄權的訴訟[44]；
6. 在歐盟商標範圍的訴訟；
7. 限於法律問題，不服歐洲聯盟公務法院判決的上訴；
8. 不服歐盟植物品種局（Sortenamt）決定與不服歐洲化學物品管制局的決定，提起的訴訟。

　　限於法律問題，在二個月內，不服普通法院的判決得上訴歐洲法院，訴請撤銷判決[45]。提起上訴就是要阻止判決發生既判力，而使判決由歐洲法院再行審判，但依據歐洲聯盟法院組織法第60條第1項之規定，上訴並無停止執行判決的效力。

三、訴訟程序

　　普通法院有自己的訴訟程序法，其訴訟程序包括書面審理與言詞審理兩個階段。由律師或訴訟代理人以訴狀向事務長提起訴訟，應以全部的官方語言將訴訟的重點公告於歐洲聯盟的官方公報。事務長應送達訴狀給對造當事人，對造當事人應在規定的期限內提出答辯狀；原告在規定的期限內針對被告的答辯狀提出答覆。

---

[42] 歐洲聯盟運作條約第263條、第265條。

[43] 歐洲聯盟運作條約第268條。

[44] 歐洲聯盟運作條約第272條。

[45] 歐洲聯盟法院組織法第56條第1項。

對繫屬於普通法院的案件得主張利害關係的任何人、任何一個歐盟機關與其他的單位、會員國得為訴訟參加人。訴訟參加人應提出書狀敘明支援當事人的申請或為被告的訴訟參加人,當事人得答覆訴訟參加人的書狀。在特定的情形,訴訟參加人亦得在言詞審理發表意見[46]。

在公開的法庭進行言詞審理,在庭期法官得向當事人的代理人提出問題。書記官應在法庭記錄中總結事實、當事人的意見與必要時訴訟參加人的意見。在法庭中應以訴訟語言提出這些文件。法官應根據書記官制定的判決草案,進行評議,且應在公開的法庭宣判。

普通法院的裁判是免費的,但不負擔當事人的律師費用,自然人得申請訴訟費用救助。

四、特別的程序

(一)暫時的處分程序

普通法院的訴訟並不停止被撤銷行為之執行,但普通法院得中止其執行或採取其他的暫時處分。普通法院院長或必要時非給與暫時權利保護的其他法官,得以附具理由的決議決定暫時的權利保護的申請[47]。僅在符合下列三個要件時,才得採取暫時的處分:

1. 訴訟必須一目瞭然有理由;
2. 申請人必須說明處分的急迫性,未採取處分將會對其造成更嚴重的損害或無法回復的損害;
3. 暫時的處分應衡量當事人的利益與考慮一般利益。

普通法院的決議有暫時的特徵,並不阻礙普通法院在本案的判決。得上訴歐洲法院,訴請撤銷決議。

(二)速審的程序

普通法院認為案件有特別急迫需要時,應速審判決。原告或被告得申請進

---

[46] 歐洲聯盟法院組織法第56條。

[47] 歐洲聯盟法院組織法第60條。

行速審的程序[48]。

五、訴訟語言

　　得以歐盟任何一種語言提出訴狀，訴狀語言即爲訴訟語言[49]。在言詞審理程序，按實際需要，並得翻譯不同的官方語言。法官應以共同語言，無翻譯進行評議，傳統上爲法文。

肆、歐洲聯盟公務法院

一、組成

　　歐洲聯盟公務法院（以下簡稱公務法院）是一個專業法院，審理涉及歐洲聯盟公務的案件。1989年起由第一審法院（里斯本條約後改爲普通法院）管轄，自2005年起由公務法院管轄。公務法院由7位法官組成，任期爲六年，得延長任期。在應徵後，由一個曾經擔任過歐洲法院或普通法院法官的七人委員會就公認的法律人資格發表意見後，由理事會任命公務法院法官。在任命公務法院的法官時，理事會應注意公務法官的均衡組成，對於會員國國民應盡可能有廣泛的地理依據與其代表的會員國法律制度。

　　從公務法院法官中選舉院長，任期三年，連選得連任。由3位法官組成的法庭審理案件，若係法律問題困難或具有重要意義時，則得由全院庭進行審理；此外，並得在其訴訟程序法中規定由5位法官組成的法庭審理的案件，或由一位法官審理的案件[50]。全體法官任命一位事務長，任期六年，公務法院有自己的事務處，應向歐洲法院請求支援其他行政與翻譯需求。

---

[48] 歐洲聯盟法院組織法第62a條。

[49] 普通法院訴訟程序法第35條。

[50] 歐洲聯盟公務法院訴訟程序法第9條、第13條與第14條。

二、訴訟類型

公務法院管轄下列的訴訟：

1. 歐盟與其職員間的第一審訴訟[51]：歐盟機關約有3萬5,000名職員，每年約有150個至200個案件。歐盟與其職員間的訴訟包括工作關係的問題（例如薪資、年資、停雇、懲戒等）與社會保障（例如疾病、老年照護、殘疾、工作事故、眷屬加給等）[52]。
2. 歐盟機構或其他單位與其職員間的訴訟，而公務法院對於這些機構或其他單位有管轄權，例如歐洲警察署、歐洲單一市場調適局、歐洲投資銀行與其職員間的訴訟。

公務法院不得受理會員國行政機關與其職員的訴訟。在兩個月內不服公務法院的判決，僅限於法律問題，首席總辯官得向普通法院提起上訴，有理由時由普通法院撤銷，但以有嚴重牴觸歐盟法的一致性或整合之虞為限[53]。

三、訴訟程序

歐洲聯盟公務法院訴訟程序法[54]於2007年11月1日生效，並適用歐洲聯盟法院組織法（Satzung）。公務法院的訴訟程序包括書面審理與言詞審理。

應由在一會員國登錄的律師向事務處提出訴狀，由事務長將訴狀送達給對造當事人，對造當事人應在送達後二個月期限內提出答辯狀。公務法院得決議是否需要第二次的書面往來。

得主張繫屬於公務法院的案件有利害關係的任何人、歐盟機關與會員國得作為訴訟參加人。訴訟參加人應提出訴訟參加的書狀，敘明申請支援一當事人、或對抗一當事人。訴訟參加人並得在言詞審理發表意見。

應在公開的法庭進行言詞審理，法官得向當事人的訴訟代理人提出問題，

---

[51] 歐洲聯盟運作條約第270條。

[52] Lenz/Borchardt (Hrsg.), aaO., Art.258 AEUV, Rn. 12.

[53] 歐洲聯盟運作條約第256條第2項。

[54] ABlEU 2007 L 225/1.

必要時並得向當事人本人提出問題。書記官應製作準備的法庭記錄，應包含案件的重要內容與說明當事人在言詞審理應集中的項目。應以訴訟語言使社會大眾能取得這些文件。

　　法官依據書記官製作的判決草案，進行評議；應在公開的法庭宣判。

四、訴訟費用

　　公務法院是免費進行訴訟，但並不負擔律師費用。當事人應自行負擔律師費用，但得申請訴訟費用救助。

五、有效的訴訟和解

　　在審理的每個階段，得嘗試和解。

六、暫時的權利保護

　　公務法院的訴訟並不停止經撤銷行為之執行，公務法院得中止其執行或採取其他的暫時處分。公務法院的院長、必要時非給與暫時權利保護的法官，得以決議附具理由決定申請。

　　僅在下列的要件下，才得予以暫時處分：

1. 訴訟必須一目瞭然有理由；
2. 申請人應舉證處分的急迫性與敘明，若未公布處分，將對申請人造成更嚴重或無法回復的損害；
3. 暫時處分必須衡量當事人的利益與考慮一般利益。

　　暫時處分的決議僅具有暫時的性質，並不影響公務法院在本案的判決。得由普通法院在上訴中撤銷暫時處分。

七、訴訟語言

　　以訴狀語言作為訴訟語言，但僅限於歐盟的官方語言。在言詞審理程序，

按實際需要，並得同步翻譯成不同的官方語言。法官應以共同的語言進行評議，而不使用翻譯，共同的語言即為法文[55]。

　　公務法院的判決與決議應公布於歐洲聯盟法院的網頁CURIA與歐盟法的資料庫Datenbank EUR-Lex。

伍、專業法院

　　歐洲聯盟運作條約第257條規定，歐洲議會與理事會得依據普通的立法程序，設立一個與普通法院並列的專業法院，以管轄針對特別事務範圍提起的特定類型訴訟的第一審判決。基於執行委員會之提案，在歐洲法院之聽證後、或基於歐洲法院之申請，在執行委員會之聽證後，歐洲議會與理事會以規章作成決議。在設立專業法院的規章中，應規定此一法院的組成與移轉的管轄權範圍。不服專業法院的判決，限於法律問題，得向普通法院訴請法律救濟、或若設立專業法院規章有規定時，亦得對事實問題，訴請相關的法律救濟。應從給與獨立保障與具有行使法官職務資格的人士中，選任專業法院的成員。並由理事會以一致決議任命之。在歐洲法院的同意下，專業法院公布訴訟程序法。此一訴訟程序法應經理事會之批准。以設立專業法院規章無其他規定者為限，條約（歐洲聯盟條約與歐洲聯盟運作條約）中關於歐洲聯盟法院的規定與歐洲聯盟法院組織法亦適用於專業法院。無論如何，標題I與歐洲聯盟法院組織法第64條適用於專業法院。

　　也就是對於特別事務專業法院有第一審的訴訟管轄權，就法律與事實的觀點，由普通法院審查專業法院的判決，但以專業法院的設立規章有明文規定者為限。另外，在專業法院的設立規章中應詳細的規定專業法院之組成，而專業法院並應在歐洲法院的同意與由理事會以普通多數批准下，專業法院公布訴訟程序法。

---

[55]　歐洲聯盟法院組織法第64條。

第七章　經濟暨貨幣同盟

壹、經濟暨貨幣同盟形成的經過

　　1989年在馬德里舉行的歐洲高峰會議，依據1989年的狄洛報告（Delors-Bericht），決議至1990年7月1日止，為經濟暨貨幣同盟的第一階段，並應為確定後續的階段而召開政府會議[1]。1988年第361號資金流通指令[2]促成在歐盟內的資金流通自由，也是邁向經濟暨貨幣同盟最重要的步驟，經濟暨貨幣同盟就是要完全自由化資金自由流通與在歐盟內完全的統合金融市場[3]。

　　1993年11月1日馬斯垂克條約生效時，在當時的歐洲共同體條約[4]增訂經濟暨貨幣同盟的規定，而導致在1999年1月1日創設歐元為單一的法定貨幣[5]之結果。目前已經有20個會員國使用歐元，這些國家為荷蘭、比利時、盧森堡、德國、法國、義大利、西班牙、葡萄牙、希臘、奧地利、愛爾蘭、芬蘭、斯洛維尼亞、馬爾他、賽浦路斯、斯洛伐克、愛沙尼亞、拉脫維亞與立陶宛，通稱為歐元國，而形成所謂的歐元體系（Eurosystem）；2023年1月1日克羅埃西亞亦加入歐元區，歐元亦成為法定通貨。這些歐元國將其貨幣政策的任務與職權廣泛的移轉給歐洲聯盟，由中央銀行歐洲體系（European System of Central Banks）[6]負責歐洲聯盟的貨幣政策[7]。由於尚有部分會員國未使用歐元，因此在歐洲聯盟內仍存在歐元區與非歐元區的貨幣政策[8]。

---

[1]　OJ 1990 L 781/23.

[2]　OJ 1988 L 178/5.

[3]　Werner-Bericht 1990, S. 218.

[4]　里斯本條約生效後，歐洲共同體條約更名為歐洲聯盟運作條約。

[5]　理事會1998年第974號關於實施歐元規章第2條規定，OJ 1998 L 139/1。

[6]　中央銀行歐洲體系係由歐洲中央銀行與會員國中央銀行組成。

[7]　Cornelia Manger-Nestler, Die Rolle der Bundesbank im Gefüge des ESZB, EuR 2008, S. 578.

[8]　陳麗娟，歐洲聯盟法精義，2006年，台北：新學林圖書出版公司，頁177。

　　在經濟暨貨幣同盟很明顯地存在一個不對稱的現象，由於已經有20個會員國使用歐元，再加上中央銀行歐洲體系的機制，使得貨幣政策幾乎已經完全歐洲化，但一般的經濟政策仍是屬於會員國的職權範圍[9]。經濟暨貨幣同盟的完成，使歐盟在國際金融市場上更有競爭力。

貳、經濟同盟

　　在談判馬斯垂克條約當時，會員國對於一致的經濟政策與由歐盟法監督會員國的舉債政策有不同的意見，而之後的幾次修訂基礎條約亦未對根本的問題加以修正，即便是在2003年的歐洲憲法條約草案亦未對經濟同盟相關的規定有任何的修訂，幾乎全盤將原來的經濟政策協調規定移至歐洲憲法條約第III-178條。整體而言，里斯本條約仍沿襲此一作法，僅做了一些小修正，例如在歐洲聯盟條約第16條第3項新規定，以理事會的條件多數決議作為基本規定，這一新的決議方式亦會影響經濟政策之運作[10]。

　　在一般的經濟政策領域，會員國仍以自己的責任制定經濟政策，依據歐洲聯盟運作條約第121條之規定，加強在會員國間的經濟政策協調機制。里斯本條約擴大執委會在經濟同盟的職權，即依據歐洲聯盟運作條約第126條第3項之規定，為能保障會員國更緊密的協調經濟政策與經濟成果持續的凝聚，理事會應監督在每一個會員國與在歐盟內的經濟發展，以及監督經濟政策符合在第2項規定的基本要點，並進行定期的整體評價。為達成此一多邊監督的目標，全體會員國應向執委會交付在其經濟政策領域對重要的個別會員國措施的資料，以及其他其認為必要的資料。第4項規定授權執委會對於經濟政策不符合第2項規定的基本要點或有危害經濟暨貨幣同盟發揮符合制度作用的會員國提出警告。歐洲聯盟運作條約第126條第5項新增訂，執委會認為一會員國存在財政過度赤字或有可能造成過度赤字時，執委會應向該會員國發表意見，並通知理事會。

　　綜上所述，里斯本條約賦與執委會額外的職權，執委會得依據歐洲聯盟運

[9]　Ulrich Häde, Die Wirtschafts- und Währungsunion im Vertrag von Lissabon, EuR 2009, S. 202.

[10]　Ulrich Häde, aaO., EuR 2009, S. 202.

作條約第121條第4項之規定，對於經濟政策不符合基本要點或有危害經濟暨貨幣同盟發揮制度作用的會員國寄出警告的信。同時，執委會並得對出現過度赤字或有可能造成過度赤字的會員國，依據歐洲聯盟運作條約第126條第5項之規定，向該會員國發表意見，並通知理事會。總而言之，應以預警制度落實監督赤字，以期阻止過度的國債。

里斯本條約正式將歐元明文規定於歐洲聯盟條約第3條第4項，即歐盟應建立一個經濟暨貨幣同盟，其貨幣為歐元；而歐洲聯盟運作條約第3條第1項第c款亦明文規定，歐洲聯盟對於使用歐元會員國的貨幣政策享有專屬的職權，而第133條明確地授權歐盟制定貨幣法規，即依據普通的立法程序，歐洲議會與理事會應公布歐元國的貨幣法規。

中央銀行歐洲體系暨歐洲中央銀行章程詳細規定貨幣政策的方法與中央銀行歐洲體系內部的權限分配，此一章程過去是附加於原來的歐洲共同體條約的一個議定書，里斯本條約則將此一章程作為第4號議定書，基本上並未修訂其內容，仍維持歐洲貨幣政策與貨幣法的持續性。

在歐元區中，使用歐元的會員國有共同的貨幣政策與經濟政策，形成一個密不可分的關係，因此里斯本條約生效後，在歐洲聯盟運作條約第136條至第138條對於歐元國有特別的規定，第136條規定針對經濟暨貨幣同盟，使用歐元的會員國在理事會的決議享有表決權，以加強在歐元國預算項目之協調與監督，以及擬定適用於歐元國經濟政策的特點。此一規定並不是要授權歐元國得採取廣泛的措施，而是明顯地允許在歐元國與非歐元國間經濟政策要點存在差異[11]。

歐洲聯盟運作條約第126條第14項規定，由於附加於歐洲聯盟條約與歐洲聯盟運作條約關於過度赤字的議定書規範施行第126條的程序規定；里斯本條約針對第126條附加了一個聲明，強調歐盟與會員國的經濟政策和預算政策將以此二政策的基本目標為準繩，以提高成長的潛力與保證一個穩固的預算政策。2000年公布的穩定暨成長公約（Stabilitäts- und Wachstumspakt）即為實現這些目標的重要方法。

基本上這類聲明無法律上的意義，並非條約的構成部分，因此無法律上的

---

[11] Ulrich Häde, aaO., EuR 2009, S. 205.

拘束力。僅在解釋條約的規定時，具有意義[12]。但仍可期待此一聲明係對於價格穩定的一個政治信號，價格穩定是當前會員國經濟成長的一個重要關鍵，而預算項目與價格穩定均與貨幣政策有密切的關聯。

參、貨幣同盟

　　雖然經濟暨貨幣同盟已經完成，並已經在2002年1月1日起正式啓用單一貨幣歐元，但並非全體會員國都已經達到使用歐元的標準，目前只有19個會員國使用歐元，長程的目標爲實現單一的貨幣政策。在單一的貨幣政策下，在歐元體系[13]的會員國中央銀行必須協調其貨幣政策，非歐元國的中央銀行應維持其國內的價格、蒐集統計資料與在歐洲匯率機制的架構下進行合作[14]。

　　由於並非全體會員國均使用歐元，因此在歐洲聯盟內仍區分爲歐元國與非歐元國，全體締約國遵守對全體會員國實施共同貨幣必須適用相同條件的原則[15]，也就是應遵守使用共同貨幣的凝聚標準（Konvergrenzkriterien）議定書，明文規定於歐洲聯盟運作條約第140條第1項，即：

1. 由在價格穩定範圍上已經達到最佳結果的最多三個會員國，其中一個會員國所接近的通貨膨脹率明顯地已經達到高程度的價格穩定，
2. 在公共預算狀況無第126條第6項規定的過度赤字，明顯的公共機構持續可接受的財務狀況，
3. 遵守歐洲貨幣體系的匯率正常的浮動範圍，至少在兩年以來對於歐元無貶值的情形，
4. 由適用例外規定的會員國（即非歐元國）所達成凝聚和其參與匯率機制的持續性，達到長期的利率水準。

---

[12] Rudolf Streinz (Hrsg.), EUV/EGV, 2003 München: Verlag C. H. Beck, Art. 311 EG, Rn. 7.

[13] 歐元體系是由使用歐元的會員國中央銀行與歐洲中央銀行組成，歐元體系負責在歐元區的單一貨幣政策。

[14] H. K. Scheller, The European Central Bank, history, role and functions, 2004 Frankfurt, pp. 44-45.

[15] 此一原則早在1995年馬德里歐洲高峰會議時即已揭示。Bulletin EG 12/1995, S. 9.

　　里斯本條約在歐洲聯盟運作條約第140條第2項新規定，在歐洲高峰會議討論凝聚標準的要件，然後才由理事會基於歐元國的建議以條件多數作成決議。

　　歐洲聯盟運作條約第138條是對於歐元國的特別規定，即在金融領域，在主管的國際機構與國際會議，對於經濟暨貨幣同盟具有特別意義的議題，應採取共同的觀點；並基於執委會之提案，由理事會公布適當的措施，以期確保在金融領域的國際機構與國際會議有單一的代表。由此一新規定可以清楚地看出，里斯本條約有意識地加強歐元的國際財經地位，並以一致的行動參與國際財經事務。

　　作為中央銀行歐洲體系結合的構成部分，會員國的中央銀行不論是在其本國法的架構下，或是在歐盟的組織結構中都是一個組織體，歐洲中央銀行無法單獨的運作貨幣，有賴於會員國中央銀行的協助合力完成，一般的商業銀行僅在會員國的中央銀行有帳戶，而不是在歐洲中央銀行。在中央銀行歐洲體系內，會員國的中央銀行才是實際施行貨幣政策的機關，而歐洲中央銀行是貨幣政策的決策機關。歐洲中央銀行與會員國的中央銀行共同的完成貨幣政策。歐元體系的會員國中央銀行必須遵守由歐洲中央銀行制定的總體經濟政策，歐洲中央銀行的決策機關為董事會（Executive Board; Rat）與理事會（Governing Council; Direktorium）[16]。

　　依據中央銀行歐洲體系暨歐洲中央銀行章程第12條第1項之規定，歐洲中央銀行理事會應公布必要的準繩與決議，以期保證履行條約（歐洲聯盟條約與歐洲聯盟運作條約）與章程移轉給中央銀行歐洲體系的任務。歐洲中央銀行理事會應確定歐盟的貨幣政策，必要時包括關於貨幣政策其中的目標、指導利率與在中央銀行歐洲體系中提供中央銀行貨幣的決議，並公布施行這些政策必要的準繩。歐洲中央銀行的董事會應依據歐洲中央銀行理事會的準繩與決議施行貨幣政策。在施行上，歐洲中央銀行董事會應給與會員國中央銀行必要的指示；並得以歐洲中央銀行理事會的決議移轉給董事會特定的職權。不牴觸本條的規定，歐洲中央銀行應要求會員國中央銀行施行屬於中央銀行歐洲體系任務的業務，以係有可能且合乎性質為限。

　　因此，歐洲中央銀行理事會是最高的決策機關，負責制定貨幣政策，而董

---

[16] 中央銀行歐洲體系暨歐洲中央銀行章程第9條第3項規定。

事會則是執行機關。依據歐洲聯盟運作條約第283條第1項之規定，歐洲中央銀行理事會由歐洲中央銀行董事會成員與使用歐元會員國中央銀行總裁組成，而第2項規定董事會的成員包括總裁、副總裁與4位董事，共有6名；目前共有19個會員國使用歐元，因此歐洲中央銀行理事會共有22名成員。整體而言，歐洲中央銀行理事會的規模不算小，因此其運作效率也備受質疑 [17]。基本上董事會僅有很小的裁量權，即便是在面對金融風暴，董事會亦不得採取例外措施，除非是有會員國中央銀行總裁過半數同意。

　　除了總體經濟與貨幣上的作用外，中央銀行在穩定金融體系上扮演一個很重要的角色。在歐元體系內，緊急清償協助（emergency liquidity assistance）措施可視為是歐洲中央銀行作為提供貸款服務的作用，緊急清償協助包括在緊急狀況時，一時面臨清償危機，中央銀行對一般金融機構與金融市場提供協助。在金融體系不穩定時，雖然中央銀行未給與民間銀行直接的資金援助，但中央銀行不願民間私人銀行的風險增加，而且也要避免不必要的貸款短縮。因此中央銀行會運用外匯政策進行干預，此乃因為在外匯政策與金融穩定間的密切關係 [18]。但若有許多小型銀行受到金融體系不穩定威脅時，應運用利率政策以增加貨幣供給，在單一貨幣政策下有其困難度，整體而言，歐洲中央銀行小心謹慎地處理金融與貨幣危機，避免成為最後提供貸款的「自動提款機」。

　　基本上，歐洲中央銀行的運作是參考德國聯邦銀行（Bundesbank）的模式，係以制定貨幣方針為主要的任務，但在貨幣政策執行與金融體系穩定維持間卻存在利益衝突，而金融危機會影響中央銀行的信譽與損害中央銀行貨幣政策的市場威信。在這種情形，中央銀行強調外匯政策與獨立性，以期維持金融體系的穩定。也就是中央銀行運用其外匯政策，不僅保證價格穩定，而且擴張就業與促進經濟成長 [19]。換言之，歐洲中央銀行是貨幣的守護者，最主要的任務為穩定貨幣價值，因此無法將歐洲中央銀行視為危機處理或總體經濟的萬靈丹。

---

[17] H . E. Scharrer, The European Economy after the EU Enlargement, in European Constitutional Provisions and IGC, Japan Society of Monetary Economics Annual Report No. 25, 2005, p. 94.

[18] Kenji Iwata (ed.), The Euro and the Eu Financial System, Nippon Keizai Hyoronsha, 2005, pp. 197-198, 207.

[19] http://www.ecb.int/press/key/date/2004/html/sp040929.de.html, last visited 12/28/2009.

肆、里斯本條約後歐洲中央銀行的角色

一、歐洲中央銀行地位之提升

　　依據1998年第345號決議 [20]，於1998年7月1日設立了歐洲中央銀行於德國的法蘭克福，而成為一個超國家的中央銀行 [21]。依據歐洲聯盟運作條約第282條第3項之規定，歐洲中央銀行擁有法律人格；其專屬職權為核准歐元之發行。歐洲中央銀行獨立的行使其職權與管理其資金。歐盟的機關、機構與其他的單位，以及會員國政府應尊重此一獨立性。歐元國將其貨幣主權直接移轉給歐洲中央銀行，使得歐洲中央銀行成為歐洲聯盟不可分離的構成部分 [22]。

　　里斯本條約將歐洲中央銀行提升為歐盟機關，依據歐洲聯盟運作條約第129條第2項之規定，在一個附加的議定書內詳細地規定中央銀行歐洲體系暨歐洲中央銀行章程，而該章程第9條第1項明文規定，歐洲中央銀行享有法律人格，具有權利主體的地位，是歐元區貨幣政策獨立的決策者，中央銀行歐洲體系並不具有法律人格，而是由全體會員國的中央銀行組成。中央銀行歐洲體系僅是歐洲中央銀行與會員國中央銀行的集合標示 [23]。

　　中央銀行歐洲體系的核心任務為歐洲聯盟運作條約第127條規定的保證價格穩定、規定與施行歐盟的貨幣政策，而依據歐洲聯盟運作條約第129條第1項之規定，歐洲中央銀行的決議機關（即歐洲中央銀行的理事會與董事會）領導中央銀行歐洲體系。

　　中央銀行歐洲體系暨歐洲中央銀行章程第14條第3項規定，會員國的中央銀行是中央銀行歐洲體系結合的構成部分，應依據歐洲中央銀行規定的準繩與指示行為。歐洲中央銀行在里斯本條約生效後提升為歐盟的機關之一，歐洲中央銀行顯著地提升其地位，但中央銀行歐洲體系仍非歐盟機關，會員國的中央銀行仍為會員國的機關，因此在中央銀行歐洲體系的範圍內，會員國中央銀行

---

[20]　OJ1998 L 1514/33.

[21]　Cornelia Manger-Nestler, aaO., EuR 2008, S. 579.

[22]　Rudolf Streinz, aaO., Art. 107 EGV Rn. 4.

[23]　Ulrich Häde, aaO., EuR 2009, S. 209.

在違反其義務時，並不會構成歐洲聯盟運作條約第258條規定的違約之訴。

二、歐洲中央銀行的特別地位

雖然里斯本條約已經將歐洲中央銀行提升為歐盟的機關之一，但歐洲中央銀行卻具有特別的地位，係唯一享有自己法律人格的歐盟機關，在貨幣政策上則應區分中央銀行歐洲體系與歐元體系，此乃因為並非全體會員國都使用歐元，因此尚無單一的歐洲貨幣政策，而仍存在兩個不同的貨幣體系。

歐元體系是由歐洲中央銀行與歐元國中央銀行組成，而中央銀行歐洲體系則是由歐洲中央銀行與全體會員國的中央銀行組成。歐元體系只是中央銀行歐洲體系的部分結構，歐元體系與中央銀行歐洲體系是不同的法律概念，在歐洲聯盟運作條約第282條第1項已經明確地規定此二概念，第3項規定歐洲中央銀行享有法律人格，獨立地行使其職權與管理其資金。此乃根據中央銀行自治（Zentralbankautonomie）的論點而來[24]，因此歐洲聯盟運作條約第130條規定，在履行歐洲聯盟條約、歐洲聯盟運作條約與中央銀行歐洲體系暨歐洲中央銀行章程所移轉的職權、任務與義務時，歐洲中央銀行、一會員國的中央銀行與其決策機關的成員，均不得徵求或接受歐盟機關、機構或其他單位、會員國政府或其他機構的指示。歐盟機關、機構或其他單位，以及會員國政府必須遵守此一原則，且不得試圖影響歐洲中央銀行或會員國中央銀行的決策機關成員，執行其任務。

歐洲聯盟運作條約第314條第1項規定，除歐洲中央銀行外，每個機關應在7月1日以前應就下一個預算年度的花費提出預算案。也就是歐洲中央銀行享有財政的獨立性，歐洲聯盟運作條約第340條第3項並規定，歐洲中央銀行對於因其或其職員在執行職務時所造成的損害，依據會員國法律制度共同的一般法律原則，負賠償責任。

另外，歐洲中央銀行享有聽證權，即依據歐洲聯盟運作條約第282條第5項之規定，歐洲中央銀行在其職權涵蓋的範圍，對於所有的歐盟法規草案，以及在會員國層次的所有法律草案應進行聽證，並得發表意見。

---

[24]　Ulrich Häde, aaO., EuR 2009, S. 212.

　　從這些新規定可以看出，歐洲中央銀行愈來愈重要，為能保證歐洲中央銀行獨立的行使貨幣主權，里斯本條約以特別的規定保障歐洲中央銀行的人事與財政獨立性，不受任何的指示與干預。

三、歐洲中央銀行董事會選任之新規定

　　里斯本條約對於歐洲中央銀行董事會之選任有新規定，即依據歐洲聯盟運作條約第283條第2項第2段之規定，歐洲中央銀行董事會的總裁、副總裁與其他董事，由歐洲高峰會議基於理事會在歐洲議會與歐洲中央銀行理事會聽證後提出建議，從在貨幣或銀行界公認與有經驗的人士中，以條件多數挑選與任命之。其任期為八年，不得連任。此一新規定主要是要避免1998年時法國撤回其歐洲中央銀行總裁的候選人，而其他會員國傾向於支持荷蘭籍的候選人所造成的危機，因此個別會員國不可能再阻撓歐洲中央銀行董事會之選任[25]，以期保證歐洲中央銀行的人事穩定。

四、歐洲中央銀行擴大的理事會

　　非歐元國的會員國中央銀行雖然屬於中央銀行歐洲體系，但並不屬於歐元體系，因此非歐元國會員國中央銀行總裁並不屬於歐洲中央銀行理事會的成員。中央銀行歐洲體系暨歐洲中央銀行章程第44條規定應設立擴大的理事會，作為歐洲中央銀行的第三個決議機關；擴大的理事會由歐洲中央銀行總裁、副總裁，以及全體會員國中央銀行總裁組成。歐洲中央銀行董事會的其他董事得參與擴大的理事會之會議，但無表決權。擴大的理事會應完全履行第46條規定的責任，此一新規定在歐元國與非歐元國間建構一個更有效率的溝通平台。

---

[25]　Ulrich Häde, aaO., EuR 2009, S. 215.

伍、歐元集團

　　里斯本條約增訂歐元國的特別規定，歐元國加強經濟政策的協調（歐洲聯盟運作條約第136條）、在國際範圍有更好的協調（歐洲聯盟運作條約第138條）、這些會員國應考慮歐元國特別需要協調（歐洲聯盟運作條約第137條）。依據歐元集團議定書之規定，歐元集團係指使用歐元的會員國，歐元集團應舉行非正式的會議，而向理事會提出建議，歐元集團只能視為是歐元區經濟政策的一個中間管道，因此有必要加強歐元集團與歐洲中央銀行的對話[26]。依據歐元集團議定書之規定，歐元集團得邀請歐洲中央銀行參與歐元集團的會議，但並不是歐洲中央銀行的義務，因此歐洲中央銀行應利用對話的機會，以推動價格穩定。

　　自2002年1月1日起，歐元成為法定的支付工具，由於在歐元國間不再有匯率的問題，而明顯地減少交易成本，不僅節省了匯兌的交易成本，而且也節省了企業內部的成本要素，例如會計、清償與匯率有關的匯率風險等。總而言之，由於使用歐元，而減少了許多不必要的損失[27]。節省下來的成本促成更廉價的銷售價格，積極地影響與提升企業的競爭力。另外，在歐元區的匯率風險消失，也促成企業長期跨區域的計算與規劃的確定性，而有助於歐元區內的投資[28]。因此，可以開發新的銷售市場，而刺激經濟成長，使得在歐元區內的生產場所更有吸引力。整體而言，歐元國有更多有利的機會，保障其穩定的銷售市場[29]。

　　隨著歐元的實施，而形成單一的歐洲金融市場，使得歐洲金融市場更有吸引力，歐洲金融市場的擴張開啟了新的投資機會，因此也使歐洲金融市場[30]成

---

[26]　Ulrich Häde, aaO., EuR 2009, S. 217.

[27]　Emerson/Gros/Italianer/Pisani-Ferry/Reichenbach, Ein Markt-Eine Währung: Potentielle Nutzen und Kosten der Errichtung einer Wirtschafts- und Währungsunion, 1991, S. 69.

[28]　M. Weber (Hrsg.), Europa auf dem Weg zur Währungsunion, 1991, S. 285.

[29]　Deutsche Bank Research (Hrsg.), EWU-Monitor Nr. 32, 1997, S. 11f.

[30]　歐洲三大股市為倫敦、法蘭克福與巴黎證券交易所；歐洲三大期貨市場為巴黎、馬德里與米蘭證券交易所。

為全球愈來愈重要的金融市場[31]，特別是有價證券市場[32]。目前歐元已經成為全球重要的指標貨幣，已經是作為計算單位、支付工具與儲備貨幣[33]。美元、歐元與日圓在國際貨幣市場已經形成一個新的多角競爭關係[34]。

歐元要成為世界貨幣有一個很重要的因素，就是歐元的穩定，一個貨幣的幣值穩定可分為內部的幣值穩定與外部的幣值穩定。內部的幣值穩定係指價格穩定，即為價格上漲率低，以致所得與財產可以維持購買力；外部的幣值穩定係指與其他貨幣關係上的匯率穩定，特別是與美元（最重要的國際貿易貨幣）的關係。中央銀行歐洲體系主要的目標就是要維持價格穩定，也就是在維持歐元內部幣值扮演著一個非常重要的角色，但僅扮演在匯率穩定間接的角色，匯率受到出口、進口、原油價格等諸多因素的影響，保證價格穩定有助於歐元匯率穩定[35]。當然歐元在外匯市場上的匯率，不僅取決於經濟的基本要素（例如國民生產總值、消費者價格、預算收支平衡等），而且還取決於投資人信心與人民對歐元穩定的信心[36]。

在歐盟內的貿易，以歐元作為計算單位，而在與歐洲國家、中東地區、非洲地區的貿易，也愈來愈多是使用歐元為計算單位，接下來在亞洲與拉丁美洲地區，美元與歐元成為強勁的競爭對手[37]。在歐元啟用前，美元與德國馬克是外匯市場上的指標貨幣，而隨著歐元的啟用，歐元在外匯市場上取代馬克，也由於在歐元區是唯一的法定貨幣，因此歐元逐漸成為一個指標貨幣[38]。儲備貨幣的經濟利益為在外國流通的鈔票與無利息的貸款相同，美元一直是全球最重要的儲備貨幣，而由於歐元區國家經濟實力的結合，使歐元愈來愈重要，也讓

---

[31] Manfred Dauses (Hrsg.), Handbuch des EU-Wirtschaftsrechts, 23. Ergänzungslieferung 2008, F.I. Wirtschafts- und Währungsunion, Rn. 181.

[32] Deutsche Bank Research (Hrsg.), Der Euro, eine stabile Währung für Europa, 1997, S. 55.

[33] Manfred Dauses (Hrsg.), aaO., F.I. Wirtschafts- und Währungsunion, Rn. 198.

[34] Caesar/Scharrer (Hrsg.), Maastricht: Königsweg oder Irrweg zur Wirtschafts- und Währungsunion ?, 1994, S. 411.

[35] Manfred Dauses (Hrsg.), aaO., F.I. Wirtschafts- und Währungsunion, Rn. 202.

[36] Manfred Dauses (Hrsg.), aaO., F.I. Wirtschafts- und Währungsunion, Rn. 205.

[37] Manfred Dauses (Hrsg.), aaO., F.I. Wirtschafts- und Währungsunion, Rn. 199.

[38] Manfred Dauses (Hrsg.), aaO., F.I. Wirtschafts- und Währungsunion, Rn. 200.

歐元成為全球愈來愈重要的儲備貨幣。

陸、中央銀行歐洲體系與歐洲中央銀行在金融監督的角色

　　2009年12月1日里斯本條約生效後，歐洲中央銀行成為歐盟的機關，在面臨全球的金融風暴的國際經濟環境中，歐洲中央銀行首當其衝就是要解決歐盟因金融風暴所帶來的貨幣危機問題。

　　歐洲中央銀行主要的任務，為：

1. 享有核准發行歐元紙鈔的專屬權；
2. 制定歐元區的貨幣政策；
3. 與會員國中央銀行進行合作，以履行必要的統計資料的任務；
4. 監督金融機構與金融體系之穩定；
5. 進行國際合作與歐洲的合作；
6. 在其職權涵蓋的範圍，對於歐盟法規的草案，以及在會員國層次的所有法規草案，應進行聽證與發表意見。

　　中央銀行對於金融穩定是一個很重要的要素，在歐盟內仍存在中央銀行歐洲體系與歐元體系，歐洲中央銀行與會員國中央銀行在歐盟層次建立一個體系，連結歐洲中央銀行與會員國中央銀行；在單一貨幣的歐元體系下，由使用歐元的會員國中央銀行與歐洲中央銀行組成，歐元體系負責在歐元區施行單一的貨幣政策。

　　歐洲中央銀行的支付清償系統對於金融穩定有很重要的影響，歐洲清算系統（Trans - European Automated Real - Time Gross Settlement Express Transfer System；簡稱TRAGET）係結合德國模式的制度與英國模式的制度，德國模式是全體金融機構在中央銀行有一個帳戶，英國模式則是僅清算銀行在中央銀行有帳戶，因此歐洲清算系統係包含全部領域的支付清算系統，會員國中央銀行能夠使用其在中央銀行的帳戶處理支付，不僅是在本國，而且可以在外國，在

30分鐘內完成中央銀行間的清算交易 [39]。

　　歐洲中央銀行也認為，體系風險的性質已經因為對於大型支付交易基本結構的統合與重新組織銀行間的交易而改變 [40]。原來的中央銀行歐洲體系並無一套因應金融危機的特別機制，因此2008年爆發的金融危機挑戰著歐盟的危機處理能力，執委會進行一連串的改革。

　　基本上中央銀行歐洲體系的運作如同在德國聯邦銀行的運作，主要目標為穩定價格、獨立地形成貨幣政策與其運作。歐盟並無統一的金融監督機關負責歐盟內的金融市場監督事宜，而是由歐盟的指令協調會員國的法規進行金融監督。歐盟金融市場的特色為以個別會員國為基礎的監督體系，但在歐盟內卻是無國界的金融交易與資金自由流通。

　　在歐洲中央銀行內有一個歐洲銀行監督委員會（European Banking Supervision Committee），係在歐洲中央銀行層次，負責蒐集總體的經濟資訊，但由歐洲中央銀行與會員國中央銀行的金融穩定檢討卻侷限於直接可取得的資料或自己蒐集的資料，因此欠缺可以由監督機關蒐集的更機密的資料。這也是需要在歐盟層級設立一個金融監督機關的主因，以便能避免母國與地主國間的利益衝突與明確規範有管轄權的監督機關 [41]。歐洲中央銀行係在歐盟層級扮演協調機構的角色，因此歐洲銀行監督委員會也是在會員國監督機關間的調解人。

　　金融體系的有效率運作取決於其發展的程度、組織架構，包括法律、規則與公司治理的結構在內 [42]。金融監督的業務包括公布法律規章、審計與監督作用，以及體系風險及早地辨識。里斯本條約生效後，在中央銀行歐洲體系暨歐洲中央銀行章程中對於歐洲中央銀行的監督作用有新的規定，中央銀行歐洲體系致力於順利施行由主管機關在監督金融機構與金融體系穩定範圍採取的措施；歐洲中央銀行針對金融機構監督與金融體系穩定就聯盟法規的適用範圍與適用問題，得建議理事會、執委會與會員國的主管機關；除保險公司外，歐洲

[39] J. H. Stein (Hrsg.), Handbuch EURO, 1997 München: Verlag C. H. Beck, S. 71-91.

[40] European Central Bank, The Role of Central Banks in Prudential Supervision, 2001 Frankfurt a.M., p. 9.

[41] Kenji Iwata (ed.), op.cit., pp. 201-203.

[42] European Central Bank, Financial Integration in Europe, April 2009 Frankfurt a.M., p. 8.

中央銀行就與銀行和其他金融機構的監督有關聯的事務，得執行特別地任務。

綜合銀行（universal bank）的擴散與金融控股的興起，促成許多金融機構從事跨國的金融業務，因此也促成自2000年起在歐盟建立集中的監督機構，大部分的監督機構同時都是獨立於中央銀行。有效率的金融監督需有獨立的機關負責、協調貨幣政策、擁有適當的預算與專業的人員[43]。2004年1月依據Lamfalussy報告之建議，在歐洲中央銀行內設立歐洲中央銀行監督機關委員會（Committee of European Banking Supervision；簡稱CEBS），委員會的成員包括會員國的監督機關、會員國中央銀行與歐洲中央銀行的代表。CEBS是原來歐洲中央銀行內的銀行監督委員會（Banking Supervision Committee；簡稱BSC）的繼任人。CEBS主要的任務為諮商，即在制定關於貨幣議題的歐盟法與會員國法的諮商機關。

2010年歐洲議會與財經部長理事會決議通過設立新的金融監理體系，並在2010年12月完成立法公布第1092號規章在總體層級的歐洲金融監理與設立歐洲系統風險委員會、第1093號規章設立歐洲銀行監理局（European Banking Authority）、第1094號規章設立歐洲保險業暨企業退休金監理局（European Insurance and Occupational Persions Authority）、第1095號規章設立歐洲有價證券暨市場監理局（European Securities and Markets Authority）與第1096號針對歐洲系統風險委員會以運作特別任務諮詢歐洲中央銀行規章。自2011年1月1日起，啟用一個全新的歐洲三軌制金融市場監理制度，形成一個由歐盟主導的歐洲金融監理體系，也顯示歐洲金融市場更深化與更廣化地融合在一起。

2011年1月1日，這三個新的歐洲金融監理機關正式接收其前手的職務，歐洲銀行監理局位於倫敦、歐洲有價證券暨市場監理局位於巴黎、歐洲保險業暨企業退休金監理局位於法蘭克福，並開始運作。同時由歐洲系統風險委員會（European Systemic Risk Board）補充這三個金融監理機關，新的金融監理制度應促進更好的與協調的金融監理，以期能使歐洲單一市場更穩固的發展。歐洲系統風險委員會為一個特別的委員會，並不享有獨立的法律人格，其所在地位於法蘭克福的歐洲中央銀行。歐洲中央銀行總裁擔任歐洲系統風險委員會的

---

[43] Shuichi Komura, Banking Supervisors and Monetary Policymakers, Hiroshima Shudo University, Journal of Economic Sciences, 1999 Vol. 2, No. 2, p. 185.

主席，以統籌總體與個體的審慎監理。

就個別金融機構的檢查、監視與監督係屬於個體的審慎監督（micro-prudential supervision），仍屬於會員國的職權範圍，歐洲中央銀行得與會員國的中央銀行進行合作。中央銀行歐洲體系主要的功能為協調個別會員國審慎的監督機關，因此歐洲中央銀行是會員國監督機關間的協調機關。基本上，歐洲中央銀行對於會員國的中央銀行而言，形成一個保護傘組織，會員國中央銀行是檢查機關，應將所蒐集到的資訊給歐洲銀行監督機關。中央銀行歐洲體系暨歐洲中央銀行章程第34條規定，歐洲中央銀行得決議公告其決議、建議與意見。在理事會規定的範圍內與條件下，歐洲中央銀行有權對不遵守源於規章與決議義務的企業，科以罰鍰或定期應繳納罰金。

第八章　自由、安全與司法的區域

壹、司法與內政之基礎

　　早自1977年阿姆斯特丹條約即已經規定自由、安全與司法的區域（Raum der Freiheit, der Sicherheit und des Rechts），但卻未引起廣泛的注意，近年來自由、安全與司法的區域成為歐洲政策的核心，1999年在Tampere舉行的歐洲高峰會議強調歐洲統合應超越單一市場的概念，應是結合原來的第一根支柱與第三根支柱範疇的一個區域[1]。

　　執行委員會指出，自由、安全與司法區域包括人員自由遷徙、簽證政策、在外部邊界、申根區域[2]移民、庇護、民事、商事、刑事案件的司法合作、毒品政策之協調、歐盟人民、資料保護、基本權利、種族主義與排外主義、警察機關與海關的合作、犯罪預防、對抗組織犯罪、外交關係、擴大司法與內政的觀點[3]。

　　改革歐洲的司法與內政是歐洲憲法條約的主要項目，而里斯本條約完全繼受原來的規定[4]，首次將自由、安全與司法區域規定為實現跨領域指導原則運作的主要目標[5]。自由、安全與司法區域之目標，為在歐盟全部區域內保障歐盟人民與第三國國民免受人員檢查與在法治國家架構下而自由遷徙，在區域內建立一個法治國家的安全，也就是一方面要阻止犯罪行為人濫用自由遷徙而從

---

[1]　Martin Nettesheim, Grundrechtskonzeptionen des EuGH im Raum der Freiheit, der Sicherheit und des Rechts,, EuR 2009, S. 24.

[2]　申根區域包括26個會員國（英國與愛爾蘭為共同旅遊區，不是申根國家）、冰島、挪威、瑞士、列支敦斯登、摩納哥、聖碼利諾、安道耳、梵諦岡，共有34個國家。

[3]　http://ec.europa.eu/justice_home/fsj/intro/fsj_intro_de.htm.

[4]　Streinz/Ohler/Herrmann, Der Vertrag von Lissabon zur Reform der EU, 2. Auflage, 2008 München, S. 133.

[5]　Peter-Christian Müller-Graff, Der Raum der Freiheit, der Sicherheit und des Rechts in der Lissaboner Reform, EuR 2009, Beiheft 1, S. 105.

中獲利，另一方面會員國的刑法制度差異不應成爲自由遷徙的障礙[6]。

　　歐洲聯盟條約第3條第2項規定涉及全部的司法與內政事務，即歐盟應給與其人民一個無內部邊界的自由、安全與司法區域，在區域內針對外部邊界檢查、政治庇護、移民、防制與打擊犯罪連結適當的措施，以保障人員自由遷徙。在歐洲聯盟運作條約第三部標題五具體規定自由、安全與司法區域，包含一般規定、在邊界檢查範圍的政策、庇護和移民、民事案件的司法合作、刑事案件的司法合作及警察合作。

　　歐洲高峰會議居於領導的作用（Leitungsfunction），即依據歐洲聯盟運作條約第68條之規定，歐洲高峰會議應規定在自由、安全與司法的範圍立法與運作計畫規劃的策略準繩。歐洲聯盟運作條約第70條亦規定，基於執行委員會之提案，理事會公布措施，以規定細節，依據這些細節會員國應與執行委員會合作，由會員國的機關進行對施行本標題規定的歐盟政策客觀的與中立的評估，特別是以期促進相互承認原則廣泛的適用。應告知歐洲議會與會員國國會此一評估的內容與結果。在刑事合作與警察合作領域，依據歐洲聯盟運作條約第76條之規定，基於四分之一會員國的創制或基於執行委員會之提案，基於執行委員會之提案，以保證會員國的行政合作。

　　依據歐洲聯盟運作條約第69條之規定，在提出刑事案件司法合作和警察合作範圍的立法提案與創制上，會員國的國會應注意依據適用輔助原則和比例原則議定書規定的輔助原則之遵守。即在此一規定賦與會員國國會在遵守輔助原則上一個特別的地位，並明文規定預警制度（Frühwarnsystem）[7]，新規定中擴大歐洲議會對司法合作處（Eurojust）、歐洲檢察署（Europäische Staatsanwaltschaft）與歐洲警察署（Europol）的監督職權，同時加強民事案件和刑事案件的司法合作，以及警察合作。

　　由於英國與愛爾蘭並未加入申根現狀，因此英國與愛爾蘭享有特別的地位，此二會員國並不參與在自由、安全與司法區域範圍的立法，除非英國與愛爾蘭聲明自願參與立法[8]。另外，丹麥亦未參與在自由、安全與司法區域全部

[6]　Grabitz/Hilf,, Das Recht der Europäischen Union, 38.Ergänzung 2009 München, Art. 29 EUV, Rn. 2-3.

[7]　Albrecht Weber, aaO., EuZW 2008, S. 13.

[8]　第19號關於在歐洲聯盟納入申根現狀議定書第5條與第21號針對自由、安全與司法區域

領域公布的措施[9]。

　　依據歐洲聯盟運作條約第72條規定，自由、安全與司法區域的一般規定不得牴觸會員國執行維護公共秩序與保護國內安全之職權。里斯本條約並未創設歐盟自己的警察行政，亦未廢止會員國對於民事司法與刑事司法的法院管轄權[10]。

　　依據歐洲聯盟運作條約第4條第2項第j款之規定，在自由、安全與司法區域的全部職權範圍係由歐盟與會員國共享職權；而應以相互承認法院的判決與非法院的裁決，促進會員國機關間的相互信賴[11]。在民事案件的判決相互承認已經有2001年第44號規章[12]詳細規定；但刑事案件的判決相互承認仍有許多困難，例如歐洲逮捕令尚未達成定論[13]，仍有許多爭議，關鍵在於會員國應以實體的法律調適為基礎，而強調在相互承認與法律調適間的緊密關聯性[14]。

　　歐洲聯盟運作條約第73條規定，會員國得自行決定，在主管的單位間相互與以自己的責任合作的形式與協調，設立以其認為適當的負責保護國家安全行政機關。而依據歐洲聯盟運作條約第74條之規定，理事會應公布措施，以期保障在本標題範圍內會員國主管機關間進行的行政合作，以及保障會員國這些機關與執行委員會間進行的合作；基於執行委員會之提案，且在歐洲議會之聽證後，理事會決議措施。歐洲聯盟運作條約第87條第3項亦規定，依據特別的立法程序，理事會得公布措施，以規範在警察機關與海關間的行動合作。在歐洲議會之聽證後，理事會以一致決議之。也就是要由會員國的公務人員對外進行歐盟的合作，而不是跨國機關職務協助的傳統形式[15]。

英國與愛爾蘭地位議定書第3條規定。

[9]　第22號關於丹麥地位議定書。

[10]　Streinz/Ohler/Herrmann, aaO., S. 135.

[11]　歐洲聯盟運作條約第81條第2項a款與第82條第1項第a款規定。

[12]　OJ 2001 L 12/1.

[13]　Streinz/Ohler/Herrmann, aaO., S. 135.

[14]　EuGH Rs. C-303/05, Advocaten voor de Wereld, Slg. 2007, S. I-3633.

[15]　Streinz/Ohler/Herrmann, aaO., S. 136.

貳、邊界管制、庇護與移民

　　針對邊界管制、庇護與移民政策，在外部邊界管制以保護在內部邊界內無檢查措施、給與國際上需要保護的第三國國民適當的保護、有效地掌控移民潮，作為政策的口號[16]。

一、邊界管制

　　歐洲聯盟運作條約第77條規定為新的職權規定，歐盟應發展政策，以規範1.應確保無論其國籍的人員在跨越內部邊界時，不受檢查；2.應確保在外部邊界上人員檢查與跨越邊界的有效監督；3.應逐步地實施在外部邊界上結合的邊界保護系統。為達成前項規定的目標，依據普通的立法程序，歐洲議會與理事會應針對下列的範圍公布措施：

　　　　1.關於簽證與其他短期居留名義的共同政策；

　　　　2.在跨越外部邊界時進行的人員檢查；

　　　　3.在歐盟內在短的期限內，第三國國民得自由遷徙的前提要件；

　　　　4.對於逐步在外部邊界實施結合的邊界保護系統有必要的所有措施；

　　　　5.在跨越內部邊界時，同樣地廢除哪些國家國民的人員檢查。

　　若顯示歐盟的行為是有必要，以簡化在歐洲聯盟條約第20條第2項第a款規定的權利行使，只要是歐洲聯盟條約與歐洲聯盟運作條約未有其他的職權規定，則依據特別的立法程序，理事會得公布關於護照、身分證、居留名義或同等文件的規定。在歐洲議會之聽證後，理事會以一致決議之。歐洲聯盟運作條約第77條規定不牴觸會員國依據國際法在地理上確定其邊界的職權。

　　在邊界管制上，除了協調會員國的邊界防護機關外，亦要設立一個歐洲邊防部隊，以支援會員國。2004年時理事會即公布第2007號規章[17]，已經設立了歐洲外部邊界運作合作局（Europäische Agentur für die operative Zusammenarbeit an den Außengrenzen；通稱為FRONTEX）。

[16]　Peter-Christian Müller-Graff, aaO., EuR 2009, Beiheft 1, S. 111.

[17]　OJ 2004 L 349/1.

二、庇護

　　在庇護與難民保護領域，在里斯本條約生效後創設一個一致的、全歐盟適用的保護規定與單一的程序。依據歐洲聯盟運作條約第78條之規定，在庇護、補充的保護與暫時的保護範圍，歐盟應發展一個共同的政策，以提供一個需要國際保護的第三國國民適當的身分與保障不遣返原則之遵守。此一政策必須符合依據1951年7月28日的日內瓦協定與1967年1月31日關於難民法律地位議定書，以及其他相關的條約。為達成這些目標，依據普通的立法程序，針對共同的歐洲庇護制度，歐洲議會與理事會公布包含下列事項的措施：

1. 對第三國國民在全部歐盟內有效的統一庇護身分；
2. 對未取得歐洲庇護身分但需要國際保護的第三國國民，一致的補充保護身分；
3. 在大量湧入難民的情形，對於受驅逐者暫時保護的共同規定；
4. 給與及沒收一致的庇護身分，以及補充保護身分的共同程序；
5. 會員國主管機關審查庇護或補充保護申請規定之標準與程序；
6. 庇護或補充保護申請者接受條件之規範；
7. 和第三國的夥伴關係與合作，以掌控庇護或補充保護，以及暫時保護申請者的湧入。

　　由於第三國國民的突然湧進，而造成一個或數個會員國處於一個緊急狀況時，基於執行委員會之提案，理事會得公布有利於相關會員國的暫時措施。在歐洲議會之聽證後，理事會決議之。

三、移民

　　里斯本條約生效後，移民政策有更明確的規範目標，即歐洲聯盟運作條約第79條規定，歐盟應發展一個共同的移民政策，在所有的階段應保障有效率地掌控移民潮、適當的處理合法居留於一會員國的第三國國民，以及預防和加強防制非法移民和人口販賣。依據普通的立法程序，歐洲議會與理事會公布在下列領域的措施：

1. 會員國的入境與居留條件，以及給與簽證和長期居留名義的標準，包括

依親的長期居留名義在內；

2. 在一會員國內合法居留第三國國民權利之規定，包括亦得在其他會員國自由遷徙和居留的條件在內；

3. 非法移民、非法居留，包括對在會員國內非法居留者之遣送與遣返；

4. 防制人口販賣，特別是婦女與兒童之販賣。

歐盟得與第三國締結遣返第三國國民回其來源國或母國的協定，該第三國國民不構成或不再構成入境一會員國領土或在該領土內出現或居留的要件。依據普通的立法程序，排除每個會員國法規的調適，歐洲議會與理事會得公布措施，以規定會員國應致力於促進與支援在其領土內合法居留的第三國國民之融入。歐洲聯盟運作條約第79條規定不牴觸會員國規定有多少來自第三國的國民得入境其領土作為勞工或獨立工作求職的權利。

基本上移民政策仍然是會員國的職權範圍，仍由會員國負責任[18]。歐洲聯盟運作條約第80條規定，在會員國間的團結與公平分擔責任原則，包括在財務方面，適用於在本章規定的歐盟政策與其施行；在公布的歐盟法規時，總是以係必要時，應包括適用此一原則的相關措施。

參、民事案件的司法合作

民事案件的司法合作主要目標為實現歐洲聯盟運作條約第67條第4項規定的簡化人民進用司法，同時應促進單一市場發揮作用。歐洲聯盟運作條約第81條規定，歐盟應依據法院判決與非法院裁決的相互承認原則，發展在有跨國關聯的民事案件的司法合作。此一合作得包含公布措施，以調適會員國的法律規定。為達成此一目標，特別是以順利發揮單一市場作用所必須者為限，依據普通的立法程序，歐洲議會與理事會公布措施，以確保下列的事項：

1. 在會員國間相互承認與執行法院的判決與非法院的裁決；

2. 法院文書與非法院文書跨國的送達；

3. 符合在會員國內適用的衝突法規與避免權限衝突的規定；

18　Streinz/Ohler/Herrmann, aaO., S. 138.

4. 證據調查的合作；

5. 有效率地進用司法；

6. 消除順利進行民事訴訟的障礙，必要時以促進符合在會員國應適用的民事訴訟法規；

7. 發展其他調解爭端的方法；

8. 促進法官與司法人員的進修。

依據特別的立法程序，理事會應規定涉及跨國的家事法措施。在歐洲議會之聽證後，理事會以一致決議之。基於執行委員會之提案，理事會得公布決議，以規定涉及跨國的家事法得作為法律規定標的之觀點，此一法律規定將依據普通的立法程序公布。在歐洲議會之聽證後，理事會以一致決議之。在第2段規定的提案，應轉交給會員國國會。若此一提案在轉交後六個月遭一個會員國國會拒絕時，則不公布決議。若未拒絕提案時，則理事會得公布決議。

肆、刑事案件的司法合作

一、相互承認與法規調適

刑法與刑事訴訟的施行係國家對人民的干預行為，基本權利的干預有可能會重大影響個人的法律地位，因此若要相互承認法院的判決，則應在刑事案件上有相當的基本權利保護與監督[19]。因此，依據歐洲聯盟運作條約第82條之規定，在歐盟的刑事案件的司法合作，以法院判決的相互承認原則為基礎，且包含在第2項與第83條規定的範圍內的會員國法律規定之調適。依據普通的立法程序，歐洲議會與理事會公布措施，以期

1. 規定規劃與程序，以確保在全部歐盟內承認所有類型的判決與法院的裁決；

2. 阻礙與調解會員國間的權限衝突；

3. 促進法官、檢察官與司法人員的進修；

---

[19] Streinz/Ohler/Herrmann, aaO., S. 138.

4. 在犯罪追訴、施行與判決執行範圍，簡化會員國司法機關或相關機關間的合作。

以係為簡化法院判決和裁決之相互承認、在跨國範圍的刑事案件之警察合作和司法合作有必要者為限，依據普通的立法程序，歐洲議會與理事會得以指令規定最低標準。在這些最低標準的規定中，應考慮會員國法律制度和法律傳統間之差異。包括：1. 在會員國間相互的基礎上，證據之合法性；2. 在刑事訴訟上，個人的權利；3. 犯罪行為被害人的權利；4. 刑事訴訟其他之前已經由理事會以決議規定的特別事務；在歐洲議會之同意後，由理事會以一致決議公布決議。依據本項規定公布的最低標準規定，不應阻礙會員國保留或實施對個人更高的保護標準。

若理事會的一位成員認為，歐洲聯盟運作條約第82條第2項規定的指令草案有可能牴觸其刑法制度的基本觀點時，則申請由歐洲高峰會議處理。在這種情形，應中止普通的立法程序。在討論後，在對草案有共識的情形，在普通立法程序中止後四個月內，歐洲高峰會議應將草案退回理事會，而繼續普通的立法程序。只要是未達成共識，但至少九個月會員國想要根據相關的指令草案建立加強的合作時，則這些會員國在相同的期限內應告知歐洲議會、理事會與執行委員會。在這種情形，視為給與歐洲聯盟條約第20條第2項與歐洲聯盟運作條約第329條第1項規定的授權加強合作，並適用關於加強合作的規定。

歐洲聯盟運作條約第83條規定，依據普通的立法程序，歐洲議會與理事會得以指令規定，再特別重大犯罪的範圍，犯罪行為與刑罰的最低標準規定；所謂的特別重大犯罪係指依據犯罪行為的種類或影響、或特別的基礎上加以防制、有跨國的規模。這種犯罪領域是：恐怖主義、人口販賣、婦女和兒童的性剝削、非法的毒品交易、非法的武器交易、洗錢、賄賂、偽造貨幣、電腦犯罪與組織的犯罪。按照犯罪的發展，理事會得公布決議，以規定構成本項規定標準的其他犯罪領域。在歐洲議會之同意後，理事會以一致決議之。

在作成調適措施的領域有效率地施行歐盟的政策，顯示有必要調適會員國的刑法規定時，則得以指令規定在相關領域犯罪行為和刑罰的最低標準規定。不牴觸歐洲聯盟運作條約第76條規定，依據與相關的調適措施相同的普通或特別立法程序，公布這些指令。

若理事會的一成員認為，歐洲聯盟運作條約第83條第1項或第2項的指令草

案有可能牴觸其刑法制度的基本觀點時，則得申請由歐洲高峰會議處理。在這種情形，應中止普通的立法程序。在討論後，在草案有共識的情形，在普通立法程序中止後四個月內，歐洲高峰會議應將草案退回理事會，而繼續普通的立法程序。只要是未達成共識，但至少九個月會員國想要根據相關的指令草案建立加強的合作時，則這些會員國在相同的期限內應告知歐洲議會、理事會與執行委員會。在這種情形，視為給與歐洲聯盟條約第20條第2項與歐洲聯盟運作條約第329條第1項規定的授權加強合作，並適用關於加強合作的規定。

二、歐洲司法合作處

　　2002年時理事會以決議 [20] 設立了一個在法律上獨立的機構，即歐洲司法合作處（Eurojust）。依據歐洲聯盟運作條約第85條之規定，在二個或數個會員國受波及時、或有必要在共同的基礎上追訴時，歐洲司法合作處有任務，支援與加強會員國負責調查和追訴重大犯罪的機關間的協調與合作；因此，歐洲司法合作處係以會員國的機關、由歐洲警察署實施的行動和交付的資訊為依據。

　　為達成這些目標，依據普通的立法程序，歐洲議會與理事會以規章規定歐洲司法合作處的設立、職務範圍與任務。下列的事項得屬於其任務：

1. 展開刑法的偵查措施，以及建議會員國主管機關實施展開刑法的追訴措施之提議，特別是在犯罪行為不利於歐盟的財政利益；
2. 協調在第a款規定的偵查與追訴措施；
3. 司法合作之加強，其中亦包括以調解權限衝突和與歐洲司法網絡的緊密合作；
4. 規定歐洲議會與會員國國會參與評價歐洲司法合作處活動的細節。

　　在犯罪共同追訴措施的範圍，不牴觸歐洲聯盟運作條約第86條之規定，由會員國的主管機關進行正式的訴訟行為。

---

[20] Beschluss 2002/187/JI, ABlEU 2002 L 63/1.

三、歐洲檢察署

　　建立歐洲檢察署一直以來都是執行委員會的計畫 [21]，在里斯本條約生效後，依據歐洲聯盟運作條約第86條之規定，為防制不利於歐盟財政利益的犯罪行為，依據特別的立法程序，理事會以規章在歐洲司法合作處中設立一個歐洲檢察署。在歐洲議會之同意後，理事會以一致決議之。只要未達成共識，至少有九個會員國團體得申請，由歐洲高峰會議處理規章的草案。在這種情形，應中止在理事會的程序。在討論後達成共識的情形，歐洲高峰會議在程序中止後四個月內應將草案退回理事會進行決議。

　　只要是未達成共識，但至少有九個會員國想要根據相關的規章草案建立加強的合作時，則這些會員國應在相同的期限內告知歐洲議會、理事會與執行委員會。在這種情形，視為給與歐洲聯盟條約第20條第2項與歐洲聯盟運作條約第329條第1項規定的授權加強合作，並適用關於加強合作的規定。

　　必要時結合歐洲警察署，歐洲檢察署應負責刑法的調查與追訴，以及針對在第1項規章規定的不利於歐盟財政利益犯罪行為的行為人或共犯提起訴訟。在這些犯罪行為，歐洲檢察署應在會員國的管轄法院內執行任務。也就是歐洲檢察署主要的任務為保護歐盟的財政利益 [22]。

　　在依據歐洲聯盟運作條約第86條第1項規定公布的規章，應規定歐洲檢察署章程、履行其任務的細節、對其行動適用的程序規定，以及在履行其任務進行訴訟行為時，歐洲檢察署證據方法之合法性與法院審查的規則。

　　歐洲高峰會議得同時以通過規章或接著公布決議，以變更歐洲聯盟運作條約第86條第1項規定，以期擴大歐洲檢察署的職權至有跨國規模的防制重大犯罪，與以變更歐洲聯盟運作條約第86條第2項關於涉及超過一個會員國的重大犯罪行為的行為人或共犯的相關規定。在歐洲議會之同意後，且在執行委員會之聽證後，歐洲高峰會議以一致決議之。

---

[21]　Helmut Satzger, Internationales und Europäisches Strafrecht, 2. Auflage 2007, S. 150.

[22]　Streinz/Ohler/Herrmann, aaO., S. 140.

伍、警察合作與歐洲警察署

　　在會員國的警察機關與海關合作上，歐洲聯盟運作條約並未擴大歐盟的職權。歐洲聯盟運作條約第87條規定，歐盟應在會員國的所有主管機關間發展警察合作，包括警察、海關與其他預防或揭露犯罪行為和相關偵查的特別犯罪追訴機關在內。為達成此一規定的目標，依據普通的立法程序，歐洲議會與理事會針對下列的事項，公布措施：

1. 蒐集、儲存、處理、分析與交流有關的資訊；
2. 支援人員的培訓與進修，以及關於人員交流、裝備器材與犯罪技術研究的合作；
3. 共同的偵查技術，以揭露組織犯罪的重大形式。

　　依據特別的立法程序，理事會得公布措施，以規範在本條規定機關間的行動合作。在歐洲議會之聽證後，理事會以一致決議之。只要是未達成共識，但至少有九個會員國團體申請，由歐洲高峰會議處理措施的草案。在這種情形，應中止在理事會的程序。在討論後，在對草案達成共識的情形，在普通立法程序中止後四個月內，歐洲高峰會議應將草案退回理事會，以通過草案。

　　只要是未達成共識，但至少有九個會員國想要根據相關的規章草案建立加強的合作時，則這些會員國應在相同的期限內應告知歐洲議會、理事會與執行委員會。在這種情形，視為給與歐洲聯盟條約第20條第2項與歐洲聯盟運作條約第329條第1項規定的授權加強合作，並適用關於加強合作的規定。特別程序不適用於係繼續發展申根現狀的法規。

　　里斯本條約提升歐洲警察署的地位，即依據歐洲聯盟運作條約第88條規定，應設置歐洲警察署，並負有任務，支援與加強會員國警察機關與其他犯罪追訴機關的行動，以及在預防和防制涉及兩個或數個的犯罪、恐怖主義與侵害係歐盟政策標的之共同利益的犯罪形式上，會員國警察機關和其他追訴機關的相互合作。也就是歐洲警察署僅得與會員國的警察機關結合，才得在會員國的領土內採取行動，也只有會員國的主管機關才得採取強制措施[23]。

　　依據普通的立法程序，歐洲議會與理事會以規章規定歐洲警察署的組織、

---

[23] Streinz/Ohler/Herrmann, aaO., S. 141.

工作方式、職務範圍與任務。下列事項得屬於其任務：

1. 蒐集、儲存、處理、分析與交流資訊，而特別是由會員國或第三國機關、或歐盟外的單位轉交的資訊；
2. 偵查與由共同由會員國主管機關或在共同偵查小組範圍內進行的行動措施之協調、組織與施行，必要時與歐洲司法合作處連結；
3. 以這些規章規定由歐洲議會監督歐洲警察署職務的細節；會員國國會應參與此一監督。歐洲警察署僅得連結會員國的機關或會員國、與和會員國的機關或會員國約定採取波及其領土的行動措施。強制措施之適用仍專屬的保留給個別會員國的機關。

歐洲警察署亦為歐盟的一個機構，因此依據歐洲聯盟運作條約第263條第1項第2句之規定，歐洲聯盟法院應得審查歐洲警察署行為的合法性。

2005年5月27日在當時德國聯邦內政部長Otto Shily的倡議下，由奧地利、比利時、法國、德國、盧森堡、荷蘭與西班牙在德國Prüm簽署一個所謂的「第三個申根公約」（Schengen III），並開放給全體會員國加入。2008年時，歐洲高峰會議決議Prüm公約的核心要素，Prüm公約為擴大邊界合作的公約，特別是打擊恐怖主義、跨國犯罪與非法移民。最主要的內容為締約國可以交流相關人員的DNA、指紋及汽車登記的資料與合作打擊恐怖主義，並包含在締約國間部署航班上有武裝的空中執法人員、聯合的警察巡邏、預防緊急的危險或熱搜而使武裝的警察進入其他會員國領土、在重大事件或災害時的警察合作，負責的警官有權決定是否應有其他會員國的警力參與得使用武器或行使其他權力的行動。

第九章　單一市場的四大自由

里斯本條約生效後，共同市場（Gemeinsamer Markt; Common Market）的用語被單一市場（Binnenmarkt; Internal Market）完全取代，且對單一市場未增訂任何新的內容，歐洲聯盟運作條約第26條第2項規定定義單一市場，為一個無內部邊界的區域，在區域內應依據條約的規定保證商品自由流通、人員自由遷徙、勞務自由流通與資金自由流通。

壹、單一市場為歐盟的核心任務

長久以來，歐洲聯盟的核心任務為建立一個單一市場[1]。商品自由流通、人員自由遷徙、勞務自由流通與資金自由流通形成單一市場的四大市場自由。在歐洲單一市場實現四大市場自由是過去歐洲共同體條約的核心，里斯本條約並未修訂這四大市場自由。

歐洲法院在判決中指出，無扭曲競爭的制度和競爭法規亦屬於與單一市場的基本自由相結合的構成要素[2]。里斯本條約生效後，在第27號關於單一市場與競爭議定書規定單一市場包括一個防止競爭扭曲的制度，也就是單一市場不僅要保證四大市場自由，而且還必須建構一個競爭法的範圍，而形成一個超國家的經濟憲法（Wirtschaftsverfassung）。在這樣超國家經濟憲法的範圍，四大市場自由與競爭規範扮演著非常重要的角色[3]。

會員國應遵守四大市場自由，不得採取會阻礙單一市場實現的措施[4]。歐

---

[1]　歐洲聯盟運作條約第3條第1項規定。

[2]　EuGH Rs. C-300/89, Titandioxid, Slg. 1991, S. I-2867.

[3]　Carsten Nowak, Binnenmarktziel und Wirtschaftsverfassung der Europäischen Union vor und nach dem Reformvertrag von Lissabon, EuR 2009, Beiheft 1, S. 141.

[4]　Alfred Scheidler, Die Grundfreiheiten zur Verwirkung des europäischen Binnenmarktes-ein Überblick, GeWA 2010, S. 1.

洲法院在特定的範圍亦承認四大市場自由的直接效力，也就是利用經濟上的優勢也有可能會影響市場自由，例如在Bosman案[5]，歐洲法院認為以占上風的協會勢力形成一個不對稱的契約關係，而基於保護私法自治原則，應做一個慎重的利益衡量。

貳、四大市場自由的內容

一、商品自由流通

商品自由流通是單一市場的核心[6]，商品自由流通的兩大特徵為關稅同盟與禁止進、出口的限制[7]。內部市場包括農業與農產品的交易，但對於農產品的交易有特別的規定。

歐洲聯盟運作條約第28條第1項規定，歐盟涵蓋一個包含所有商品交易的關稅同盟；關稅同盟包括禁止在會員國間的商品交易課徵進、出口關稅、與有相同效果的稅捐，以及對第三國實施共同的關稅稅率。歐盟的關稅領域是指全體會員國的領土，包括內水水域、沿海與領空在內。[8] 關稅同盟的特徵為應對第三國實施共同關稅稅率與共同貿易政策。

歐洲聯盟運作條約第36條規定，會員國採取的進、出口限額措施，以及所有具有相同效果的限額措施不得違反以公共道德、秩序與安全、為保護人類、動物或植物的健康與生活、為保護具有藝術、歷史或考古價值的國家文化遺產、或為保護營業與商業上財產之事由，而合法正當的禁止或限制進口、出口、與過境運輸；但此一禁止或限制既不得作為恣意的差別待遇之方法，亦不得造成隱藏地限制會員國間的貿易往來。

歐洲聯盟運作條約第36條為一例外規定，以在相關的領域仍無歐盟法規存在為限，才允許會員國得規定無差別待遇與為保護歐盟法承認的一般利益，而

5　EuGH Rs. C-415/93, Bosman, Slg. 1995, S. I-4921.

6　EuGH Rs. C-141/07, Elementarer Grundsatz, Slg. 2008, S. I-6935.

7　Alfred Scheidler, aaO., GeWA 2010, S. 1.

8　Rudolf Streinz, Europarecht, 7.Auflage 2005 Heidelberg, Rn. 785.

有必要的貿易限制措施。因會員國法規的差異所產生對歐盟內部貿易往來的障礙，以這些規定是合法正當的強制要件（zwingende Erfordernisse）所必要者爲限，必須容忍這些規定。強制要件特別是有效的租稅監督要件、保護公共衛生要件、商業交易公平的要件與消費者保護的要件等[9]。

　　另外，必須依據比例原則檢驗會員國的措施，也就是會員國採取的限制措施必須是必要的與適當的措施[10]，這些會員國的限制措施是否未逾越所欲達成目標的必要限度，法的消費者保護措施，是對歐盟內貿易往來有較小的限制[11]。

二、人員自由遷徙

（一）勞工自由遷徙

　　歐洲聯盟運作條約第45條第1項規定，在歐盟內，應保障勞工的自由遷徙。勞工（Arbeitnehmer; Worker）是一個廣泛的概念，依據歐洲法院之見解，勞工是指於一定的時間內，在他人的指示下，從事有償的工作。勞工以其工作參與經濟生活，並不取決於其工作的時間範圍與所獲得的收入，即便是低所得的兼職工作，亦屬於勞工的適用範圍[12]。

　　歐洲聯盟運作條約第45條第2項與第3項規定，勞工自由遷徙包括針對就業、工資與其他的工作條件，應廢除會員國對於勞工以國籍爲依據的所有不同待遇。勞工自由遷徙應賦與勞工下列的權利：

1. 應徵事實上存在的職位；
2. 爲應徵工作之目的，在會員國的領土範圍內，自由遷徙；
3. 在一會員國內居留，以期在該會員國內依據適用於其本國勞工的法律規定與行政規章從事職業；
4. 在職業結束後，在一會員國領土內繼續居留，並由執行委員會以規章規

[9]　EuGH Rs. 120/78, Cassis de Dijon, Slg. 1979, S. 649.
[10]　EuGH Rs. C-265/06, Kommission/ Portugal, Slg. 2008, S. I-2245.
[11]　EuGH Rs. C-442/07, Verein Radetzky-Orden, Slg. 2008, S. I-9223.
[12]　EuGH Rs. 53/81, Levin, Slg. 1982, S. 1035.

定繼續居留的條件。

歸納而言，勞工自由遷徙的內容包括禁止差別待遇、自由遷徙、居留權、自由的求職權、工作權與職業訓練，以及眷屬權。值得一提的是，勞工的家屬因而亦享有勞工自由遷徙權，2004年第38號自由遷徙指令即賦與歐盟勞工的配偶與子女亦享有居留權、從事受雇或獨立工作的權利；勞工的子女享有接受一般教育的權利與參與學徒和職業訓練的權利；在相同的條件下，與所在國的國民享有相同的待遇，因此亦得享有國家補助的請求權。

歐洲聯盟運作條約第48條規定，依據普通的立法程序，歐洲議會與理事會應決議在社會保障領域對於建立勞工自由遷徙必要的措施；為達成此一目標，特別是歐洲議會與理事會應實施一個保障流動的勞工、自由業者，以及其有請求權家屬的制度，以保障下列的事項：1. 合併計算所有依據不同會員國法規應考慮的工作時間、給付請求權的維持，以及合併計算給付；2. 給付應支付給居住於會員國領土的人。也就是以公布法規在社會保障領域給與權利，特別是在不同的會員國間保障勞工社會保險法的地位[13]。

依據歐洲聯盟運作條約第45條第4項之規定，勞工自由遷徙不適用於公共行政的工作。公共行政的工作係指行使國家主權的工作或維護國家一般利益的工作，也就是公共行政的工作與國家有特別的信賴連結，僅國民才得從事公共行政的工作[14]。

依據歐洲聯盟運作條約第45條第3項之規定，基於公共秩序、安全與衛生之事由得合法正當的限制勞工自由遷徙。應狹義的解釋此一保留規定，也就是必須個人的行為事實上有足夠構成入境禁止或驅逐出境的事由，而且足以危害社會的基本利益時，才會構成重大的事由，才得限制勞工的自由遷徙[15]。

（二）營業所設立自由

營業所設立自由係涉及企業行為的自由與企業者選擇營業場所的自由。因

---

[13] M. Herdegen, Europarecht, 11.Auflage 2009 München, §17 Rn. 16ff.

[14] EuGH Rs. 149/79, öffentlicher Dienst, Slg. 1980, S. 1845.

[15] EuGH Rs. 30/77, Bouchereau, Slg. 1977, S. 1999.

此，營業所設立自由主要是針對獨立營業者的自由遷徙權[16]。歐洲聯盟運作條約第49條規定，依據下列的規定，限制一會員國國民在其他會員國領土內自由設立營業所，應禁止之；限制一會員國國民在其他會員國領土內設立代辦處、分支機構或子公司，亦適用之。除關於資金自由流通外，營業所設立自由包括依據營業所在國對於其本國國民的規定、獨立營業的開設與經營、企業的設立與管理，特別是指第54條第2項的公司。歐洲聯盟運作條約第54條第2項規定，依據一會員國的法律設立、而依其章程規定在歐盟內有所在地、且其主事務所（Hauptverwaltung）或總營業所（Hauptniederlassung）在歐盟內的公司，在適用本章的規定，與擁有會員國國籍的自然人一樣，享有相同的待遇。民法上的合夥、商法上的公司[17]，包括合作社與其他公法上或私法上的法人在內，均視為公司，但非以營利為目的之法人，不在此限。營業所設立自由為歐洲聯盟的基礎，係要保障歐盟人民[18]設立持續的組織的權利，這些組織是行使行為必要的基礎，尤其是以公司法的形態設立與管理公司。公司[19]，特別是依據歐洲聯盟運作條約第54條規定的公司類型，亦得享有營業所設立自由，也就是公司因其在歐盟內有總營業所或主事務所，故亦得享有營業所設立自由。

　　營業所設立自由是一個非常廣泛的概念，歐盟人民可以在其他會員國以穩定和持續的方式參與經濟生活，因而獲利[20]。營業所設立自由可分為主要的營業所設立自由（primäre Niederlassungsfreiheit）與次要的營業所設立自由（sekundäre Niederlassungsfreiheit），歐洲聯盟運作條約第49條第2項規定主要的營業所設立自由，包括依據營業所所在國對於其本國國民的規定，獨立營業的開設與經營、企業的設立與管理，特別是指設立第54條第2項規定的公司形態[21]；歐洲聯盟運作條約第49條第1項第2句規定次要的營業所設立自由，係指

---

[16] Alfred Scheidler, aaO., GeWA 2010, S. 4.

[17] 所謂商法上的公司，係指無限公司、兩合公司、有限公司，與股份有限公司。

[18] 依據歐洲聯盟運作條約第20條之規定，歐盟人民係指任何擁有會員國國籍的人。因此歐盟人民的概念包括自然人與法人。

[19] 公司係指依據會員國的法律設立，取得權利能力的法人資格的組織體。

[20] Alfred Scheidler, aaO., GeWA 2010, S. 5.

[21] 這些公司形態包括民法上的合夥、商法上的公司（例如德國的無限公司、有限公司、兩合公司與股份有限公司）、合作社、公法上或民法上的法人等。

在其他會員國內設立代辦處、分支機構或子公司。因此，依據歐洲聯盟運作條約第49條第1項第2句規定之文義，在主張次要的營業所設立自由，有營業所設立權利人必須在一會員國內已經有營業所[22]。

　　歸納在歐洲聯盟內的營業所設立自由包括下列的權利：

1. 一會員國國民有權將公司所在地遷移至其他會員國的領土內，以期依據營業國對其國民的規定，開設或經營獨立的營業。
2. 為開設或經營獨立的營業，有權在其他會員國的領土內，設立代辦處、分支機構或子公司，而不需遷移其母公司的所在地。
3. 依據一會員國的法律設立的公司，即為會員國的國民，與自然人相同，亦得將公司所在地遷移至開設或經營獨立營業的其他會員國領土內。
4. 已經依據依會員國的法律規定設立、取得法人資格的公司，亦得在營業所在國設立代辦處、分支機構或子公司，而不需遷移公司的所在地。

　　歐洲聯盟運作條約第51條規定，營業所設立自由不適用於在相關會員國中持續的或暫時的與行使公權力結合的工作。依據普通的立法程序，歐洲議會與理事會得以條件多數決議不適用本章規定的特定工作。也就是營業所設立自由不適用於與執行公權力結合的工作，相同的亦應狹義的解釋公權力的概念，僅限於直接與專門參與公權力的行使，才不適用營業所設立自由[23]。

　　依據歐洲聯盟運作條約第52條之規定，本章規定與基於本章規定所採取的措施，不得危及對於外國人的特別規定與基於公共秩序、安全或衛生合法正當的法律規定與行政規章之適用。依據普通的立法程序，歐洲議會與理事會應公布協調上述規定的指令。歐洲聯盟運作條約第52條規定為公共秩序保留條款（ordre-public-Vorbehalt），一方面公共秩序、安全或衛生的要件必須事實上與足夠構成重大危害社會的基本利益，另一方面必須依據條約規定的基本原則而使例外規定合法正當，因此必須嚴格狹義的解釋此一公共秩序保留條款[24]。

---

[22] Mathias Habersack, Europäisches Gesellschaftsrecht, 2. Auflage, 2003 München: Verlag C. H. Beck, S. 9；Barbara Trefil, Die Niederlassungsfreiheit für Gesellschaften in der Rechtsprechung des EuGH und ihre Auswirkungen auf nationales Recht, European University Institute Working Paper Law No. 2003/9, S. 12.

[23] EuGH Rs. 2/74, Reyners, Slg. 1974, S. 631.

[24] Alfred Scheidler, aaO., GeWA 2010, S. 6.

三、勞務自由流通

　　勞務自由流通是規範獨立業者，且僅暫時的在其他會員國從事工作的情形。歐洲聯盟運作條約第56條規定，在歐盟內，依據下列的規定，對於會員國國民居住於其他會員國內作爲給付受領人應禁止勞務自由流通之限制。依據普通的立法程序，歐洲議會與理事會得以決議，勞務自由流通的規定亦適用於第三國國民但居住於歐盟內的勞務提供者。

　　依據歐洲聯盟運作條約第57條之規定，歐洲聯盟條約與歐洲聯盟運作條約規定之勞務，係指通常是有對價的提供勞務，但以不適用關於商品自由流通、資金自由流通與人員自由遷徙之規定爲限。視爲勞務者，特別是：1. 營利的工作；2. 商業的工作；3. 手工業的工作；4. 自由業的工作。不牴觸關於營業所設立自由章之規定，以提供其勞務爲目的，勞務提供者在提供勞務所在地、且在該會員國對其本國國民規定的條件下，暫時的在該會員國提供勞務。

　　歐洲聯盟運作條約第57條是一個廣泛的限制禁止規定，所有限制勞務自由的措施原則上都是禁止的，而不問是否存在差別待遇，除非是依據歐洲聯盟運作條約第62條之規定，基於公共秩序、安全與衛生之事由，係爲維護一般的利益，且係爲達成目標而採取適當與必要的限制措施時，才可保留例外的限制措施。

四、資金自由流通

　　歐洲聯盟運作條約第63條規定兩種不同的市場自由，即資金自由流通與支付自由流通。在會員國間，以及在會員國與第三國間，應禁止資金流通所有的限制措施；在會員國間，以及在會員國與第三國間，應禁止支付流通所有的限制措施。

　　歐洲聯盟運作條約第63條第1項係針對跨國的移轉金錢資金（Geldkapital）與實物資本（Sachkapital），尤其是以投資爲目的的移轉資金，因此資金自由流通主要是針對金融業務。取得債券、保證與有價證券等，

亦屬於金錢資金的移轉；而事實上攜帶鈔票跨越國界亦屬於資金流通[25]。通常實物資本移轉是指直接投資，例如取得不動產或企業的持股[26]。

　　支付的自由流通保障商品自由流通、人員自由遷徙、勞務自由流通與資金自由流通可以完全有效率的運作，因此支付自由流通是其他市場自由必要的補充與前提要件[27]。

　　歐洲聯盟運作條約第65條第1項規定，資金自由流通與支付自由流通規定不得牴觸會員國下列的權利：1. 適用其稅法對納稅義務人，因不同住所或投資地而有不同的待遇相關規定；2. 為阻礙違反本國法律規定與行政規章的違法行為，特別是在稅法和監督金融機構領域，所採取的必要措施，以及為了管理或統計資料之目的，所規定資金流通的申報程序、或基於公共秩序或安全而合法正當所採取的措施。例如得依據會員國的稅法規定採取限制措施，例如對於有不同住所地和投資地的納稅義務人有不同的待遇。

參、公平的歐洲競爭政策

一、歐洲競爭政策的目標

　　競爭法是歐洲單一市場的一個重要要素[28]，競爭自由是歐盟法的基礎，歐洲聯盟運作條約第3條第3項規定，歐盟應建立一個單一市場。歐盟應致力於以一個均衡的經濟成長與價格穩定為基礎的歐洲永續發展、在一個高度充分就業和社會進步為目標的有競爭力的社會市場經濟，以及高度的環境保護與改善環境品質。歐盟應促進學術與技術的進步。歐盟應對抗社會排擠和差別待遇，並促進社會的公平正義與社會保護、男女平等地位、世代間的團結、兒童權利之保護。歐盟應維護其文化與語言多樣性的財富，並關注歐洲文化遺產之保護與

---

[25] EuGH Rs. 286/82 und 26/83, Luisi und Carbone, Slg. 1984, S. 377.

[26] Alfred Scheidler, aaO., GeWA 2010, S. 7.

[27] EuGH Rs. 203/80, Casati, Slg. 1981, S. 2595.

[28] Jürgen Schwarze, Europäisches Wirtschaftsrecht, 1.Auflage, 2007 Baden-Baden: Nomos Verlagsgesellschaft, S. 99.

發展。換言之，依據歐洲聯盟運作條約第3條之規定，應建立自由的單一市場，以促使在單一市場內商品自由流通、人員自由遷徙、營業所自由設立、勞務自由流通與資金自由流通。

里斯本條約生效後，第27號議定書規定，考慮單一市場應包括一個防止競爭扭曲制度，也就是在單一市場內建立一個防止競爭扭曲的制度，爲歐洲聯盟一個重要職務，此一規定並非綱要規定，而是一個具有強制效力的歐洲聯盟基礎條約上的目標[29]。無扭曲競爭的制度也就是要保障每個經濟參與者在市場上的機會均等（Chancengleichheit）與維持市場上的有效競爭[30]。

歐洲聯盟運作條約第119條亦明文規定開放的市場經濟原則與自由競爭。藉由歐洲聯盟運作條約建立一個以市場經濟爲導向的制度，給與企業更大的自由，以達到全民福祉之目的。競爭應預防濫用符合競爭的自由，卡特爾禁止就是要對抗私法自治的競爭限制。歐洲聯盟運作條約爲建立一個超國家經濟共同體的國際法上條約，僅對抗限制會員國間貿易往來的卡特爾；若僅造成國內限制競爭的影響，則仍適用會員國法。競爭法除了要保護競爭自由外，亦要保護經濟統合[31]。

歐洲聯盟運作條約規範的競爭法主要可區分爲規範企業行爲（歐洲聯盟運作條約第101條至第105條）與要求會員國應履行特定的義務（歐洲聯盟運作條約第107條與第109條），歐洲聯盟運作條約第101條與第102條爲歐洲競爭法的核心規範[32]，第101條爲一般的卡特爾禁止規定，第102條補充一般的卡特爾禁止，而針對具有市場優勢地位的企業，廣泛地禁止企業濫用市場優勢地位；第106條爲對公營事業的特別規定。2004年第139號企業合併管制規章（Fusions-kontrollverordnung）[33]是歐洲競爭法的重要補充規定。另外，執行委員會的決定與歐洲法院的相關判決，對於歐洲競爭法的發展都具有重要的意義。自1958年

---

[29]　Case 6/72, Continental Can, 1973 ECR 246.

[30]　EuGH Rs. C-18/88, RTT, Slg. 1991, S. I-5941.

[31]　Fritz Rittner, Das europäisches Kartellrecht, JZ 1996, S. 383.

[32]　Ernst J. Mestmäcker/Heike Schweitzer, Europäisches Wettbewerbsrecht, 2. Auflage 2004, München: Verlag C. H. Beck, S. 102ff.

[33]　ABlEU 2004 L 24/1，1989年第4064號企業合併管制規章因而廢止失效，2003年第139號規章是現行有效的企業合併管制規章。

歐洲經濟共同體成立時，歐洲聯盟運作條約第101條與第102條即為具有直接適用的效力[34]，而非只是單純的計畫宣示規定。

至1962年第17號卡特爾施行規章[35]止，歐洲共同體的競爭政策發展遲緩，即在1962年第17號卡特爾規章生效後才開始發展競爭法規。在適用歐洲聯盟運作條約第101條與第102條上，執委會作成了數以百計的決定，同時亦有許多係適用合併管制規章作成的決定與針對歐洲競爭政策議題發表許多的意見[36]。執委會的公報（Bulletin）定期公布關於競爭法的相關新聞函示，執委會又會不定期對特定的問題發表意見、定期的公布競爭報告（Wettbewerbsbericht）、白皮書（Weißbuch）[37]與綠皮書（Grünbuch）[38]對特別的議題發表意見。

二、歐盟競爭法與會員國競爭法之關係

歐盟競爭法與會員國的競爭法同時存在，但二者在適用上發生衝突時，應優先適用歐盟競爭法的規定[39]，也就是歐盟競爭法禁止的限制競爭行為即為違法的，不得再主張依據會員國競爭法之規定為合法的行為；歐盟競爭法豁免的行為亦不得再依據會員國競爭法予以禁止[40]。對於同一行為有可能由執委會與會員國的主管機關同時進行調查，執委會與會員國的主管機關進行調查程序不得作成相互矛盾的決定，會員國的法院應受執委會決定之拘束，必要時至執委

---

[34] EuGH Rs. 13/61, De Geus/Bosch, Slg. 1962, S. 97.

[35] ABlEG 1962, 204，在2003年第1號新卡特爾規章公布後廢止失效。

[36] Maufred Dauses, Handbuch des EU-Wirtschaftsrechts, 23. Ergänzungslieferung, München: Verlag C. H. Beck 2008, H. Wettbewerbsregeln, Rn. 18.

[37] 通常執委會以白皮書針對特定領域提出歐盟的計畫，例如1985年提出實現單一市場的白皮書。若理事會同意白皮書時，針對各別的工作範圍，可以將白皮書發展成歐洲聯盟的行動計畫。

[38] 執委會得向歐盟機關與人民提出綠皮書作為半官方的討論依據，以便開始進行諮詢的程序；執委會議會提出綠皮書，以建議在特定領域的共同計畫。

[39] EuGH Rs. 14/68, Walt Wilhelm, Slg. 1969, S. 1.

[40] Fritz Rittner, Wettbewerbs- und Kartellrecht, 6. Auflage, Heidelberg: UTB Verlag, 2000, §6 Rn. 106.

會作成決定時止，應中止會員國的行政程序與訴訟程序[41]。每個主管機關應考慮其他機關已經科處的罰鍰，以期避免對同一行為的雙重處罰。歐洲法院在Walt Wilhelm案[42]首次闡明雙重處罰（ne bis in idem）的爭議，原則上雙重處罰是牴觸歐盟法，在卡特爾法領域，由於在歐盟與會員國間特別的權限分配，因此會有可能同時進行卡特爾調查程序，因此必須考慮對於同一競爭行為禁止雙重處罰。但在處理國際卡特爾的情形，若美國的卡特爾機關已經對同一行為科處罰鍰時，執委會是否仍可以再科以罰鍰。歐洲法院認為，禁止雙重處罰原則並不適用於不同國家的制裁[43]。

2003年第1號卡特爾規章[44]自2004年5月1日起施行，並取代1962年第17號規章，全面改革施行歐洲聯盟運作條約第101條與第102條的新制度。由於廢除申報限制競爭協議的制度，同時亦實施執委會的事後審查制度，企業必須自律的注意符合第101條第3項之構成要件。新卡特爾規章對於歐盟競爭法的施行有重大的修訂，不僅修訂執委會的調查程序，並且建立施行歐盟競爭法的新制度，各會員國的主管機關與法院在施行歐洲競爭法時扮演著更重要的角色[45]。自新卡特爾規章施行後，依據歐洲聯盟運作條約第101條第3項規定的個別豁免即廢止，企業必須自己判斷協議是否符合豁免的要件，從行政例外（Administrativausnahme）[46]到法定例外（Legalausnahme）[47]的制度變革是卡特爾調查程序改革的一部分[48]。新卡特爾規章並確立歐盟卡特爾法優先適用之

---

[41] Case C-344/98, Masterfoods, 2000 ECR I-11369.

[42] EuGH Rs. 14/68, Walt Wilhelm, Slg. 1969, S. 1.

[43] Jürgen Schwarze (Hrsg.), Europäisches Wettbewerbsrecht im Wandel, 2001 Baden-Baden: Nomos Verlagsgesellschaft, S. 153.

[44] ABlEU 2003 L 1/1.

[45] 2003年第1號規章第5條規定會員國競爭主管機關的職權，第6條規定會員國法院適用歐洲聯盟運作條約第101條與第102條之職權。

[46] 執委會在一個調查程序中作成確認違法的決定，並得命令不作為，對於情重大者並得科處罰鍰。

[47] 法定例外係指廢除過去對於限制競爭協議的申報與核准程序，而是直接適用歐洲聯盟運作條約第101條第3項之規定，限制競爭的協議是自動無效，企業自己必須檢驗協議是否符合第81條第3項之規定，無須再由執委會做個別豁免決定。

[48] Andreas Weitbrecht/Jan Mühle, Europäisches Kartellrecht 2003-2008, EuZW 2008, S. 551.

效力，僅在會員國競爭法規定更嚴格時，且不違反歐洲聯盟運作條約第101條與第102條，才得適用會員國的競爭法 [49]。

依據2003年第1號規章第11條第6項之規定，若執委會依據第三章開始程序至公布決定止，則會員國的卡特爾機關對於適用歐洲聯盟運作條約第101條與第102條無管轄權。在這種情形，若會員國的卡特爾機關已經開始程序時，在此一卡特爾機關向執委會諮商後，應由執委會開始進行程序。在新規定中，執委會是歐盟卡特爾機關網絡的總指揮，會員國的卡特爾機關應在委員會的監督下執行行為，此一新規定實際上加強了執委會的核心地位 [50]。

歐洲聯盟運作條約之宗旨，在於保護建立一個單一市場所必要的競爭制度，因此應保障會員國間的貿易自由，以便廢除所有的貿易障礙 [51]。只要限制競爭行為是可感覺到（spürbar）會影響會員國間的競爭關係與市場關係，且以危害於實現單一市場目標之方式影響會員國間的競爭關係，歐盟即得適用競爭法規加以干預，以期維護一個無扭曲競爭的制度。歐洲法院以限制競爭行為是否會損害會員國間的貿易往來作為歐盟競爭法與會員國競爭法的衝突規範，即所謂的會員國間條款（Zwischenstaatlichkeitsklausel）[52]，若限制競爭行為有可能直接的或間接的、事實的或潛在的，以不利於實現一個單一的會員國市場目標的方式，危害會員國間的貿易自由 [53]，這是關係到根據客觀上法律的和事實的狀況整體做機率的預測，並不需對會員國間的貿易造成事實上的影響，只需企業間的協議已經作成即可 [54]。總而言之，會員國間條款主要的作用在於界定歐盟競爭法與會員國競爭法間的關係，歐盟競爭法的位階完全高於會員國的競爭法，應優先適用歐盟競爭法。

歐洲法院依據競爭法產生限制競爭效果的構成要件發展出所謂的效果原則

---

[49] 2003年第1號規章第3條規定。

[50] Andreas Weitbrecht/Jan Mühle, aaO., EuZW 2008, S. 551.

[51] Kamil Braxator, Die Zwischenstaatlichkeitsklausel in den Wettbewerbsvorschriften des EWG-Vertrages und des Freihandelsabkommens Schweiz-EWG, Bern, Frankfurt am Main 1982, S. 40.

[52] Gerhard Wiedemann, Handbuch des Kartellrechts, 1999 München: Verlag C. H. Beck, § 7, Rn. 24; § 22 Rn. 104.

[53] EuGH Rs. 56 und 58/64, Consten-Grundig, Slg. 1966, S. 211.

[54] Gerhard Wiedemann, aaO., § 22 Rn. 104f.

（Auswirkungsprinzip）[55]，在經濟參與者的行為對內部市場產生影響時，即得適用競爭法，企業的所在地並不以在歐盟內為必要，企業也不需在歐洲聯盟運作條約的適用範圍內實行其限制競爭的行為，只須限制競爭行為對單一市場產生直接的、重要的與可預見的限制競爭效果，即得適用歐洲競爭法禁止該限制競爭行為。也就是歐盟競爭法不僅適用於所有在歐盟領域內企業造成限制競爭效果的行為，而且亦適用於參與限制競爭行為的第三國企業，因此歐盟競爭法具有域外適用的效力[56]。

三、卡特爾禁止

歐洲聯盟運作條約第101條第1項規定禁止所有會損害會員國間貿易往來在企業間之協議、企業協會之決議，以及相互配合的行為方式；只要是這些協議、決議或相互配合的行為方式意圖在單一市場內阻礙、限制或扭曲競爭、或因而造成在單一市場內阻礙、限制或扭曲競爭的效果時，均禁止之。

禁止的協議包括所有的水平約定與垂直約定[57]，相互配合的行為方式是一個補充的概念[58]，係指在企業間的協調形式，雖然尚未至締結契約的程度，但企業意識到一個實際的合作會出現與競爭結合的風險，是否會作成這種協調，則須根據每個市場的全體狀況判斷，參與企業在市場上的平行行為是重要的指標[59]。

歐洲聯盟運作條約第101條第1項禁止的行為必須是意圖或因而造成在單一市場內阻礙、限制或扭曲競爭的效果，在判斷是否構成禁止的情形，必須以比較競爭狀況做調查[60]，即應檢驗企業的協議對於實際的競爭與可能的競爭產生何種效果[61]，並不是每個限制競爭行為都會構成歐洲聯盟運作條約第101條第1項

---

[55] EuGH Rs. 89, 104, 114, 116, 117, 125-129/85, Zellstoff, Slg. 1988, S. 5193.

[56] Volker Emmerich, Kartellrecht, 7.Auflage, 1994 München: Verlag C. H. Beck, S. 507.

[57] EuGH Rs. 56 und 58/64, Consten-Grundig, Slg. 1966, S. 211.

[58] Jürgen Schwarze, Europäisches Wirtschaftsrecht, S. 102.

[59] EuGH Rs. 48/69, ICI, Slg. 1972, S. 619.

[60] EuGH 56/65, Société technique minière/Maschinenbau Ulm, Slg. 1966, S. 281.

[61] EuGH Rs. C-234/89, Delimitis, Slg. 1991, S. I-935.

規定的要件，還必須限制競爭行為是可感覺到的與持續的對於單一市場產生影響[62]。在符合歐洲聯盟運作條約第101條第1項規定的構成要件時，這些限制競爭的協議為無效，係自始、確定、當然與絕對不生效力；在損害與違法的禁止卡特爾間有因果關係時，並得請求損害賠償。

歐洲聯盟運作條約第101條第3項為卡特爾禁止的例外規定，自2003年第1號新卡特爾規章生效以來，第101條第3項為法定例外，具有直接適用的效力，不需再向執委會申報請求予以個別豁免或適用類型豁免規章[63]。即依據2003年第1號新卡特爾規章第1條第2項之規定，符合歐洲聯盟運作條約第101條第3項規定的協議、決議與相互配合行為方式，並非禁止的，不需有執委會事前的決定，也就是不需再有一個特別的豁免行為。相關的企業應自己檢驗與其他企業間的協議是否符合歐洲聯盟運作條約第101條第3項豁免的構成要件[64]，企業自己必須承擔適用豁免要件的風險。

2003年第1號新卡特爾規章造成適用歐盟卡特爾法分散職權的結果，執委會與會員國的主管機關形成一個施行網絡，密切合作的適用歐盟競爭法規，為達成此一目標，應實施詢問與諮商程序[65]。過去執委會負責卡特爾的調查程序，但在新卡特爾規章生效後，會員國的主管機關成為主要的調查機關。2004年時，執委會公布一個在會員國主管機關網絡合作的網絡公告[66]，2003年第1號新卡特爾規章第11條至第14條規範會員國主管機關的合作，第15條與第16條則規定會員國法院間的合作。

---

[62] EuGH 56/65, Société technique minière/Maschinenbau Ulm, Slg. 1966, S. 281.

[63] J. Schwarze/A. Weitbrecht, Grundzüge des europäischen Kartellverfahrensrechts, 2004 Baden-Baden: Nomos Verlagsgesellschaft, S. 29f.

[64] 卡特爾協議必須致力於改善商品製造或分配、或致力於促進技術或經濟的進步；消費者必須適當地參與限制競爭措施所產生的利潤；若不限制參與企業的行為，將無法達成目標；以及若不給與參與的企業機會，將對相關產品的重要部分排除競爭。

[65] 2003年第1號規章立法理由第15點。

[66] ABlEU 2004 C 101/43.

四、濫用市場的優勢地位

歐洲聯盟運作條約第102條禁止一個或數個企業濫用其在內部市場或在單一市場重要部分的優勢地位，因而會導致損害會員國間的貿易往來。首先，企業應具有市場的優勢地位[67]。市場優勢是指企業在事物、地理與時間的相關市場上沒有其他實際或潛在的競爭對手，且相關商品完全依賴具有優勢地位的企業[68]。惟應注意的是，歐洲聯盟運作條約第82條並不禁止企業擁有市場的優勢地位，而是禁止企業濫用市場的優勢地位，若具有優勢地位的企業以客觀的市場行為而產生其廣泛的利益，以致其他的市場參與者遭受持續的剝削或利用，而影響市場上的有效競爭，即構成濫用[69]。

歐洲聯盟運作條約第102條例示規定濫用的行為方式[70]，例如直接或間接的強迫締約相對人接受不相當的進貨價格、銷售價格或其他的交易條件；意圖損害消費者，而限制生產、銷售或技術發展；對交易夥伴，就相同價值的給付，適用不同的條件，因而使交易夥伴受到不利的競爭；在締約時附條件，使契約相對人受領在客觀上或在商業慣例上與契約標的物無關的額外給付。因此，濫用市場優勢地位的行為不僅對消費者直接造成損害，而且也可以是因為干預事實上的競爭結構而造成損害，有優勢地位的企業以實質阻礙競爭的方式達到優勢的程度，而使在市場上殘存的企業依賴具有優勢地位的企業時，亦構成濫用行為[71]。

歐洲聯盟運作條約第102條並未明文規定企業濫用其優勢地位的法律效果，但執委會得依據2003年第1號規章第23條或第24條對於濫用的企業科處罰鍰或強制金，以期企業停止濫用市場優勢的行為。

---

[67] A. Jones/B. Sufrin, EC Competition Law, 2nd Ed., 2004 Oxford: Oxford University Press, p. 298

[68] Jürgen Schwarze, Europäisches Wirtschaftsrecht, S. 108.

[69] U. Immenga/E.-J. Mestmäcker (Hrsg.), EG-Wettbewerbsrecht, 1997 München: Verlag C. H. Beck, Art. 86 EG Rn. 115ff.

[70] EuGH Rs. 6/72, Continental Can, Slg. 1972, S. 215.

[71] EuGH Rs. 6/72, Continental Can, Slg. 1972, S. 215.

五、企業合併管制規章

　　歐洲聯盟運作條約並未明文規定企業合併管制，隨著歐洲單一市場的完成，有必要對於大型的跨國合併作全歐洲單一的管制規範，以期一方面可以消除因適用會員國間不同的合併規定所造成的障礙，另一方面可以預防在單一市場內產生市場優勢地位的危險[72]，在1989年公布第一個企業合併管制規章。自1990年9月21日第一個企業合併管制規章[73]生效施行以來，執委會對於審查具有歐盟範圍的企業合併，享有廣泛的職權。

　　自1990年代以來，歐洲的企業合併管制在競爭法領域愈來愈重要，根據統計資料，至2006年8月31日止，執委會對於企業合併作成了2,988個最後決定，而申請企業合併的主要是電信業、金融業、化學業、媒體業與製藥業[74]；而包含在全部歐洲經濟區（European Economic Area）[75]內的企業合併，即除了在歐盟會員國外，還包括挪威、冰島與列支敦斯登的企業合併管制。因此歐盟的企業合併管制規章的適用範圍為30個國家[76]。1997年時，理事會大幅修訂第一個合併管制規章[77]，主要是擴大執委會在企業合併管制範圍的職權，以期避免依據不同會員國卡特爾法的規定必須提出重覆的申請；另外在第1條第3項增訂對於影響數個會員國的企業合併門檻值。

　　2004年1月20日時，理事會公布第139號新的企業合併管制規章[78]，並自2004年5月1日起生效施行。理事會並公布第802號的施行規章[79]規範程序規定，以補充新的企業合併管制規章。企業合併管制規章不僅填補了歐盟競爭法

---

[72] Maufred Dauses, aaO., H.I. §2. Fusionskontrolle, Rn. 3.

[73] VO Nr. 4064/89, ABlEG 1989 L 395/1.

[74] Manfred Dauses, aaO., H.I. §2. Fusionskontrolle, Rn. 4.

[75] 歐洲經濟區是由原來的歐洲共同體與歐洲自由貿易協會（European Free Trade Association；簡稱EFTA）組成的，於1994年1月1日生效。瑞士因為公民投票否決，因此未加入歐洲經濟區，之後瑞士與原來的歐洲共同體締結一個雙邊協定，內容並不完全等同於歐洲經濟區協定。

[76] Manfred Dauses, aaO., H.I. §2. Fusionskontrolle, Rn. 4.

[77] VO Nr. 1310/97, ABlEG 1997 L 180/1.

[78] VO Nr. 139/2004, ABlEG 2004 L 24/1，1989年第4064號規章因而廢止失效。

[79] ABlEG 2004 L 133/1.

的漏洞，而且解決過去引用歐洲聯盟運作條約第101條與第102條適用於企業合併紊亂的法律依據，使跨國的企業合併有了更明確的法律依據，增加法律的安定性[80]。

　　依據2004年第139號規章第3條之規定，企業合併是指數個企業的結合或一企業以取得大部分的持股或財產價值而取得企業經營，基本上係由執委會進行預防的合併管制，即依據第1條之規定應管制具有歐盟意義的合併，也就是所有參與合併的企業全球總營業額超過50億歐元，且參與合併的企業中至少有兩個在歐盟內的總營業額超過2.5億歐元，但參與的企業在同一會員國內取得超過其總營業額的三分之二時，不在此限[81]。

　　依據2004年第139號規章第1條第3項之規定，未達到第2項所規定營業額門檻的合併，若所參與的企業全球總營業額超過2.5億歐元，且所有參與的企業總營業額在至少三個會員國超過1億歐元，且在前述至少三個會員國中的總營業額至少有兩個參與企業超過2,500萬歐元，且至少有兩個參與企業在歐盟內的總營業額超過1億歐元時，亦為具有歐盟意義的合併；但若參與的企業在歐盟內的總營業額超過三分之二是在同一會員國內取得者，即不構成具有歐盟意義的合併。第1條第2項與第3項的合併管制的門檻值並未修訂，但在計算營業額時應考慮參與合併的企業在新加入會員國[82]內的營業額，因此原則上新的合併管制規章涵蓋更多的企業合併。

　　2004年第139號規章第2條第3項為新的一般條款，即嚴重阻礙有效競爭時應禁止該企業合併。依據第4條第5項之規定，未達合併管制規章門檻值的企業合併，合併當事人得向執委會申請將申請案件移轉給有權審理的會員國，即依據會員國的競爭法規定至少應由三個會員國審理該合併，且沒有一個會員國提出異議時，合併當事人得向執委會申請將案件移轉給有權審理的會員國。另外，在一個會員國內的市場具備一個個別市場的所有特徵，且在此一市場上嚴重損害競爭時，即便是營業額已達由執委會管轄的範圍，合併當事人得申請執

---

[80] H.-J. Niemeyer, Die Europäische Fusionskontrollverordnung, 1991 Heidelberg, S.Einleitung 5.

[81] 2004年第139號規章第1條第2項規定。

[82] 2004年5月1日加入馬爾他、賽浦路斯、捷克共和國、斯洛伐克、斯洛維尼亞、波蘭、匈牙利、愛沙尼亞、拉脫維亞與立陶宛；2007年1月1日，保加利亞與羅馬尼亞亦正式成為歐洲聯盟的會員國。2013年7月加入克羅埃西亞。

委會將全案或部分移轉給會員國審理[83]。

依據新的企業合併規章之規定，執委會評斷合併決議是否在單一市場或實質部分阻礙有效的競爭，而通常的情形造成或加強市場優勢地位[84]。企業合併管制規章主要目標就是要規範合併對在單一市場上競爭造成的影響，以及考慮由當事人產生的效率利益。

新的企業合併管制規章在程序上有新的規定，例如在審查企業合併的時間順序更靈活[85]修訂在程序上利害關係人的權利、由執委會開始進行調查程序、具體化歐盟普通法院或歐洲法院無效判決的後續程序，以及擴大執委會的調查權和制裁權[86]。

隨著修改企業合併管制規章，並改革執委會的競爭總署，即在競爭總署中新設一個直接隸屬於競爭總署委員的首席競爭經濟學家，以便考慮合併管制的經濟趨勢，而改善企業合併在經濟方面的經濟分析。除此之外，由不同產業的主管部門取代過去的合併工作小組（Merger Task Force 1），並成立一個獨立的部門[87]。

六、卡特爾程序法之特點

為施行歐洲聯盟運作條約第101條與第102條，理事會與歐洲議會共同制定公布施行規章，現行有效的卡特爾規章即為2003年第1號規章[88]。自2004年5月1日起施行，並取代1962年第17號規章，全面改革施行歐洲聯盟運作條約第101條與第102條的新制度。

2003年第1號規章授權執委會展開適用歐盟競爭法的程序，在第17條至第22條詳細規範主要的調查權，包括調查個別的產業、個別的協議類型、詢問、瞭解情況、事後審查權等，第27條規定對相關企業進行聽證。若執委會確認有

---

[83]　2004年第139號企業合併管制規章第4條第4項規定。

[84]　Jürgen Schwarze, Europäisches Wirtschaftsrecht, S. 194.

[85]　2004年第139號企業合併管制規章第10條。

[86]　2004年第139號企業合併管制規章第11條至第13條。

[87]　Manfred Dauses, aaO., H.I. §2. Fusionskontrolle, Rn. 10.

[88]　ABlEU 2003 L 1/1.

牴觸歐洲聯盟運作條約第101條與第102條的違法行為時，得對有利害關係的企業作成決定，課以停止已確認的違法行為；為達成此一目標，執委會得規定企業應採取以行為導向或結構的補救措施[89]。依據第9條之規定，企業得以具結履行決定，執委會得宣告具結具有拘束力。依據第7條作成禁止的決定時，執委會得依據第23條之規定，課以罰鍰形式的制裁；除此之外，並得依據第24條之規定，對於不停止違反競爭的行為或不履行命令的暫時措施時，課以強制金。有利害關係的企業不服執委會的禁止決定或制裁決定時，得依據歐洲聯盟運作條約第263條第4項之規定，向普通法院提起無效之訴，而僅在有法律瑕疵時，才得上訴歐洲法院[90]。

七、公營事業

公營事業（öffentliches Unternehmen）係指依據財產、資金持股、公司章程或規範事業活動的規定，公家機構直接或間接得行使掌控的影響力的事業，其法律形式並不重要，公法上的營造物（Anstalt）亦得為事業，國家賦與其特別的權利，甚至可以擁有獨占的地位[91]。相對於一般的私人競爭者，公營事業與法律上享有國家授權獨占地位的事業獲得更多的競爭利益[92]。

在會員國的歷史發展中，有些企業享有特別優惠的地位是很普遍的現象，尤其是與一般福祉利益有關，提供民生必需的服務或商品的事業。公營事業、或這些享有特別權利或專屬權利的事業與一般民營事業不同，這些事業通常並不是以營利為目的，國家不斷挹注經費，使得這些事業事實上不會有破產的危險，即一般所謂的「深口袋原則」（deep-pocket-doctrine）。歐洲聯盟運作條約第106條明確的規定，會員國原則上可以授與公營事業特別的權利或專屬的

---

[89] 2003年第1號規章第7條第1項規定。

[90] 歐洲聯盟運作條約第256條第1項第3句規定。

[91] EuGH Rs. C-41/90, Höfner, Slg. 1991, S. I-1979.

[92] Andreas Bartosch, Neubestimmung des EG-Wettbewerbsrechts in liberalisierten Märkten, ZIP 1999, S. 1787.

權利 [93]，但會員國不得授權這些事業從事牴觸競爭法規或其他規定的行為 [94]，而妨礙共同利益。

歐洲聯盟運作條約第102條與第106條規定並未禁止企業建立在市場上的優勢地位 [95]，由於國家授與企業特別的權利與專屬的權利會造成排除競爭的效果，若會員國使企業因行使專屬權而牴觸競爭法時，會員國即牴觸歐洲聯盟運作條約第106條第1項規定 [96]。依據歐洲聯盟運作條約第106條第2項之規定，若會員國委託特別權利給事業是具有一般經濟利益的服務，而不會阻礙會員國間貿易往來的發展，仍得阻卻違法而成為合法正當的 [97]。

歐洲聯盟運作條約第106條第2項規定主要是會員國使用特定的事業，特別是在公共領域，作為經濟政策、社會政策、文化政策或財政政策的方法，應符合歐盟遵守競爭法和維護內部市場的利益，因此原則上公營事業亦應適用歐盟法，包括競爭法在內 [98]。具有一般經濟利益的服務係指在依會員國的全部領土內對全體用戶提供的服務，而不考慮特別的情形與個別過程的經濟效益。要適用歐洲聯盟運作條約第106條第2項的例外規定，必須是在履行特別的任務上，公營事業不違反歐盟法之適用，也不會損害會員國間的貿易往來 [99]。

八、適用於會員國的競爭法規

為限制會員國以補貼（Beihilfe）的方式干預競爭，而優惠其本國的產業，因此歐洲聯盟運作條約第107條第1項規定，僅以本條約無其他規定者為限，國家的補貼或由國家提供經費給與的補貼，不論其種類，只須因優待特定企業或產業而扭曲競爭或有扭曲競爭之虞，並會損害會員國間的貿易往來時，即為牴觸單一市場。但由歐盟本身直接或間接由會員國使用歐盟分擔的經費所

---

[93] Case C-179/90, Merci Convenzionali Porto di Genova, 1991 ECR I-5889.

[94] EuGH Rs. C-41/90, Höfner, Slg. 1991, S. I-1979.

[95] Case C-179/90, Merci Convenzionali Porto di Genova, 1991 ECR I-5889.

[96] Case C-359 & 379/95p, Commission & France v. Ladbroke Racing Ltd., 1999 ECR I-6265.

[97] Case C-393/92, Almelo, 1994 ECR I-1477.

[98] EuGH Rs. C-202/88, Telekommunikationsendgeräte, Slg. 1991, S. I-1223.

[99] EuGH Rs. C-260/89, ERT, Slg. 1991, S. I-2925.

採取的促進措施，並不屬於禁止的補貼[100]。

歐洲聯盟運作條約並未明確定義補貼的概念，執委會在進行審查時對於補貼的解釋，具有特別的意義[101]，而歐洲法院在許多的判決中對於補貼的概念有詳細的解釋[102]。歸納而言，補貼的概念應給與本國的企業優惠、由國家的經費給與補貼豁免除應繳納的租稅、給與特定的企業或產業優惠、優惠必須扭曲了市場競爭，以及損害歐盟內的貿易往來。

補貼不僅是包括所有積極的給與優惠，同時還包括由國家以援助企業為目的所減輕的任何負擔，依其類型與效果，這些負擔的減輕與補貼相同[103]。優惠並不以國家單方給與的利益為限，若是在雙方的關係上對價不相當，而一方受有利益時，亦得認為是補貼[104]。而不論是由國家直接或由國家設立的公家或民營機構給與的經費，性質上都屬於國家補貼[105]。

歐洲聯盟運作條約第107條第2項列舉符合單一市場法定定義的補貼，例如給與個別消費者具有社會性質且無差別待遇的補貼、為消除因天然災害或類似的非常事件所造成損害而給與的補貼。歐洲聯盟運作條約第107條第3項規定得視為符合單一市場的補貼，包括促進生活水準非常低的區域，或工作機會非常少的區域所給與的補貼、為促進具有歐盟利益的重要計畫所給與的補貼、為消除會員國經濟生活重大干擾與促進文化和保存文化遺產所給與的補貼。

1999年理事會公布第659號規章[106]，以監督會員國遵守補貼的規定。執委會負責進行行政監督，依據歐洲聯盟運作條約第108條第3項之規定，任何一個要實施或要變更的補貼，應及時通知執委會，以便執委會得就該補貼發表意見；在執委會公布最終決定前，相關的會員國不得進行想採取的補貼措施。若

[100] Thomas Oppermann, Europarecht, 3. Auflage, 2005 München: Verlag C. H. Beck, S. 341.

[101] H. von der Groeben/J. Schwarze (Hrsg.), EU-/EG-Vertrag, Band II, 6. Auflage, 2004 Baden-Baden: Nomos Verlagsgesellschaft, Art. 87 EG Rn. 5.

[102] EuGH Rs. C-379/98, PreussenElektra/Schleswag, Slg. 2001, S. I-2099; Rs. C-280/00, Altmark, Slg. 2003, S. I-7747; Rs. C-237/04, Enirisorse/Sotacarbo, Slg. 2006, S. I-2843.

[103] EuGH Rs. C-148/04, Unicredito Italiano/Agenzia delle Entrate, Ufficio Genova 1, Slg. 2005, S. I-11137.

[104] R. Streinz (Hrsg.), EUV/EGV, 2003 München: Verlag C. H. Beck, Art.87 EG Rn. 31.

[105] EuGH Rs. C-52 bis 54/97, Viscido u.a./Ente Poste Italiane, Slg. 1998, S. I-2629.

[106] ABlEG 1999 L 83/1.

執委會確定，會員國的補貼不符合單一市場時，執委會得要求相關的會員國在一定的期限內廢止或變更該補貼；會員國不履行執委會的決定時，執委會得向歐洲法院對該會員國提起違約之訴[107]。

---

[107] 歐洲聯盟運作條約第108條第2項規定。

第十章 共同貿易政策

壹、改革共同貿易政策的背景

　　尼斯條約的第23號聲明（Erklärung）尚未對歐盟的對外關係（external relation）明確地放在關於歐盟前景（Zukunft der Union）的談判議程上，2001年在Laeken舉行的歐洲高峰會議即強調歐洲聯盟的對外關係，且成為會議的討論重點[1]。工作小組並在2003年時提出歐洲聯盟對外政策行為的規定草案（Entwurf der Bestimmungen über das außenpolitische Handeln）[2]，對於未來歐洲聯盟的對外政策行為有了新的規劃。里斯本條約將這些規定幾乎原封不動的納入條約中[3]。

　　冷戰結束後，世界的政治和經濟權利分配起了根本的變化，全球化使各國的經濟更加緊密的結合，跨國的資金流通與跨國公司的蓬勃發展，國際投資增加。美國、中國與歐盟形成一個新的三角關係，特別是藉由更好的雙邊協定與新興市場維持良好的經濟、夥伴與投資保護的關係[4]。在這種競爭關係中，歐盟必須在對外貿易關係上確保歐洲的成長與繁榮，因此在全球的舞台上，歐盟本身必須保持有效率的行為能力[5]。歐盟會員國相互保障和平與實現單一市場的目標，在歐洲的統合進程進一步邁向在全球的政治與經濟自主的地位[6]。隨

---

[1]　CONV 689/1003 REV 1.

[2]　CONV 685/03.

[3]　CIG 85/04.

[4]　Marc Bungenberg, Außenbeziehungen und Außenhandelspolirik, EuR 2009, Beiheft 1, S. 195.

[5]　P. Schiffauer, Zum Verfassungszustand der Europäischen Union nach Unterzeichnung des Vertrags von Lissabon, EuGRZ 2008, S. 9.

[6]　K. Hänsch, Ende gut-alles gut? Anmerkungen zum Reformvertrag, Integration 4/2007, S. 499ff.

著2000年里斯本策略（Lisbon Strategy）[7]與2007年里斯本條約規定的改革措施，歐盟亦以政治團結與經濟實力面對全球化的挑戰。

里斯本策略已經廣泛的討論內部市場發揮作用的改善規定，在2001年的Laeken聲明更具體地提出與強調改革對外關係領域規範的必要性，在歐洲憲法條約草案即明確地進行歐盟對外組織的研究[8]，以期使歐盟成為全球化世界的新角色[9]。因此，歐盟也必須立即行動以利用全球化的機會。2006年時，執行委員會提出一個名為「在全球化世界有競爭力的歐洲」（Ein Wettbewerbsfähiges Europa in einer Globalen Welt）的函示[10]，亦提出歐盟對外角色的議題，以期補充里斯本策略。

里斯本條約確立了歐洲聯盟的國際法律人格，歐洲聯盟條約第1條第3項明文規定，歐盟的基礎為本條約與歐洲聯盟運作條約；此二條約在法律上位階相同。歐洲聯盟取代歐洲共同體，歐洲聯盟是歐洲共同體在法律上的繼承者。依據此一規定，歐洲聯盟條約與歐洲聯盟運作條約不僅有相同的憲法位階，而且歐洲聯盟是歐洲共同體的繼承者[11]，無疑的歐洲聯盟是國際法上的主體，享有國際法律人格。

里斯本條約將歐洲共同體條約與歐洲聯盟條約重新編排合而為一，增訂第五部分歐盟的對外行為，其中包括歐盟對外行為的一般規定、共同貿易政策、與第三國的合作及人道援助、限制措施、國際協定、歐盟與國際組織和第三國間的關係、歐盟的代表、團結條款。里斯本條約全面地規範歐盟的對外經濟法與會員國的對外經濟政策，由於會員國在對外貿易範圍廣泛地權限移轉，會員國的職權將會完全由歐盟行使。

---

[7] 2000年3月23、24日，在里斯本舉行歐洲高峰會議的特別會議，期待歐洲合作邁入一個新階段，在此次的歐洲高峰會議定下一個目標，即至2010年止應使歐盟成為全球一個以知識為基礎、最有競爭力與最有活力的經濟區，提出了所謂的里斯本策略。KOM (2001) 641 endg.

[8] T. Bruha/C. Nowak, Die Europäische Union: Innere Vefasstheit und globale Handlungsfähigkeit, 2006, S. 301.

[9] Erklärung von Laeken zur Zukunft der Europäischen Union, 15.12.2001.

[10] KOM (2006) 567 endg.

[11] Albrecht Weber, aaO., EuZW 2008, S. 7.

貳、里斯本條約改革共同貿易政策

　　過去歐洲共同體的對外貿易法是最有活力的一部分，服務業貿易在第二次大戰後並不重要，但隨著國際經貿關係的千變萬化與科技蓬勃發展，服務業貿易也愈來愈重要，而歐洲聯盟的對外貿易法的適用範圍亦配合現實的國際經貿關係發展而改變。在1995年WTO設立前，歐洲法院一貫的見解認為原來的歐洲共同體是GATT事實上的締約國（de-facto-Mitgliedschaft）[12]；在1970年的AETR案[13]，歐洲法院確立了一個原則，將外交政策的行為方法的範圍擴大至如同在原來歐洲共同體內部範圍可以行使的立法權。但隨著WTO的設立與1990年代國際經濟法的迅速發展，使得歐洲聯盟對外經貿政策範圍的職權明顯的不足，尤其是在1994年歐洲法院對於簽署WTO協定作成的鑑定[14]表明，國際貿易法的發展與歐盟的對外貿易政策權限已經不再一致[15]。因此，自1970年AETR案以來確立的共同貿易政策事務適用範圍亦受到限制，1997年簽署阿姆斯特丹條約增訂原來歐洲共同體與會員國的混合職權，可以簽署混合協定（gemischtes Abkommen）。混合協定的缺點是除了須要原來的歐洲共同體批准外，尚需全體會員國的批准，常常因為各會員國的批准程序的進度而影響混合協定的生效。

　　1997年簽署的阿姆斯特丹條約與2001年簽署的尼斯條約雖然擴大當時歐洲共同體在服務業貿易與智慧財產權保護方面的職權，但整體而言，仍未完全的使原來的歐洲共同體在對外貿易享有專屬的職權[16]，在2009年里斯本條約生效後，歐洲聯盟對於共同貿易政策將享有專屬職權。

　　在過去歐盟「三根支柱」架構下的第一根支柱中，對外政策廣泛的包括對外貿易、競爭政策、貨幣政策、發展政策、能源政策、環境政策、擴大政策與

[12] EuGH Rs. 21-23, International Fruit Company, Slg. 1972, S. 1219.

[13] EuGH Rs. 22/70, AETR, Slg. 1971, S. 263.

[14] Gutachten 1/94, WTO, Slg. 1994, S. I-5267.

[15] Herrmann/Krenzler/Streinz (Hrsg.), Die Außenwirtschaftspolitik der Europäischen Union nach dem Verfassungsvertrag, 2006 München: Verlag C. H. Beck, S. 24.

[16] C. Herrmann, Common Commercial Policy after Nice: Sisphus would have done a better job, Common Market Law Review 2002, p. 26.

睦鄰政策等。在第一根支柱實際上是由原來的歐洲共同體，而非歐洲聯盟執行政策，在第二根支柱的會員國政府間共同外交暨安全政策仍是屬於會員國的職權範圍，但實際上歐盟已經逐漸成為外交行為的行為人[17]。例如聯合國的安全理事會（UN-Sicherheitsrat; UN Security Council）的黑名單，即是由理事會公布規章執行[18]。

　　2007年在里斯本舉行的歐洲高峰會議確認有必要修訂共同貿易政策，應對於歐洲憲法條約的共同貿易政策做更明確與合理的修訂，因此里斯本條約對於法律方法做了修正。里斯本條約幾乎全盤的接受在歐洲憲法條約中關於共同貿易政策的規定[19]，基本上只保留原來歐洲共同體條約第131條與第133條兩條規定。里斯本條約將歐盟對外行為的所有領域全部規定為單一章節，以期能加強在歐盟對外關係上的連貫性與一致性[20]。

　　在面對對外貿易領域的挑戰，實際上在於歐盟應能在全球競爭上主張建立遊戲規則、在第三國市場上對歐洲企業開放市場、同時對第三國企業開放單一市場，以及保護在第三國市場上的歐盟企業。由於目前杜哈回合多邊國際貿易制度的停滯發展，更突顯有必要在全球競爭中倡導「新世代的自由貿易協定」（new generation free trade agreement）[21]。共同貿易政策是歐盟對外行為的一部分，在歐盟對外行為的共同架構下，共同貿易政策應適用相同的原則、目標與相同的組織架構規則。里斯本條約明確化與簡單化原來歐洲共同體條約第133條複雜的規定，新規定明顯的修訂了共同貿易政策的範圍、性質與目標。

　　在談判歐洲憲法條約時，歐洲高峰會議即討論到應在效率、簡化與正當性原則的基礎上改革共同貿易政策[22]，當時主要的爭點是應擴大共同貿易政策的

---

[17]　S. Kadelbach (Hrsg.), Die Außenbeziehungen der EU, 2006, S. 9ff.

[18]　VO 881/2002/EG, AblEG 2001 L 139/9.

[19]　Streinz/Ohler/Herrmann, Der Vertrag von Lissabon zur Reform der EU, 2. Auflage, 2008 München: Verlag C. H. Beck, S. 126.

[20]　M. Cremona, A Constitutional Basis for Effective External Action? An Assessment of the Provisions on EU External Action in the Constitutional Treaty, EUI Working Paper Law No. 2006/30有詳細地探討未來歐盟的對外行為。

[21]　Europäische Kommission, Globales Europa, KOM (2006) 567 endg.

[22]　CONV/356/02.

適用範圍，將外國投資（foreign investment）亦包括在內；另外，會中並討論平衡對內與對外的行為，且應確定共同貿易政策的目標[23]。

由於歐洲聯盟與28個會員國均為WTO的會員國[24]，而存在所謂的平行會員國身分（parallele Mitgliedschaft）[25]，而里斯本條約生效後將結束這種平行會員國身分的關係，WTO架構下的三大領域，即商品貿易、服務業貿易、與貿易有關的智慧財產權保護將完全屬於歐盟的專屬職權[26]，也就是會員國不得再在這些範圍締結國際法上的協定。

過去僅在資金與支付流通的規定中規範投資政策的職權法律依據，基本上原來的歐洲共同體條約第133條並未規範透過資金投資的貿易關係[27]，而是依據歐洲共同體條約第57條第2項規定的「對第三國的資金流通採取歐洲共同體的措施、或協調會員國間的措施」規範直接投資[28]。基於權限分配，因此有必要在這一範圍加強歐盟在對外投資多邊談判的角色[29]，執行委員會目前領導歐盟與全體會員國參與在投資國際協定的談判、締結與施行，但往往耗時又無法獲致令人滿意的結果，因此執行委員會認為在目前的杜哈回合談判中關於投資保護議題應加強歐盟整體的角色[30]。由於過去的實務，原來的歐洲共同體的職權只限於市場進入與禁止差別待遇，因此要達成全球的歐洲（Global Europe）必須要實施新的歐盟貿易策略，也就是有必要對第三國實施歐盟的投資政策[31]，並且由自由貿易協定範圍作為標準的談判議題，由執行委員會統一向貿

[23] M. Krajewski, External Trade Law and the Constitutional Treaty: Towards a federal and more democratic Common Commercial Policy?, Common Market Law Review 2005, pp. 102-103.

[24] WTO設立協定第9條與第11條規定。

[25] Marc Bungenberg, aaO., EuR 2009 Beiheft 1, S. 205.

[26] C. Herrmann/H. G. Krenzler/R. Streinz (Hrsg.), aaO., S. 170.

[27] Grabitz/Hilf (Hrsg.), Kommentar zum EU/EG-Vertrag, EL 35 Mai 2008, München: Verlag C.H.Beck, Art. 133 EGV, Rn. 45.

[28] Groeben/Schwarze (Hrsg.), EU-/EG-Vertrag Kommentar, 6. Auflage 2003, München: Verlag C.H.Beck, Art. 57 EGV Rn. 16.

[29] Marc Bungenberg, aaO., EuR 2009 Beiheft 1, S. 207.

[30] Commission Staff Working Document SEC (2006) 1230.

[31] Reinisch/Knahr (Hrsg.), International Investment Law in Context, 2008 Utrecht: Eleven Publishing, pp. 74f.

易夥伴說明，以期避免在理事會層次會員國與歐盟間對於投資法的爭議。

　　過去歐洲共同體也致力於發展自己的投資保護政策，而外國直接投資的概念應依據歐盟法的定義，在1988年第361號指令[32]定義直接投資，係指透過持有股票或有價證券設立企業、參與新設立或已經存在的企業，而應有持續的與經營管理有關的活動[33]。基本上直接投資在歐盟法的意義與國際法相同[34]，直接投資主要的特徵爲持續與管理監督。

　　過去歐洲共同體條約授權歐洲共同體可以對外國投資的批准採取對外行爲，但卻沒有很明確的授權規定，原來的歐洲共同體條約第56條規定資金自由流通與來自第三國資金的自由化，包括與外國投資有關的資金流通，但此一規定是指投資人用以設立營業所的實際財產移轉，服務業貿易總協定（GATS）的服務貿易包括對外國投資人的商業據點呈現，共同貿易政策的投資應只侷限於服務貿易的範圍。國際投資協定不僅會影響資金流通，還會規範其他的自由化措施，里斯本條約授與歐盟締結與資金流通有關的外國投資的國際協定，未來共同貿易政策是以歐盟的國際事務爲主，因此外國直接投資的權限範圍應包括所有的待遇標準，特別是公平與公正的待遇、確保在第三國公平與公正的對待歐盟的投資等；另外，亦應包括特別的外國投資規定，例如績效要件與企業經營核心人員的流動。

　　與貿易有關的績效要件與提供服務的人員流動，均屬於GATT中與投資有關的貿易協定（以下簡稱TRIMs協定）的適用範圍，歐洲法院在1994年第1號鑑定已經明白的闡釋，TRIMs協定是WTO架構下關於商品貿易的協定，歐盟享有專屬的職權，因此歐盟亦對績效、人員流動有關的外國投資協定享有專屬的締約權。

---

[32] OJ 1988 L 178/5.

[33] J. Handoll, Capital, Payments and Money Laundering in the European Union, 2006 Richmond: Richmond Law & Tax, pp. 27-28.

[34] R. Horn (ed.), Arbitrating Foreign Investment Disputes, 2004 London: Kluwer, p. 284.

參、里斯本條約生效後的共同貿易政策規定

在里斯本條約生效後，在重新編排條文後，共同貿易政策規定於歐洲聯盟運作條約第206條與第207條。

依據歐洲聯盟運作條約第206條之規定，藉由關稅同盟之建立，為共同的利益，歐盟應致力於世界貿易的協調發展、逐步地廢除在國際貿易和外國直接投資的限制，以及消除關稅障礙和其他的限制。

歐洲聯盟運作條約第207條規定：

(1) 依據一致的原則形成共同貿易政策，特別是適用於關稅稅率之變更、涉及與第三國商品和服務貿易的關稅和貿易協定之締結，以及涉及智慧財產的貿易、外國直接投資、自由化貿易措施之一致化、出口政策和貿易政策上的保護措施，例如傾銷和補貼。

(2) 依據普通的立法程序，由歐洲議會與理事會以規章公布規定轉換共同貿易政策範圍的措施。

(3) 在與一個或數個第三國、或國際組織談判和締結協定時，除本條有特別規定外，適用第218條之規定。執行委員會應向理事會提出建議；理事會授權執行委員會進行必要的談判。理事會和執行委員會應注意談判的協定符合歐盟的內部政策和內部規定。執行委員會在進行談判時，應與由理事會為支援談判而任命的特別委員會達成協議，並依據由理事會授與的準繩進行談判。執行委員會應向特別委員會與歐洲議會定期的提出報告說明談判的進度。

(4) 在進行第3項協定的談判與締結，由理事會以條件多數決議之。在進行服務貿易、涉及智慧財產的貿易或外國投資的協定談判與締結，若相當協定所涉及的規定在內部規定必須以一致決議時，則應由理事會以一致決議之。同時理事會應以一致決議下列協定之談判與締結：

    (a) 文化與視聽的服務貿易，若此一協定有可能影響在歐盟內文化與語言的多樣性；

    (b) 與社會、教育和衛生領域有關的服務貿易，若此一協定有可能嚴重干擾此一服務在個別會員國的組織與影響會員國的責任履行

時；
(5) 在交通運輸領域的國際協定談判與締結，應適用第三部分標題V與第218條之規定。
(6) 行使在共同貿易政策範圍因本條規定所移轉的職權不得影響歐盟與會員國間的權限分配，以及不得造成協調會員國法規的結果，但以在條約內無協調為限。

一、共同貿易政策之目標

　　歐洲聯盟運作條約第206條規定，共同貿易政策之目標，里斯本條約將共同貿易政策規定為歐盟對外行為的方法[35]，而為適應國際經濟制度的現狀，不僅要致力於廢除非關稅的貿易障礙，以及在外國直接投資的障礙。

二、權限範圍

　　基本上里斯本條約並未修改共同貿易政策事務的適用範圍，包括關稅稅率之變更、涉及與第三國商品和服務貿易的關稅和貿易協定之締結，以及涉及智慧財產的貿易、外國直接投資、自由化貿易措施之一致化、出口政策和貿易政策上的保護措施，例如傾銷和補貼，而與外國直接投資相關的貿易問題愈來愈重要[36]，因此將外國直接投資明文增訂共同貿易政策，以便符合共同貿易政策之目標規定。除此之外，亦將服務貿易協定和涉及智慧財產的貿易協定亦明文規定為共同貿易政策的範圍；對於交通運輸方面的國際協定，仍然排除在貿易政策的範圍，仍然應適用共同交通政策的規定[37]。
　　雖然在里斯本條約並未定義服務貿易，但在歐洲高峰會議上一致的共識，認為服務貿易的概念應與GATS作同一解釋，因此應包含GATS的四大類型服務貿易，即跨國的服務提供、跨國的服務受領、商業據點的呈現、提供服務的自

[35] Herrmann/Krenzler/Streinz (Hrsg.), aaO., S. 43ff; 85ff.

[36] Herrmann/Weiß/Ohler, Welthandelsrecht, 2. Auflage 2007, Rn. 785ff.

[37] Streinz/Ohler/Herrmann, aaO., S. 127.

然人移動[38]。商業據點的呈現是外國直接投資的核心議題，涉及外國投資者在所有的經濟領域設立營業所，但里斯本條約將外國投資納入共同貿易政策的適用範圍內即已解決了許多的爭議。改革共同貿易政策的基本目標，就是要授與歐盟參與WTO的職權，而能參與WTO修訂各項貿易協定的談判。

里斯本條約明文規定歐盟可以締結服務貿易、涉及智慧財產貿易的所有國際協定，以及採取自主的措施，也就是里斯本條約授權歐盟可以採取共同貿易政策所有的自主措施，所謂的自主措施，包括制定實體的貿易法規與施行國際協定的法規[39]。里斯本條約明確地規定實施共同貿易政策的自主措施，而不再區分不同的法律依據與適用不同的決策規則。里斯本條約首次明文規定對外國直接投資（foreign direct investment）的職權，明顯的是擴大共同貿易政策的主要法律基礎。至目前為止，主要仍是由各會員國規範外國投資的規定，尤其是投資保護的議題，在2004年在墨西哥Cancun舉行的WTO部長會議完成多邊的投資保護協定（Abkommen zum Investitionsschutz），以補充WTO架構下各項多邊協定之不足[40]。

三、權限的專屬性

歐洲聯盟運作條約第207條第1項規定，應依據一致的原則形成共同貿易政策，歐洲法院早在1975年時即闡釋，當時的歐洲共同體對於共同貿易政策享有專屬的職權（ausschließliche Kompetenz）[41]，尼斯條約修改歐洲共同體條約第133條時，排除歐洲共同體對於服務貿易與涉及智慧財產的貿易的專屬職權，但里斯本條約在第206條首次明文規定，在關稅同盟、規定單一市場發揮作用必要的競爭規範、使用歐元會員國的貨幣政策、在共同漁業政策範圍維持生物的海洋資源與共同貿易政策領域，歐盟享有專屬職權。包括在締結國際協定上、針對服務貿易協定、涉及智慧財產的貿易協定，以及外國直接投資協定的

---

[38] M. Cremona, op.cit., EUI Working Paper Law No. 2006/30, p. 30.

[39] M. Krajewski, op.cit., Common Market Law Review 2005, p. 107.

[40] WTO, Doha Work Programme, Decision adopted by the General Council on 01.08.2004, WT/L1597.

[41] Gutachten 1/75, Lokale Kosten, Slg. 1975, S. 1355; Rs. 41/76, Dockerwolcke, Slg. 1976, S. 1921.

締結，不會再出現所謂的混合協定，會員國針對這些事務亦不得再個別締結國際協定。

　　里斯本條約的新規定明文共同貿易政策屬於歐洲聯盟的專屬職權，對於在WTO的所有領域均有明確的專屬職權，有助於歐盟對外更有效率地參與WTO的各項談判，例如目前裹足不前的杜哈談判回合的進行[42]以及發揮一個更有效率的「全球角色」（global actor）。

四、加強歐洲議會的參與

　　里斯本條約對於歐洲議會在共同貿易政策扮演更積極的角色，有了重大的修訂，由於歐洲議會逐漸積極參與WTO的多邊貿易談判，尤其是在1999年的西雅圖部長會議（Seattle Ministerial Meeting）與2002年的杜哈部長會議（Doha Ministerial Meeting），執行委員會體認到國際貿易涵蓋的議題非常廣泛，例如農業、勞工權利、環保議題，都需要有歐洲議會廣大民意的支持，因此應讓歐洲議會實質的參與共同貿易政策的制定，同時亦能使歐洲議會對於每次WTO部長會議進行議會的監督[43]。另一方面，將對外貿易、貿易協定與投資保護協定規定為歐盟的專屬職權，勢必影響會員國國會直接的影響力，而在由會員國移轉更多的職權給歐盟的情況下，會員國國會將喪失監督的可能性，為避免所謂的民主赤字（democratic deficit）再度成為批評的焦點，因此里斯本條約提高了歐洲議會在對外關係上的正當性，歐洲議會對於共同貿易政策是共同的立法者，必須適用普通的立法程序，由理事會與歐洲議會共同立法。

五、明定以規章作為貿易法規的類型

　　過去，歐洲共同體條約第133條關於共同貿易政策的立法大都以規章制訂，里斯本條約明文規定僅得以規章公布共同貿易政策的措施，當然並得公布施行規章，特別是在貿易政策保護工具所必須的施行規章。規章具有一般適用

---

[42] Streinz/Ohler/Herrmann, aaO., S. 128.

[43] P. Bender, The European Parliament and the WTO: Positions and Initiatives, 2002 European Foreign Affairs Review 7, p. 196.

的效力，可以直接適用於全體會員國，是施行歐盟法最確定的方法，不需會員國再爲轉換立法。依據里斯本條約的新規定，自主的貿易政策應由歐洲議會與理事會在普通的立法程序制定公布貿易法規，而在締結貿易協定亦必須經得歐洲議會之同意[44]。

肆、里斯本條約強化歐盟的全球角色

　　里斯本條約改革了共同貿易政策，並且使歐盟的對外關係進入一個新紀元，要致力於發展連貫、有效率與包羅萬象的貿易政策。里斯本條約擴大了共同貿易政策的適用範圍，與WTO架構的內容相同，不再區分商品貿易、服務貿易、涉及智慧財產的貿易，顯然里斯本條約不再侷限於共同貿易政策傳統的特徵，而是擴大到共同貿易政策其他的經濟活動。一方面要達成內部經濟統合的目標，另一方面要提高歐盟在國際社會的競爭力。WTO延宕多時的杜哈回合將由歐盟單獨全權的參與談判，而成爲眞正的單一經濟區。

　　2004年10月時，WTO的貿易政策檢討機構對歐盟進行貿易政策檢討，2007年2月時WTO對於歐盟的貿易政策檢討機制報告出爐，WTO承認歐盟在多邊貿易制度的重要角色，是全球最大的貿易實體，也是農產品和服務貿易最大的貿易實體，並指出歐盟致力於協助開發中國家融入世界貿易體系中，特別是與ACP國家（即非洲、迦勒比海與太平洋國家）談判簽署的經濟夥伴協定（Economic Partnership Agreements）、改革普遍優惠制度與貿易發展援助。歐盟更進一步自由化其服務業市場，例如在2006年公布服務業指令（Services Directive）完全的廢除障礙，以創設一個全歐盟的服務業市場。而歐盟與東南亞國協（ASEAN）、印度、韓國、加拿大、新加坡、日本、越南簽署新世代的雙邊貿易協定，亦涵蓋投資、智慧財產權與政府採購，以補充WTO的制度[45]。

　　歐洲聯盟條約第21條的新規定使歐盟的價值與憲法原則成爲歐盟國際關係模式的通則與外交行爲的特色，因此歐盟在國際經濟法的關係上亦會考慮歐洲

---

[44] M. Krajewski, op.cit., Common Market Law Review 2005, pp. 122-124.

[45] http://ec.europa.eu/trade/issues/newround/pr260207_en.htm, last visited 04/24/2009.

聯盟條約第21條所規定的價值 [46]。好的全球治理（Good Global Governance）已經成為歐洲聯盟外交行為的模式，特別是在多邊的WTO架構下，過去歐洲共同體致力於締結透明的協定 [47]，而形成對外貿易政策政治化（Politisierung der Außenhandelspolitik）的結果 [48]，歐盟勢必會延續此一模式參與WTO的經貿事務。

　　總而言之，里斯本條約要保證在一個全球化的世界有效率的適用共同貿易政策，以一個簡化且明確的方式，由歐盟專屬的行使對第三國的共同貿易政策，但卻又考量機關平衡而加強歐洲議會在對外關係上角色的正當性。因此，加強歐盟未來在對外關係與國際貿易事務的行為能力，特別是在對外貿易關係上完全取代全體會員國，猶如一個國家出現在國際社會，有助於多邊貿易談判更有效率地進行，但國際經貿事務的內容愈來愈複雜，往往不完全屬於共同貿易政策的適用範圍，在共同貿易政策與混合協定間的權限界定，將會是歐盟在實務運作上的一大挑戰。

---

[46]　Marc Bungenberg, aaO., EuR 2009 Beiheft 1, S. 213.

[47]　Rainer Pitschas (Hrsg.), Handel und Entwicklung im Zeichen der WTO, 2007 Berlin: Duncker & Humbolt, S. 252.

[48]　Marc Bungenberg, aaO., EuR 2009 Beiheft 1, S. 214.

第十一章 「英國脫歐」公投與歐盟之未來

壹、英國與歐洲統合進程之回顧

英國在歐洲統合的進程一向表現「特立獨行」的作風，英國在1973年正式加入歐洲經濟共同體（歐盟的前身），1975年時舉行過續留歐洲經濟共同體公投，當時公投結果67%贊成續留歐洲經濟共同體；2016年6月23日「脫歐公投」有51.9%贊成「英國脫歐」，而有48.1%支持「英國留歐」。

回顧英國與歐洲統合進程，主要可以分為下列的階段：

一、1960年代

自始英國對於歐洲統合一直高度懷疑，1950年代歐洲共同體誕生時，當時英國的政治人物還沉醉在「帝國的白日夢」中，仍未正視歐洲大陸的合作進展，反而是產業界因為經濟上的迫切需要，而大力鼓吹英國政府加入歐洲共同體，以免受到經濟上的不利益。

1958年歐洲經濟共同體誕生，英國並非創始會員國；1960年時，英國號召瑞典、挪威、冰島、芬蘭、奧地利、瑞士、列支敦斯登成立歐洲自由貿易協會（European Free Trade Association；簡稱EFTA）[1]。1963年及1967年時，英國提出加入歐洲共同體的申請，但遭到當時法國總統戴高樂（Charles de Gaulle）強烈反對，戴高樂認為英國在許多方面與歐洲大陸格格不入，因此在1960年代英國並未能順利加入歐洲共同體。在戴高樂下台後，英國重新提出加入申請，在1973年1月1日正式加入歐洲共同體。

---

[1] BurkardSteppacher (2012), EFTA, in Jan Bergmann (Hrsg.): Handelslexikon der Europäischen Union, Baden-Baden: Nomos Verlag, europa.eu.pdf.

二、加入後至1992年馬斯垂克條約

　　1970年代，許多殖民地相繼獨立，英國的「帝國夢」逐漸覺醒，但英國與美國間的結盟關係仍比與歐洲大陸各國更密切。1973年1月1日，在當時保守黨首相Edward Heath（1970-1974）執政時加入歐洲共同體，但在1975年時全民表決，占總投票率67%之64%支持「英國脫歐」；接著1970年代中期由工黨（Labour Party）執政，卻對歐洲共同體多所批評；1979年保守黨的Margaret Thatcher（1979-1990）重新執政，雖然Thatcher表明支持英國留歐，Thatcher長達12年的執政，卻對歐洲經濟共同體抱持懷疑的態度，特別是在法國籍的執委會主席Jacques Delors、法國總統François Mitterrand與德國聯邦總理Helmut Kohl致力於邁向歐洲政治同盟；1988年9月20日，Thatcher在比利時Brügge舉行的會議上，表達強烈地拒絕歐洲共同體以美國模式為藍本的聯邦體制，並嚴重批評共同農業政策，要求應以市場經濟方式進行改革[2]。

　　一直以來，英國並未全盤接納歐盟「超國家」（supranational）的特質，布魯塞爾的歐盟官僚體系對英國而言，猶如一個官僚主義的怪物，因此英國在歐盟的運作上猶如一個「制動器」（Bremser），不時踩剎車禁止歐盟的行動，導致英國自始並未完全地融入歐盟，尤其是1980年代Thatcher執政時期，英國甚至繳納低於其實際生產總額的會費。整體而言，英國一直以來只想享受權利，並不想完全盡應該盡的義務，但針對所有歐洲統合的事務，又要共同參與決定。英國亦非1986年生效的申根公約（Schengen Agreement）的締約國，申根公約形成一個無內部邊界僅進行共同外部的邊界檢查，即所謂的申根區域[3]。至目前為止，英國仍進行邊界檢查。

---

[2]　Margaret Thatcher: Speech to the College of Europe, http://www.margaretthatcher.org/document/107332. Last visited 07/13/2016.

[3]　申根區域的國家為22個歐盟會員國（奧地利、比利時、捷克、丹麥、愛沙尼亞、芬蘭、法國、德國、希臘、匈牙利、義大利、拉脫維亞、立陶宛、盧森堡、馬爾他、荷蘭、波蘭、葡萄牙、斯洛伐克、斯洛維尼亞、西班牙、瑞典）冰島、挪威、瑞士、列支敦斯登，以及摩納哥、聖馬利諾與梵諦岡三個事實的根根國家。保加利亞、羅馬尼亞、賽浦路斯與克羅埃西亞法律上應加入、亦想加入申根區域，英國與愛爾蘭因『共同旅遊區』而選擇不適用申根區域，因此仍有6個會員國不屬於申根區域。由於2015年以來的難民危機與巴黎恐攻等事件，2016年3月22日，奧地利、比利時、丹麥、法國、德國、挪威與瑞典關閉邊界，重新進行邊界檢查。

1990年，英國加入歐洲貨幣匯率制度，必須使英鎊連結其他歐洲貨幣的匯率機制，特別是德國馬克。1990年11月，由John Major接任保守黨主席與首相職位，至1997年5月下台為止，Major採取親歐立場。

三、從1992年馬斯垂克條約至2007年簽署里斯本條約

雖然英國抱持「懷疑歐洲」的態度，1992年2月7日仍簽署馬斯垂克條約，使歐洲統合又向前邁了一大步。馬斯垂克條約建構了以「三根支柱」[4]為根基的歐洲聯盟（European Union）。1992年英國國會改選，Major雖然勝選繼續執政，但保守黨僅以些微的多數勝選，當時Major以退職重新大選威脅，才完成批准馬斯垂克條約。

依據馬斯垂克條約規定，遲至1999年1月1日，締約國必須實施共同貨幣歐元，但英國[5]與丹麥[6]依據所謂的「選擇不適用條款」（Opt-out-Klausel），可自行決定是否加入貨幣同盟；同時，英國並未簽署馬斯垂克條約附件的社會憲章議定書[7]。英國自始反對使用單一貨幣歐元。這也使得英國與德國、法國嫌隙衝突不斷，尤其在拒絕使用歐元上，導致歐洲經濟暨貨幣同盟分為歐元區[8]與非歐元區[9]，歐元區國家的貨幣主權移轉給超國家的歐洲中央銀行行使，非歐元區國家仍由自己的中央銀行行使貨幣主權，而使得經濟暨貨幣同盟成為不同速度的歐洲統合[10]。

---

[4] 「三根支柱」為三個超國家性質的歐洲共同體（即歐洲煤鋼共同體、歐洲經濟共同體與歐洲原子能共同體）、共同外交暨安全政策、在司法與內政範圍的合作。

[5] OJ 1992 C 191/87; OJ 2012 C 326/284.

[6] OJ 1992 C 191/89; OJ 2012 C 326/284.

[7] 社會憲章議定書規範勞工法的最低標準。

[8] 目前歐元區有19個會員國，即法國、德國、義大利、荷蘭、比利時、盧森堡、奧地利、愛爾蘭、芬蘭、希臘、西班牙、葡萄牙、斯洛維尼亞、馬爾他、賽浦路斯、斯洛伐克、愛沙尼亞、拉脫維亞與立陶宛。

[9] 非歐元區的國家為英國、丹麥、瑞典、波蘭、捷克、匈牙利、保加利亞、羅馬尼亞與克羅埃西亞。

[10] Rudolf Streinz, RechtlicheRahmenbedingung der Krise, in Kea-Sophie Stieber (Hrsg.), BREXIT und GREXIT: VoraussetzungeneinesAustritts, Hanns Seidel Stiftung 102, www.hss.de, S. 7.

　　1992年9月16日，英國因George Soros大舉拋售而經歷「黑色星期三」，由於英格蘭銀行（Bank of England）無力進場干預買回英鎊，阻止英鎊匯率下跌，因而導致英鎊退出歐洲貨幣制度，英鎊慘跌，當然也導致高失業率的經濟危機，使得保守黨的經濟政策備受批評與喪失對歐洲貨幣制度的信心。

　　在這樣的背景下，1990年代，英國瀰漫一股「英國脫歐」公投的想法。1993年英國獨立黨（UK Independence Party；簡稱UKIP）成立，主張英國脫歐，1999年歐洲議會選舉，UKIP取得多數席次，自此在每次的選舉持續獲勝。1994年，億萬富翁James Goldsmith成立「公投黨」（Referendum Party），鼓吹進行脫歐公投，對保守黨而言，「公投黨」形同一個壓力團體！1997年，James Goldsmith過世後，「公投黨」也隨之解散。

　　1997年英國國會大選，工黨勝選，由工黨黨魁Tony Blair出任首相，財政部長Gordon Brown堅決反對英國加入使用歐元。2001年「911」恐攻事件後，當時的英國首相Tony Blair力挺美國總統George Bush的反恐行動，亦加入伊拉克戰爭，當時德國與法國僅在道義上支持美國，並未如英國一樣，與美國站在同一陣線。

四、2007年簽署里斯本條約至2016年「英國脫歐」公投

　　2007年至2010年，英國財政部長Gordon Brown接替Tony Blair繼任首相，2007年12月簽署了里斯本條約，2009年12月里斯本條約正式生效。首次在歐洲聯盟條約第50條明文規定，任何一個會員國得依據其憲法規定，決議退出歐盟；退出的會員國得依據歐洲聯盟條約第49條規定，重新申請加入歐盟。至完全退出喪失歐盟會員國身分或向歐盟通知退出意圖二年後，英國才可以免繳會費。

　　2010年英國國會大選，由保守黨的David Cameron擔任首相，2010年至2015年保守黨與自由民主黨聯合執政；自2015年起，保守黨單獨執政。至2014年的歐洲議會選舉，UKIP已獲得27.5%的支持率；2015年英國國會大選，UKIP獲得12.6%的選票，高達400萬選民支持UKIP，「反歐」與「英國脫歐」已經成為一股強大的勢力。

　　2013年1月23日，Cameron在為2015年5月競選連任的演說中，拋出在2017年

舉辦「英國脫歐」公投的議題，以期獲得選民支持連任；但「英國脫歐」公投的議題在英國社會持續發酵，公投成為勢在必行，而英國也在2015年12月通過歐盟公投法（European Union Referendum Act 2015）。

歐盟公投法第1條規範表決的問題，英國應續留歐盟或脫離歐盟？答案為「留歐」或「脫歐」。2016年2月舉行的歐盟高峰會議，英國向歐盟提出下列的要求[11]：

1. 非歐元國不應受到不利益；
2. 減少歐盟的官僚主義；
3. 英國不應再參與更深化的歐洲統合；
4. 應減少來自其他歐盟會員國的移民進入英國。

在英國與其他歐盟會員國代表就上述四項議題達成共識後，Cameron公布在2016年6月23日舉行「英國脫歐」公投[12]。雖然在2016年6月16日工黨議員Jo Cox被謀殺身亡[13]，引起全國譁然，當時民調結果「留歐」占53%[14]，但公投結果卻完全翻盤，「英國脫歐」險勝，使全球金融市場也應聲大跌，英鎊更是一路暴跌，連帶也使歐元貶值約8%[15]，引發全球股市的不確定性。

貳、加強合作作為歐洲統合的新模式

2017年3月1日，歐盟執委會公布「歐洲之未來白皮書」（White Paper on the Future of Europe）[16]，主席容科（Jean-Claude Juncker）描繪出歐洲未來的藍圖，個別會員國得就特別的計畫組合在一起，即便其他會員國並不想加入群組，也就是未來歐盟將以「多速」（multi-speed）方式發展。「多速歐洲」

---

[11] http://www.welt.de/politik/ausland/article/5169038., last visited 07/13/2016.

[12] http://www.faz.net/aktuell/politik/briten-stimmen-am-23-juni-ueber-verlieb-in-der-eu-ab-14081262.html., last visited 07/13/2016.

[13] deutschlandfunk.de 17. Juni 2016., last visited 07/13/2016.

[14] Merkur.de 28. Juni 2016., last visited 07/13/2016.

[15] Zeit Online. 24. Juni 2016., last visited 07/13/2016.

[16] COM (2017) 2025 final.

（multi-speed Europe）意指歐盟以不同速度進行統合，實際上目前的歐元區與申根區域即為明顯的例子。執委會主席容科在歐洲議會演說時指出，「多速歐洲」是最佳的解決方案。歐盟會員國的領導人思考在2019年「英國脫歐」後，歐盟何去何從。「英國脫歐」後，執委會主席容科真正想要的是「多速歐洲」的模式，現階段歐盟並不打算修改基礎條約，而是在技術層級進行歐洲統合[17]。2017年3月，容科提出關於歐盟路線的五點方針，以作為至2025年止的政策方針，尤其是不同會員國可以組成不同的群組，以不同的速度進行歐洲統合。

　　加強合作（enhanced cooperation）為歐洲統合的新模式，依據歐洲聯盟條約第20條規定，在非專屬職權範圍內相互建立加強合作的會員國，至少應有9個會員國參與加強合作，應通知歐洲議會、理事會與執委會，理事會應依據歐盟運作條約第330條[18]規定表決方式作成決議允許這些會員國加強合作，在加強合作範圍內公布的法規，僅對參與此一合作的會員國有拘束力。這些法規並不視為是想加入歐盟的國家必須接受的現狀。

　　加強合作規定允許至少9個會員國在歐盟架構內進行進階的統合或合作，加強合作與選擇不適用（opt-out）不同，選擇不適用係在歐盟架構內的一種合作形式，允許會員國得不參與，例如申根區域與歐元區。1999年5月1日生效的阿姆斯特丹條約（Treaty of Amsterdam）針對司法合作暨刑事案件首次規定加強合作；2003年2月1日生效的尼斯條約（Treaty of Nice）簡化加強合作的機制，並擴大在共同外交暨安全政策範圍的加強合作，但不包括國防事務；2009年12月生效的里斯本條約（Treaty of Lisbon）擴大在國防事務的加強合作，並得在國防建立常設的結構合作（permanent structured cooperation in defence）[19]。

　　申根公約可視為是加強邊界管制合作的機制，但申根公約一開始時是在歐

---

[17]　"Juncker's real scenario" is multi-speed Europe, https://www.euratīve.com/section/future-eu/news/junckers-real-scenario-is-multi-speed-Europe, last visited 06/26/2017.

[18]　歐盟運作條約第330條規定，全體理事會成員得參與理事會的諮商，但僅參與加強合作的理事會成員有表決權。一致決議係僅指參與加強合作的會員國代表的票數。應依據歐盟運作條約第238條第3項規定，確定條件多數。

[19]　歐洲聯盟條約第42條第6項規定，針對軍事能力履行更難滿足標準與針對最高要求任務彼此繼續履行義務的會員國，在歐盟範圍內，應建立一個常設的結構合作。

盟架構外進行的加強邊界管制合作，主要是當時並非全體會員國均有共識廢除邊界管制[20]，而有些會員國已經就廢除邊界管制準備就緒，並不願意等其他會員國，在1980年代尚無加強合作機制，無法在原來歐洲共同體的架構內建立申根區域，因此以締結國際協定的方式建立申根區域，但在申根區域建立後，1999年的阿姆斯特丹條約將申根區域的規則納入原來的歐洲共同體條約，而成為歐盟法的一部分，而允許會員國可以選擇不適用申根區域的規則。第19號關於歐盟範圍納入申根現狀議定書第1條規定，排除愛爾蘭與英國，在所有會員國間在歐盟的組織架構與法律範圍內，針對申根現狀建立加強合作，但第4條規定，愛爾蘭與英國得隨時申請亦應對其適用申根現狀的個別或全部規定。

加強合作允許至少應有9個會員國，依照目前的28個會員國總數，係指應有三分之一以上的會員國想在歐盟架構內進行合作，此一規定允許會員國以不同的速度邁向不同的統合目標，此一設計主要是要防止因少數會員國動用否決權而杯葛法案通過[21]。惟應注意的是，加強合作機制並不是要在歐盟基礎條約外擴大職權，而只是允許部分會員國在無法達成共識時的一個最後手段（as a last resort）；同時加強合作機制也不是要對會員國有差別待遇，加強合作的事務必須是歐盟基礎條約所規定的目標，且不屬於歐盟專屬職權範圍的事務。

新近加強合作的例子為2017年6月8日，20個會員國（奧地利、比利時、保加利亞、克羅埃西亞、賽浦路斯、捷克、愛沙尼亞、芬蘭、法國、德國、希臘、義大利、拉脫維亞、立陶宛、盧森堡、葡萄牙、羅馬尼亞、斯洛伐克、斯洛維尼亞與西班牙）同意設立歐洲檢察官（European Public Prosecutor）[22]，負責調查與起訴1萬歐元以上的貪汙與1,000萬歐元以上的跨國逃漏稅，但瑞典、波蘭、匈牙利、馬爾他、丹麥、愛爾蘭、英國與荷蘭並不支持設立歐洲檢察官[23]。畢竟加強合作是最後手段，在至少9個會員國以上的統合模式，為避

[20] PaulCraig/GrainnedeBurca (2003), EULaw, 3rdEdition, Oxford: OxfordUniversityPress, p. 751.

[21] ElitsaVucheva, DivorcerulescoulddivideEUstates, 24. July 2008, http://eurobever.com/9/26532/?rk=1., last visited 07/15/2007.

[22] 歐盟運作條約第86條規定歐洲檢察官。

[23] http://www.politico.eu/article/multispeed-europe-the-eus-loch-ness-monster-future/, last visited 06/26/2017.

免造成歐盟的崩解，因此應遵守加強合作的程序要件，才不致使歐盟因不同速度的統合而分崩離析。

參、待解決的問題

　　2016年9月16日，歐盟27個會員國領導人在斯洛伐克首都Bratislava舉行特別高峰會議，討論「英國脫歐」後的未來發展，描繪出一個路徑，同時聚焦在防禦合作與邊界安全，以期盡速恢復穩定[24]。德國在Bratislava特別高峰會議表明，將與法國合作加強防禦政策，以恢復因受恐怖攻擊、難民危機與全球化引發的信心危機。由於當時英國尚未正式通知歐盟啟動歐洲聯盟條約第50條的退出程序，因此英國並未與會，雖然Bratislava特別高峰會議並未正式討論「英國脫歐」，但與會的各國領導人達成共識，應深化改革歐盟，以期可以持續的維持完整與團結[25]。由於歐盟傾向於「無通知不談判」（no negotiateons without notification），英國首相Theresa May則認為「脫歐就是脫歐」（Brexit means Brexit），雙方對於何時啟動「脫歐」程序的談判並無共識，因此在Bratislava特別高峰會議並未正式討論「英國脫歐」的問題。

　　「英國脫歐」公投結果引發許多待解決的問題[26]，分述如下：

一、在歐盟結構任職的英國國民身分問題

　　依據目前的法規，僅歐盟會員國的國民才得受雇任職於歐盟的機構，一旦「英國脫歐」後，英國國民將不得再繼續在歐盟機構工作。畢竟自1973年英國加入歐盟以來，已經有許多英國人任職於歐盟的不同機構，不僅要解決英國人的就業問題，而另一方面，對歐盟亦是一個嚴峻的挑戰，這些英國人在歐盟機

---

[24] http://www.euractiv.com/section/future-eu/news/divided-eu-seeks-unity-after-brexit-at-bratislava-summit-EurActiv.com, last visited 09/26/2016.

[25] http://www.euractiv.com/section/future-eu/news/divided-eu-seeks-unity-after-brexit-at-bratislava-summit-EurActiv.com, last visited 09/26/2016.

[26] Catherine Barnard/Steve Peers, op.cit., pp. 830-835.

構累積了豐富的工作經驗與處理歐盟事務的能力，對於歐盟也很難快速訓練一批「新兵」取代這些有經驗的英國人。

二、英國身分

一旦「英國脫歐」成真，英國將喪失其會員國的身分，而轉為「第三國」，英國國民亦將喪失許多權利，特別是在人員自由遷徙範圍內的居住權、工作權、居留權[27]、英國國民進入歐盟時亦必須接受邊界檢查[28]、英國學生在歐盟內就學將不再享有平等待遇，亦必須如同第三國的學生繳交學費[29]等。總而言之，在歐盟內的英國人即為第三國國民。

英國上議院的歐盟委員會（House of Lords EU Committee）建議在「英國脫歐」成真後，在退出協定中亦維持在歐盟的權利，也就是仍相互承認歐盟人民與英國國民在對方境內的權利[30]。主要是英國政府主張應依據互惠原則給予人民權利，但英國政府是面對歐盟27個會員國，為了克服這種不平等的現象，英國應先釋出單方面的善意保證「英國脫歐」後歐盟人民的權利，才有可能爭取到歐盟互惠的保證英國人的權利，英國政府無需堅持互惠原則。

三、英國脫歐談判階段英國尷尬的立場

依據歐洲聯盟條約第50條第4項規定，在退出談判階段，欲退出的會員國出席歐洲高峰會議與理事會的代表，既不得參與涉及該會員國的諮商，亦不得參與歐洲高峰會議或理事會相關的決議程序。也就是英國代表不得參與歐洲高峰會議或理事會關於退出協定的諮商，但英國仍繼續歐洲高峰會議與理事會的日常運作。歐洲聯盟條約第50條第4項規定僅禁止參與處理退出歐盟事宜，但英國籍的官員仍繼續參與其他事務的決策，顯然歐洲聯盟條約第50條第4項規

---

[27] 2004年第38號指令規範歐盟人民的權利，OJ 2004 L 158/77.

[28] 2006年第562號關於申根邊界規約規章，OJ 2006 L 105/1.

[29] OJ 2016 L 132/21.

[30] House of Lords EU Committee, 10th Report of Session 2016-2017, "Brexit: acquired rights" HL Paper 82, para 104.

定有欠周延。

　　在英國正式退出歐盟以前，英國仍是歐盟的會員國，從民主正當性來看，此一規定似乎很矛盾，除退出協定的諮商外，英國仍可以持續影響歐盟層級的決策。另外有趣的是，歐洲聯盟條約第50條第4項並未規定限制英國籍的歐洲議會議員在締結退出協定的表決程序，是否可以類推適用在歐洲高峰會議或理事會決議退出協定，仍有法律爭議，事實上歐洲議會英國籍的議員在英國正式退出歐盟以前，仍繼續參與歐洲議會的工作，因此亦會參與退出協定的決議。畢竟「英國脫歐」公投史無前例，可以想見未來歐盟勢必會修改歐洲聯盟條約第50條規定，以修補當初所未預見的法律漏洞。

四、過渡條款

　　由於歐盟超過一甲子深化與廣化的統合，而英國自1973年加入歐盟後，已經超過45年，顯然在退出協定中勢必會有許多的過渡條款，以解決許多懸而未決的事務，例如涉及英國的案件，尚在歐盟法院訴訟繫屬中，應如何終結訴訟與後續的處置，尚需在法律上有一個完整的配套措施。

五、「脫歐」成眞後英國的期待

　　英國政府希望在「脫歐」後，可以和歐盟維持一個在商品與服務的全面自由貿易協定[31]，英國亦想要與歐盟協議維持在外交政策、內部安全與研究項目的夥伴關係，但英國政府明確地表明將公布「大規模廢止法」（Great Repeal Act）以回復在「脫歐」前適用歐盟法轉爲適用英國法，這當然又是一個龐雜浩大的修法工程，畢竟歐盟法與英國法間已經形成一個非常緊密的關係，另一方面，一旦「英國脫歐」成眞，英國還必須解決與非歐盟國家的關係，特別是貿易關係，英國政府將在WTO扮演其成員的角色，凡此種種對於英國政府可以說是有浩大且費時費力的法律工程尚待處理。

---

[31] Prime Minister's speech of 17.01.2017, www.telegraph.co.uk/news/2017/01/17/theresa-mays-brexit-speech-full/, last visited 05/05/2018.

　　過去在共同貿易政策下，由歐盟享有專屬職權全權處理貿易事務，未來英國不僅要處理與歐盟的貿易問題，而且還要處理與非歐盟國家的貿易問題，畢竟英國只是一個國家，而歐盟是一個強大的經濟集團，可以預見未來英國要處理的貿易問題亦是充滿困難。

六、小結

　　「英國脫歐」公投結果為歐盟的發展投下了一顆震撼彈，「英國脫歐」談判程序引發了許多複雜的法律問題，不僅存在於歐盟與英國間的關係發展，同樣的也牽動著英國與其他國家的關係，這些亦影響英國國內法的適用，未來如何發展非常值得密切關注。

參考文獻

中文

陳麗娟，阿姆斯特丹條約解讀，1999 年，台北：五南圖書出版公司。
陳麗娟，歐洲聯盟法精義，2006 年，台北：新學林圖書出版公司。

英文

P. Bender, The European Parliament and the WTO: Positions and Initiatives, 2002 European Foreign Affairs Review 7, pp. 193-208.

Catherine Barnard/Steve Peers, European Union Law, 2nd Edition, 2017 Oxford: Oxford University Press.

European Central Bank, The Role of Central Banks in Prudential Supervision, 2001 Frankfurt a. M.

European Central Bank, Financial Integration in Europe, April 200 Frankfurt a. M.

Paul Craig/Grainne de Burca, Eu Law, 3rd Edition, 2003, Oxford: Oxford University Press.

Kenji Iwata (ed.), The Euro and the EU Financial System, Nippon Keizai Hyoronsha, 2005, pp. 179-212.

J. Handoll, Capital, Payments and Money Laundering in the European Union, 2006 Richmond: Richmond Law & Tax.

C. Herrmann, Common Commercial Policy after Nice: Sisphus would have done a better job, Common Market Law Review 2002, pp. 7-29.

A. Jones/B. Sufrin, EC Competition Law, 2nd Ed., 2004 Oxford: Oxford University Press.

Shuichi Komura, Banking Supervisors and Monetary Policymakers, Hiroshima Shudo University, Journal of Economic Sciences, 1999 Vol. 2, No. 2, pp. 173-186.

M. Krajewski, External Trade Law and the Constitutional Treaty: Towards a federal and more democratic Common Commercial Policy?, Common Market Law Review 2005, pp. 91-127.

The Law Society, A Guide to the Treaty of Lisbon: European Union Insight, 2008 London.

Herman Lelieveldt/Sebastian Princen, The Politics of the European Union, 2nd Edition, 2015 Cambridge: Cambridge University Press.

J.-V. Louis, The Community Legal Order, 3rd Edition, 1995 Brussels.

H. E. Scharrer, The European Economy after the EU Enlargement, in European Constitutional Provisions and IGC, Japan Society of Monetary Economics Annual Report No. 25, 2005, pp. 85-95.

H. K. Scheller, The European Central Bank, history, role and functions, 2004 Frankfurt a. M.

J. Steiner, Enforcing EC Law, 1995 London.

Phil Syrpis, The Treaty of Lisbon, 37 Industrial Law Journal 2008, pp. 219-235.

德文

Hans-Wolfgang Arndt, Europarecht, 7. Auflage, Heidelberg 2004.

Andreas Bartosch, Neubestimmung des EG-Wettbewerbsrechts in liberalisierten Märkten, ZIP 1999, S. 1787-1793.

Kamil Braxator, Die Zwischenstaatlichkeitsklausel in den Wettbewerbsvorschriften des EWG-Vertrages und des Freihandelsabkommens Schweiz-EWG, Bern, Frankfurt am Main 1982.

Jürgen Bröhmer, Die Bosphorus-Entscheidung des Europäischen Gerichtshofs für Menschenrechte-Der Schutz der Grund- und Menschenrechte in der EU und das Verhältnis zur EMRK, EuZW 2006, S. 71-76.

T. Bruha/C. Nowak, Die Europäische Union: Innere Vefasstheit und globale Handlungsfähigkeit, 2006.

Marc Bungenberg, Außenbeziehungen und Außenhandelspolirik, EuR 2009, Beiheft

1, S. 195-214.

Caesar/Scharrer (Hrsg.), Maastricht: Königsweg oder Irrweg zur Wirtschafts- und Währungsunion ?, 1994.

Callies/Ruffert, Verfassung der EU, 2006 München: Verlag C. H. Beck.

M. Cremona, A Constitutional Basis for Effective External Action? An Assessment of the Provisions on EU External Action in the Constitutional Treaty, EUI Working Paper Law No. 2006/30.

M. Dauses, Das Vorabentscheidungsverfahren nach Art.177 EG-Vertrag, 2. Auflage, 1995 München.

Deutsche Bank Research (Hrsg.), EWU-Monitor Nr. 32, 1997.

Deutsche Bank Research (Hrsg.), Der Euro, eine stabile Währung für Europa, 1997

Manfred Dauses, Handbuch des EU-Wirtschaftsrechts, 23. Ergänzungslieferung 2008.

Emerson/Gros/Italianer/Pisani-Ferry/Reichenbach, Ein Markt-Eine Währung: Potentielle Nutzen und Kosten der Errichtung einer Wirtschafts-und Währungsunion, 1991.

Volker Emmerich, Kartellrecht, 7. Auflage, 1994 München: Verlag C. H. Beck.

Christoph Grabenwarter, Europäische Menschenrechtskonvention, 2. Auflage, 2005 München: Verlag C. H. Beck.

Grabitz/Hilf,, Das Recht der Europäischen Union, 38.Ergänzung 2009 München.

H. von der Groeben/J. Schwarze (Hrsg.), EU-/EG-Vertrag, Band II, 6. Auflage, 2004 Baden-Baden: Nomos Verlagsgesellschaft.

Mathias Habersack, Europäisches Gesellschaftsrecht, 2. Auflage, 2003 München: Verlag C. H. Beck.

Ulrich Häde, Die Wirtschafts- und Währungsunion im Vertrag von Lissabon, EuR 2009, S. 200-219.

K. Hänsch, Ende gut-alles gut? Anmerkungen zum Reformvertrag, Integration 4/2007, S. 499ff.

A. Haratsch/C. Koenig/M. Pechstein, Europarecht, 2009.

Armin Hatje, Loyalität als Rechtsprinzip in der Europäischen Union, 2001 Baden-

Baden: Nomos Verlagsgesellschaft.

Armin Hatje, Grenzen der Flexibilität einer erweiterten Europäischen Union, EuR 2005, S. 148-161.

Roberto Hayder, Der Europäische Wirtschafts- und Sozialausschuss-eine unterschätzte EU-Instittution, EuZW 2010, S. 171-176.

M. Herdegen, Europarecht, 11. Auflage 2009 München.

Herrmann/Krenzler/Streinz (Hrsg.), Die Außenwirtschaftspolitik der Europäischen Union nach dem Verfassungsvertrag, 2006 München: Verlag C. H. Beck.

Herrmann/Weiß/Ohler, Welthandelsrecht, 2. Auflage 2007.

R. Horn (ed.), Arbitrating Foreign Investment Disputes, 2004 London: Kluwer.

Peter M. Huber, Das institutionelle Gleichgewicht zwischen Rat und Europäischem Parlament in der künftigen Verfassung für Europa, EuR 2003, S. 574-599.

H.-J. Ihnen, Grundzüge des Europarechts, 1995 München.

U. Immenga/E.-J. Mestmäcker (Hrsg.), EG-Wettbewerbsrecht, 1997 München: Verlag C. H. Beck.

S. Kadelbach (Hrsg.), Die Außenbeziehungen der EU, 2006.

W. Kluth, Die demokratische Legitimation der Europäischen Union, 1995.

W. M. Kühn, Grundzüge des neuen Eilverfahrens vor dem Gerichtshof der Europäischen Gemeinschaften im Rahmen von Vorabentscheidungsersuchen, EuZW 2008, S. 263ff.

Olaf Leiße (Hrsg.), Die Europäische Union nach dem Vertrag von Lissabon, 1. Auflage, 2010 Wiesbaden: GWV Fachverlag.

Lenz/Borchart (Hrsg.), EU-Verträge: Kommentar nach dem Vertrag von Lissabon, 5. Auflage, 2010 Köln: Bundesanzeiger Verlag.

Cornelia Manger-Nestler, Die Rolle der Bundesbank im Gefüge des ESZB, EuR 2008, S. 577-588.

M. Matzat, Europarecht, 1995 Münster.

Franz Mayer, Der Vertrag von Lissabon im Überblick, JuS 2010, S. 189-195.

Ernst J. Mestmäcker/Heike Schweitzer, Europäisches Wettbewerbsrecht, 2. Auflage 2004, München: Verlag C. H. Beck.

Peter-Christian Müller-Graff, Der Raum der Freiheit, der Sicherheit und des Rechts in der Lissaboner Reform, EuR 2009, Beiheft 1, S. 105-126.

Dietrich Murswiek, Die heimliche Entwicklung des Unionsvertrages zur Europäischen Oberverfassung-Zu den Konsequenzen der Auflösung der Säulenstruktur der Europäischen Union und der Erstreckung der Gerichtsbarkeit des EU-Gerichtshofs auf den EU-Vertrag, NVwZ 2009, S. 481-486.

Martin Nettesheim, Die Kompetenzordnung im Vertrag über eine Verfassung für Europa, EuR 2004, S. 511-546.

Martin Nettesheim, Grundrechtskonzeptionen des EuGH im Raum der Freiheit, der Sicherheit und des Rechts,, EuR 2009, S. 24-43.

H.-J. Niemeyer, Die Europäische Fusionskontrollverordnung, 1991 Heidelberg.

Carsten Nowak, Binnenmarktziel und Wirtschaftsverfassung der Europäischen Union vor und nach dem Reformvertrag von Lissabon, EuR 2009, Beiheft 1, S. 129-191.

Thomas Oppermann, Europarecht, 3. Auflage, 2005 München: Verlag C. H. Beck.

E. Pache/F. Rösch, Europäischer Grundrechtsschutz nach Lissabon-die Rolle der EMRK und der Grundrechtecharta in der EU, EuZW 2008, S. 519-522.

E. Pache/F. Rösch, Die neue Grundrechtsordnung der EU nach dem Vertrag von Lissabon, EuR 2009, S. 769-790.

E. Pache/F. Schorkopf, Der Vertrag von Nizza-Institutionelle Vorbereitung der Erweiterung, NJW 2001, S. 1381.

E. Pache/F. Schorkorpf (Hrsg.), Die Europäische Union nach Lissabon, 2009 Baden-Baden: Nomos Verlagsgesellschaft.

Ingolf Pernice (Hrsg.), Der Vertrag von Lissabon: Reform der EU ohne Verfassung?, 2008 Baden-Baden: Nomos Verlagsgesellschaft.

Sebastian Piecha, Die Europäische Gemeinschaftsanleihe-Vorbild für EFSF, ESM and Euro-Bonds?, Euzw 2012, S. 532-536.

Rainer Pitschas (Hrsg.), Handel und Entwicklung im Zeichen der WTO, 2007 Berlin: Duncker & Humbolt.

H. -J. Rabe, Zur Metamorphose des Europäischen Verfassungsvertrages, NJW 2007,

S. 3153-3157.

Reinisch/Knahr (Hrsg.), International Investment Law in Context, 2008 Utrecht: Eleven Publishing.

Rengeling/Sczcekalla, Grundrechte in der EU Charta der Grundrechts und Allgemeine Rechtsgrundsätze, 2004 München: Verlag C. H. Beck.

Fritz Rittner, Das europäisches Kartellrecht, JZ 1996, S. 383.

Fritz Rittner, Wettbewerbs- und Kartellrecht, 6. Auflage, Heidelberg: UTB Verlag, 2000.

C. Rohde, Europarecht, 1995 Berlin.

Matthias Ruffert, Institutionen, Organe und Kompetenzen-der Abschluss eines Reformprozesses als Gegenstand der Europarechtswissenschaft, EuR 2009, Beiheft 1, S. 31-49.

Helmut Satzger, Internationales und Europäisches Strafrecht, 2. Auflage 2007.

Alfred Scheidler, Die Grundfreiheiten zur Verwirkung des europäischen Binnenmarktes-ein Überblick, GeWA 2010, S. 1-7.

P. Schiffauer, Zum Verfassungszustand der Europäischen Union nach Unterzeichnung des Vertrags von Lissabon, EuGRZ 2008, S. 1-18.

Johann Schoo, Das neue institutionelle Gefüge der EU, EuR 2009 Beiheft 1, S. 51-68.

Jürgen Schwarze (Hrsg.), Europäisches Wettbewerbsrecht im Wandel, 2001 Baden-Baden: Nomos Verlagsgesellschaft.

Jürgen Schwarze (Hrsg.), Der Verfassungsentwurf des Europäischen Konvents, 2004 Baden-Baden: Nomos Verlagsgesellschaft.

Jürgen Schwarze, Europäisches Wirtschaftsrecht, 1. Auflage, 2007 Baden-Baden: Nomos Verlagsgesellschaft.

J. Schwarze/A. Weitbrecht, Grundzüge des europäischen Kartellverfahrensrechts, 2004 Baden-Baden: Nomos Verlagsgesellschaft.

J. H. Stein (Hrsg.), Handbuch EURO, 1997 München: Verlag C. H. Beck.

Rudolf Streinz (Hrsg.), EUV/EGV, 2003 München: Verlag C. H. Beck.

Rudolf Streinz, Europarecht, 7. Auflage 2005 Heidelberg.

Streinz/Ohler/Hermann, Die neue Verfassung für Europa, Einführung und Synopse, 2005 München: Verlag C. H. Beck.

Streinz/Ohler/Herrmann, Der Vertrag von Lissabon zur Reform der EU, 2. Auflage, 2008 München.

Rudolf Streinz, Rechtliche Rahmenbedingung der Krise, in Kea-Sophie Stieber (Hrsg.), BREXIT und GREXIT: Voraussetzungen eines Austritts Hans Seidel Stiftung, www.hss.de.

J. P. Terhechte, Verfassung ohne Rhetorik-Zur neuen Gestalt der Europäischen Union, EuZW 2007, S. 521.

J. P. Terhechte, Der Vertrag von Lissabon-Grundlegende Verfassungsurkunde der Europäischen Rechtsgemeinschaft oder technischer Änderungsvertrag?, EuR 2008, S. 143-190.

Tettinger/Stern, Europäische Grundrechtecharta, 2006 München: Verlag C. H. Beck.

Alexander Thiele, Das Rechtsschutzsystem nach dem Vertrag von Lissabon-(k)ein Schritt nach vorn?, EuR 2010, S. 30-51.

Barbara Trefil, Die Niederlassungsfreiheit für Gesellschaften in der Rechtsprechung des EuGH und ihre Auswirkungen auf nationales Recht, European University Institute Working Paper Law No. 2003/9.

Albrecht Weber, Zur förderalen Struktur der Europäischen Union im Entwurf des Europäischen Verfassungsvertrags, EuR 2004, S. 841-856.

Albrecht Weber, Vom Verfassungsvertrag zum Vertrag von Lissabon, EuZW 2008, S. 7-14.

M. Weber (Hrsg.), Europa auf dem Weg zur Währungsunion, 1991.

A. Weitbrecht/ J. Mühle, Europäisches Kartellrecht 2003-2008, EuZW 2008, 551-560.

Gerhard Wiedemann, Handbuch des Kartellrechts, 1999 München: Verlag C. H. Beck.

附錄一
歐洲聯盟條約暨歐洲聯盟運作條約合訂版——里斯本條約後的歐洲聯盟

壹、歐洲聯盟條約

前言

比利時國王、丹麥女王、德意志聯邦共和國總統、希臘共和國總統、西班牙國王、法蘭西共和國總統、愛爾蘭總統、義大利共和國總統、盧森堡大公國國王、荷蘭女王、葡萄牙共和國總統、英國女王 [1]

決議以建立歐洲聯盟在一個新的階段，提高實施歐洲統合的過程，

汲取歐洲文化、宗教與人道的遺產，已經發展不可侵害與不可讓與的人權、自由、民主、平等與法治國家作為普世的價值，

銘記克服歐洲大陸分裂的歷史意義，必須對未來歐洲的形式建立穩固的基礎，確認其對自由原則、民主原則、尊重人權與基本自由原則，及法治國家原則，確認如同於1961年10月18日在義大利圖林簽署的歐洲社會憲章與在1989年歐盟勞工社會基本權利憲章規定的社會基本權利所賦與的意義，

希冀在尊重其歷史、文化與傳統下，加強各民族間的團結，

希冀在機關的工作中，繼續加強民主與效率，以期機關能在單一的組織架構中更佳地履行所移轉的任務，

決議致力於其國民經濟之加強與凝聚、和建立一個經濟暨貨幣同盟，包括

---

[1] 自最初締約時起，這些國家是歐洲聯盟會員國。歐洲聯盟成立後陸續加入的會員國有保加利亞、捷克、愛沙尼亞、賽浦路斯、拉脫維亞、立陶宛、匈牙利、馬爾他、奧地利、波蘭、羅馬尼亞、斯洛維尼亞、斯洛伐克、芬蘭與瑞典。2013年7月加入克羅埃西亞。

符合本條約和歐洲聯盟運作條約所規定的單一、穩定的貨幣在內，

以堅定的意志，在單一市場之實現與加強團結和環境保護的範圍內，在考慮永續發展的原則下，促進其民族的經濟與社會進步，以及推行保證在經濟統合時伴隨在其他領域平行出現進展的政策，

決議對其會員國的國民實施一個共同的歐盟人民，

決議推行一個共同的外交暨安全政策，包括依據第42條規定的逐步確定一個有可能達成共同防禦的共同防禦政策，與加強歐洲的認同和獨立，以期促進在歐洲與在世界的和平、安全，與進步，

決議在同時保障人民的安全下，依據本條約與歐洲聯盟運作條約之規定，藉由建立一個自由、安全與司法的區域，以促進自由遷徙，

決議繼續進行創設一個歐洲民族愈來愈緊密歐盟的進程，在歐盟內依據輔助原則作成盡可能接近人民的決策，

鑑於必須繼續向前邁進，以期歐洲統合向前邁進，

決議建立一個歐洲聯盟；全體會員國為達成此一目標，任命其全權代表：

各國全權代表姓名，

在互換其好的與適當的代表權後，締結條約如下：

標題一：共同的規定

第1條

締約國彼此以本條約建立歐洲聯盟（以下簡稱聯盟），會員國移轉給歐盟職權，以期實現其共同的目標。

在實現歐洲民族愈來愈緊密的聯盟上，本條約係一個新階段，應作成盡可能公開與接近人民的決策。

歐盟之基礎為本條約與歐洲聯盟運作條約（以下簡稱此二條約為條約）。此二條約在法律上有相同的位階。歐盟取代歐洲共同體，係其法律上的繼承人。

第2條

　　歐盟建立所依據的價值，爲尊重人性尊嚴、自由、民主、平等、法治國家與維護人權，包括少數民族的權利在內。應由全體會員國在社會中共同以多元主義、禁止差別待遇、容忍、公平正義、團結與男女平等突顯這些價值。

第3條

(1) 歐盟之目標，爲促進其價值與其民族的福祉。

(2) 歐盟應給與其人民一個無內部邊界的自由、安全與司法區域，在區域內針對外部邊界檢查、政治庇護、移民、防制與打擊犯罪連結適當的措施，以保障人員自由遷徙。

(3) 歐盟應建立一個內部市場。歐盟應致力於以一個均衡的經濟成長與價格穩定爲基礎的歐洲永續發展、在一個高度充分就業和社會進步爲目標的有競爭力的社會市場經濟，以及高度的環境保護與改善環境品質。歐盟應促進學術與技術的進步。

　　歐盟應對抗社會排擠和差別待遇，並促進社會的公平正義與社會保護、男女平等地位、世代間的團結、兒童權利之保護。

　　歐盟應促進會員國間經濟、社會及領域的結合與團結。

　　歐盟應維護其文化與語言多樣性的財富，並關注歐洲文化遺產之保護與發展。

(4) 歐盟應建立一個經濟暨貨幣同盟，其貨幣爲歐元。

(5) 在歐盟與其他世界的關係上，歐盟應保護與促進其價值與利益，並致力於保護其人民。歐盟應致力於和平、安全、全球的永續發展、在各民族間團結和相互尊重、自由與公平的貿易、消弭貧窮和保障人權，特別是兒童的權利，以及嚴格的遵守和繼續發展國際法，特別是維護聯合國憲章的原則。

(6) 歐盟應以適當的方法，符合在條約（歐洲聯盟條約與歐洲聯盟運作條約）內移轉的職權，追求其目標。

第4條

(1) 所有在條約（歐洲聯盟條約與歐洲聯盟運作條約）內未移轉給歐盟的職權，仍依據第5條之規定，屬於會員國的職權。

(2) 歐盟應注意在條約（歐洲聯盟條約與歐洲聯盟運作條約）前會員國平

等與其個別的國家認同，國家認同係其基本的政治結構與符合憲法的結構，包括區域與地方的自治在內。歐盟應注意國家的基本作用，特別是維護領土的不可侵犯性、維護公共秩序與保護國家安全。尤其是國家安全仍繼續屬於個別會員國專屬的責任。

(3) 依據忠誠的合作原則，在履行基於條約（歐洲聯盟條約與歐洲聯盟運作條約）的任務時，歐盟與會員國應相互尊重與相互支援。

會員國應採取具有一般或特別類型的所有措施，以履行基於條約（歐洲聯盟條約與歐洲聯盟運作條約）或歐盟機關行為的義務。

在履行其任務時，會員國應支援歐盟與不為所有有可能損害實現歐盟目標之措施。

第5條

(1) 有限制的個別授權原則適用於歐盟的權限界定。輔助原則與比例原則適用於歐盟職權之行使。

(2) 依據有限制的個別授權原則，歐盟僅在會員國為實現在條約（歐洲聯盟條約與歐洲聯盟運作條約）規定的目標已經移轉的職權限度內，執行職務。所有未在條約（歐洲聯盟條約與歐洲聯盟運作條約）移轉給歐盟的職權，仍屬於會員國的職權。

(3) 依據輔助原則，在非屬於歐盟專屬職權的範圍，只要在由會員國採取的措施既無法在中央層級、亦無法在區域或地方層級充分的實現目標，而是因其範圍或其效果在歐盟層級更能實現目標時，歐盟才得執行職務。

歐盟機關應依據關於適用輔助原則和比例原則議定書之規定，適用輔助原則。會員國國會應注意依據上述議定書規定的程序，遵守輔助原則。

(4) 依據比例原則，歐盟的措施在內容上與形式上，不得逾越為達成條約（歐洲聯盟條約與歐洲聯盟運作條約）目標的必要限度。

歐盟機關依據關於適用輔助原則與比例原則議定書之規定，適用比例原則。

第6條

(1) 歐盟應承認在2000年12月7日簽署的歐洲聯盟基本權利憲章、而於

2007年12月12日在史特拉斯堡調整的版本所規定的權利、自由與原則；基本權利憲章與條約（歐洲聯盟條約與歐洲聯盟運作條約）在法律上有相同的位階。

在條約（歐洲聯盟條約與歐洲聯盟運作條約）內規定的歐盟職權，絕不會因憲章之規定而擴大。

依據憲章標題七規定其解釋與適用的規定，以及在適當考慮在憲章內列舉的說明這些規定來源的解釋，以解釋在憲章內規定的權利、自由與原則。

(2) 歐盟應加入歐洲保護人權與基本自由公約；此一加入不變更在條約（歐洲聯盟條約與歐洲聯盟運作條約）內規定的歐盟職權。

(3) 如同在歐洲保護人權與基本自由公約所保障的基本權利、與如同在各會員國共同的憲法傳統所產生的基本權利，是歐盟法的一部分，係視為一般的原則。

第7條

(1) 基於三分之一會員國、歐洲議會或歐洲執行委員會附具理由的提案，經得歐洲議會同意後，理事會得以其五分之四成員同意之多數，確認由一會員國嚴重侵害在第2條規定的價值出現明確的危險。在理事會作成此一確認前，理事會應聽取相關會員國的陳述，並得依據相同程序決議向該相關會員國提出所作成的建議。

理事會應定期檢討造成此一確認的理由，是否不適當。

(2) 基於三分之一會員國或歐洲執行委員會之提案，且經得歐洲議會同意後，在歐洲高峰會議要求相關會員國發表意見後，歐洲高峰會議得以一致決議確認，出現由一會員國嚴重的且持續的侵害第2條規定的價值。

(3) 若依據第2項之規定作成確認後，則理事會得以條件多數決議中止適用條約（歐洲聯盟條約與歐洲聯盟運作條約）於相關會員國派生的特定權利，包括該會員國政府代表在理事會的表決權在內。在這方面，理事會應考慮此一中止對於自然人和法人的權利義務可能產生的影響。

無論如何，基於條約（歐洲聯盟條約與歐洲聯盟運作條約）之規定，

相關會員國應負的義務，對於相關會員國仍繼續具有拘束力。

(4) 之後，若造成採取此一措施的情事有變更時，理事會得以條件多數決議，以變更或廢止依據第3項規定採取的措施。

(5) 爲達成本條規定之目標，對於歐洲議會、歐洲高峰會議與理事會應適用的表決方式，應規定於歐洲聯盟運作條約第354條。

第8條

(1) 歐盟應與其鄰近區域的國家發展特別的關係，以期建立一個建構在歐盟價值和依據合作的緊密、友好關係突顯福利與睦鄰的區域。

(2) 爲達成第1項之目標，歐盟得與相關的國家締結特別的協定。這些協定得包含相互的權利義務，並開啓共同行動的可能性。爲施行協定，應定期舉行諮商。

標題二：民主原則的規定

第9條

　　在其全部的行爲，歐盟應注意歐盟人民的平等原則，歐盟的機關、機構與其他的單位對於歐盟人民的平等原則有相同的注意義務。歐盟人民係指擁有一個會員國的國籍者，歐盟應加諸於會員國的國籍，而不是取代會員國國籍。

第10條

(1) 歐盟之運作方式，以代議民主爲基礎。

(2) 在歐盟層次，在歐洲議會中直接代表人民。

在歐洲高峰會議，由其國家元首或政府首長代表會員國；在理事會中，由其以民主方式應向其國會或其人民負責的政府閣員代表會員國。

(3) 全體歐盟人民有權參與歐盟的民主生活，應採取盡可能公開和接近人民的決策。

(4) 在歐洲層次的政黨，應致力於形成一個歐洲政府意識與表達歐盟人民的意願。

第11條

(1) 機關應以適當的方式給與歐盟人民與代表的協會機會，針對歐盟行爲

的全部領域，公開的發表意見與交流其看法。

(2) 機關應與代表的協會和市民社會維持一個公開、透明與定期的對話。

(3) 為能保障歐盟行為的凝聚與透明化，歐洲執行委員會應對利害關係人進行廣泛的聽證。

(4) 至少應有100萬歐盟人民的連署，且有相當多數會員國國民連署，得創制敦促歐洲執行委員會在其職權範圍內，應針對歐盟人民認為必須有歐盟法規的議題，提出適當的方案，以期落實條約（歐洲聯盟條約與歐洲聯盟運作條約）。

適用於這種人民創制的程序與條件，應依據歐洲聯盟運作條約第24條第1項規定之。

第12條

會員國的國會應積極致力於良好的歐盟運作方式，尤其是

(1) 歐盟機關應告知會員國的國會，依據會員國國會在歐洲聯盟內角色的議定書之規定，轉達會員國國會關於聯盟的法律案；

(2) 應關注依據在關於適用輔助原則和比例原則議定書規定的程序遵守輔助原則；

(3) 在自由、安全與司法區域的範圍內，參與評估依據歐洲聯盟運作條約第70條之規定在此一領域執行歐盟政策的機制與依據歐洲聯盟運作條約第88條與第85條之規定納入歐洲警察署的政治監督和評估歐洲司法合作處的職務；

(4) 參與依據本條約第48條規定的修訂條約（歐洲聯盟條約與歐洲聯盟運作條約）程序；

(5) 依據本條約第49條之規定，告知會員國國會關於加入歐盟的申請；

(6) 依據會員國國會在歐洲聯盟內的角色議定書之規定，參與在會員國國會彼此間，及與歐洲議會的國會間合作。

標題三：關於機關之規定

第13條

(1) 歐盟機關包括歐洲議會、歐洲高峰會議、理事會、歐洲執行委員會、

歐洲聯盟法院、歐洲中央銀行與審計院，以期使其價值發揮效果、追求目標、有利於人民與會員國的利益，以及確保其政策和其措施的整合、效率與持續。

歐盟機關為

a）歐洲議會，

b）歐洲高峰會議，

c）理事會，

d）歐洲執行委員會（以下簡稱執行委員會）

e）歐洲聯盟法院，

f）歐洲中央銀行，

g）審計院。

(2) 每個機關依據在條約（歐洲聯盟條約與歐洲聯盟運作條約）內授與的職權，依據在條約（歐洲聯盟條約與歐洲聯盟運作條約）內規定的程序、條件與目標行為。機關應忠誠地合作。

(3) 歐洲聯盟運作條約規範關於歐洲中央銀行與審計院之規定，以及關於其他機關的詳細規定。

(4) 經濟暨社會委員會與區域委員會應履行其諮詢的任務，應支援歐洲議會、理事會與執行委員會。

第14條

(1) 歐洲議會應與理事會共同作為立法機關，並與理事會共同行使預算權。歐洲議會依據條約（歐洲聯盟條約與歐洲聯盟運作條約）之規定，履行政治監督的義務與諮詢作用。歐洲議會應選舉執行委員會主席。

(2) 歐洲議會由歐盟人民代表組成。歐洲議會，包括議長在內，不得超過750席。歐盟人民代表在歐洲議會中應按遞減的比例，而每個會員國至少應有6席議員，但不得超過96席。

基於歐洲議會之提議，且在其同意後，歐洲高峰會議應以一致決議公布歐洲議會組成的決議，以規範上述第1段的原則。

(3) 應以普通、直接、自由與秘密選舉歐洲議會議長，任期為5年。

(4) 自議員中選舉歐洲議會的議員與其主席團。

第15條

(1) 歐洲高峰會議應推動必要的歐盟發展，並對其發展確定一般的政治目標與優先性。歐洲高峰會議不參與立法工作。

(2) 歐洲高峰會議由會員國的國家元首與政府首長，以及歐洲高峰會議主席與執行委員會主席組成。外交暨安全政策的歐盟高級代表參與歐洲高峰會議之工作。

(3) 每半年舉行兩次歐洲高峰會議；由主席召集歐洲高峰會議。若議程需要，歐洲高峰會議成員得決議由一位部長或——在執行委員會的情形——由執行委員會的一位委員支援之。若情事需要，主席應召集歐洲高峰會議的非常會議。

(4) 以條約（歐洲聯盟條約與歐洲聯盟運作條約）無其他規定者為限，歐洲高峰會議應以共識決議。

(5) 歐洲高峰會議以條件多數選舉其主席，任期為二年半；主席連選得連任一次。在無法執行職務或重大失職的情形，歐洲高峰會議應以相同的程序，解除其職務。

(6) 歐洲高峰會議主席

　　a) 在歐洲高峰會議的議程上擔任主席，並推動工作進行；

　　b) 與執行委員會主席合作，依據一般事務理事會的工作，注意歐洲高峰會議工作之準備與繼續；

　　c) 致力於促進在歐洲高峰會議的團結與達成共識；

　　d) 在每次歐洲高峰會議結束後，應向歐洲會議提出報告。

　　不牴觸外交暨安全政策歐盟高級代表的職權，歐洲高峰會議主席在歐洲高峰會議的層次在共同外交暨安全政策的事務，以其身分對外代表歐盟。

　　歐洲高峰會議主席不得擔任個別會員國的職務。

第16條

(1) 理事會與歐洲議會共同作為立法機關，共同行使預算職權；依據條約（歐洲聯盟條約與歐洲聯盟運作條約）之規定，確定政策與協調亦屬於理事會的任務。

(2) 理事會由每個會員國部長層級的一位代表組成，有權為其所代表的會

員國為有拘束力的行為與行使表決權。

(3) 以條約（歐洲聯盟條約與歐洲聯盟運作條約）無其他規定者為限，理事會應以條件多數決議。

(4) 自2014年11月1日起，條件多數決議應有至少理事會成員55%的多數，至少應有十五個會員國的同意，且這些同意的會員國至少應有65%的歐盟人口同意。

對於阻礙的少數，至少應有理事會的四位成員反對，否則視為達到條件多數。

以條件多數表決的其他進行方式，規定於歐洲聯盟運作條約第238條第2項。

(5) 至2014年10月30日止適用條件多數定義的過渡規定，以及在2014年11月1日至2017年3月31日間適用的過渡規定，規定於關於過渡規定議定書。

(6) 以不同的組成召開理事會；依據歐洲聯盟運作條約第236條之規定，作成此一組成的名單。

一般事務理事會應注意在不同組成理事會工作的整合。連結歐洲高峰會議主席和執行委員會，一般事務理事會應準備歐洲高峰會議之議程與注意繼續的行動。

外交事務理事會應依據歐洲高峰會議的策略計畫形成歐盟的對外行動，並注意歐盟行為之整合。

(7) 會員國政府的常設代表委員會應負責準備理事會的工作。

(8) 理事會諮商與表決法案時，理事會應進行公開的會議；為達成此一目標，每次的理事會會議應分為兩部分，一部分應就歐盟的法案進行諮商，另一部分為協商與立法無關的事務。

(9) 除外交事務理事會外，在理事會會議的主席由理事會的代表擔任，並在歐洲聯盟運作條約第236條規定的條件下，依據平等的輪值制度確定輪值主席表。

第17條

(1) 執行委員會應促進歐盟的一般利益與為達成此一目標，採取適當的作法。執行委員會應注意條約（歐洲聯盟條約與歐洲聯盟運作條約）與

由機關依據條約（歐洲聯盟條約與歐洲聯盟運作條約）公布措施之適用；在歐洲聯盟法院的監督下，執行委員會應監督歐盟法之適用。執行委員會應提出預算案與管理計畫。執行委員會依據條約（歐洲聯盟條約與歐洲聯盟運作條約）之規定，行使協調、行政與管理的職權；除在共同外交暨安全政策和其他條約（歐洲聯盟條約與歐洲聯盟運作條約）規定的情形外，執行委員會對外應代表歐盟。執行委員會應實施一年與多年期的計畫規劃，以達成機關間協議之目標。

(2) 以條約（歐洲聯盟條約與歐洲聯盟運作條約）無其他規定者爲限，歐盟的法案僅得由執行委員會提案。若條約（歐洲聯盟條約與歐洲聯盟運作條約）有規定時，則其他的法案應依據執行委員會的提案公布。

(3) 執行委員會的任期爲五年。

依據一般的資格與投入歐洲事務的人士中，選任執行委員會委員，並完全保障其獨立性。

執行委員會應完全獨立的執行職務。不牴觸第18條第2項之規定，執行委員會委員既不得請求、亦不得接受一會員國政府、一機關、一機構或其他局處的指示。執行委員會不得爲牴觸其職務或履行其任務的行爲。

(4) 在里斯本條約生效後至2014年10月31日間任命的執行委員會，由執行委員會主席、外交暨安全政策的歐盟高級代表，同時爲執行委員會的一位副主席，每一會員國的一名國民擔任的委員組成。

(5) 自2014年11月1日起，執行委員會由執行委員會主席、外交暨安全政策的歐盟高級代表、三分之二的會員國委員人數組成，以歐洲高峰會議未以一致決議變更委員人數爲限。

執行委員會委員應從會員國國民中，以在會員國間嚴格平等輪流的制度選任，以便能表示會員國全體的人口與地理多樣性。歐洲高峰會議應依據歐洲聯盟運作條約第244條之規定，以一致決議規定此一輪値制度。

(6) 執行委員會主席

a) 確定準繩，執行委員會應依據這些準繩執行其任務；

b) 決議執行委員會內部的組織，以期確保在其職務的範圍內的整

　　　　合、效率與合議原則；

　　c）除外交暨安全政策的歐盟高級代表外，自執行委員會委員中任命
　　　　副主席。

　　若主席要求時，執行委員會的委員應辭職。若主席要求時，外交暨安
　　全政策的歐盟高級代表應依據第18條第12項規定之程序辭職。

(7) 歐洲高峰會議在依據諮商後以條件多數決議，向歐洲議會提名擔任執
　　行委員會主席的候選人；而歐洲高峰會議在提名時應考量歐洲議會的
　　選舉結果。歐洲議會以其議員之過半數選任執行委員會主席；若此一
　　候選人未獲過半數之同意時，則在一個月內，歐洲高峰會議應以條件
　　多數決議向歐洲議會提名新的候選人，而歐洲議會亦應以相同的條件
　　多數選任執行委員會主席。

　　在當選的執行委員會主席同意下，理事會提出建議擔任委員的人選名
　　單，而此一委員候選人名單應依據會員國根據第3項第2段與第5項第
　　2段規定的標準提名。

　　主席、外交暨安全政策的歐盟高級代表與其他委員係一合議機關，由
　　歐洲議會進行同意的表決。依據歐洲議會之同意，由歐洲高峰會議以
　　條件多數任命執行委員會。

(8) 執行委員會係一合議機關，對歐洲議會負責。歐洲議會得依據歐洲聯
　　盟運作條約第234條對執行委員會提起不信任申請。若通過此一申
　　請，則執行委員會全體委員必須辭職，外交暨安全政策的歐盟高級代
　　表必須辭去在執行委員會範圍的職務。

第18條

(1) 歐洲高峰會議經得執行委員會主席之同意，以條件多數決議任命外交
　　暨安全政策的歐盟高級代表。歐洲高峰會議得依據相同的程序終止高
　　級代表的任期。

(2) 高級代表應領導歐盟的共同外交暨安全政策。高級代表應以其建議，
　　致力於確定此一政策，並在理事會的委任下施行共同外交暨安全政
　　策。相同的，高級代表亦應在共同安全暨防禦政策範圍內行為。

(3) 高級代表在外交事務理事會擔任主席。

(4) 高級代表是執行委員會的一位副主席。高級代表應注意歐盟對外行動

的整合。在執行委員會內，在外交關係的範圍，賦與高級代表職權與在歐盟對外行動其他方面協調的任務。在履行在執行委員會的這些職權時，且僅針對這些職權，高級代表應遵守適用於執行委員會運作方式的程序，但以符合第2項與第3項為限。

第19條

(1) 歐洲聯盟法院包括歐洲法院、普通法院與專業法院。在解釋與適用條約（歐洲聯盟條約與歐洲聯盟運作條約）時，歐洲聯盟法院應確保權利之維護。

全體會員國應建立必要的法律救濟，以期保障在歐盟法所包含的領域有效率的權利保護。

(2) 歐洲法院由每個會員國的一位法官組成。總辯官應支援歐洲法院。

普通法院由每個會員國至少一位法官組成。

從給與保障獨立與符合歐洲聯盟運作條約第253條與第254條規定的要件的人士中選出歐洲法院的法官與總辯官，以及普通法院的法官。

由全體會員國政府在相互同意下，以六年的任期，任命歐洲法院的法官與總辯官，以及普通法院的法官。得再任命已卸任的法官與總辯官。

(3) 歐洲聯盟法院應依據條約（歐洲聯盟條約與歐洲聯盟運作條約）之規定，審判

a) 一會員國、一機關、自然人或法人所提起的訴訟；

b) 在預先裁判訴訟的途徑，基於個別會員國的法院申請，以解釋歐盟法或機關行為之效力；

c) 在條約（歐洲聯盟條約與歐洲聯盟運作條約）規定的所有其他訴訟。

標題四：關於加強合作之規定

第20條

(1) 欲在歐盟依據本條與歐洲聯盟運作條約第326條至第334條的範圍與規定的非專屬職權範圍內相互建立加強合作的會員國，得請求歐盟的

機關，在適用條約（歐洲聯盟條約與歐洲聯盟運作條約）的相關規定下，行使這些職權。

加強合作應致力於促進歐盟目標之實現、保護歐盟之利益與加強歐盟的統合進程。應依據歐洲聯盟運作條約第328條之規定，對全體的會員國隨時開放加強合作。

(2) 若理事會確認，會員國以此一合作在其全部無法在可接受的期限內實現歐盟所致力的目標，且只要至少有九個會員國參與合作時，則由理事會公布授權加強合作的決議作為最後的手段。理事會依據歐洲聯盟運作條約第329條規定的程序決議之。

(3) 理事會的全體成員得參與其諮商，但僅參與加強合作的會員國代表得參與理事會的表決。歐洲聯盟運作條約第330條規定表決方式。

(4) 在加強合作範圍內公布的法規，僅對參與此一合作的會員國有拘束力。這些法規不視為是想加入歐盟國家必須接受的現狀。

標題五：關於歐盟對外行動的一般規定與共同外交暨安全政策的特別規定

第一章　歐盟對外行動的一般規定

第21條

(1) 在國際層次的行動，歐盟應遵守對其自己的形成、發展與擴大有決定性、且亦有助於全球加強適用的原則：民主、法治國家、人權與基本自由的普遍效力與不可侵犯性、人性尊嚴之尊重、平等原則、團結原則，以及聯合國憲章和國際法原則之尊重。

歐盟致力於擴展與第三國、區域性的國際組織或全球性的國際組織之關係，分享在第1段列舉的原則，以及和第三國、區域性的國際組織或全球性的國際組織建立夥伴關係。特別是在聯合國的範圍內，歐盟應支持多邊的解決共同的問題。

(2) 歐盟應規定共同的政策及措施、施行這些共同政策與措施，以及支持在國際關係的所有領域高度的合作，以期

a）維護其價值、基本的利益、安全、獨立性與不可侵犯性；

b）鞏固與促進民主、法治國家、人權與國際法的原則；

c）依據聯合國憲章之宗旨與原則、赫爾辛基最終文件之原則與巴黎憲章之宗旨，包括涉及外部邊界者在內，維持和平、預防衝突和加強國際安全；

d）針對經濟、社會與環境，促進在開發中國家中的永續發展，以優先的目標消弭貧窮；

e）促進所有的國家融入世界經濟，亦應藉由逐步地廢除國際貿易障礙；

f）致力於發展國際組織，以維持和改善環境之品質與永續地利用全球的資源，以期確保永續地發展；

g）協助受自然災害或由人類造成災害影響的民族、國家與區域；與

h）促進以加強多邊合作與以有責任的世界秩序政策為基礎的世界秩序。

(3) 在擬定與轉換在本標題與歐洲聯盟運作條約第五部分規定的不同領域，以及其他政策領域對外觀點的對外行動上，歐盟應維護在第1項與第2項規定的原則與目標。

歐盟應注意其對外行動個別領域間，以及在對外行動與其他政策領域的整合。由共同外交暨安全政策的歐盟高級代表支援理事會與執行委員會，確保此一整合與為達成此一目標之合作。

第22條

(1) 依據在第21條列舉的原則與目標，歐洲高峰會議應規定歐盟的策略利益與目標。

歐洲高峰會議對於歐盟策略利益與目標之決議，應涵蓋共同外交暨安全政策，以及歐盟對外行動的其他領域。決議得關於歐盟對一個國家或一個區域的關係、或以一特定主題為標的。決議應包含其適用期限和由歐盟與由會員國提供經費的規定。

基於理事會按照每個領域規定的法規提出的建議，歐洲高峰會議以一致決議。歐洲高峰會議之決議應依據條約（歐洲聯盟條約與歐洲聯盟運作條約）規定的程序施行。

(2) 外交暨安全政策的歐盟高級代表與執行委員會得向理事會提出共同的提案，而高級代表負責共同外交暨安全政策的範圍，執行委員會負責對外行動的其他範圍。

第二章　共同外交暨安全政策的特別規定

第一節　共同規定

第23條

在本章的範圍內，在國際層次的歐盟行動，以第一章的原則為依據，追求第一章規定的目標，與應符合每章的一般規定。

第24條

(1) 歐盟在共同外交暨安全政策的職權涵蓋外交政策的全部領域，以及與歐盟安全有關的全部議題在內，包括逐步地規定可以造成一個共同防禦的共同防禦政策在內。

特別的規定與程序適用於共同外交暨安全政策；以條約（歐洲聯盟條約與歐洲聯盟運作條約）無其他規定者為限，由歐洲高峰會議與理事會以一致決議規定和施行共同外交暨安全政策。不適用立法程序公布法規。由共同外交暨安全政策的歐盟高級代表與會員國依據條約（歐洲聯盟條約與歐洲聯盟運作條約）施行共同外交暨安全政策。在此一範圍，歐洲議會與執行委員會的特別角色規定於條約（歐洲聯盟條約與歐洲聯盟運作條約）中。對於這些規定，歐洲聯盟法院無管轄權；但不適用於監督本條約第40條之遵守與依據歐洲聯盟運作條約第275條第2項之規定監督特定決議之合法性。

(2) 在其對外行動的原則和目標的範圍內，歐盟追求、規定與實現共同的外交暨安全政策，共同的外交暨安全政策應以發展會員國彼此的政治團結、調查具一般意義的問題與達成會員國不斷加強整合為基礎。

(3) 會員國應積極和無條件以忠誠的精神與相互團結的支援歐盟的外交暨安全政策，並尊重在此一範圍歐盟的行動。

會員國應進行合作，以期加強與繼續發展彼此的政治團結。這些合作包括每個違反歐盟的利益或在國際關係作為整合力有可能損害其效力的行動。

理事會與高級代表應注意這些原則之遵守。

第25條

歐盟應以下列的方法，追求其共同的外交暨安全政策：

(1) 規定一般的方針，

(2) 公布決議，以規定

　　a) 由歐盟施行的計畫，

　　b) 由歐盟採取的共同的立場，

　　c) 在a) 與b) 指稱的決議執行之細節，與

(3) 在領導其政策時，應擴展會員國間的體系合作。

第26條

(1) 歐洲高峰會議應規定歐盟的策略利益，並確定共同外交與安全政策的目標與一般方針，並且包括與防禦政策有關的問題。歐洲高峰會議應公布必要的決議。若係國際發展有必要者，歐洲高峰會議主席應召集歐洲高峰會議的非常會議，以期規定針對此一發展歐盟政策的策略計畫。

(2) 理事會形成共同的外交暨安全政策，依據由歐洲高峰會議規定的一般方針與策略計畫，作成規定與施行此一政策必要的決議。

理事會與共同外交暨安全政策的歐盟高級代表應注意歐盟一致的、凝聚的與有效的行動。

(3) 由高級代表與會員國以會員國和歐盟的經費，施行共同的外交暨安全政策。

第27條

(1) 外交暨安全政策的歐盟高級代表擔任外交事務理事會的主席，以其提案致力於規定共同的外交暨安全政策與確保施行歐洲高峰會議與理事會公布的決議。

(2) 在共同的外交暨安全政策的範圍，高級代表對外代表歐盟。高級代表以歐盟的名義與第三國進行政治對話，並在國際組織與國際會議代表歐盟的立場。

(3) 在履行其任務上，高級代表應支援歐洲對外行動處。此一歐洲對外行動處應與會員國的外交人員合作，包含來自理事會秘書處與執行委員

會秘書處的相關部門的公務員，以及隸屬於會員國外交部的人員。由理事會的一個決議規定歐洲對外行動處的組織與工作方式。依據高級代表之提案，在歐洲議會之聽證後，且在執行委員會之同意後，理事會決議之。

第28條

(1) 若國際情勢顯示聯盟應採取行動時，理事會應公布必要的決議之特別情形。在決議中，應規定其目標、範圍、歐盟應使用的經費及條件、與必要時的實施期限。

若因情事變更而對此一決議標的之事務造成重大的影響時，理事會應檢討此一決議的原則與目標，並公布必要的決議。

(2) 依據第1項的決議，在其意見與行動上，對於會員國具有拘束力。

(3) 每個個別會員國的意見或在第1項的決議範圍內所計畫的措施，應由相關會員國及時告知，以便在必要時理事會得進行事前的表決。事前通知的義務，不適用於在個別會員國層次僅實際上轉換理事會決定的措施。

(4) 在迫切需要時，根據情勢的發展、且若欠缺理事會的檢討決議時，在考慮上述決議的一般目標下，會員國得採取必要的立即措施。相關的會員國應立即通知理事會這種措施。

(5) 在實施本條規定的決議而產生較大的困難時，會員國應通知理事會；理事會應商議，並尋求適當的解決辦法。這些解決辦法不得牴觸第1項決議的目標或損害其效力。

第29條

對於地理或主題種類的特別問題，理事會應公布決議，以規定歐盟的立場。會員國應注意其個別的政策應符合歐盟的立場。

第30條

(1) 每個會員國、外交暨安全政策的歐盟高級代表、或在執行委員會的支援下，高級代表得與理事會探討共同外交暨安全政策的問題，並向理事會告知提議或建議。

(2) 在有必要快速決定的情形，高級代表在四十八小時內，依職權或基於一會員國之申請，在絕對必要時以更短的時間，召開理事會的非常會議。

第31條

(1) 依據本標題的決議，由歐洲高峰會議與理事會以一致決議之，但以在本章無其他規定者爲限，不得公布法規。

在棄權時，任何一個理事會的成員對於其棄權，得發表下一句規定的形式聲明。在這種情形，不需參與該決議，但應接受該決議對於歐盟具有拘束力。在彼此團結的精神下，相關會員國不應作所有牴觸或有可能阻礙歐盟以此一決議爲依據的行爲，而其他的會員國應尊重其立場。若理事會成員代表在其棄權時作此聲明，棄權的理事會成員至少三分之一的會員國、至少占歐盟人口總數的三分之一時，則決議未通過。

(2) 不適用第1項規定，下列事項由理事會以條件多數決議之：

a) 基於歐洲高峰會議關於歐盟策略利益與目標之決議，依據第22條第1項公布規定歐盟的行動或立場的決議；

b) 外交暨安全政策的歐盟高級代表針對一個提案傳達歐洲高峰會議特別的請求，而此一請求係歐洲高峰會議自己的提議或高級代表的提議，公布規定歐盟行動或立場的決議；

c) 公布爲實施規定歐盟行動或立場的決議；

d) 依據第33條規定，任命特別的代表。

若理事會的一位成員聲明，基於亦必須列舉的國家政策重大事由，意圖拒絕以條件多數作決議時，則不進行表決。高級代表應以自己的努力與相關會員國溝通，致力於爲該會員國尋求一個可接受的解決辦法。若未達成時，則理事會得以條件多數要求，將針對以一致決議的議題委交歐洲高峰會議。

(3) 歐洲高峰會議得以一致決作成決議，在決議中規定理事會在第2項規定外的其他情形，以條件多數決議。

(4) 第2項與第3項規定不適用於涉及軍事或防禦政策事務的決議。

(5) 關於程序問題，理事會應以其成員過半數決議之。

第32條

對於任何具有一般意義的外交與安全政策的問題，在歐洲高峰會議與理事會內，會員國進行表決，以期確定共同的行動。有可能涉及歐盟的利益，若在

一會員國在國際層次行動或履行一義務前，該會員國應在歐洲高峰會議或理事會內諮詢其他會員國。以整合的行動，會員國應保證歐盟得在國際層次主張其利益與價值。會員國應彼此團結。

若歐洲高峰會議或理事會已經確定第1項規定的歐盟共同行動時，則外交暨安全政策的歐盟高級代表與會員國的外交部長應在理事會內協調其行動。

在第三國與在國際組織的會員國外交代表與歐盟的代表應進行合作，並致力於共同行動之確定與實施。

第33條

基於外交暨安全政策的歐盟高級代表之提案，理事會得對特別的政治議題，任命一位特別專員。在高級代表的責任下，特別專員執行其任務。

第34條

(1) 在國際組織內與在國際會議上，會員國應互相協調其行動。在國際組織內與在國際會議上，會員國應支持歐盟的立場。外交暨安全政策的歐盟高級代表應注意此一協調的組織安排。

在不是所有會員國均出席的國際組織或國際會議上，應由出席參與國際組織或國際會議的會員國維護歐盟的立場。

(2) 依據第24條第3項之規定，出席國際組織或國際會議的會員國應持續地通知未出席的會員國與高級代表關於共同利益的所有問題。

同時為聯合國安全理事會成員的會員國應互相協調，並告知其他的會員國與高級代表全部的事務。不牴觸其依據聯合國憲章的責任，是安全理事會常任成員的會員國在履行其任務時，應維護歐盟的立場與利益。

若歐盟針對一個在聯合國安全理事會議程內的議題已經確定立場時，則出席聯合國安全理事會的會員國應申請請求高級代表提出歐盟的立場。

第35條

會員國的外交與領事代表、歐盟在第三國與國際會議的代表團，以及在國際組織的歐盟代表，應互相協調其行動，以期保證遵守與實施依據本章所公布規定歐盟立場與行動的決議。

藉由資訊交流與共同評估，加強其合作。

　　會員國的外交與領事代表、歐盟在第三國與國際會議的代表團，以及在國際組織的歐盟代表致力於實現在歐洲聯盟運作條約第20條第2項第c款規定的在第三國領土內保護歐盟人民的權利與實施依據歐洲聯盟運作條約第23條公布的措施。

第36條

　　外交暨安全政策的歐盟高級代表應定期聽取歐洲議會關於共同外交暨安全政策與共同安全暨防禦政策最重要的觀點與基本的讓步立場，並告知歐洲議會在此一範圍的政策發展。外交暨安全政策的歐盟高級代表應注意適度的考慮歐洲議會之見解。特別專員得納入參與告知歐洲議會。

　　歐洲議會得詢問或建議理事會與高級代表。歐洲議會每年應舉行二次關於實施共同外交暨安全政策進展的辯論，包括共同安全暨防禦政策在內。

第37條

　　在本章規定的範圍，歐盟得與一國或數個國家、或與國際組織締結協定。

第38條

　　不牴觸歐洲聯盟運作條約第240條之規定，政治暨安全政策委員會在共同外交與安全政策的範圍內，應密切注意國際情勢，且依據理事會、外交暨安全政策的歐盟高級代表的請求或依職權，以對理事會發表的意見，致力於政策的確定。更進一步，政治暨安全政策委員會應監督符合這些政策的執行；適用這些政策時，不得牴觸高級代表的職權。

　　在本章的範圍內，在理事會與高級代表的責任下，政治暨安全政策委員會應執行第43條規定的政策監督與克服危機運作的策略領導。

　　理事會得授權政治暨安全政策委員會由理事會規定的克服危機之目標與運作期限，針對政治監督與運作策略領導作成適當的決議。

第39條

　　依據歐洲聯盟運作條約第16條之規定，且不適用該條第2項規定，理事會作成決議，以規定在本章的適用範圍內由會員國執行職務的範圍內，在處理個人資料上關於自然人保護與自由的資料流通的規定。由獨立的機關監督此一規定之遵守。

第40條

　　適用在條約（歐洲聯盟條約與歐洲聯盟運作條約）規定行使歐洲聯盟運作

條約第3條至第6條規定列舉的歐盟職權的程序與機關職權的每個範圍，不牴觸共同外交暨安全政策之施行。

　　相同的，適用條約（歐洲聯盟條約與歐洲聯盟運作條約）中依據本章規定的歐盟職權之行使的程序與機關職權每個範圍，不牴觸依據上述法條的政策施行。

第41條

(1) 機關在施行本章所產生的行政支出，應由歐盟的預算負擔。

(2) 與施行本章有關的執行支出，亦應由歐盟的預算負擔，但基於涉及軍事或防禦政策的措施與理事會以一致決議其他情形產生的支出，不在此限。

　　在非由歐盟預算負擔支出的情形，以理事會未以一致決作成其他決議為限，應由會員國以國民生產總值關鍵為依據分擔支出。其代表在理事會依據第31條第1項第2目規定發表形式聲明的會員國，毋須分擔涉及軍事或防禦政策措施的費用支出。

(3) 理事會應公布決議，以規定特別的程序，以期保證在共同外交暨安全政策的範圍內對提案立即財務支出可快速的使用歐盟的預算經費，特別是在第42條第1項與第43條規定的任務準備之行動。在歐洲議會之聽證後，理事會決議之。

　　在第42條第1項與第43條規定的任務準備行動，非由歐盟的預算負擔支出，則由會員國繳交的會費中成立一個推動基金支出費用。

　　基於外交暨安全政策的歐盟高級代表之提案，理事會以條件多數作成決議，規定

a) 推動基金成立與財務支出之細節，特別是基金經費分配的額度；

b) 推動基金管理之細節；

c) 財務監督之細節。

　　若依據第42條第1項與第43條規定計畫的任務，得不由歐盟預算支出費用時，則理事會授權高級代表使用此一基金。高級代表應向理事會報告關於此一任務之履行。

第二節　共同安全暨防禦政策規定

第42條

(1) 共同安全暨防禦政策是共同外交暨安全政策結合的構成部分。共同安全暨防禦政策應保證歐盟一個以民事和軍事方法為依據的運作能力。歐盟得援引共同安全暨防禦政策，在歐盟外的任務，符合聯合國憲章的原則，以維持和平、預防衝突與加強國際安全。歐盟履行這些任務，藉由會員國提供的能力。

(2) 共同安全暨防禦政策包括逐步地規定歐盟共同的防禦政策。只要歐洲高峰會議以一致決議共同安全暨防禦政策時，即造成共同防禦政策的結果。在此情形，歐洲高峰會議應建議會員國依據其憲法的規定，作成此一決議。

依據本節規定的歐盟政策，不得牴觸特定會員國安全暨防禦政策的特別特質；歐盟的政策應顧及某些會員國依據北大西洋公約規定在北大西洋公約組織內應履行的共同防禦義務，且應符合在任何一個範圍所確定的共同安全暨防禦政策。

(3) 會員國應提供歐盟民事與軍事能力，以落實共同安全暨防禦政策，作為致力於實現由理事會所規定的目標。共同部署多國軍力的會員國，亦得為共同安全暨防禦政策提供此一能力。

會員國必須逐步地改善其軍事能力。歐洲防禦署（係負責防禦能力之發展、研究、籌措與軍備的專門機構）應調查軍事行動的需求、促進滿足需求的措施、致力於調查加強防禦領域的工業和科技基礎的措施、與必要時施行這些措施。在能力和軍備領域，參與歐洲政策與支援理事會判斷軍事能力之改善。

(4) 共同安全暨防禦政策的決議，包括依據本條規定展開任務的決議在內，由理事會基於外交暨安全政策的歐盟高級代表之提案或一會員國之創制，以一致決議作成。必要時，高級代表得一起與執行委員會提案，取用個別會員國的經費與歐盟的方法。

(5) 理事會得委託一群會員國在歐盟的範圍內實施一個任務，以維護歐盟的價值與利益。實施此一任務，應適用第44條規定。

(6) 針對軍事能力履行更難滿足標準與針對最高要求任務彼此繼續履行義

務的會員國，在歐盟範圍內，應建立一個常設的結構合作。應依據第
46條之規定，進行合作，不得牴觸第43條規定。

(7) 在一會員國的領土內發生軍事攻擊的情形，在符合聯合國憲章第51條
之規定，其他會員國應提供武力的援助與支持。此一行動不得牴觸特
定會員國安全暨防禦政策的特別特質。

此一範圍的義務與合作應符合在北大西洋公約組織範圍對其所屬國家
集體防禦的根本和實現的方法應盡的義務。

第43條

(1) 在施行第42條第1項規定的歐盟得取用的民事和軍事方法的任務，包
括共同的裁軍措施、人道的任務與救援投入、軍事顧問的任務與支
援、衝突預防的任務、維持和平，以及在克服危機範圍內投入戰鬥，
包括在衝突後創造和平的措施和穩定情勢的軍事行動在內。以全力投
入此一任務，得致力於防制恐怖主義，亦得在第三國的領土內支援第
三國防制恐怖主義。

(2) 理事會作成第1項規定的任務之決議；在決議中應規定任務的目標與
範圍，以及適用於任務的一般施行規定。在理事會之監督下與政治暨
安全政策委員會的緊密和持續配合下，外交政策暨安全政策的歐盟高
級代表應關注協調此一任務的民事和軍事觀點。

第44條

(1) 在依據第43條公布的決議範圍內，理事會得將任務之施行移轉給想要
施行、且對此一任務具備必要能力的一群會員國。相關的會員國應與
外交暨安全政策的歐盟高級代表彼此討論此一任務之實施。

(2) 參與任務施行的會員國應主動或基於其他會員國之申請，定期向理事
會報告任務之狀況。若因任務施行產生嚴重的結果、任務之目標、範
圍或對其適用的規定，例如在第1項決議所規定的規定必須修改時，
參與的會員國應立即請理事會處理。在這些情形，理事會應作成必要
的決議。

第45條

(1) 隸屬於理事會在第42條第3項規定的歐洲防禦署的任務：

a）致力於在會員國軍事能力範圍的目標調查與判斷針對這些能力會

員國是否履行義務；

b) 致力於調適軍事行動的需求，以及確定有效率和相容的籌措程序；

c) 提出多邊的計畫，以履行在軍事能力範圍的目標、關注協調會員國施行的計畫，以及特別合作計畫之管理；

d) 在防禦科技領域，應支援研究、協調與規劃共同的研究行動，以及符合未來軍事行動需求的技術解決方法的研究；

e) 致力於調查符合目的之措施，以加強防禦領域的工業和科技基礎與防禦支出更有效率的使用，與必要時實施這些措施。

(2) 全體會員國得祈願參與歐洲防禦署的工作。理事會以條件多數公布決議，以規定歐洲防禦署的法律地位、所在地與運作方式。此一決議應考慮有效率參與歐洲防禦署行動的範圍。在歐洲防禦署內，應成立由會員國共同組成的特別小組，施行共同的計畫。歐洲防禦署必要時應規定其任務與執行委員會連結。

第46條

(1) 想參與第42條第6項規定的常設結構合作、針對軍事能力履行標準與履行在常設結構合作議定書規定的義務之會員國，應告知理事會與外交暨安全政策的歐盟高級代表其意圖。

(2) 在第1項的告知後三個月內，理事會應公布建立常設結構合作與參與會員國名單的決議。在高級代表之聽證後，理事會以條件多數決議之。

(3) 之後，任何一個想要參與常設結構合作的會員國，應告知理事會與高級代表其意圖。

理事會公布一個決議，以確認相關會員國之參與、履行依據常設結構合作議定書第1條與第2條規定的標準與義務。在高級代表之聽證後，理事會以條件多數決議之。僅參與合作的會員國出席理事會的成員有表決權。

依據歐洲聯盟運作條約第238條第3項第a款之規定，確定條件多數。

(4) 若一參與的會員國不再履行常設結構合作議定書第1條與第2條規定的標準、或若一參與的會員國無法再履行上述的義務時，則理事會得公

布一決議,以中止此一會員國的參與。

理事會以條件多數決議之。僅參與合作的會員國,但不包括相關的會員國,有表決權。

依據歐洲聯盟運作條約第238條第3項第a款之規定,確定條件多數。

(5) 若一參與的會員國想脫離常設的結構合作時,則應將其決定通知理事會,理事會知悉時,相關會員國之參與終止。

(6) 除第2項至第5項之決議外,在常設的結構合作範圍,理事會以一致決公布決議與建議。為達成本項規定之目標,一致決議僅指參與合作會員國代表之表決權。

標題六:最終條款

第47條

歐盟享有法律人格。

第48條

(1) 得依據普通的修改程序,修訂條約(歐洲聯盟條約與歐洲聯盟運作條約)。同時得依據簡化的修改程序,修訂條約(歐洲聯盟條約與歐洲聯盟運作條約)。

普通的修改程序

(2) 任何一個會員國政府、歐洲議會或執行委員會,得向理事會提出修訂的條約(歐洲聯盟條約與歐洲聯盟運作條約)草案。另外,這些草案得係為擴張或減少在條約(歐洲聯盟條約與歐洲聯盟運作條約)移轉給歐盟的職權。應由理事會將這些草案轉交歐洲高峰會議與告知會員國國會。

(3) 若在歐洲議會與執行委員會之聽證後,歐洲高峰會議以普通多數決議審查提出的修正案時,則歐洲高峰會議主席應召開由理事會主席召開會員國國會代表、會員國國家元首與政府首長、歐洲議會代表與執行委員會代表的會議。在貨幣範圍的組織架構修訂時,亦應包括歐洲中央銀行。會議審查修訂案,並以共識決對依據第4項規定的會員國政府代表會議,作成決議。

若會議召集根據計劃中的修改範圍不正當時，在歐洲議會之同意後，歐洲高峰會議得以普通多數決議不召開會議。在這種情形，歐洲高峰會議應規定對於會員國政府代表會議的委任。

(4) 由理事會主席召集會員國政府代表會議，以期協議對條約（歐洲聯盟條約與歐洲聯盟運作條約）進行修訂。

在由全體會員國依據其憲法規定批准修訂的規定後，修訂才發生效力。

(5) 若在簽署條約（歐洲聯盟條約與歐洲聯盟運作條約）的修訂條約後二年屆滿後，有五分之四的會員國已經批准條約、且在一個會員國或數個會員國在批准出現困難時，則應由歐洲高峰會議處理此一問題。

簡化的修改程序

(6) 任何一個會員國政府、歐洲議會或執行委員會得向歐洲高峰會議提出修改歐洲聯盟運作條約第三部分關於內部政策領域規定的全部或一部分的修訂草案。

歐洲高峰會議得公布決議修訂歐洲聯盟運作條約第三部分規定的全部或一部分。在歐洲議會與執行委員會之聽證後，歐洲高峰會議以一致決議之，以及在貨幣範圍的組織架構修訂，應有歐洲中央銀行之聽證。在全體會員國依據其憲法規定同意後，此一決議才發生效力。

依據第2段的決議不得造成擴大在條約（歐洲聯盟條約與歐洲聯盟運作條約）範圍移轉給歐盟職權的結果。

(7) 在理事會依據歐洲聯盟運作條約或本條約第五部分之規定在一領域或在一特定情形一致決議的情形，理事會在此一領域或情形得以條件多數決議公布一個決議。此段規定不適用於軍事或防禦政策事務的決議。

在依據歐洲聯盟運作條約之規定必須由理事會依據特別的立法程序公布法規的情形，得由歐洲高峰會議得依據普通的立法程序公布法規公布決議。

任何一個由歐洲高峰會議依據第1段或第2段採取的措施，應轉達給會員國國會。若轉達後六個月內一會員國否決此一提案時，則未作成第1段或第2段的決議。若未否決提案時，則歐洲高峰會議得作成決

議。

在歐洲議會以其議員過半數決議同意後，歐洲高峰會議以一致決議作成第1段或第2段的決議。

第49條

任何一個尊重第2條規定的價值與致力於促進這些價值的歐洲國家，得申請成為歐洲聯盟的成員。應向歐洲議會與會員國國會轉達此一申請。應向理事會提出申請；在執行委員會之聽證後，且在歐洲議會以其議員的過半數決議同意後，理事會以一致決議之。應考慮由歐洲高峰會議協議的標準。

由一個在會員國與申請國間締結的協定規範加入條件與因加入而必須依據歐盟基礎條約（歐洲聯盟條約與歐洲聯盟運作條約）作調整。由全體締約國依據其憲法的規定，批准該協定。

第50條

(1) 任何一個會員國得符合其憲法的規定，決議退出歐盟。

(2) 決議退出的會員國應告知歐洲高峰會議其意圖。依據歐洲高峰會議之方針，歐盟與此一個國家談判退出細節的協定，並締結協定，而應考慮此一個國家與歐盟未來關係的架構。依據歐洲歐盟運作條約第218條第3項之規定，進行協定之談判。由理事會以歐盟之名義，締結協定；在歐洲議會同意後，理事會以條件多數決議之。

(3) 自退出協定生效日起或在其他情形在第2項的告知後二年，條約（歐洲聯盟條約與歐洲聯盟運作條約）不適用於相關的國家，但歐洲高峰會議在相關會員國同意下以一致決議延長此一期限時，不在此限。

(4) 為達成第2項與第3項之目標，欲退出會員國出席歐洲高峰會議與理事會的代表，既不得參與涉及該會員國的諮商，亦不得參與歐洲高峰會議或理事會相關的決議程序。

依據歐洲聯盟運作條約第238條第3項第b款之規定，確定條件多數。

(5) 已經退出歐盟而想重新加入國家，必須依據第49條規定的程序，提出加入申請。

第51條

條約（歐洲聯盟條約與歐洲聯盟運作條約）的議定書與附件是條約（歐洲聯盟條約與歐洲聯盟運作條約）的構成部分。

第52條

(1) 條約（歐洲聯盟條約與歐洲聯盟運作條約）適用於比利時、保加利亞、捷克、丹麥、德國、愛沙尼亞、愛爾蘭、希臘、西班牙、法國、克羅埃西亞、義大利、賽浦路斯、拉脫維亞、立陶宛、盧森堡、匈牙利、馬爾他、荷蘭、奧地利、波蘭、葡萄牙、羅馬尼亞、斯洛維尼亞、斯洛伐克、芬蘭、瑞典與英國。

(2) 條約（歐洲聯盟條約與歐洲聯盟運作條約）之地域適用範圍詳細規定於歐洲聯盟運作條約第355條。

第53條

本條約無適用期限。

第54條

(1) 全體締約國依據其憲法的規定，應批准本條約。批准文件寄存於義大利政府。

(2) 以所有批准文件均完成寄存為限，本條約應於1993年1月1日發生效力，或在其他情形時，則應在最後的批准文件寄存下個月的第一日發生效力。

第55條

(1) 本條約的原文版為保加利亞文、丹麥文、德文、英文、愛沙尼亞文、芬蘭文、法文、希臘文、愛爾蘭文、義大利文、克羅埃西亞文、拉脫維亞文、立陶宛文、馬爾他文、荷蘭文、波蘭文、葡萄牙文、羅馬尼亞文、瑞典文、斯洛伐克文、斯洛維尼亞文、西班牙文、捷克文與匈牙利文，而每種語言版本具有相同的拘束力；並應將每個語言版本寄存於義大利政府的檔案庫；義大利政府應轉交給其他每個簽署國一份認證的副本。

(2) 本條約亦得以會員國規定的其他語言翻譯之，以該會員國的憲法制度此一語言在其全部或部分領土內是官方語言為限。相關會員國應提供此一翻譯的認證副本寄存於理事會的檔案庫。

簽署全權代表簽名於本條約下
1992年2月7日於馬斯垂克

貳、歐洲聯盟運作條約

前言

　　比利時國王、德意志聯邦共和國總統、法蘭西共和國總統、義大利共和國總統、盧森堡大公國國王與荷蘭女王[2]，

　　以堅定的意志，建立一個永遠緊密團結歐洲民族的基礎，

　　決定以共同的行動，保證其會員國經濟與社會的進步，以期達成消除歐洲分隔的障礙，

　　決心謀求持續改善人民的生活與就業條件，以作為實質的目標，

　　理解必須以協調的行動消除現存的障礙，以期保障持續的經濟擴展、均衡的貿易往來與公平的競爭，

　　努力協調其國民經濟與促進國民經濟的和諧發展，以期縮小個別區域間的差距與縮小較不利區域間的差距，

　　祈願以共同的貿易政策，致力於繼續消除在國際經濟交易的限制，

　　目標在於加強歐洲與其海外領土的團結，祈願以符合聯合國憲章的原則，促進海外領土的繁榮，

　　決定以結合經濟力的方式，維護與加強和平及自由，並要求擁護相同目標的其他歐洲民族參與此一奮鬥，

　　決定藉由廣泛的教育途徑與不斷進修，以致力於提高人民的知識水準，

　　為達成此一目標，任命其全權的代表：

　　各國代表的名字；在交換好的與適當的代表權後，就下列的規定，達成協議：

2　此六國為創始會員國，目前的會員國還包括保加利亞、捷克、丹麥、愛沙尼亞、希臘、西班牙、愛爾蘭、賽浦路斯、克羅埃西亞、拉脫維亞、立陶宛、匈牙利、馬爾他、奧地利、波蘭、葡萄牙、羅馬尼亞、斯洛維尼亞、斯洛伐克、芬蘭、瑞典與英國。

第一部分　原則

第1條

(1) 本條約規範歐盟的運作方式與規定歐盟職權之範圍、界定和行使之細節。

(2) 本條約與歐洲聯盟條約形成設立歐盟的基礎條約。此二條約在法律上有相同的位階，以下稱為條約（歐洲聯盟條約與歐洲聯盟運作條約）。

標題一：歐盟職權的種類與範圍

第2條

(1) 若條約（歐洲聯盟條約與歐洲聯盟運作條約）對特定領域移轉給歐盟專屬的職權時，則僅得由歐盟立法執行職務與公布有拘束力的法規；僅在歐盟授權的情形、或係為施行歐盟的法規，會員國才得立法。

(2) 若條約（歐洲聯盟條約與歐洲聯盟運作條約）對特定領域移轉給歐盟與會員國共享的職權時，則歐盟與會員國得在此一領域立法執行職務與公布有拘束力的法規。只要歐盟未行使其職權時，會員國得行使其職權。只要歐盟已經決定不再行使其職權時，會員國重新行使其職權。

(3) 在本條約未規定歐盟有權規範的規定範圍內，會員國應協調其經濟暨就業政策。

(4) 依據歐洲聯盟條約之規定，歐盟負責草擬與實現共同外交暨安全政策，包括逐步的規定一個共同防禦政策。

(5) 在特定的領域，依據條約（歐洲聯盟條約與歐洲聯盟運作條約）之規定，歐盟負責施行措施，以支援、協調或補充會員國的措施，而不是在這領域歐盟的職權取代會員國的職權。

歐盟依據此一領域條約（歐洲聯盟條約與歐洲聯盟運作條約）的相關規定公布的有拘束力的法規，不得保留會員國法規之調適。

(6) 由條約（歐洲聯盟條約與歐洲聯盟運作條約）對個別領域的規定，確

定歐盟職權之範圍與其行使之細節。

第3條

(1) 在下列的領域，歐盟享有專屬的職權：

　　a）關稅同盟，

　　b）規定對內部市場發揮作用必要的競爭規範，

　　c）其貨幣是歐元會員國的貨幣政策，

　　d）在共同漁業政策範圍內，維持海洋的生物寶藏，

　　e）共同貿易政策。

(2) 若在歐盟的法規中規定締結協定，且該協定是有必要的，以期得行使歐盟的對內職權、或以締結協定有可能影響共同的規範或變更其適用範圍爲限，則應由歐盟對締結國際協定，享有專屬的職權。

第4條

(1) 在第3條與第6條規定的領域外，條約（歐洲聯盟條約與歐洲聯盟運作條約）移轉給歐盟職權時，則歐盟與會員國共享其職權。

(2) 由歐盟與會員國共享的職權涵蓋下列主要的領域：

　　a）單一市場，

　　b）針對在本條約規定觀點的社會政策，

　　c）經濟、社會與領域的結合，

　　d）農業和漁業，但不包括維持海洋的生物寶藏，

　　e）環境，

　　f）消費者保護，

　　g）交通，

　　h）泛歐網絡，

　　i）能源，

　　j）自由、安全與司法區域，

　　k）針對在本條約規定的觀點，在公共衛生領域共同的安全要求。

(3) 在研究、科技發展與宇航的領域，歐盟的職權涵蓋採取措施，特別是提出與實施計畫，而行使這些職權不應阻礙會員國行使其職權。

(4) 在發展合作與人道援助的領域，歐盟的職權涵蓋採取措施與追求共同的政策，而行使這些職權不應阻礙會員國行使其職權。

第5條

　　(1)　在歐盟內，會員國應協調其經濟政策。為達成此一目標，理事會應公
　　　　布措施；特別是應決議此一政策的基本要點。
　　　　其貨幣是歐元的會員國，適用特別的規定。

　　(2)　歐盟應採取措施，以協調會員國的就業政策，特別是確定此一政策之
　　　　方針。

　　(3)　歐盟得創制，以協調會員國的社會政策。

第6條

　　歐盟負責施行措施，以支援、協調或補充會員國的措施。在下列的領域，
得採取這些具有歐洲目標的措施：

　　(1)　保護與改善人類的健康，

　　(2)　產業，

　　(3)　文化，

　　(4)　觀光，

　　(5)　一般與職業教育、青少年與休閒，

　　(6)　災害保護，

　　(7)　行政合作。

標題二：一般效力的規定

第7條

　　在不同的領域，歐盟應注意在其政策與其措施間之整合，並在遵守有限制
的個別授權原則下，考慮其在整體的目標。

第8條

　　在所有的職務上，歐盟應致力於消除不平等與促進男女的平等地位。

第9條

　　在規定與施行其政策和措施時，歐盟應考慮與促進高度就業水準、保障相
當的社會保護、防制社會排擠，以及一般和職業教育、健康保護高水準有關聯
的要件。

第10條

　　在規定與施行其政策和措施時，歐盟應以防制基於性別、種族、血統、宗教或世界觀、殘疾、年齡或性傾向之事由的差別待遇爲目標。

第11條

　　歐盟在規定與施行其政策和措施時，環境保護的要件特別是必須納入促進永續發展。

第12條

　　在規定與施行其他歐盟的政策和措施時，應考慮消費者保護的要件。

第13條

　　在農業、漁業、交通、內部市場、研究、科技發展與宇航領域，在規定與施行歐盟政策時，歐盟與會員國應全面的考慮動物作爲有感情生物福祉的要件；而特別是針對宗教禮拜、文化傳統與地區遺產，歐盟與會員國應考慮會員國的法律規定、行政規章與風俗習慣。

第14條

　　不牴觸歐洲聯盟條約第4條與本條約第93條、第106條與第107條規定，且考慮在歐盟共同的價值內一般經濟利益的意義、職務，以及在促進社會與地域結合上之意義，歐盟與會員國在條約（歐洲聯盟條約與歐洲聯盟運作條約）的適用範圍的每個職權範圍內，應關注使此一職務發揮作用的原則與條件，特別是每個經濟和財務的類型，以形成此一職務得履行其任務。依據普通的立法程序，由歐洲議會與理事會以規章規定這些原則與條件，不牴觸會員國的職權，符合條約（歐洲聯盟條約與歐洲聯盟運作條約）提供、委託與提供經費給此一職務。

第15條

　　(1) 爲促進有責任感的行政與確保市民社會的參與，歐盟的機關、機構與其他單位行爲時，應廣泛地遵守公開的原則。

　　(2) 歐洲議會應舉行公開的會議；在理事會諮商或表決法規的草案時，對理事會亦適用之。

　　(3) 保留本項所規定的原則與條件，任何一個歐盟人民、住所在一會員國內的自然人、或章程規定的所在地在一會員國內的法人，有權調閱歐盟機關、機構與其他單位的文件，而不問使用這些文件主體的形式。

　　依據普通的立法程序，由歐洲議會與理事會以規章規定行使此一文件調閱權的一般原則與基於公共或個人利益應適用的限制。

　　歐盟機關、機構與其他單位應保證其行為的透明化，並應依據第2段規定的規章於其議事規則中，規定關於調閱其文件的特別規定。

　　僅在歐洲聯盟法院、歐洲中央銀行與歐洲投資銀行執行行政任務時，本項規定才適用於歐洲聯盟法院、歐洲中央銀行與歐洲投資銀行。

第16條

(1) 任何人有權保護涉及其個人的資料。

(2) 依據普通的立法程序，歐洲議會與理事會應公布歐盟機關、機構與其他單位，以及由會員國在歐盟法的適用範圍內行使職務範圍內處理個人資料時的自然人保護規定與資料自由流通的規定。由獨立的機關監督這些規定之遵守。

　　依據本條約公布的規定，不牴觸歐洲聯盟條約第39條的特別規定。

第17條

(1) 歐盟應尊重在會員國內依據其法律規定教堂、宗教協會或團體所享有的地位，且不得侵害此一地位。

(2) 以相同的方式，歐盟應尊重世界觀的團體依據個別會員國的法律規定所享有的地位。

(3) 以承認其身分與特別的貢獻，歐盟應與教堂和團體維持一個公開、透明和定期的對話。

第二部分　禁止差別待遇與歐盟人民

第18條

　　不牴觸條約（歐洲聯盟條約與歐洲聯盟運作條約）的特別規定，在其適用範圍內，禁止任何一個以國籍為理由的差別待遇。

　　依據普通的立法程序，歐洲議會與理事會得制定禁止這類差別待遇的規定。

第19條

(1) 不牴觸條約（歐洲聯盟條約與歐洲聯盟運作條約）的其他規定，在條

約（歐洲聯盟條約與歐洲聯盟運作條約）移轉給歐盟職權的範圍內，依據特別的立法程序，且在歐洲議會之聽證後，理事會得以一致決議採取適當的預防措施，以期防制以性別、種族、血統、宗教或世界觀、殘疾、年齡、或性傾向[3]為理由的差別待遇。

(2) 不適用第1項規定，依據普通的立法程序，歐洲議會與理事會得規定歐盟的獎勵措施的基本原則，以支援由會員國採取的措施，但不包括任何調適會員國的法律規定與行政規章，以期致力於實現第1項規定的目標。

第20條

(1) 應實施歐盟人民。歐盟人民係指擁有一會員國國籍者。歐盟人民應補充會員國的國民，但不取代會員國的國民。

(2) 歐盟人民依據條約（歐洲聯盟條約與歐洲聯盟運作條約）之規定，享權利與盡義務。這些權利義務包括

a) 在會員國領土內自由遷徙和居住的權利；

b) 在有住所的會員國內，在歐洲議會的選舉與地方選舉上，享有積極的與消極的選舉權，而應與相關會員國的國民適用相同的條件；

c) 在其本國無外交關係的第三國領土上，與其他有外交關係會員國的國民在相同的條件下，有權享有每個會員國外交與領事機關之保護；

d) 有權向歐洲議會提出請願與向監察人請願，以及有權以任何一種條約語言向歐盟機關與諮詢的機構提出請求，並以相同的語言獲得答覆。

在條約（歐洲聯盟條約與歐洲聯盟運作條約）與適用條約（歐洲聯盟條約與歐洲聯盟運作條約）公布的措施規定的條件下與範圍內，行使這些權利。

第21條

(1) 除在條約（歐洲聯盟條約與歐洲聯盟運作條約）與施行規定內規範的

---

[3] 性傾向係指同性戀或異性戀而言。

限制與條件外，每個歐盟人民有權在會員國的領土內自由遷徙與居留。

(2) 為達成此一目標，而有必要公布歐盟執行職務，但條約（歐洲聯盟條約與歐洲聯盟運作條約）卻無職權規定時，則依據普通的立法程序，歐洲議會與理事會得公布法規，以便容易行使第1項的權利。

(3) 為達成與第1項相同的目標，條約（歐洲聯盟條約與歐洲聯盟運作條約）無職權規定為限，依據特別的立法程序，理事會得公布關於社會保障或社會保護的措施。在歐洲議會之聽證後，理事會以一致決議之。

第22條

(1) 任何一位歐盟人民在其住所所在的會員國內，對於地方選舉，享有積極的與消極的選舉權，且與住所地的會員國國民適用相同的條件。依據特別的立法程序，且在歐洲議會之聽證後，理事會以一致決議規定此一權利之行使，但不包括細節規定；因一會員國的特別問題而有正當理由時，並得作例外規定。

(2) 除第223條第1項與其施行規定外，任何一位歐盟人民在其住所所在的會員國內，對於歐洲議會的選舉，享有積極的與消極的選舉權，且與住所地的會員國國民適用相同的條件。依據特別的立法程序，在歐洲議會之聽證後，理事會以一致決議規定此一權利之行使，但不包括細節規定；因一會員國的特別問題而有正當理由時，並得作例外規定。

第23條

在其本國無外交關係的第三國領土上，與其他有外交關係會員國的國民在相同的條件下，任何一位歐盟人民享有外交與領事的保護。會員國應採取必要的預防措施，與進行對此一保護必要的國際談判。

依據特別的立法程序，且在歐洲議會之聽證後，理事會公布指令，以規定簡化此一保護必要的協調與合作措施。

第24條

歐洲聯盟條約第11條適用於人民創制的程序規定與條件，包括必須有會員國國民採取此一創制的最低數目在內，得由歐洲議會與理事會依據普通的立法程序，以規章規定。

依據第227條之規定，任何一位歐盟人民在歐洲議會，享有請願權。

任何一位歐盟人民得向依據第228條設置的監察人，提出請願。

任何一位歐盟人民得以歐洲聯盟條約第55條第1項所規定的任何一種語言，以書面向在前述條文或在歐洲聯盟條約第13條規定的任何一個機關或機構提出請求，並以相同的語言獲得答覆。

第25條

執行委員會每三年應向歐洲議會、理事會與經濟暨社會委員會，針對本部分之適用提出報告。在報告內，應考慮歐盟的永續發展。

除條約（歐洲聯盟條約與歐洲聯盟運作條約）有其他規定外，依據特別的立法程序，且在歐洲議會之聽證後，理事會得依據執行委員會所提出的報告，公布規定，以補充在第20條第2項所列舉的權利。在會員國依據其憲法規定同意後，這些規定才發生效力。

第三部分　歐盟的內部政策與措施

標題一：單一市場

第26條

(1) 歐盟應公布必要的措施，以期保證依據條約（歐洲聯盟條約與歐洲聯盟運作條約）的相關規定，以實現關於單一市場的發揮作用。

(2) 單一市場包括一個無內部邊界的區域，在區域內依據條約（歐洲聯盟條約與歐洲聯盟運作條約）的規定應保證商品、人員、勞務與資金的自由流通。

(3) 基於執行委員會之提案，理事會應規定必要的方針與條件，以期保證在所有相關領域的一個均衡進步。

第27條

在起草實現第26條目標的提案時，執行委員會應考量要求具有不同發展程度的國民經濟，以邁向建立單一市場努力的範圍，且得提議適當的規定。

若這些規定包含例外規定的形式，則例外規定必須是暫時的類型，且應盡

可能不影響單一市場的發揮作用。

標題二：自由的商品流通

第28條

 (1) 歐盟涵蓋一個包含所有商品交易的關稅同盟；關稅同盟包括禁止在會員國間的商品交易課徵進、出口關稅、與有相同效果的稅捐，以及對第三國實施共同的關稅稅率。

 (2) 第30條與本標題第三章適用於來自其他會員國的商品，以及適用於已經在一會員國內自由流通的第三國商品。

第29條

 來自第三國的商品已完成在一會員國的進口手續，以及已對其課徵應繳納的關稅與有相同效果的稅捐，且並未全部或部分退稅時，即視為已經在一會員國內自由流通的商品。

第一章　關稅同盟

第30條

 在會員國間禁止課徵進口稅、出口稅或有相同效果的稅捐。此一禁止亦適用於財政關稅。

第31條

 基於執行委員會之提案，理事會規定共同關稅的稅率。

第32條

 在行使基於本章所移轉的任務，執行委員會應遵守下列的觀點：

 (1) 促進會員國與第三國間的貿易往來之必要性；

 (2) 僅以發展會導致增加企業的競爭力為限，在歐盟內競爭條件之發展；

 (3) 歐盟對於原料與半成品的供應需求；而執行委員會應注意在會員國間不會扭曲對成品的競爭條件；

 (4) 避免造成會員國經濟生活的嚴重干擾與保障在歐盟內製造合理發展和擴大消費之必要性。

第二章　海關合作

第33條

　　在條約（歐洲聯盟條約與歐洲聯盟運作條約）的適用範圍內，依據普通的立法程序，歐洲議會與理事會應採取措施，以擴大在會員國間的海關合作，以及在會員國與執行委員會間的海關合作。

第三章　會員國間禁止限額措施

第34條

　　在會員國間禁止採取進口限額措施，以及所有具有相同效果的限額措施。

第35條

　　在會員國間禁止採取出口限額措施，以及所有具有相同效果的限額措施。

第36條

　　第34條與第35條規定不得違反以公共道德、秩序與安全、爲保護人類、動物或植物的健康與生活、爲保護具有藝術、歷史或考古價值的國家文化遺產、或爲保護營業與商業上財產之事由，而合法正當的禁止或限制進口、出口、與過境運輸；但此一禁止或限制既不得作爲恣意的差別待遇之方法，亦不得造成隱藏地限制會員國間的貿易往來。

第37條

(1) 會員國應改組其國營的商業獨占，以期不會在會員國國民間造成供應與銷售條件上的任何差別待遇。

本條規定亦適用於由一會員國在法律上或事實上管制、操縱、或明顯地影響會員國間直接或間接的進口或出口的所有機構。本條規定亦適用於由國家移轉給其他權利主體的獨占。

(2) 會員國不得採取牴觸第1項原則的新措施、或會限制在會員國間禁止課徵關稅和採取限額措施條款適用範圍的任何新措施。

(3) 若一規定係爲使農產品更容易銷售或利用，而與國營的商業獨占相結合時，在適用本條規定時，應保障相關製造者的就業與生活狀況有同等的保證。

標題三：農業與漁業

第38條

(1) 歐盟應規定共同的農業與漁業政策，並施行之。

  單一市場亦包括農業、漁業與農產品的交易。農產品係指土地作物、畜牧產品、漁產品，以及與這些產品有直接關聯的初級加工品。關於共同農業政策或農業、與使用農業定義，係指在考慮漁業範圍的特別特徵下，亦包括漁業在內。

(2) 僅以第39條至第44條無其他規定者為限，建立單一市場或單一市場發揮作用的規定，亦適用於農產品。

(3) 適用第39條至第44條規定的產品，應列舉於附件一。

(4) 共同農業政策之形成，應與對於農產品的單一市場發揮作用與發展結合在一起。

第39條

(1) 共同農業政策之目標為：

  a) 以促進技術進步、農業生產合理化與盡可能最佳利用生產要素，特別是勞動力，以提高農業的生產力；

  b) 特別是以提高每個從事農業人口所得的方式，以保障農人相當的生活水準；

  c) 穩定市場；

  d) 確保供應；

  e) 考量以適當的價格供應消費者。

(2) 在形成共同農業政策與因而適用的特別方法時，必須考量下列的事項：

  a) 農業活動因農業的社會結構、在不同的農業區域結構上與自然條件差異所產生特有的特性；

  b) 逐步地實施適當的調整措施之必要性；

  c) 農業為會員國與全部國民經濟緊密結合的一個經濟部門之事實。

第40條

(1) 為實現第39條之目標，應建立一個共同的農業市場規範。

共同的農業市場規範係依據產品，以下列的規範形式組成：

a）共同的競爭規範；

b）有拘束力的協調不同的個別會員國市場規範；

c）歐洲的市場規範。

(2) 依據第1項所形成的內部市場規範，得包括為施行第39條規定的所有必要措施在內，特別是價格規定、對不同產品生產與分配的補貼、儲藏措施與補償措施、為穩定進口和出口而設立共同的機構。

單一市場規範必須以追求第39條的目標為限，且應排除在歐盟內在生產者與消費者間的所有差別待遇。

可能制定的共同價格政策，必須以共同原則與單一的計算方法為依據。

(3) 為使第1項所規定的單一市場規範能達成其目標，得設立一個或數個農業調整基金或保證基金。

第41條

為實現第39條之目標，得在共同農業政策的範圍內，規定下列的措施：

(1) 有效率的協調在職業教育、農業專業知識的研究與傳播領域上之努力；並得因此共同支出計畫或機構的費用；

(2) 共同措施，以鼓勵消費特定產品。

第42條

僅以歐洲議會與理事會在考慮第39條所規定的目標，在第43條第2項與該項規定的程序範圍內，關於競爭規範的章節才得適用於農產品的生產與貿易。

基於執行委員會之提案，針對下列的事項，理事會得批准給與補貼：

(1) 為保護因結構或自然造成的條件而受不利益的經營；

(2) 在經濟發展計畫綱領的範圍。

第43條

(1) 為形成與施行共同農業政策，應由執行委員會提案，其中規定以在第40條第1項的單一市場規範形式，以及施行在本標題規定的措施取代個別會員國的市場規範。

這些提案必須考慮在本標題列舉農業問題的內在關聯性。

(2) 依據普通的立法程序，在經濟暨社會委員會之聽證後，歐洲議會與理

事會規定第40條第1項的單一市場規範與其他對實現共同農業與漁業政策目標必要的規定。

(3) 基於執行委員會之提案，理事會公布措施，以規定價格、稅捐、補貼與數額限制，以及規定在漁業的捕魚分配。

(4) 依據第1項之規定，以第40條第1項所規定的單一市場規範取代個別會員國的市場規範，

　　a) 會員國已表明反對單一市場規範，且對相關的生產有自己的市場規範，若單一市場規範給與該會員國對於相關生產者的就業與生活水準同等的保證時，而應考慮在期限屆滿可能的調整和必要的專業化；且

　　b) 若單一市場規範確保在歐盟內的貿易往來的條件，符合單一市場。

(5) 在對於相關農產品的加工品成立共同的市場規範前，若對特定的原料成立共同的市場規範前，在該原料規定使用於出口至第三國的加工產品時，則得自歐盟外的國家進口該原料。

第44條

若在一會員國內對於一農產品有本國的市場規範或有相同效果的規定時，且因而在其他會員國內損害相同種類的生產的競爭狀況時，則由該會員國在進口來自有市場規範或規定會員國的系爭農產品時課徵平衡稅，但此一會員國對出口系爭農產品時課徵平衡稅時，不在此限。

執行委員會應規定此一平衡稅必要的額度，以恢復均衡；執行委員會並得批准其他的措施，在措施中，執行委員會規定條件與細節。

標題四：自由遷徙、自由的勞務流通與資金流通

第一章　勞動力

第45條

(1) 在歐盟內，應保障勞工的自由遷徙。

(2) 勞工自由遷徙包括針對就業、工資與其他的工條件，應廢除會員國對於勞工以國籍為依據的所有不同待遇。

(3) 除基於公共秩序、安全與衛生之事由而合法正當的限制外，勞工自由

遷徙應賦與勞工下列的權利：

　　a）應徵實際上存在的職位；

　　b）為應徵工作之目的，在會員國的領土範圍內，自由遷徙；

　　c）在一會員國內居留，以期在該會員國內依據適用於其本國勞工的
　　　　法律規定與行政規章從事職業；

　　d）在職業結束後，在一會員國領土內繼續居留，並由執行委員會以
　　　　規章規定繼續居留的條件。

（4）本條規定不適用於公共行政的工作。

第46條

　　依據普通的立法程序，且在經濟暨社會委員會之聽證後，歐洲議會與理事會以指令或規章，採取所有必要的措施，以期建立在第45條規定的勞工自由遷徙，特別是

（1）以確保在個別會員國對於職業管理的緊密合作；

（2）以消除因會員國本國法規或先前在會員國間的協定所產生、且會阻礙建立勞工自由遷徙的行政手續與行政實務，以及進入工作崗位任職應遵守的期限；

（3）以消除所有在會員國本國法規或先前在會員國間的協定所規定的、且對來自其他會員國的勞工在自由選擇工作上不同於對本國勞工條件的期限與其他的限制；

（4）在勞動市場上，對凝聚與平衡供需，以建立適當的程序，排除造成生活水準、在個別領域和產業就業程度嚴重危害的條件。

第47條

　　在一個共同的計畫綱領範圍內，會員國應促進年輕勞動力的交流。

第48條

　　依據普通的立法程序，歐洲議會與理事會應決議在社會保障領域對於建立勞工自由遷徙必要的措施；為達成此一目標，特別是歐洲議會與理事會應實施一個保障流動的勞工、自由業者，以及其有請求權家屬的制度，以保障下列的事項：

（1）合併計算所有依據不同會員國法規應考慮的工作時間、給付請求權的維持，以及合併計算給付；

(2) 給付應支付給居住於會員國領土的人。

若理事會的一成員聲明，依據第1項的法規草案有可能損害其社會保障制度的重要觀點，特別是其社會保障制度的適用範圍、成本或財務結構、或法規草案有可能損害其社會保障制度的財務均衡時，則該成員得申請由歐洲高峰會議處理。在這種情形，應中止普通的立法程序。在討論後，在普通的立法程序中止後四個月內，歐洲高峰會議應採取下列的行動：

(1) 將草案退回理事會，因而繼續普通的立法程序，或
(2) 不考慮一個行動、或歐洲高峰會議請求執行委員會提出一個新的提案；在這種情形，原始的提案視為未通過。

第二章　營業所設立權

第49條

依據下列的規定，禁止限制一會員國國民在其他會員國領土內自由設立營業所。限制一會員國國民在其他會員國設立代辦處、分支機構或子公司，亦適用之。

保留關於資金流通的章節，營業所設立自由包括依據營業所在國對於其本國國民的規定，開設獨立的營業所與執業，以及企業的設立與管理，特別是指第54條第2項的公司。

第50條

(1) 依據普通的立法程序，且在經濟暨社會委員會之聽證後，歐洲議會與理事會決議公布指令，以實現對特定工作的營業所設立自由。
(2) 歐洲議會、理事會與執行委員會應履行基於上述規定所移轉的任務，特別是藉由
　a) 通常優先處理，以特別的方式，促進生產與貿易發展的工作之營業所設立自由；
　b) 確保在會員國的主管行政機關間的緊密合作，以期瞭解在歐盟內不同工作領域的特別狀況；
　c) 排除因會員國法規或先前在會員國間締結的協定所造成會阻礙維持營業所設立自由的行政程序與行政實務；
　d) 關心在其他會員國領土內就業的勞工，在該會員國內得繼續居

留，與在相同的條件下得從事獨立自主工作的情況。即勞工在欲
前往就業的會員國入境時，必須符合就業國所規定的條件；

e）僅以因而不違反第39條第2項的原則為限，應使另一會員國的國民
亦得在其他會員國領土內取得與利用不動產；

f）關於在會員國領土內設立代辦處、分支機構與子公司以及總營業
所人員進入管理機關或監督機關的要件，促使在每一個要考慮的
經濟領域應逐步地廢除對於營業所設立自由之限制；

g）僅以為維護股東與第三人的利益必須協調在第54條第2項規定的公
司保護規定為限，以期形成這些規定的同等地位；

h）確保對於營業所設立自由的條件，不受會員國的補貼扭曲。

第51條

本章規定不適用於在相關會員國中持續的或暫時的結合行使公權力的工作。

依據普通的立法程序，歐洲議會與理事會得以條件多數決議，不適用本章
規定的特定工作。

第52條

（1）本章規定與基於本章規定所採取的措施，不得危及對於外國人的特別
規定與基於公共秩序、安全或衛生合法正當的法律規定與行政規章之
適用。

（2）依據普通的立法程序，歐洲議會與理事會應公布協調上述規定的指
令。

第53條

（1）為簡化獨立自主的職業之就業與執業，依據普通的立法程序，歐洲議
會與理事會應公布互相承認文憑、考試證書與其他資格證明，以及協
調會員國關於獨立自主職業就業與執業法律規章的指令。

（2）逐步廢除對醫師、與醫師類似的職業、藥劑師的限制，前提要件為在
個別會員國內協調這類職業的執業條件。

第54條

依據一會員國的法律設立、而依其章程在歐盟內有所在地、總管理處或總
營業所的公司，在適用本章的規定時，與擁有會員國國籍的自然人享有相同的
待遇。

民法上的合夥、商法上的公司 [4]，包括合作社、其他公法上與私法上的法
人在內，均視為公司，但非以營利為目的之法人，不在此限。

第55條

不牴觸條約（歐洲聯盟條約與歐洲聯盟運作條約）的其他規定，關於其持
有第54條規定公司的資金，會員國應給與來自其他會員國的國民享有相同的國
民待遇。

第三章　勞務

第56條

在歐盟內，依據下列的規定，對於會員國國民居住於其他會員國內作為給
付受領人，應禁止勞務自由流通之限制。

依據普通的立法程序，歐洲議會與理事會得以決議，本章的規定亦適用於
第三國國民但居住於歐盟內的勞務提供者。

第57條

條約（歐洲聯盟條約與歐洲聯盟運作條約）規定之勞務，係指通常是有對
價的提供勞務，但以不適用關於商品自由流通、資金自由流通與人員自由遷徙
之規定為限。

視為勞務者，特別是：

（1）營利的工作，

（2）商業的工作，

（3）手工業的工作，

（4）自由業的工作。

不牴觸關於營業所設立自由章之規定，以提供其勞務為目的，勞務提供者
在提供勞務所在地、且在該會員國對其本國國民規定的條件下，暫時的在該會
員國提供勞務。

第58條

（1）在交通運輸領域的勞務自由流通，適用關於交通標題之規定。

（2）與資金流通結合的銀行及保險業的勞務自由化，應符合資金流通自由

4　例如無限公司、兩合公司、有限公司、股份有限公司。

化規定施行之。

第59條

(1) 依據普通的立法程序，且在經濟暨社會委員會之聽證後，歐洲議會與理事會制定公布指令，以自由化特定的服務業。

(2) 在第1項規定的指令，應優先考慮直接影響生產成本的勞務、或其自由化係致力於促進商品流通的勞務。

第60條

若會員國的總體經濟狀況與相關經濟部門的狀況允許時，會員國應致力於逾越依據第59條第1項指令規定的勞務自由化範圍。

執行委員會應向相關的會員國，提出相關的建議。

第61條

只要是尚未廢除勞務自由流通之限制，任何一個會員國不因國籍或居所地不同，而差別的適用於這些在第56條第1項所規定的勞務提供者。

第62條

第51條至第54條之規定，適用於本章所規範的事物。

第四章　資金與支付自由流通

第63條

(1) 在本章規定的範圍內，在會員國間，以及在會員國與第三國間，應禁止資金流通所有的限制措施。

(2) 在本章規定的範圍內，在會員國間，以及在會員國與第三國間，應禁止支付流通所有的限制措施。

第64條

(1) 第63條規定不得牴觸在1993年12月31日依據個別會員國的法律規定、或基於歐盟對於和第三國資金流通涉及直接投資，包括不動產之投資在內，營業所設立、提供金融服務、或在資本市場上市有價證券所公布的法律規定適用於第三國的限制。對於保加利亞、愛沙尼亞和匈牙利，則適用在1999年12月31日時依據會員國國內法規存在的限制。對於克羅埃西亞，則適用在2002年12月31日時依據會員國國內法規存在的限制。

(2) 不牴觸條約（歐洲聯盟條約與歐洲聯盟運作條約）其他章，以及在會員國與第三國間努力盡可能廣泛的實現資金自由流通，依據普通的立法程序，歐洲議會與理事會決議與第三國資金流通涉及直接投資，包括不動產的投資在內、設立營業所、金融服務提供、或在資本市場上市有價證券的措施。

(3) 不適用第2項規定，依據特別的立法程序，且在歐洲議會之聽證後，僅理事會得以一致決議，在歐盟法的範圍內減緩與第三國資金流通自由化。

第65條

(1) 第63條規定不得牴觸會員國下列的權利：

a）適用其稅法對納稅義務人，因不同住所或投資地而有不同待遇的相關規定；

b）為阻礙違反本國法律規定與行政規章的違法行為，特別是在稅法和監督金融機構領域所採取的必要措施，以及為了管理或統計資料之目的，所規定資金流通的申報程序、或基於公共秩序或安全而合法正當所採取的措施。

(2) 本章規定不得牴觸符合條約（歐洲聯盟條約與歐洲聯盟運作條約）對營業所設立權限制之適用。

(3) 在第1項與第2項規定的措施與程序，既不得作為恣意差別待遇的方法，亦不得作為對第63條自由資金與支付流通的隱藏限制。

(4) 若未依據第64條第3項之規定公布措施時，則執行委員會得公布一個決議、或在執行委員會在相關的會員國提出相關的申請後三個月內未公布決議時，則理事會得公布一個決議，以規定由一會員國對一個或數個第三國採取租稅的限制措施，視為符合條約（歐洲聯盟條約與歐洲聯盟運作條約）、視為因歐盟的一個目標而合法正當與符合單一市場符合制度的發揮作用。基於一會員國之申請，理事會以一致決議之。

第66條

在非常的情況，若資金流入第三國或自第三國流入資金，對經濟暨貨幣同盟的發揮作用造成嚴重干擾或有造成嚴重干擾之虞時，基於執行委員會之提

案，且在歐洲中央銀行之聽證後，得由理事會對於第三國採取適用期限最高為六個月的保護措施，但僅以係有絕對必要時為限。

標題五：自由、安全與司法的區域

第一章　一般規定

第67條

(1) 歐盟應形成一個自由、安全與司法的區域，在區域內應尊重基本權利、會員國不同的法律制度與法律傳統。

(2) 歐盟應確保在內部邊界不檢查人員、與在庇護、移民與在外部邊界檢查的領域，應發展依據會員國團結和對第三國國民適當的共同政策。為達成本標題之目標，無國籍者與第三國國民享有相同的地位。

(3) 歐盟應致力於以措施達成預防與防制犯罪，以及種族主義和排外主義之目的、達成警察機關、刑事司法機關與其他主管機關間協調與合作之目的，以及以相互承認刑事判決和必要時以調適會員國刑法規定的方式，以保證高度的安全。

(4) 歐盟應簡化進用司法，特別是藉由在民事案件法院判決與法院外的決定相互承認的原則達成。

第68條

歐洲高峰會議應規定在自由、安全與司法的範圍立法與運作計畫規劃的策略準繩。

第69條

在第4章（刑事案件的司法合作）與第5章（警察合作）範圍提出的立法提案與創制上，依據關於適用輔助原則與比例原則議定書之規定，會員國國會應關注輔助原則之遵守。

第70條

不牴觸第258條、第259條與第260條規定，基於執行委員會之提案，理事會公布措施，以規定細節，依據這些細節會員國應與執行委員會合作，由會員國的機關進行對施行本標題規定的歐盟政策客觀的與中立的評估，特別是以期

促進相互承認原則廣泛的適用。應告知歐洲議會與會員國國會此一評估的內容與結果。

第71條

在理事會內應設立一個常設的委員會，以期確保在歐盟內促進與加強在國內安全範圍的運作合作。不牴觸第240條之規定，常設委員會應促進會員國主管機關所採取措施之協調。歐盟相關機構與其他單位的代表得參與常設委員會的工作。應告知歐洲議會與會員國國會關於委員會正在進行的工作。

第72條

本章規定不得牴觸會員國執行維護公共秩序與保護國內安全之職權。

第73條

會員國得自行決定，在主管的單位間相互與以自己的責任合作的形式與協調，設立以其認為適當的負責保護國家安全行政機關。

第74條

理事會應公布措施，以期保障在本標題範圍內會員國主管機關間進行的行政合作，以及保障會員國這些機關與執行委員會間進行的合作。就此，保留第76條之規定，基於執行委員會之提案，且在歐洲議會之聽證後，理事會決議措施。

第75條

只要是必要者，以期達成第67條針對預防和防制恐怖主義與相結合活動之目標，依據普通的立法程序，歐洲議會與理事會應以規章建立一個針對資金移動與支付行政措施的架構，得包括自然人或法人、團體或非國家的單位所有或持有的金錢、財務上財產價值或經濟上獲利之凍結。

基於執行委員會之提案，理事會應公布措施，以落實第1項規定的架構。

在本條規定的法規內，必須規定權利保護的必要規定。

第76條

如下列的規定，公布第4章與第5章規定的法規與在第74條規定的措施，以保證在上述章範圍的行政合作：

（1）基於執行委員會之提案，或

（2）基於四分之一會員國的創制。

第二章 在邊界管制、庇護與移民範圍的政策

第77條

(1) 歐盟應發展政策，以規範下列的事項：

　　a）應確保無論國籍為何在跨越內部邊界時，不受人員檢查；

　　b）應確保在外部邊界上人員檢查與跨越邊界的有效監督；

　　c）應逐步地實施在外部邊界上結合的邊界保護系統。

(2) 為達成第1項規定的目標，依據普通的立法程序，歐洲議會與理事會應針對下列的範圍公布措施：

　　a）關於簽證與其他短期居留名義的共同政策；

　　b）在跨越外部邊界時進行的人員檢查；

　　c）在歐盟內在短的期限內，第三國國民得自由遷徙的前提要件；

　　d）對於逐步在外部邊界實施結合的邊界保護系統所有必要的措施；

　　e）在跨越內部邊界時，同樣的廢除哪些國家國民的人員檢查。

(3) 若顯示歐盟的行為是有必要，以簡化在第20條第2項第a款規定的權利行使，只要是歐洲聯盟條約與歐洲聯盟運作條約未有其他的職權規定，則依據特別的立法程序，理事會得公布關於護照、身分證、居留名義或同等文件的規定。在歐洲議會之聽證後，理事會以一致決議之。

(4) 本條規定不牴觸會員國依據國際法在地理上確定其邊界的職權。

第78條

(1) 在庇護、補充的保護與暫時的保護範圍，歐盟應發展一個共同的政策，以提供一個需要國際保護的第三國國民適當的身分與保證遵守不遣返原則。此一政策必須符合依據1951年7月28日的日內瓦協定與1967年1月31日關於難民法律地位議定書，以及其他相關的條約。

(2) 為達成第1項規定的目標，依據普通的立法程序，針對共同的歐洲庇護制度，歐洲議會與理事會公布包含下列事項的措施：

　　a）對第三國國民在全部歐盟內有效的統一庇護身分；

　　b）對未取得歐洲庇護身分但需要國際保護的第三國國民，一致的補充保護身分；

  c）在大量湧進的情形，對於受驅逐者暫時保護的共同規定；

  d）給與及沒收庇護身分一致的規定，以及補充保護身分的共同程序；

  e）會員國主管機關審查庇護或補充保護申請規定之標準與程序；

  f）庇護或補充保護申請者接受條件之規範；

  g）和第三國的夥伴關係與合作，以掌控庇護或補充保護，以及暫時保護申請者的湧入。

（3）由於第三國國民的突然湧進，而造成一個或數個會員國處於一個緊急狀況時，基於執行委員會之提案，理事會得公布有利於相關會員國的暫時措施。在歐洲議會之聽證後，理事會決議之。

第79條

（1）歐盟應發展一個共同的移民政策，在所有的階段應保障有效率的掌控移民潮、適當的處理合法居留於一會員國的第三國國民，以及預防和加強防制非法移民和人口販賣。

（2）為達成第1項規定的目標，依據普通的立法程序，歐洲議會與理事會公布在下列領域的措施：

  a）會員國的入境與居留條件，以及給與簽證和長期居留名義的標準，包括依親的長期居留名義在內；

  b）在一會員國內合法居留第三國國民權利之規定，包括亦得在其他會員國自由遷徙和居留的條件在內；

  c）非法移民、非法居留，包括對在會員國內非法居留者之遣送與遣返；

  d）防制人口販賣，特別是婦女與兒童之販賣。

（3）歐盟得與第三國締結遣返第三國國民返回其來源國或母國的協定，該第三國國民不構成或不再構成入境一會員國領土或在該領土內出現或居留的要件。

（4）依據普通的立法程序，排除每個會員國法規的調適，歐洲議會與理事會得公布措施，以規定會員國應致力於促進與支援在其領土內合法居留的第三國國民之融入社會。

（5）本條規定不牴觸會員國規定有多少來自第三國的國民得入境其領土作

為勞工或獨立工作求職的權利。

第80條

在會員國間的團結與公平分擔責任原則，包括在財務方面，適用於在本章規定的歐盟政策與其施行。依據本章公布的歐盟法規，總是以係必要時，應包括適用此一原則的相關措施。

第三章　在民事案件的司法合作

第81條

(1) 歐盟應依據法院判決與非法院裁決的相互承認原則，發展在有跨國關聯的民事案件的司法合作。此一合作得包含公布措施，以調適會員國的法律規定。

(2) 為達成第1項規定的目標，特別是係順利發揮單一市場作用所必須者為限，依據普通的立法程序，歐洲議會與理事會公布措施，以確保下列的事項：

   a）在會員國間相互承認與執行法院的判決與非法院的裁決；

   b）法院文書與非法院文書跨國的送達；

   c）符合在會員國內適用的衝突法規與避免權限衝突的規定；

   d）證據調查的合作；

   e）有效率的進用司法；

   f）消除順利進行民事訴訟的障礙，必要時以促進符合在會員國應適用的民事訴訟法規；

   g）發展其他調解爭端的方法；

   h）促進法官與司法人員的進修。

(3) 不適用第2項規定，依據特別的立法程序，理事會應規定涉及跨國的家事法措施。在歐洲議會之聽證後，理事會以一致決議之。

基於執行委員會之提案，理事會得公布決議，以規定涉及跨國的家事法得作為法律規定標的之觀點，依據普通的立法程序公布此一法律規定。在歐洲議會之聽證後，理事會以一致決議之。

在第2段規定的提案，應轉交給會員國國會。若此一提案在轉交後六個月遭一個會員國國會拒絕時，則不公布決議。若提案未遭拒絕時，則理事會得公

布決議。

第四章　在刑事案件的司法合作

第82條

(1) 在歐盟的刑事案件的司法合作，以法院判決的相互承認原則爲基礎，且包含在第2項與第83條規定的範圍內會員國法律規定之調適。

依據普通的立法程序，歐洲議會與理事會公布措施，以期

a) 規定規劃與程序，以確保在全部歐盟內承認所有類型的判決與法院的裁決；

b) 防止與調解會員國間的權限衝突；

c) 促進法官、檢察官與司法人員的進修；

d) 在犯罪追訴、施行與判決執行範圍，簡化會員國司法機關或相關機關間的合作。

(2) 以係爲簡化法院判決和裁決之相互承認、在跨國範圍的刑事案件之警察合作和司法合作有必要者爲限，依據普通的立法程序，歐洲議會與理事會得以指令規定最低標準。在這些最低標準的規定中，應考慮會員國法律制度和法律傳統間之差異。

a) 在會員國間相互的基礎上，證據之合法性；

b) 在刑事訴訟上，個人的權利；

c) 犯罪行爲被害人的權利；

d) 刑事訴訟其他之前已經由理事會以決議規定的特別事務；在歐洲議會之同意後，由理事會以一致決議公布決議。

依據本項規定公布的最低標準規定，不應阻礙會員國保留或實施對個人更高的保護標準。

(3) 若理事會的一位成員認爲，第2項規定的指令草案有可能牴觸其刑法制度的基本觀點時，則申請由歐洲高峰會議處理。在這種情形，應中止普通的立法程序。在討論後，在對草案有共識的情形，在普通立法程序中止後四個月內，歐洲高峰會議應將草案退回理事會，並繼續普通的的立法程序。

只要是未達成共識，但至少九個月會員國想要根據相關的指令草案建

立加強的合作時，則這些會員國在相同的期限內應告知歐洲議會、理事會與執行委員會。在這種情形，視為給與歐洲聯盟條約第20條第2項與本條約第329條第1項規定的授權加強合作，並適用關於加強合作的規定。

第83條

(1)　依據普通的立法程序，在特別重大犯罪的範圍，歐洲議會與理事會得以指令規定犯罪行為與刑罰的最低標準規定；所謂的特別重大犯罪係指依據犯罪行為的種類或影響、或特別的基礎上加以防制、有跨國的規模。

這種犯罪領域是：恐怖主義、人口販賣、婦女和兒童的性剝削、非法的毒品交易、非法的武器交易、洗錢、賄賂、偽造貨幣、電腦犯罪與組織的犯罪。

按照犯罪的發展，理事會得公布決議，以規定構成本項規定標準的其他犯罪領域。在歐洲議會之同意後，理事會以一致決議之。

(2)　在作成調適措施的領域有效率地施行歐盟的政策，顯示有必要調適會員國的刑法規定時，則得以指令規定在相關領域犯罪行為和刑罰的最低標準規定。不牴觸第76條規定，依據與相關的調適措施相同的普通或特別立法程序，公布這些指令。

(3)　若理事會的一成員認為，第1項或第2項的指令草案有可能牴觸其刑法制度的基本觀點時，則得申請由歐洲高峰會議處理。在這種情形，應中止普通的立法程序。在討論後，在草案有共識的情形，在普通立法程序中止後四個月內，歐洲高峰會議應將草案退回理事會，並繼續普通的立法程序。

只要是未達成共識，但至少九個月會員國想要根據相關的指令草案建立加強的合作時，則這些會員國在相同的期限內應告知歐洲議會、理事會與執行委員會。在這種情形，視為給與歐洲聯盟條約第20條第2項與本條約第329條第1項規定的授權加強合作，並適用關於加強合作的規定。

第84條

依據普通的立法程序，排除每個會員國法規的調適，歐洲議會與理事會得

規定措施，以期在犯罪預防範圍上促進和支援會員國的行動。

第85條

(1) 在二個或數個會員國受波及時、或有必要在共同的基礎上追訴時，歐洲司法合作處有任務，支援與加強會員國負責調查和追訴重大犯罪的機關間的協調與合作；因此，歐洲司法合作處係以會員國的機關、由歐洲警察署實施的行動和交付的資訊爲依據。

　　爲達成這些目標，依據普通的立法程序，歐洲議會與理事會以規章規定歐洲司法合作處的設立、職務範圍與任務。下列的事項得屬於其任務：

　　a) 展開刑法的偵查措施，以及建議會員國主管機關實施展開刑法的追訴措施之提議，特別是在犯罪行爲不利於歐盟的財政利益；

　　b) 協調在第a款規定的偵查與追訴措施；

　　c) 司法合作之加強，其中亦包括以調解權限衝突和與歐洲司法網絡的緊密合作。

　　再者，以此一規章，規定歐洲議會與會員國國會參與評價歐洲司法合作處活動的細節。

(2) 在第1項規定的犯罪追訴措施的範圍，不牴觸第86條之規定，由會員國的主管機關進行正式的訴訟行爲。

第86條

(1) 爲防制不利於歐盟財政利益的犯罪行爲，依據特別的立法程序，理事會以規章在歐洲司法合作處中設立一個歐洲檢察署。在歐洲議會之同意後，理事會以一致決議之。

　　只要未達成共識，至少有九個會員國的團體得申請，由歐洲高峰會議處理規章的草案。在這種情形，應中止在理事會的程序。在討論後，在達成共識的情形，歐洲高峰會議在程序中止後四個月內應將草案退回理事會進行決議。

　　只要是未達成共識，但至少有九個會員國想要根據相關的規章草案建立加強的合作時，則這些會員國應在相同的期限內告知歐洲議會、理事會與執行委員會。在這種情形，視爲給與歐洲聯盟條約第20條第2項與本條約第329條第1項規定的授權加強合作，並適用關於加強合作的

　　　規定。

（2）必要時結合歐洲警察署，歐洲檢察署應負責刑法的調查與追訴，以及針對在第1項規章規定的不利於歐盟財政利益犯罪行為的行為人或共犯提起訴訟。在這些犯罪行為，歐洲檢察署應在會員國的管轄法院內執行任務。

（3）在第1項規定的規章應規定歐洲檢察署章程、履行其任務的細節、對其行動適用的程序規定，以及在履行其任務進行訴訟行為時，歐洲檢察署證據方法之合法性與法院審查的規則。

（4）歐洲高峰會議得同時以通過規章或接著公布決議，以變更第1項規定，以期擴大歐洲檢察署的職權至有跨國規模的防制重大犯罪，與以變更第2項關於涉及超過一個會員國的重大犯罪行為的行為人或共犯的相關規定。在歐洲議會之同意後，且在執行委員會之聽證後，歐洲高峰會議以一致決議之。

第五章　警察合作

第87條

（1）歐盟應在會員國的所有主管機關間發展警察合作，包括警察、海關與其他預防或揭露犯罪行為和相關偵查的特別犯罪追訴機關在內。

（2）為達成第1項規定的目標，依據普通的立法程序，歐洲議會與理事會針對下列的事項，公布措施：

　　a）蒐集、儲存、處理、分析與交流有關的資訊；

　　b）支援人員的培訓與進修，以及關於人員交流、裝備器材與犯罪技術研究的合作；

　　c）共同的偵查技術，以揭露組織犯罪的重大形式。

（3）依據特別的立法程序，理事會得公布措施，以規範在本條規定機關間的行動合作。在歐洲議會之聽證後，理事會以一致決議之。

　　　只要是未達成共識，但至少有九個會員國的團體申請，由歐洲高峰會議處理措施的草案。在這種情形，應中止在理事會的程序。在討論後，在對草案達成共識的情形，在普通立法程序中止後四個月內，歐洲高峰會議應將草案退回理事會，以通過草案。

只要是未達成共識，但至少有九個會員國想要根據相關的規章草案建立加強的合作時，則這些會員國應在相同的期限內應告知歐洲議會、理事會與執行委員會。在這種情形，視為給與歐洲聯盟條約第20條第2項與本條約第329條第1項規定的授權加強合作，並適用關於加強合作的規定。

第2項與第3項規定的特別程序，不適用於係繼續發展申根現狀的法規。

第88條

(1) 歐洲警察署有任務，支援與加強會員國警察機關與其他犯罪追訴機關的行動，以及在預防和防制涉及兩個或數個的犯罪、恐怖主義與侵害係歐盟政策標的之共同利益的犯罪形式上，會員國警察機關和其他追訴機關的相互合作。

(2) 依據普通的立法程序，歐洲議會與理事會以規章規定歐洲警察署的組織、工作方式、職務範圍與任務。下列事項得屬於其任務：

a) 蒐集、儲存、處理、分析與交流資訊，而特別是由會員國或第三國機關、或歐盟外的單位轉交的資訊；

b) 偵查與由共同由會員國主管機關或在共同偵查小組範圍內進行的行動措施之協調、組織與施行，必要時與歐洲司法合作處連結。

再者，以這些規章規定由歐洲議會監督歐洲警察署職務的細節；會員國國會應參與此一監督。

(3) 歐洲警察署僅得連結會員國的機關或會員國、與和會員國的機關或會員國約定採取波及其領土的行動措施。強制措施之適用仍專屬的保留給個別會員國的機關。

第89條

依據特別的立法程序，理事會規定在何種的條件下與在何種的界限內，在第82條與第87條規定的會員國主管機關得在其他會員國領土內與其機關的連結和約定行動。在歐洲議會之聽證後，理事會以一致決議之。

標題六：交通

第90條

在本標題規定的事物範圍，在共同交通政策的範圍內，追求條約（歐洲聯盟條約與歐洲聯盟運作條約）之目標。

第91條

(1) 為施行第90條之規定，在考慮交通的特性下，依據普通的立法程序，且在經濟暨社會委員會與區域委員會之聽證後，歐洲議會與理事會

a）針對進、出一會員國領土的國際交通，以及經過一個或數個會員國領土的過境交通，擬定共同的規範；

b）規定營業所在外國的交通業者在一會員國內從事交通運輸的許可條件；

c）公布改善交通安全的措施；

d）公布所有其他合乎目的之規定；

(2) 在公布第1項規定的措施時，應考慮有可能嚴重妨礙在特定區域適用生活水準和就業狀況，以及交通機構經營的情形。

第92條

至公布第91條第1項的規定時止，一會員國直接或間接影響其他會員國的交通運輸業者，相較於本國交通運輸業者而言，在1958年1月1日、或在之後加入的國家，至其加入時止，不得制定在此一領域更不利的不同規定；但理事會以一致決議同意給與例外規定的措施時，則不在此限。

第93條

符合交通協調的要件、或與公共職務相關特定給付的津貼，而給與的補貼，均為符合條約（歐洲聯盟條約與歐洲聯盟運作條約）之補貼。

第94條

在條約（歐洲聯盟條約與歐洲聯盟運作條約）範圍內，針對運費與運輸條件所採取的任何措施，均必須考量交通運輸業者的經濟狀況。

第95條

(1) 在聯盟內的交通運輸，禁止任何一個差別待遇，即應禁止對交通業者

在相同交通路線上、對相同的貨物，按照其原產國或目的國適用不同的運費與運輸條件。

(2) 第1項規定不排除歐洲議會與理事會依據第91條第1項規定得採取的其他措施。

(3) 基於執行委員會之提案，且在歐洲議會與經濟暨社會委員會之聽證後，由理事會制定法規，以施行第1項規定。

特別是理事會得公布必要的法規，以期使歐盟機關得以注意第1項規定、與以期讓交通使用者完全享受此一規定的利益。

(4) 執行委員會依職權或因會員國之申請，檢討第1項差別待遇的情形，且在諮詢任何一個相關的會員國後，在依據第3項制定的規定範圍內，公布必要的決議。

第96條

(1) 在歐盟內的交通運輸，禁止由一會員國規定以任何形式補助、或保護一個或數個特定企業或產業為目的之運費與運輸條件，但執行委員會予以批准者，不在此限。

(2) 執行委員會依職權或依據會員國之申請，檢討第1項所規定的運費或運輸條件；在這方面，特別是執行委員會不僅應考慮適當的場所政策要件、落後區域之需要與因政治狀況而嚴重影響地區所造成的問題，而且必須考慮此一運費與運輸條件在運輸類型間對於競爭造成的影響。

執行委員會在諮詢相關的會員國後，公布必要的決議。

(3) 在第1項所規定的禁止，不適用於競爭的費率。

第97條

在通關時，除運費外，在考慮事實上所產生的費用下，交通運輸業者應繳納的稅捐或費用，不得超過相當的額度。

會員國應努力逐步地降低這些費用。

為施行本條規定，執行委員會得向會員國提出建議。

第98條

本標題的規定不得阻擾德意志聯邦共和國採取必要的措施，以期平衡其因德國分裂而對德國特定的相關區域的經濟所產生的經濟上不利益。在里斯本條

約生效後五年，基於執行委員會之提案，理事會得公布廢止本條規定的決議。

第99條

在執行委員會內應設立一個諮詢委員會；此一諮詢委員會由會員國政府任命的專家組成。根據交通問題之需要，執行委員會應聽取諮詢委員會之意見。

第100條

(1) 本標題適用於鐵路交通、公路交通與內河航行的運輸。

(2) 依據普通的立法程序，歐洲議會與理事會得對海運與空運制定適當的規定。在經濟暨社會委員會與區域委員會之聽證後，歐洲議會與理事會決議之。

標題七：關於競爭、租稅問題與法規調適的共同規定

第一章　競爭規範

第一節　對企業的規定

第101條

(1) 所有企業間之協議、企業協會之決議，以及相互配合的行為方式，會損害會員國間之貿易往來，並在單一市場內意圖阻礙、限制或扭曲競爭、或因而造成阻礙、限制或扭曲競爭之效果時，均為牴觸單一市場，應禁止之。特別是下列的情形：

　a) 直接或間接地規定進貨價格、銷售價格或其他的交易條件；

　b) 限制或管制生產、銷售、技術發展或投資；

　c) 市場區隔與供應來源之分配；

　d) 對交易夥伴，就相同價值的給付適用不同的條件，因而使交易夥伴受到不利的競爭；

　e) 在締約時附條件，而使契約的相對人受領在客觀上或在商業慣例上與契約標的物無關的額外給付。

(2) 本條規定的禁止協議或決議，為無效。

(3) 有下列情形者，得宣告不適用第1項之規定

　a) 企業間的協議或協議類型

　b）企業協會的決議或決議類型

　c）相互配合的行為方式或其類型，

在消費者適當的參與下所產生的盈餘，致力於改善商品的生產或分配、或致力於促進技術或經濟進步，

　a）若不限制參與的企業，將無法實現目標，或

　b）若不給與參與企機會，將對相關商品的重要部分排除競爭。

第102條

　　一個或數個企業濫用其在單一市場或在單一市場重要部分的優勢地位，因而會導致損害會員國間的貿易往來之結果時，係牴觸單一市場，應禁止之。

　　特別是下列的情形，構成這種濫用：

(1) 直接或間接的強迫接受不相當的進貨價格、銷售價格或其他的交易條件；

(2) 限制生產、銷售或技術發展，以期損害消費者；

(3) 對交易夥伴，就相同價值的給付，適用不同的條件，因而使交易夥伴受到不利的競爭；

(4) 在締約時附條件，使契約相對人受領在客觀上或在商業慣例上與契約標的物無關的額外給付。

第103條

(1) 為實現第101條與第102條規定的原則，基於執行委員會之提案，且在歐洲議會之聽證後，由理事會決議合乎目的之規章或指令。

(2) 第1項規定的法規，特別是應以下列事項為目的：

　a）以實施罰鍰或強制金，保證遵守第101條第1項與第102條的禁止規定；

　b）規定適用第81條第3項規定的細節；在盡可能簡單的行政監督上，應考慮有效率監督的要件；

　c）必要時，應更詳細的規定第101條與第102條對個別產業的適用範圍；

　d）在適用依據本項制定的規定時，應界定執行委員會與歐洲聯盟法院相互間的任務；

　e）規定會員國的國內法規與在本節所包含規定間的關係、或會員國

　　　　的國內法規與依據本條所制定的規定間之關係。

第104條

　　至依據第103條公布的法規生效時止，會員國的主管機關依據其國內法規、第101條，特別是第3項、與第102條之規定，決定協議、決議與相互配合的行為方式之合法性，以及決定在單一市場上優勢地位之濫用。

第105條

(1) 不牴觸第104條規定，執行委員會應遵守實現在第101條與第102條所規定的原則。基於一會員國之申請或依職權，執行委員會在會員國主管機關之協助下，應調查推定牴觸這些原則的違法行為。若執行委員會確認有違法行為時，則應提出適當的方法，以期消除這些違法行為。

(2) 若違法行為未消除時，則執行委員會應在附具理由的決議中確認存在違法行為。執行委員會得公告該決議，並授權會員國採取由其規定條件與細節的必要補救措施。

(3) 執行委員會得公布類型協議規章，以施行理事會依據第103條第2項第b款規定公布的規章或指令。

第106條

(1) 關於公營企業與由會員國授與特別或專屬權利的企業，會員國不得採取或保留違反條約（歐洲聯盟條約與歐洲聯盟運作條約），特別是違反本條約第18條、第101條至第109條之措施。

(2) 條約（歐洲聯盟條約與歐洲聯盟運作條約）的規定，特別是競爭規範，適用於委託以一般經濟利益勞務的企業或具有財政獨占性質的企業，但僅以這些規定之適用在法律上或事實上不會阻礙履行移轉給這些企業特別的任務為限。貿易往來之發展，不得妨礙違反歐盟利益的範圍。

(3) 執行委員會應重視本條規定之適用，必要時並應對會員國提出適當的指令或決議。

第二節　國家補貼

第107條

(1) 以條約（歐洲聯盟條約與歐洲聯盟運作條約）無其他規定者爲限，國家的補貼或由國家資金給與的補貼，不論其類型，只須因優惠特定的企業或生產部門而扭曲競爭或有扭曲競爭之虞，並會損害會員國間的貿易往來時，則爲牴觸單一市場。

(2) 符合單一市場的國家補貼爲：

　　a）對商品來源無差別待遇的給與個別的消費者具有社會性質的補貼；

　　b）爲消除因天然災害或其他非常事件所造成損害，而給與的補貼；

　　c）因德國的分裂，給與德國特定的相關區域經濟上的補貼，但以補貼係平衡因國土分裂而造成經濟上的不利益所必要者爲限。在里斯本條約生效後五年，基於執行委員會之提案，理事會得公布決議，以廢止此款規定。

(3) 下列的補貼，得視爲符合單一市場的補貼：

　　a）爲促進生活水準非常低的區域或擁有相當少工作機會區域的經濟發展，以及在第349條規定的區域在考慮其結構、經濟和社會狀況，而給與的補貼；

　　b）爲促進具有歐洲共同利益的重要計畫、或爲消除在一會員國經濟生活的嚴重干擾，而給與的補貼；

　　c）爲促進特定的經濟部門或經濟領域的發展，而給與的補貼，但以該補貼不會牴觸共同利益之方式，而變更交易條件爲限；

　　d）爲促進文化與文化遺產的保存，而給與的補貼，但僅以該補貼不會在牴觸共同利益的範圍，而損害歐盟內的貿易與競爭條件爲限；

　　e）其他類型的補貼，應由理事會基於執行委員會之提案，以決議規定其類型。

第108條

(1) 執行委員會應繼續的與會員國進行合作，以檢討在這些會員國內存在的補貼規定。執行委員會應建議會員國採取合乎目的的措施，以係使

內部市場持續發展與發揮作用所必須的措施。

(2) 在執行委員會對利害關係人發表意見的期限屆滿後,若執行委員會確認,由一會員國或一會員國資助的補貼依據第107條之規定牴觸單一市場時,由會員國濫用的適用補貼時,則執行委員會應決議,相關會員國在由其所規定的期限內,必須廢止或變更該補貼。

在規定的期限內,相關會員國不履行執行委員會的決議時,除第258條與第259條規定外,得由執行委員會或任何一個相關的會員國直接向歐洲聯盟法院提起訴訟。

若有非常情況而使該決議合法正當時,基於一會員國之申請,理事會得以一致決議,除第107條或依據第109條公布的規章外,由該會員國給與或計畫中的補貼,視為符合單一市場。關於此一補貼,若執行委員會已經開始進行本項第1段的程序時,則應由相關會員國向理事會申請中止該程序,直至理事會發表意見止。

在申請提出後三個月內,若理事會不發表意見時,則由執行委員會逕行決議。

(3) 任何一個欲實施或變更的補貼應及時的通知執行委員會,以便執行委員會得就該補貼發表意見。若執行委員會認為,該計畫依據第107條之規定不符合單一市場時,則應由執行委員會立即開始第2項所規定的程序。在執行委員會公布最終決議前,相關會員國不得施行計畫中的措施。

(4) 執行委員會得公布國家補貼類型的規章,以落實理事會依據第109條已經公布的規章,而得不適用第3項規定的程序。

第109條

基於執行委員會之提案,且在歐洲議會之聽證後,理事會得公布決議,所有符合第107條與第108條目的之施行規章,且特別是規定適用第108條第3項的條件,以及規定不適用此種程序的補貼類型。

第二章　租稅規定

第110條

對於來自其他會員國的商品,會員國既不得直接、又不得間接課徵高於相

同種類的本國商品直接或間接的國內稅。

　　對於來自其他會員國的商品，會員國不得課徵有可能間接保護其他製造的國內稅。

第111條

　　在出口商品至一會員國領土時，得退還國內稅，但不得超過對出口商品直接或間接所課徵的國內稅。

第112條

　　除營業稅、消費稅與其他的間接稅外，在出口商品至其他會員國時，僅以理事會事先基於執行委員會之提案，批准這些有限制期間的稅捐為限，才得減少或退還已課徵的稅捐、或在進口其他會員國商品時的平衡稅。

第113條

　　依據特別的立法程序，且在歐洲議會與經濟暨社會委員會之聽證後，理事會以一致決議，公布關於調適營業稅、消費稅與其他間接稅法規之規定，僅以此一調適係在對於單一市場之建立與發揮作用、避免扭曲競爭所必要者為限。

第三章　法規調適

第114條

(1) 以條約（歐洲聯盟條約與歐洲聯盟運作條約）無其他規定者為限，為實現第26條之目標，應適用下列的規定。依據普通的立法程序，且在經濟暨社會委員會之聽證後，歐洲議會與理事會公布措施，以調適會員國關於單一市場之建立與發揮作用的法律規定與行政規章。

(2) 第1項規定不適用於關於租稅、自由遷徙與勞工權益之規定。

(3) 在衛生、安全、環境保護與消費者保護範圍，執行委員會依據第1項規定提案時，應以高的保護水準為出發點，特別是應考慮所有以學術成果為基礎的新發展。在其職權範圍內，歐洲議會與理事會亦應致力於此一目標。

(4) 歐洲議會與理事會、理事會或執行委員會已經公布調適措施，若一會員國認為，因重要要件符合第36條、關於工作環境保護或環境保護而為合法正當，且有必要保留個別會員國的規定時，則應通知執行委員會這些規定與保留的理由。

(5) 不牴觸第4項之規定，在歐洲議會與理事會、理事會或執行委員會的調適措施公布後，因調整措施之公布對於這些會員國造成特別的問題，若一會員國認為，有必要實施以新的科學知識為基礎的個別會員國保護環境或工作環境的規定時，該會員國應通知執行委員會預計實施的規定與實施的理由。

(6) 依據第4項與第5項通知後的六個月內，執行委員會在審查這些個別會員國規定是否係作為恣意差別待遇的方法與在會員國間貿易往來的隱藏限制，以及是否會阻礙單一市場發揮作用後，執行委員會應決議核准或拒絕個別會員國相關的規定。

在此一期限內，若執行委員會未作成決議時，則視為核准在第4項與第5項所規定的個別會員國規定。

只要是基於困難的事實而合法正當、且對於人體的健康無危害為限，執行委員會得通知相關的會員國，必要時再延長本項所規定的期限至六個月的期限。

(7) 若依據第6項之規定，允許一會員國保留或實施不符合調適措施的個別會員國規定時，則執行委員會應立即審查是否應對該措施提出調整方案。

(8) 若一會員國就先前已經是調適措施內容的範圍提出特別的衛生問題時，則該會員國應通知執行委員會這些問題，然後執行委員會應立即審查是否應向理事會提出相當的措施。

(9) 不適用第258條與第259條之程序，執行委員會或一會員國認為，其他的會員國濫用在本條所規定的職權時，則執行委員會或該會員國得直接向歐洲聯盟法院提起訴訟。

(10) 上述的調適措施在適當的情形中與保護條款結合，而授權會員國基於在第36條所規定的一個或數個非經濟上的事由，採取受歐盟監督程序拘束的暫時措施。

第115條

不牴觸第114條之規定，依據特別的立法程序，且在歐洲議會與經濟暨社會委員會之聽證後，理事會以一致決議公布指令，以調適會員國直接影響單一市場之建立與發揮作用的法律規章。

第116條

若執行委員會確認，會員國間法律規定與行政規章存在的差異，扭曲在單一市場上的競爭條件，且因而造成扭曲的結果時，為消除此一現象，由執行委員會與相關會員國進行諮商。

若此一諮商未能消除此一扭曲時，則依據普通的立法程序，歐洲議會與理事會公布必要的指令。得公布所有在條約（歐洲聯盟條約與歐洲聯盟運作條約）規定的其他符合目的之措施。

第117條

(1) 若擔憂公布或修訂法律規定或行政規章會造成第116條所規定的扭曲時，欲採取此一措施的會員國應與執行委員會商談此事。在與會員國諮商後，執行委員會建議參與的會員國應避免此一扭曲的適當措施。

(2) 若打算公布或修訂其本國法規的會員國，不履行執行委員會對其所作的建議時，該會員國不得依據第116條之規定要求其他會員國修改其本國法規，以期消除扭曲現象。忽視執行委員會建議的會員國，在扭曲僅造成自己的不利益時，則不適用第116條規定。

第118條

在實現單一市場或單一市場發揮作用的範圍內，依據普通的立法程序，歐洲議會與理事會公布措施，以創造在歐盟內一致保護智慧財產權的歐洲權利名義，以及在歐盟層次實施集中化的核准、協調和監督規定。

依據特別的立法程序，理事會以規章規定歐洲權利名義的語言規範。在歐洲議會之聽證後，理事會以一致決議之。

標題八：經濟暨貨幣政策

第119條

(1) 歐洲聯盟條約第3條規定的會員國與聯盟的職務，包括依據條約（歐洲聯盟條約與歐洲聯盟運作條約）之規定實施以會員國經濟政策緊密協調、單一市場與規定共同目標為基礎的經濟政策，以及須具有自由競爭的開放市場經濟原則。

(2) 同時依據這兩個條約之規定與條約中規定的程序，這些職務包括實施

單一貨幣（歐元），以及規定與實施一個單一的貨幣與匯率政策。單一的貨幣與匯率政策首要追求的目標為價格穩定，不牴觸此一目標，在遵守有自由競爭的開放市場經濟原則下，應支援歐盟的一般經濟政策。

(3) 會員國與歐盟的職務，應以遵守下列的目標基本要點為前提要件：穩定的價格、健全的公共財政與貨幣的綱要條件，以及一個持續可支付的收支平衡。

第一章　經濟政策

第120條

會員國應轉達其經濟政策，以便會員國在第121條第2項規定的基本要點的範圍內致力在歐洲聯盟運作條約第3條規定的歐盟目標之實現。會員國與歐盟應符合具有自由競爭的開放市場經濟原則行為，因而促進一個有效率的資源利用；會員國與歐盟應遵守在第119條規定的原則。

第121條

(1) 會員國視其經濟政策為一個具有共同利益的事務，且應在理事會依據第120條之規定協調其經濟政策。

(2) 基於執行委員會之建議，理事會提出會員國與歐盟經濟政策基本要點的草案，並向歐洲高峰會議提出相關的報告。

根據理事會的這個報告，歐洲高峰會議應針對會員國與歐盟經濟政策的基本要點討論出結論。

根據此一結論，理事會應公布一個建議，在此一建議中應說明這些基本要點。

(3) 為能保障會員國更緊密的協調經濟政策與經濟成果持續的凝聚，理事會應監督在每一個會員國與在歐盟內的經濟發展，以及監督經濟政策符合在第2項規定的基本要點，並進行定期的整體評價。

為達成此一多邊監督之目標，全體會員國應向執行委員會交付在其經濟政策領域對重要的個別會員國措施的資料，以及其他其認為必要的資料。

(4) 若在第3項規定的程序範圍內確定，一會員國的經濟政策不符合第2項

規定的基本要點或有危害經濟暨貨幣同盟發揮符合制度的作用時，則執行委員會得對相關的會員國提出警告。基於執行委員會之建議，理事會得向相關的會員國提出建議。基於執行委員會之提案，理事會得決議公布其建議。

在本項範圍的理事會決議，不考慮相關會員國在理事會代表成員的票數。

依據第238條第3項第a款之規定，確定理事會其他成員的條件多數。

(5) 理事會主席與執行委員會應向歐洲議會提出多邊監督結果的報告。在理事會已經公布其建議時，得要求理事會主席出席歐洲議會主管的委員會。

(6) 歐洲議會與理事會得依據普通立法程序，以規章規定在第3項與第4項多邊監督程序的細節。

第122條

(1) 不牴觸在條約（歐洲聯盟條約與歐洲聯盟運作條約）規定的其他程序，在會員國間團結的精神下，基於執行委員會之提案，理事會得決議對經濟情勢採取相當的措施，特別是在一特定的商品供應出現嚴重困難的情形，尤其是在能源領域。

(2) 由於由會員國無法掌握的天然災害或不可抗力的事件，若一會員國因而陷於困難或有受嚴重困難的嚴重威脅時，基於執行委員會之提案，理事會得決議，在一定的條件下，給與相關的會員國歐盟的財政援助。理事會主席應通知歐洲議會之決議。

第123條

(1) 歐盟的機關、機構或其他的單位、會員國的中央政府、地區或地方的團體、其他公法上的法人團體、其他公法上的機構或公營事業，不得在歐洲中央銀行或會員國的中央銀行有透支或其他的融資貸款；亦不得由歐洲中央銀行或會員國的中央銀行直接取得這些機關或機構的債務名義。

(2) 第1項之規定不適用於金融機構的公共財產；由任何一個會員國中央銀行與歐洲中央銀行以中央銀行的資金提供資金給這些金融機構使用時，應將其視為民營的金融機構。

第124條

　　不得採取非基於監督法上理由，且對歐盟的機關、機構或其他單位、會員國的中央政府地區或地方的區域團體、或其他公法上的法人團體、其他公法上的機構或公營事業特權進用金融機構的措施。

第125條

(1) 歐盟對於會員國的中央政府、地區或地方的區域團體、其他公法上的法人團體、其他公法上的機構或公營事業的債務，不負責任，且不擔保這些債務；不牴觸相互的財政保證，此一規定適用於共同施行的特定計畫。一會員國對於其他會員國的中央政府、地區或地方的區域團體、其他公法上的法人團體、其他公法上的機構或公營事業的債務，不負責任，且不擔保這些債務；不牴觸相互的財政保證，此一規定適用於共同施行的特定計畫。

(2) 必要時基於執行委員會之提案，且在歐洲之議會之聽證後，理事會得更詳細的規定適用在第123條與第124條，以及在本條規定的禁止之定義。

第126條

(1) 會員國應避免過度的公共赤字。

(2) 針對確認的嚴重錯誤，執行委員會應監督在會員國的預算狀況與公共債務額度之發展。特別是執行委員會應依據下列的兩個標準審查是否遵守預算項目，即

　　a) 計畫中的或事實上的公共赤字與國內生產總值間的比例，是否超過一定的參考值，但下列的情形，不在此限：

　　　－此一比例顯著的且不斷的下降，而此一比例值已經接近參考值，

　　　－或僅例外的且暫時的超過參考值，且比例值在參考值的附近，

　　b) 公共債務與國內生產總值的比例，是否超過一定的參考值，但此一比例已經充分下降且快速接近參考值時，不在此限。

　　　在條約（歐洲聯盟條約與歐洲聯盟運作條約）附加的關於過度公共赤字程序議定書中，詳細規定參考值。

(3) 若一會員國未達到此二標準或僅達到一個標準時，則執行委員會應提

出一份報告。在報告中，應考慮公共赤字是否超過對於投資的公共支出；更進一步應考慮所有其他相關的要素，包括會員國中程的經濟與預算狀況。

(4) 經濟暨財政委員會得對執行委員會的報告，發表意見。

(5) 若執行委員會認為，在一會員國內存在過度的赤字或有可能造成過度的赤字時，則執行委員會應向相關會員國發表意見，並通知理事會。

(6) 基於執行委員會之提案，且在考慮相關會員國有可能發表的意見下，在審查整體的狀況後，由理事會決議是否存在過度的赤字。

(7) 若理事會依據第6項之規定確認過度的赤字時，基於執行委員會之建議，理事會應立即對相關的會員國提出建議，以期在一定的期限內消除此一狀況。除第8項外，不公布這些建議。

(8) 若理事會確認，其建議在規定的期限內並未造成有效率措施的結果時，則理事會得公布其建議。

(9) 若一會員國並未接受理事會的建議時，則理事會得決議規定，會員國依規定延緩在一定的期限內，按照理事會為整頓消除必要赤字的意見，採取措施。

在這種情形，理事會得要求相關的會員國，按照具體的時間表提出報告，以期得以覆查會員國所作的調整努力。

(10) 在本條的第1項至第9項規定的範圍內，不得行使第258條與第259條規定的訴權。

(11) 只要是一會員國未遵循第9項規定的決議，理事會得決議，適用一個或數個下列的措施或必要時得加重這些措施，即

　　a) 要求相關的會員國，在發行債券或其他有價證券時，應公告由理事會詳細規定的額外資料，

　　b) 要求歐洲投資銀行檢討對該會員國的借貸政策，

　　c) 要求該會員國，在歐盟提存相當數額無利息的金額，至理事會認為已更正過度赤字時止。

　　d) 科處相當金額的罰鍰。

　　理事會主席應向歐洲議會報告決議。

(12) 理事會應廢止依據第6項至第9項與第11項所作成的部分或全部決議

或建議，完全依據理事會認爲在相關會員國內更正過度赤字的程度決議之。若理事會在之前已經公告建議，一旦依據第8項廢止該決議時，則理事會以公開的聲明確認，在相關會員國不再存在過度的赤字。

(13) 依據第8項、第9項、第11項與第12項之規定，理事會的決議與建議，應基於執行委員會之建議作成。

若理事會依據第6項至第9項及第11項與第12項之規定公布措施時，則不考慮相關會員國在理事會成員的票數，理事會進行決議。

理事會其他成員的條件多數，則依據第238條第3項第2款計算之。

(14) 其他關於施行本條明定的程序規定，由附加於條約（歐洲聯盟條約與歐洲聯盟運作條約）關於過度赤字的程序議定書，加以規範。

依據特別的立法程序，且在歐洲議會與歐洲中央銀行的聽證後，由理事會以一致決議公布適當的規定，以取代上述的議定書。

保留本項的其他規定，基於執行委員會之提案，且在歐洲議會的聽證後，理事會決議，以更詳細的具體規定與定義規定施行上述議定書。

第二章　貨幣政策

第127條

(1) 中央銀行歐洲體系（以下縮寫爲ESZB）的首要目標，爲保證價格穩定。以有可能不影響價格穩定的目標爲限，中央銀行歐洲體系應支援在歐盟內一般的經濟政策，以期致力於實現歐洲聯盟條約第3條規定的歐盟目標。中央銀行歐洲體系行爲時，應符合具有自由競爭的開放市場經濟原則，以期促進資源的有效利用，並且遵守第119條所規定的原則。

(2) 中央銀行歐洲體系的基本任務，爲

　　a）規定與施行聯盟的貨幣政策，

　　b）施行符合第219條的外匯業務，

　　c）保有與管理會員國官方的貨幣準備，

　　d）促進順利的發揮支付體系的作用，

(3) 第2項第3點不得牴觸由會員國政府在外幣持有與經營所取得的結餘。

(4) 聽取歐洲中央銀行之意見

　　a) 在歐洲中央銀行的職權範圍內，所有的歐盟法規提案，

　　b) 在歐洲中央銀行的職權範圍內，並且在第129條第4項的程序規定之範圍內與條件下，由會員國的機關提出的所有法規草案。

　　歐洲中央銀行得對歐盟的主管機關、機構或其他單位、會員國的機關，針對在其職權範圍內的問題，發表意見。

(5) 中央銀行歐洲體系應致力於順利施行由主管機關在監督銀行業與金融體系穩定的範圍內所採取的措施。

(6) 依據特別的立法程序，且在歐洲議會與歐洲中央銀行的聽證後，理事會得以一致決議，以規章移轉和監督銀行業與其他金融機構有關的特別任務給歐洲中央銀行，但不包括保險公司在內。

第128條

(1) 歐洲中央銀行對於在歐盟內發行歐元鈔票享有核准的專屬權。歐洲中央銀行與會員國的中央銀行有權發行歐元的鈔票。由歐洲中央銀行與會員國的中央銀行發行的歐元鈔票，是在歐盟內視為法定支付工具的唯一鈔票。

(2) 會員國有權發行歐元的硬幣，應經歐洲中央銀行核准歐元硬幣的發行數量。基於執行委員會之提案，且在歐洲議會與歐洲中央銀行的聽證後，理事會得公布措施，以調適所有對於特定硬幣流通的劃分單位與技術上的標記，但僅以在歐盟內順利流通所必須者為限。

第129條

(1) 歐洲中央銀行的決議機關，即歐洲中央銀行的理事會與董事會，領導中央銀行歐洲體系。

(2) 在條約（歐洲聯盟條約與歐洲聯盟運作條約）的附加決議書內，規定中央銀行歐洲體系暨歐洲中央銀行章程。

(3) 依據普通的立法程序，歐洲議會與理事會得修訂中央銀行歐洲體系暨歐洲中央銀行章程第5.1條、第5.2條、第5.3條、第17條、第18條、第19條、第22條、第23條、第24條、第26條、第32.2條、第32.3條、第

32.4條、第32.6條、第33.1條第a款與第36條規定。基於歐洲中央銀行之建議且在執行委員會之聽證後、或基於執行委員會之建議且在歐洲中央銀行之聽證後，歐洲議會與理事會決議之。

(4) 基於執行委員會之提案且在歐洲議會和歐洲中央銀行之聽證後、或基於歐洲中央銀行之建議且在歐洲議會和執行委員會之聽證後，理事會應公布中央銀行歐洲體系暨歐洲中央銀行章程第4條、第5.4條、第19.2條、第20條、第28.1條、第29.2條、第30.4條與第34.3條所指稱的規定。

第130條

在履行條約（歐洲聯盟條約與歐洲聯盟運作條約）與中央銀行歐洲體系暨歐洲中央銀行章程所移轉的職權、任務與義務時，歐洲中央銀行、一會員國的中央銀行與其決策機關的成員，均不得徵求或接受歐盟機關、機構或其他單位、會員國政府或其他機構的指示。歐盟機關、機構或其他單位，以及會員國政府必須遵守此一原則，且不得嘗試影響歐洲中央銀行或會員國中央銀行的決策機關成員，執行其任務。

第131條

每個會員國應確保使其本國的法律規定，包括其中央銀行章程在內，應符合條約（歐洲聯盟條約與歐洲聯盟運作條約）與中央銀行歐洲體系暨歐洲中央銀行章程。

第132條

(1) 為履行移轉給中央銀行歐洲體系之任務，依據條約（歐洲聯盟條約與歐洲聯盟運作條約）的規定，且在中央銀行歐洲體系暨歐洲中央銀行章程的條件下，由歐洲中央銀行

a) 公布規章，僅以對履行在中央銀行歐洲體系暨歐洲中央銀行章程第3.1條第1款、第19.1條、第22條或第25.2條所規定的任務所必要者為限；並得在由理事會依據第129條第4項公布法規規定的情形，由歐洲中央銀行公布規章，公布為履行依據條約（歐洲聯盟條約與歐洲聯盟運作條約）與中央銀行歐洲體系暨歐洲中央銀行章程移轉給中央銀行歐洲體系任務必要的決議，

b) 提出建議與發表意見。

(2) 歐洲中央銀行得決議公告其決議、建議與意見。

(3) 在由理事會依據第129條第4項程序規定的範圍內與條件下，對於不遵守其規章與決議所產生義務的企業，歐洲中央銀行有權科以罰鍰或科以定期繳納強制金。

第133條

　　不牴觸歐洲中央銀行之職權，依據普通的立法程序，歐洲議會與理事會應公布使用歐元作為單一貨幣的必要措施。應在歐洲中央銀行之聽證後，公布這些措施。

第三章　組織架構規定

第134條

(1) 在對單一市場發揮作用的必要範圍內，為促進會員國各項政策之協調，應設立一個經濟暨財政委員會。

(2) 經濟暨財政委員會有下列的任務：

　　a) 基於理事會或執行委員會之請求、或依職權，應向理事會或執行委員會發表意見；

　　b) 應觀察會員國與歐盟的經濟和財政狀況、並定期向理事會與執行委員會提出相關的報告，特別是關於與第三國和國際機構間的財務關係；

　　c) 不牴觸第240條之規定，應參與理事會在第66條、第75條、第121條第2項、第3項、第4項與第6項、第122條、第124條、第125條、第126條、第127條第6項、第128條第2項、第129條第3項與第4項、第138條、第140條第2項與第3項、第143條、第144條第2項與第3項、及第219條規定的準備工作，以及實施其他由理事會移轉的諮詢任務與準備工作；

　　d) 每年至少一次，應檢討關於資金流通與支付自由流通在適用條約（歐洲聯盟條約與歐洲聯盟運作條約）和理事會的措施所產生的狀況；此一檢討包括所有與資金和支付流通有關的措施；委員會應向執行委員會和理事會作檢討結果的報告。

　　每個會員國、執行委員會與歐洲中央銀行應任命最多二名委員會成

員。

(3) 基於執行委員會之提案，且在歐洲中央銀行和本條規定的委員會之聽證後，理事會應規定經濟暨財政委員會組成的細節。理事會主席應告知歐洲議會此一決議。

(4) 只要是第139條的例外規定適用於一些會員國時，則委員會對在第2項描述的任務應額外觀察貨幣與財務狀況，以及相關會員國一般的支付流通，並向理事會與執行委員會定期的提出報告。

第135條

除第126條第14項、第138條、第140條第1項、第140條第2項第1段、第140條第3項與第219條外，針對第121條第4項與第126條適用範圍之問題，理事會或一會員國得請求執行委員會，按照目的提出建議或提案。執行委員會應審查此一請求，並立即通知理事會其結論。

第四章　歐元國的特別規定

第136條

(1) 關於經濟暨貨幣同盟順利的發揮作用，依據條約（歐洲聯盟條約與歐洲聯盟運作條約）相關的規定與在第121條和第126條規定的相關程序公布措施，但不包括第126條第14項指稱的程序，以期

　　a）加強其預算項目之協調與監督；

　　b）對於這些會員國制定經濟政策的基本要點，而應注意這些基本要點應符合對於全歐盟適用的經濟政策基本要點與監督遵守這些基本要點。

(2) 在第1項指稱的措施，僅使用歐元為其貨幣的會員國，在理事會中有表決權。

依據第238條第3項第a款之規定，確定這些會員國的條件多數。

(3) 其貨幣為歐元的會員國得無條件的設立一個穩定機制，以期維護歐元區的穩定。在機制的範圍內，給與所有必要的財政援助時必須負有嚴格的義務。

第137條

關於歐元集團議定書規定其貨幣為歐元的會員國部長會議的細節。

第138條

(1) 為保障在國際貨幣體系中歐元的地位，基於執行委員會之提案，理事會公布決議，以規定在金融領域在主管的國際機構內與會議內，針對經濟暨貨幣同盟具有特別意義的議題採取的共同的觀點。在歐洲中央銀行之聽證後，理事會決議之。

(2) 基於執行委員會之提案，理事會得公布適當的措施，以期確保在金融領域的國際機構與會議有單一的代表。在歐洲中央銀行之聽證後，理事會決議之。

(3) 在第1項與第2項指稱的措施，僅使用歐元為其貨幣的會員國在理事會中有表決權。

依據第238條第3項第a款之規定，確定這些會員國的條件多數。

第五章　過渡規定

第139條

(1) 理事會未對其決議履行實施歐元必要條件的會員國，以下以「適用例外規定的會員國」或「例外規定的會員國」稱之。

(2) 在下列列舉的條約規定，不適用於適用例外規定的會員國：

　　a）通過在歐元貨幣區經濟政策基本要點一般的相關部分（第121條第2項）；

　　b）為廢除過度赤字的強制方法（第126條第9項與第11項）；

　　c）中央銀行歐洲體系之目標與任務（第127條第1項、第2項、第3項與第5項）；

　　d）歐元之發行（第128條）；

　　e）歐洲中央銀行之法律規定（第132條）；

　　f）關於使用歐元之措施（第133條）；

　　g）關於匯率政策的貨幣協議與其他措施（第219條）；

　　h）歐洲中央銀行董事會成員之任命（第283條第2項）；

　　i）規定在金融領域主管的國際機構內與國際會議內針對經濟暨貨幣同盟具有特別意義的議題，採取共同觀點的決議（第138條第1項）；

　　j）為確保在金融領域在國際機構與國際會議單一代表的措施（第138條第2項）；

　　在第a款至第j款指稱的會員國，係指其貨幣是歐元的會員國。

(3) 適用例外規定的會員國與其中央銀行依據中央銀行歐洲體系暨歐洲中央銀行章程第九章之規定，排除其在中央銀行歐洲體系範圍的權利和義務。

(4) 適用例外規定的會員國在理事會成員的表決權，在依據第2項指稱的規定，由理事會公布措施時，應停止之，在下列的事項，亦同：

　　a）在多邊監督範圍內，對其貨幣為歐元的會員國提出建議時，包括穩定計畫與維持的建議在內（第121條第4項）；

　　b）在其貨幣為歐元會員國內出現過度赤字時，採取措施（第126條第6項、第7項、第8項、第12項與第13項）。

　　應依據第238條第3項第a款之規定，確定理事會其他成員的條件多數。

第140條

(1) 至少每二年一次或基於適用例外規定一會員國之申請，執行委員會與歐洲中央銀行應向理事會報告，適用例外規定會員國在何種程度上已經履行在實現經濟暨貨幣同盟之義務。在此一報告中，亦應檢討這些會員國的法律規定，包括其中央銀行章程在內，符合第130條與第131條，以及中央銀行歐洲體系暨歐洲中央銀行章程之程度。此外，得檢討是否已經達到一個高程度的持續凝聚；其標準為個別會員國是否履行下列的標準：

　　a）在價格穩定範圍上，由已經達到最佳結果的最多三個會員國，其中一個會員國所接近的通貨膨脹率明顯地已經達到高程度的價格穩定；

　　b）在公共預算狀況無第126條第6項規定的過度赤字，明顯的公共機構持續可接受的財務狀況；

　　c）遵守歐洲貨幣體系的匯率機制正常的浮動範圍，至少在兩年以來對於歐元無貶值的情形；

　　d）適用例外規定的會員國所達成的凝聚和其參與匯率機制的持續

性，達到長期的利率水準。

在本項規定的四個標準與每個必要的遵守期限，更詳細的規定於附加於條約（歐洲聯盟條約與歐洲聯盟運作條約）的議定書。執行委員會與歐洲中央銀行的報告，應考慮市場結合之結果、支付平衡的狀況發展、工資計件成本與其他價格指數之發展。

(2) 在歐洲議會之聽證後，且在歐洲高峰會議討論後，基於執行委員會之提案，理事會決議，確定適用例外規定的會員國履行依據第1項所規定標準的要件，並廢止適用於該會員國的例外規定。

基於歐元國成員以條件多數作成之建議，理事會決議之。在執行委員會之建議到達理事會後六個月內，這些會員國決議之。

依據第238條第3項第a款之規定，確定這些會員國在前述第2段指稱的條件多數。

(3) 若依據第2項規定的程序決議，廢止一例外規定時，則根據使用歐元會員國與相關會員國之一致決議，基於執行委員會之提案，且在歐洲中央銀行之聽證後，理事會應規定以歐元取代這些會員國貨幣不得撤銷的匯率，並採取其他的必要措施，以期在相關會員國內實施歐元作為單一貨幣。

第141條

(1) 只要仍有適用例外規定的會員國時，不牴觸第129條第1項之規定，應設立在中央銀行歐洲體系暨歐洲中央銀行章程第44條所規定的歐洲中央銀行擴大理事會，以作為歐洲中央銀行的第三個決議機關。

(2) 只要仍有適用例外規定的會員國存在時，針對這些會員國，歐洲中央銀行負有下列的任務：

a) 加強這些會員國中央銀行間的合作；

b) 加強協調會員國間的貨幣政策，以期維持價格穩定；

c) 監督匯率機制發揮作用；

d) 進行關於在會員國中央銀行職權內與涉及金融機構和金融市場穩定問題之諮商；

e) 執行繼受之前由歐洲貨幣機構在歐洲貨幣政策合作基金的任務。

第142條

任何一個適用例外規定的會員國應視其匯率政策為具有共同利益的事務。同時，應考慮在匯率機制範圍內的合作所累積的經驗。

第143條

(1) 若一適用例外規定的會員國因其總收支不平衡、或因可使用的外匯種類造成收支困難、或有嚴重收支困難之虞時，且特別是這些困難會危害內部市場發揮作用或實現共同貿易政策時，應由執行委員會立即檢討該會員國的狀況，以及該會員國已經採取的措施、或依據條約（歐洲聯盟條約與歐洲聯盟運作條約）之規定在使用所有可使用之方法下得採取的措施。執行委員會應向相關會員國說明所建議的措施。

若由適用例外規定的會員國採取的措施與由執行委員會建議的措施，顯示不足以排除已經出現的或具有威脅的困難時，在經濟暨財政委員會之聽證後，執行委員會應建議理事會相互援助與適當的方法。

執行委員會應定期的向理事會報告收支困難之情形與發展。

(2) 理事會給與相互援助；理事會應公布指令或決議，以規定相關的條件與細節。特別是得以下列的方式給與相互援助

a) 在其他的國際組織中，得以協調的行動配合適用例外規定的會員國；

b) 若處於收支困難的適用例外規定之會員國對於第三國仍保留或在實施限額措施時，則應採取必要的措施，以期避免扭曲貿易量；

c) 由其他會員國以有限的金額提供貸款，但必須有這些會員國的同意。

(3) 若理事會不同意由執行委員會所建議的相互援助，或若給與的援助與所採取的措施不充分時，則執行委員會授權處於困難的適用例外規定的會員國，採取由其規定條件與細節的保護措施。

理事會得廢止此一授權，並得變更條件與細節。

第144條

(1) 若一適用例外規定的會員國陷於突然的收支危機，且未立即採取第143條第2項規定的決議時，為慎重起見，得由相關的會員國採取必要的保護措施。這些保護措施僅得對發揮單一市場作用造成最小程度的

干擾，且不得逾越對消除突然出現的困難絕對必要的範圍。

(2) 至遲在保護措施生效時，應通知執行委員會與其他會員國這些保護措施。執行委員會得建議理事會第143條規定的相互援助。

(3) 基於執行委員會之建議，且在經濟暨財政委員會之聽證後，理事會得決議，相關會員國必須變更、中止或廢止這些保護措施。

標題九：就業

第145條

依據本標題，會員國與歐盟應努力達到發展協調的就業策略與特別是促進勞工的技能、培訓與適應能力，以及勞動市場等對於經濟變化要件的反應能力，以期達成歐洲聯盟條約第3條規定之目標。

第146條

(1) 會員國應致力於符合第121條第2項公布的會員國與歐盟經濟政策特點的就業政策方式，達成在第145條規定的目標。

(2) 會員國應將促進就業視為具有共同利益的事務，並在理事會內依據第148條規定互相調整其涉及就業政策的工作，而關於社會夥伴的責任，應考慮個別會員國的慣例。

第147條

(1) 歐盟應致力於提高就業水準，由歐盟促進會員國間的合作，並在此一範圍由歐盟支援與必要時補充會員國的措施。在這方面應注意會員國之權限。

(2) 在規定與施行歐盟政策與措施時，應考慮高就業水準的目標。

第148條

(1) 根據理事會與執行委員會共同的年度報告，歐洲高峰會議每年應檢討在歐盟內的就業狀況，並對其作成結論。

(2) 根據歐洲高峰會議的結論，基於執行委員會之提案，且在歐洲議會、經濟暨社會委員會、區域委員會與在第150條規定的就業委員會聽證後，每年由理事會規定會員國在其就業政策上考慮的方針。這些方針必須符合依據第121條第2項所公布的基本要點。

(3) 每個會員國每年應向理事會與執行委員會報告關於其針對第2項的就業政策方針，爲了施行其就業政策已經採取的最重要措施。

(4) 根據在第3項規定的報告與根據就業委員會之意見，針對就業政策的方針，每年理事會應檢討會員國施行就業政策之狀況。根據檢討的結果，理事會認爲適當時，基於執行委員會之建議，理事會得對會員國提出建議。

(5) 以上述的檢討結果爲依據，理事會與執行委員會應共同的對歐洲高峰會議提出在歐盟內就業狀況與轉換就業政策方針的年度報告。

第149條

依據普通的立法程序，且在經濟暨社會委員會與區域委員會之聽證後，爲促進會員國間的合作與爲支援會員國的就業措施，歐洲議會與理事會得主動地決議公布獎勵措施，以發展資訊交流與有證明有效的程序、提供比較的分析與鑑定、促進革新的開端、與評估經驗爲目標，而且特別是追溯至先驅計畫。

這些措施絕不包括調適會員國的法律規定與行政規章。

第150條

在歐洲議會之聽證後，理事會以過半數之決議，任命一個具有諮詢功能的就業委員會，以促進協調會員國間的就業政策與勞動市場政策。就業委員會負有下列的任務：

(1) 密切注意在會員國與歐盟的就業狀況與就業政策；

(2) 不牴觸第240條之規定，基於理事會或執行委員會之請求、或主動地發表意見，並致力於在第148條所指稱理事會諮詢之準備。

在履行其任務上，委員會應聽取社會夥伴的意見。

每一會員國與執行委員會應指派兩名委員。

標題十：社會政策

第151條

(1) 銘記著社會的基本權利，例如於1961年10月18日在義大利圖林簽署的歐洲社會憲章與1989年簽署的勞工的社會基本權利歐盟憲章所規定的社會基本權利，歐盟與會員國應追求下列的目標：促進就業、改善

生活與工作條件，以期得以調整向前邁進、適當的社會保護、社會對話、關於持續高度就業水準發展勞動力的潛力，以及防制疏離。

(2) 爲達成這些目標，歐盟與會員國應施行措施，而這些措施應考慮保存個別會員國慣例的多樣性，特別是在契約的關係上，以及維持歐盟在經濟上競爭力的必要性。

(3) 若會員國認爲，不僅由調整社會規範有利於單一市場的作用，而且由在歐洲聯盟條約與歐洲聯盟運作條約所規定的程序，以及由調適會員國的法律與行政規章，產生如此的發展。

第152條

在考慮會員國制度的差異性下，在歐盟層次，歐盟應承認與促進社會夥伴的角色。歐盟應促進社會對話與尊重社會夥伴的自主性。在成長與就業的第三根社會支柱，歐盟應致力於社會對話。

第153條

(1) 爲實現社會政策之目標，歐盟應在下列的領域，支援與補充會員國的職務：

a) 特別是改善工作環境，保護勞工的健康與安全；

b) 工作條件；

c) 勞工的社會保障與社會保護；

d) 在工作契約終止時，勞工的保護；

e) 勞工的告知與聽證；

f) 保留第5項規定，勞方與資方的利益代表與集體維護，包括共同參與決定在內；

g) 在歐盟領域內，合法居留第三國國民的就業條件；

h) 不牴觸第166條規定，應將在就業市場上被排擠的人納入職業體系；

i) 在就業市場上男女機會均等與在工作職位上的平等待遇；

j) 防制社會排擠；

k) 不影響勞工的社會保障與社會保護，應現代化社會保護制度。

(2) 爲達成此一目標，歐洲議會與理事會得

a) 在排除每個調適會員國的法律規定與行政規章下，採取規定以改

善知識水準、發展資訊交流與證明有效的程序、促進革新開端與評估經驗爲目標的倡議，以促進會員國間合作的措施；

b）在第1項第a款至第i款指稱的範圍，在考慮在個別會員國中存在的條件與技術規定下，以指令公布逐步應適用的最低法規標準。這些指令不應規定牴觸中小企業設立與發展管理上、財務上或法律上的負擔。

依據普通的立法程序，在經濟暨社會委員會與區域委員會之聽證後，歐洲議會與理事會決議之。

在第1項第c款、第d款、第f款與第g款指稱的範圍，依據特別的立法程序，在歐洲議會與指稱的委員會聽證後，理事會以一致決議之。

基於執行委員會之提案，且在歐洲議會之聽證後，理事會得以一致決議，普通立法程序適用於第1項第d款、第f款與第g款。

(3) 基於社會夥伴的共同申請，一會員國得將施行依據第2項通過的指令或必要時施行理事會依據第155條公布的決議，移轉給社會夥伴。

在這種情形，一會員國拒絕社會夥伴至一指令應轉換或一決議應施行時止，以協議的方式，採取必要的預防措施時；就此，該會員國必須採取所有必要的措施，以期得隨時保證以此一指令或此一決議達到規定的結果。

(4) 依據本條公布的規定

a）不牴觸公認的會員國職權，以規定其社會保障制度的基本原則，與不得重大損害此一制度的財務均衡；

b）不得阻礙會員國維持更嚴格的保護措施、或採取符合歐洲聯盟條約與歐洲聯盟運作條約的保護措施。

(5) 本條規定不適用於工資、聯合權、罷工權與停工權。

第154條

(1) 在歐盟層次，執行委員會的任務爲促進聽取社會夥伴之意見，並公布所有合乎目的之措施，以期使社會夥伴間的對話更容易，同時執行委員會在支援當事人時應注意均衡。

(2) 爲達成此一目標，在社會政策範圍提出草案前，在必要時執行委員會應採取歐盟行動的問題應聽取社會夥伴之意見。

(3) 在此一聽證後，若執行委員會認為，採取歐盟措施是符合目的時，則執行委員會針對提案預計的內容，應聽取社會夥伴之意見。社會夥伴應向執行委員會發表意見或在必要時提出建議。

(4) 在進行第2項與第3項規定的聽證時，社會夥伴得告知執行委員會，其願意開始進行第155條規定的程序。只要相關的社會夥伴與執行委員會未共同決議延長期限時，此一程序的期限最長為九個月。

第155條

(1) 若社會夥伴希望進行社會對話時，社會夥伴間得在歐盟層次進行對話，以建立契約的關係，包括締結協議的談判。

(2) 施行在歐盟層次所締結的協議，應依據社會夥伴與會員國各自的立法程序與慣例，或在第153條規範的領域——基於簽署當事人的共同申請，基於執行委員會之提案，由理事會決議之。理事會應告知歐洲議會該決議。

只要相關的協議包含一個或數個規定涉及在第153條第2項所指稱的領域必須以一致決議的領域，理事會以一致決議之。

第156條

不牴觸條約（歐洲聯盟條約與歐洲聯盟運作條約）的其他規定，鑑於實現第151條規定之目標，執行委員會應促進會員國間的合作，與在社會政策的在本章規範的全部範圍內，使會員國的行動更容易調整，特別是在下列的領域：

(1) 就業，

(2) 勞工法與工作條件，

(3) 職業教育與進修，

(4) 社會保障，

(5) 預防職業事故與職業疾病，

(6) 工作時的健康保護，

(7) 在資方與勞方間的聯合權與團體協商。

為達成這些目標，針對國內或在國際組織處理的問題，執行委員會應與會員國緊密的聯繫進行調查、發表意見與諮商，且特別是以提議的方式達成規定準繩與指標進行證明有效率的方法交流、草擬定期監督與評價必要的要素之目標。應將全部範圍告知歐洲議會。

在發表本條所規定的意見前，執行委員會應聽取經濟暨社會委員會之意見。

第157條

(1) 在相同或等值的工作上，每一會員國應確保適用男女同酬的原則。

(2) 本條規定報酬之意義，係指慣常的基本工資、或最低工資與最低薪水，以及其他資方依據勞務關係直接或間接以現金支付或以實物支付給勞方的所有報酬而言。

工資平等無性別上的差別待遇，係指

a）對相同計件工作的工資，根據相同的計量單位確定，

b）按時間支付工資的工作，在相同的工作崗位工資相同。

(3) 依據普通的立法程序，且在經濟暨社會委員會之聽證後，歐洲議會與理事會決議措施，以期在工作與就業問題上保障適用男女機會均等與平等待遇原則，包括在相同的或等值的工作上適用同酬原則在內。

(4) 針對有效率的保障在勞工生活男女完全平等，平等待遇原則不得阻礙會員國保留或決議特別的優待，以期減輕從事保障性別的職業、阻礙或平衡在職業經歷上的損害。

第158條

會員國應努力於保留現行關於休假工資照付的規則。

第159條

每年執行委員會應製作在第151條所指稱目標的實施狀況，以及在歐盟內人口統計狀況的報告。執行委員會應送交此一報告給歐洲議會、理事會與經濟暨社會委員會。

第160條

在歐洲議會之聽證後，理事會以普通多數決議，設立一個具有諮詢任務的社會保護委員會，以期促進在會員國間，以及與執行委員會在社會保護領域的合作。社會保護委員會具有下列的任務：

(1) 在會員國與歐盟的社會保護領域，社會保護委員會應推動社會狀況與政策的發展；

(2) 社會保護委員會應促進在會員國間，以及與執行委員會資訊、經驗、有效的方法的交流；

(3) 不牴觸第240條的規定，社會保護委員會基於理事會或執行委員會之請求、或在其職權範圍內主動的草擬報告、發表意見或以其他方式行動。

在履行其受委託的任務上，社會保護委員會應建立與社會夥伴適當的接觸。

每一個會員國與執行委員會應任命兩名委員會的委員。

第161條

執行委員會送交給歐洲議會的年度報告，必須持續的包含一個關於在歐盟內社會狀況發展的特別章節。

歐洲議會得要求執行委員會，提出關於社會狀況問題特別的報告。

標題十一：歐洲社會基金

第162條

為改善在單一市場內勞動力的就業機會，與因而致力於提高生活水準，依據下列的規定應設立一個歐洲社會基金，其目標為在歐盟內促進職業的實用性與勞動力在地方及職業上的機動性，以及特別是藉由職業教育與轉業，以減輕適應產業的變更過程與生產體系的變更。

第163條

執行委員會應負責基金之管理。

在這方面，由一個委員會支援執行委員會，該委員會由政府代表、資方與勞方協會的代表組成；由執行委員會的一位委員擔任委員會之主席。

第164條

依據普通的立法程序，且在經濟暨社會委員會與區域委員會之聽證後，歐洲議會與理事會應公布關於歐洲社會基金會的施行規章。

標題十二：一般與職業教育、青少年與體育

第165條

(1) 歐盟應致力於發展一個高品質的教育，因此歐盟應促進會員國間的合

作，與在嚴格重視會員國對教材內容及形成教育制度的責任，以及在嚴格重視會員國文化及語言的多樣化下，必要時應支援與補充會員國的工作。

歐盟應致力於促進歐洲規模的體育與應考慮歐洲規模體育的特別特徵、以自願為基礎的結構，以及教育的作用。

(2) 歐盟的工作，具有下列的目標：

　　a) 在教育事業，發展歐洲的規模，特別是藉由學習與傳播會員國的語言；

　　b) 促進學習者與教學者的機動性，亦藉由促進文憑與修業時間的學業承認；

　　c) 促進教育機構間的合作；

　　d) 在會員國的教育制度範圍內，針對共同的議題，擴大資訊與經驗的交流；

　　e) 擴大青少年的交流與社會教育工作人員的交流，以及加強青少年參與在歐洲的民主生活；

　　f) 促進函授教學之發展；

　　g) 藉促進公平與公開的體育競賽、負責體育組織間的合作，以及以保護運動員身體和心靈的不可侵犯性，特別是年輕的運動員，發展歐洲規模的體育。

(3) 歐盟與會員國應促進與第三國的合作，及與在教育範圍主管的國際組織之合作，特別是與歐洲理事會之合作。

(4) 作為促進實現本條規定之目標，

　　a) 依據普通的立法程序，且在經濟暨社會委員會與區域委員會之聽證後，歐洲議會與理事會公布獎勵措施，但不包括調適會員國的法律規定與行政規章；

　　b) 基於執行委員會之提案，理事會應公布建議。

第166條

(1) 歐盟應領導職業教育政策，在嚴格重視會員國對職業教育的內容與形成職業教育之責任下，以支援及補充會員國的措施。

(2) 歐盟的工作，具有下列的目標：

a）特別是藉由職業教育與轉業學習，減輕適應產業的變化過程；

b）改善第一個職業教育與進修教育，以期使職業容易進入就業市場與容易重返就業市場；

c）簡化接受職業教育，以及鼓勵訓練者與接受職業教育者的機動性，特別是青少年的機動性；

d）針對職業教育的問題，鼓勵授課機構與企業間的合作；

e）在會員國的職業教育制度範圍內，針對共同的議題，擴大資訊與經驗的交流。

(3) 歐盟與會員國應促進與第三國，及與負責職業教育的國際組織之合作。

(4) 依據普通的立法程序，且在經濟暨社會委員會與區域委員會之聽證後，歐洲議會與理事會公布促進實現本條規定目標之措施，但不包括調適會員國的法律規定與行政規章，且基於執行委員會之提案，理事會公布建議。

標題十三：文化

第167條

(1) 在維護會員國與區域的多樣性，以及同時強調在共同文化遺產下，歐盟應致力於發展會員國的文化。

(2) 藉由歐盟的工作，歐盟應促進會員國間的合作，且在下列的領域，支援與必要時補充會員國的工作：

a）改善對歐洲民族文化和歷史的瞭解與散播歐洲民族的文化及歷史；

b）保持與保護具有歐洲意義的文化遺產；

c）非商業性質的文化交流；

d）藝術與文學的創作，包括在視聽的領域。

(3) 歐盟與會員國應促進與第三國，及對文化領域主管的國際組織之合作，特別是與歐洲理事會之合作。

(4) 在執行職務時，根據條約（歐洲聯盟條約與歐洲聯盟運作條約）的其

他規定，歐盟應考慮文化的觀點，特別是爲維護與促進其文化的多樣性。

(5) 作爲促進實現本條規定之目標，

　　a) 依據普通的立法程序，且在區域委員會之聽證後，歐洲議會與理事會公布獎勵措施，但不包括調適會員國的法律規定與行政規章。

　　b) 基於執行委員會之提案，理事會應公布建議。

標題十四：衛生

第168條

(1) 在規定與施行歐盟所有的政策與措施時，應確保高度的衛生保護水準。

歐盟的工作應補充會員國的政策，並以改善人民的健康、預防人類的疾病與消除對於危害身體與精神健康的原因爲目標。歐盟的工作包括防制流行性的嚴重疾病，對此應促進研究這些疾病的原因、傳染與預防，以及衛生的資訊與教育；除此之外，歐盟的工作包括觀察，及早通報與防制嚴重的跨國衛生危險。

歐盟應補充會員國的措施，以期減少消耗藥品爲條件的健康損害，包括資訊與預防措施。

(2) 歐盟應促進在本條規定指稱範圍內的會員國間合作，與必要時應支援會員國的工作。特別是歐盟應促進會員國間的合作，以達成在邊境區域改善其衛生服務互補的目標。

與執行委員會取得共識，在第1項指稱的範圍內，會員國之間應相互協調其政策與計畫。執行委員會與會員國應緊密的進行合作，主動採取所有有助於這些協調的措施，特別是以規定準繩與指標、進行證明有效率的方法交流與草擬定期監督與評價必要要素爲目標的提案。應將全部的範圍告知歐洲議會。

(3) 歐盟與會員國應促進與第三國，及對衛生負責的國際組織之合作。

(4) 除第2條第2項與第6條第a款外，依據普通的立法程序，且在歐洲經濟

暨社會委員會與區域委員會之聽證後，依據第4條第2項之規定，以下列的措施，致力於本條目標之實現，以期考慮共同的安全願望：

a）對於器官與人體來源的物質 [5]，以及對於血液與血液的衍生物 [6]，規定高品質與安全標準的措施；這些措施不得阻礙會員國保留或實施更嚴格的保護措施；

b）在獸醫與植物保護範圍，直接以保護人民健康為目標之措施；

c）規定藥品與醫療產品高品質與安全標準的措施。

(5) 依據普通的立法程序，且在經濟暨社會委員會與區域委員會之聽證後，歐洲議會與理事會亦得公布為保護與改善人類健康，以及特別是為防制傳播流行性嚴重的跨國疾病的獎勵措施、為觀察，及早通報與防制重大跨國危害健康的措施，以及以直接預防吸菸與酗酒危害人民健康為目標之措施。

(6) 除此之外，基於執行委員會之提案，理事會得以決議公布在本條規定指稱目標之建議。

(7) 歐盟在執行職務時，應維護會員國對規定其衛生政策、對衛生組織與醫藥供應一切的責任。會員國的責任包括衛生與醫藥供應之管理，以及分配因此所提供的資源。特別是這些依據第4項第a款的措施，不得牴觸個別會員國關於器官與血液捐贈、或器官與血液醫學使用的規定。

標題十五：消費者保護

第169條

(1) 為促進消費者的利益與為保證一個高的消費者保護水準，歐盟應致力於保護消費者的健康、安全與經濟上的利益，以及致力於促進其獲得資訊、教育與組成協會的權利，以維護其利益。

(2) 藉由下列的方式，歐盟應致力於實現第1項規定之目標：

5　例如皮膚。

6　例如血清、血球、血紅素。

　a）依據第114條之規定，在實現單一市場的範圍內，公布措施；

　b）公布措施，以支援、補充與監督會員國的政策。

(3) 依據普通的立法程序，且在經濟暨社會委員會之聽證後，歐洲議會與理事會決議依據第2項第b款的措施。

(4) 依據第3項規定決議的措施，不得阻礙個別會員國保留或採取更嚴格的保護措施。這些保護措施必須符合條約（歐洲聯盟條約與歐洲聯盟運作條約）之規定。應告知執行委員會這些保護措施。

標題十六：泛歐網

第170條

(1) 為致力於實現第26條與第174條之目標、有利於歐盟人民、經濟參與者、地區與地方的區域團體由建立一個無內部邊界區域所產生的一切利益，在交通、電訊與能源的基本設施範圍，歐盟應致力於基本建設與擴建泛歐網。

(2) 在開放與以競爭為導向的市場制度範圍，歐盟的工作應以促進個別會員國網絡的聯合與相互運用，以及促進進入此網絡為目標。特別是歐盟應考慮連接海島的、封閉的，及偏遠地區與歐盟中心區域之必要性。

第171條

(1) 為達成第170條之目標，歐盟應採取下列的措施：

　a）歐盟應擬定一系列的方針，其目標包含在泛歐網的範圍內，考慮應採取行動的優先性與基本要點；在此方針內，應證明計畫具有共同的利益；

　b）歐盟施行每一個表明是有必要的行動，以期保證網絡的相互運用，特別是在調適技術性規範的範圍；

　c）歐盟得支援由會員國在依據第1點的方針範圍內具有共同利益的計畫，特別是以可實施的研究、借款保證、或利息補助的方式支援這些計畫；關於依據第177條設立的聚合基金，在財務上，歐盟亦得致力於在會員國內特別的交通基本設施計畫。

在採取措施時，歐盟應考慮計畫潛在的經濟生存能力。

(2) 與執行委員會聯繫，會員國間相互協調個別會員國會造成重大影響第170條規定的目標實現的政策。有助於會員國政策之協調，執行委員會得主動的與會員國緊密的合作。

(3) 歐盟得決議與第三國進行合作，以期促進具有共同利益的計畫與確保網絡之相互運用。

第172條

依據普通的立法程序，且在經濟暨社會委員會與區域委員之聽證後，歐洲議會與理事會決議規定第171條第1項的方針與其他措施。

涉及在一個會員國領土內的方針與具有共同利益的計畫，必須有相關會員國的同意。

標題十七：產業

第173條

(1) 歐盟與會員國應關心保證歐盟產業競爭力的必要條件。

為達成此一目標，符合一個開放和以競爭為導向的市場制度，歐盟的行動應以下列的事項為目標：

a) 減輕產業適應結構的變更；

b) 在全部歐盟境內，對於企業的設立與繼續的發展，特別是中小企業，促進一個有利的環境；

c) 促進一個對企業間合作的有利環境；

d) 在創新、研究與技術發展的範圍，促進一個更加有用的產業政策潛力。

(2) 與執行委員會聯繫，會員國之間應相互諮商其措施，必要時並協調其措施。執行委員會得主動採取有助於協調會員國措施的事項，特別是以規定準繩與指標、施行交流好的方法與草擬定期監督和評價為目標的事項。應完全告知歐洲議會。

(3) 以依據條約（歐洲聯盟條約與歐洲聯盟運作條約）的其他規定應施行的政策與措施，歐盟應致力於達成第1項規定的目標。應依據普通的

立法程序，且在經濟暨社會委員會之聽證後，歐洲議會與理事會決議特別的措施，以支援在會員國內針對實現第1項所規定的目標應執行的措施，但不包括調適會員國的法律規定。

本標題並非作為歐盟採取任何一個有可能導致競爭扭曲、稅法規定或涉及勞工權益的規定的法律依據。

標題十八：經濟、社會暨領域結合

第174條

歐盟應發展與繼續推動其政策，以加強其經濟、社會與領域的結合，以期作為整體促進歐盟的協調發展。

特別是歐盟應制定目標，以減少不同區域在發展程度上的差異與減少在最不利區域的落後現象。

在相關的區域中，應特別關注農村地區、受產業變更衝擊的區域、有嚴重和持續在自然或人口統計不利的區域，例如人口非常稀少的最北邊區域，以及島嶼、邊境區域與山區。

第175條

會員國以達成第174條目標的方式，應實施與協調其經濟政策。歐盟政策和行動之規定與施行，以及單一市場之建立，應考慮第174條規定的目標與致力於實現這些目標。藉由結構基金（歐洲農業調整暨保證基金—調整部門、歐洲社會基金、歐洲區域發展基金）、歐洲投資銀行與其他現存的資金提供方法所進行的政策，歐盟亦應支援這些努力。

每三年，執行委員會應向歐洲議會、理事會、經濟暨社會委員會與區域委員會，針對在實現經濟、社會與領域結合進展，以及在本條規定的經費已經達成的種類與方式，提出報告。必要時，在此一報告中應附加相關的提案。

除基金外，且不牴觸在歐盟政策範圍內決議採取的措施，若顯示有必要採取特別的行動時，則得依據普通的立法程序，且在經濟暨社會委員會與區域委員會之聽證後，由歐洲議會與理事會決議採取特別的行動。

第176條

歐洲區域發展基金之任務，為參與落後地區的發展與結構調整，以及參與

落後發展工業區的轉型，以致力於平衡在歐盟內最重要的區域不均衡。

第177條

　　不牴觸第178條規定，依據普通的立法程序，且在經濟暨社會委員會與區域委員會之聽證後，歐洲議會與理事會以規章規定結構基金之任務、優先的目標與組織，得包括其新的制度在內。再者，依據相同的立法程序，應規定適用於基金的一般規定與為保證有效率的運作方式、為協調基金相互間及與其他現存的資金提供方法必要的規定。

　　在依據相同的立法程序設立的聚合基金，應致力於在環境和在交通基礎設施領域的泛歐網絡範圍的計畫提供經費。

第178條

　　依據普通的立法程序，且在經濟暨社會委員會與區域委員會之聽證後，歐洲議會與理事會公布關於歐洲區域發展基金的施行規章。

　　第143條與第164條繼續適用於歐洲農業調整暨保證基金、調整部門與歐洲社會基金。

標題十九：研究、科技發展與宇航

第179條

(1) 歐盟之目標，為建立一個研究人員自由遷徙和自由交流科學新知與科技的歐洲研究區域，以加強其科學和科技基礎、促進競爭力之發展，包括產業競爭力之發展在內，以及支援所有根據條約（歐洲聯盟條約與歐洲聯盟運作條約）其他章的規定認為必要的研究措施。

(2) 在此一意義下，歐盟應支援在全部歐盟內的企業，包括中小企業在內、研究中心、大學，在研究與科技發展領域高品質的努力；歐盟應獎勵其合作的成果，尤其是以期達到研究人員得無阻礙的跨越國界進行合作、企業得完全利用單一市場的機會，以及特別是以開放個別會員國的公共採購、規定共同的標準與消除阻礙此一合作在法律上和租稅上的障礙。

(3) 根據條約（歐洲聯盟條約與歐洲聯盟運作條約）在研究與科技發展領域，包括示範的計畫在內，所有的歐盟措施應依據本標題之規定決議

　　與實施之。

第180條

　　為達成這些目標，歐盟應採取下列的措施，以補充在會員國內實施的行動：

　　(1) 在促進與企業、研究中心和大學的合作與在企業、研究中心和大學間的合作下，實施研究、科技發展與示範計畫；

　　(2) 在歐盟的研究、科技發展與示範領域，促進與第三國和國際組織間的合作；

　　(3) 在歐盟的研究、科技發展與示範領域，傳播與利用活動的結果；

　　(4) 促進來自歐盟研究人員的進修與機動性。

第181條

　　(1) 在研究與技術發展領域，歐盟與會員國應協調其工作，以期確保凝聚個別會員國的政策與歐盟的政策。

　　(2) 與會員國緊密的合作，執行委員會得創制採取所有有助於第1項規定的協調，特別是以規定方針與指標、施行有效率程序的交流與草擬定期監督與評價必要要素為目標的創制。應完全告知歐洲議會。

第182條

　　(1) 依據普通的立法程序，且在經濟暨社會委員會之聽證後，歐洲議會與理事會應提出一個多年期綱要計畫，以總括所有的聯盟行動。

　　　　在綱要計畫，

　　　　a) 應規定達成第180條的措施的科學與科技目標，以及其優先順序；

　　　　b) 說明這些措施的基本要點；

　　　　c) 規定總最高金額與歐盟在綱要計畫財務分擔的細節，以及規定措施的分擔額。

　　(2) 依照情況的發展，調整或補充綱要計畫。

　　(3) 以在每一個行動內發展特別的計畫，執行綱要計畫。在每一個特別的計畫中，應規定其執行的細節、執行的期間與認為必要的金額。在特別計畫中認為必要的金額，不得超過綱要計畫與每一個行動所規定的全部最高金額。

　　(4) 依據特別的立法程序，且在歐洲議會與經濟暨社會委員會之聽證後，

理事會應決議特別計畫。

(5) 依據普通的立法程序，且在經濟暨社會委員會之聽證後，歐洲議會與理事會公布實現歐洲研究區必要的措施，以補充在多年期綱要計畫規定的行動。

第183條

為執行多年期綱要計畫，歐盟應規定下列的事項：

(1) 企業、研究中心與高等學校參與的規定；

(2) 傳播研究成果的規定。

第184條

在施行多年期綱要計畫時，得決議僅由特定會員國參與的額外計畫，在保留歐盟可能的參與下，這些會員國亦應提供資金。

歐盟應規定額外計畫的規則，特別是針對知識的傳播與其他會員國的參與。

第185條

取得相關會員國的共識，在施行多年期綱要計畫時，歐盟得規定由數個會員國參與研究與發展計畫，包括參與為施行而創設的結構在內。

第186條

在歐盟的研究、科技發展與示範的領域上，在施行多年期綱要計畫時，歐盟得規定與第三國或國際組織進行合作。

在歐盟與相關第三者間，得以協議規定此一合作的細節。

第187條

歐盟得成立共同的企業或創設按規定施行歐盟的研究、科技發展與示範計畫必要的其他結構。

第188條

基於執行委員會之提案，且在歐洲議會與經濟暨社會委員會之聽證後，理事會規定在第187條明定的規定。

依據普通的立法程序，且在經濟暨社會委員會之聽證後，歐洲議會與理事會規定第183條、第184條與第185條明定的規定。對於額外計畫之通過，必須經參與該計畫會員國之同意。

第189條

(1) 爲促進科學與技術進步、產業的競爭力與其政策之施行，歐盟應草擬一個歐洲宇航政策。爲達成此一目標，歐盟得促進共同的提議、支援研究與科技發展，以及協調宇宙研究與利用之努力。

(2) 作爲達成第1項目標之貢獻，排除會員國法規之任何調適，依據普通的立法程序，應由歐洲議會與理事會公布得形成一個歐洲宇航計畫形式的必要措施。

(3) 歐盟應建立一個歐洲宇航組織符合目的之連結。

(4) 本條規定不牴觸本標題的其他規定。

第190條

每年開始時，執行委員會應交付給歐洲議會與理事會一份報告。此一報告特別是涵蓋在研究、科技發展、這些工作成果傳播領域在前一年內的工作，以及今年的工作計畫。

標題二十：環境

第191條

(1) 歐盟的環境政策應致力於追求下列的目標：

　　a) 環境的維持與保護，以及環境品質之改善；

　　b) 人類健康的保護；

　　c) 自然資源審慎與合理的利用；

　　d) 在國際層次，促進克服區域或全球環境問題的措施，特別是防制氣候變遷的措施。

(2) 在考慮歐盟個別區域不同的情況下，歐盟的環境政策應以高的保護水準爲目標。歐盟的環境政策應以預防與保護原則、環境損害優先防制其根源原則，以及肇事者原則爲依據。

針對歐盟的環境政策，符合環境保護要件的調適措施，必要時應包含一個保護條款，以授權會員國基於非經濟上條件的環境政策理由，採取受歐盟監督程序監督的暫時措施。

(3) 在擬定其環境政策時，歐盟應考慮下列的事項：

  a）可支配的科學與技術資料；

  b）在歐盟個別區域內的環境條件；

  c）根據採取行動或不採取行動的優點與負擔；

  d）歐盟整體的經濟與社會發展，以及歐盟區域的均衡發展。

(4) 在各自的職權範圍內，歐盟和會員國應與第三國和主管的國際組織進行合作。歐盟合作的細節，得爲歐盟與相關第三當事人間協議之標的。

 第1段規定不牴觸會員國在國際委員會談判與締結國際協定之職權。

第192條

(1) 依據普通的立法程序，且在經濟暨社會委員會與區域委員會之聽證後，歐洲議會與理事會決議爲達成第191條規定目標的歐盟行動。

(2) 除第1項規定的決議程序外，且不牴觸第114條規定，依據特別的立法程序，且在歐洲議會、經濟暨社會委員會與區域委員會之聽證後，理事會以一致決議公布

  a）以租稅種類爲主的規定，

  b）措施

   －涉及空間規劃，

   －涉及水資源數量的管理、直接或間接涉及可支配的水資源，

   －涉及土地利用，但不包括垃圾管理在內；

  c）明顯涉及一個會員國在不同的能源來源與其能源供應一般的結構間作選擇的措施。

 基於執行委員會之提案，且在歐洲議會、經濟暨社會委員會與區域委員會之聽證後，理事會得以一致決議公布普通的立法程序適用於在第1段規定的範圍。

(3) 依據普通的立法程序，且在經濟暨社會委員會與區域委員會之聽證後，歐洲議會與理事會決議一般的行動綱領，以規定其優先的目標。應按在第1項或第2項規定的程序之情況，公布爲施行這些綱領必要的措施。

(4) 不牴觸歐盟特定的措施，會員國應關注環境政策之資金提供與施行。

(5) 只要是第1項規定的措施對一會員國的機關有不適當的高費用時，不

牴觸肇事者原則，應以下列的形式制定適當的規定：

a）暫時的例外規定，且／或

b）從依據第177條設立的聚合基金提供財務的支援。

第193條

　　依據第192條規定採取的保護措施，不得阻礙個別會員國保留或採取更嚴格的保護措施。相關的措施必須符合條約（歐洲聯盟條約與歐洲聯盟運作條約）之規定。應通知執行委員會這些措施。

標題二十一：能源

第194條

（1）歐盟的能源政策，以會員國間的團結精神，在單一市場之實現或發揮作用的範圍內，在考慮環境維持與改善之必要性下，追求下列的目標：

a）確保能源市場之發揮作用；

b）保證在歐盟內能源供應安全；

c）促進能源效率與能源節省，以及發展新型和再生的能源，與

d）促進網絡的相互連結。

（2）不牴觸條約（歐洲聯盟條約與歐洲聯盟運作條約）其他規定之適用，依據普通的立法程序，歐洲議會與理事會公布必要的措施，以期實現第1項規定的目標。應在經濟暨社會委員會與區域委員會之聽證後，公布這些措施。

　　不牴觸第192條第2項第c款規定，這些措施不得影響一會員國規定其能源利用條件、在不同能源間做選擇與其能源供應一般結構的權利。

（3）不適用第2項規定，依據特別的立法程序，若係以租稅種類為主的措施時，並在歐洲議會聽證後，理事會以一致決議公布上述的措施。

標題二十二：觀光

第195條

(1) 歐盟應補充會員國在觀光領域的措施，特別是以促進在這個領域歐盟企業的競爭力。

為達成此一目標，歐盟以其行動追求目標，

a) 以鼓勵在這個領域創設一個有利於企業發展的環境；

b) 特別是以好的實踐交流，支援會員國間的合作。

(2) 在排除會員國法規的任何一個調適，依據普通的立法程序，歐洲議會與理事會應公布特別的措施，以補充會員國為施行實現本條規定目標的措施。

標題二十三：災害保護

第196條

(1) 歐盟應促進會員國間的合作，以期更有效率的形成預防自然災害或由人為造成的災害體系與防止這類災害的體系。

歐盟的行動具有下列的目標：

a) 在會員國、區域與地方層次，針對風險預估、在會員國內參與災害保護人員之培訓與在歐盟內自然災害或由人為造成災害的情形投入救災，支援與補充會員國的行動；

b) 在個別會員國的災害保護單位間，促進在歐盟的一個迅速與有效率的合作；

c) 在國際層次，改善災害保護措施的整合。

(2) 在排除會員國法規的任何一個調適下，依據普通的立法程序，歐洲議會與理事會公布追求第1項規定目標的必要措施。

標題二十四：行政合作

第197條

(1) 由會員國對於歐盟符合制度發揮作用具有決定性的有效率施行歐盟法，應視為具有共同利益的議題。

(2) 歐盟得支援會員國在其致力於改善其行政能力，以施行歐盟法。特別是得以簡化資訊和公務人員的交流，以及支援培訓和繼續進修計畫作為內容。會員國不應請求此一支援。在排除會員國法規任何一個法規調適下，依據普通的立法程序，歐洲議會與理事會以規章公布必要的措施。

(3) 本條規定既不得牴觸會員國施行歐盟法的義務，亦不得牴觸執行委員會的職權與義務。本條規定亦不得牴觸條約（歐洲聯盟條約與歐洲聯盟運作條約）明定會員國間，以及在會員國與歐盟間行政合作的其他規定。

第四部分　與海外屬地及領土的結盟

第198條

所有會員國達成協議，與丹麥、法國、荷蘭及英國間維持特別關係的歐盟非歐洲的屬地和領土進行結盟。這些屬地與領土以下稱為「領土與屬地」，列舉於附錄二。

結盟目標為促進屬地與領土的經濟與社會的發展、在這些領土和屬地與全歐盟間建立緊密的經濟關係。

符合在本條約前言列舉的原則，結盟首先應以這些領土和屬地的居民利益為目的，促進其福祉，以期引導居民致力追求的經濟、社會與文化發展。

第199條

以結盟追求下列的目標：

(1) 會員國適用其依據條約（歐洲聯盟條約與歐洲聯盟運作條約）相互適用的制度於這些領土和屬地的貿易往來。

(2) 任何一個領土和屬地適用在維持特別關係的歐洲國家適用的制度於會

員國與其他屬地和領土的貿易往來。

(3) 會員國參與需要繼續發展這些屬地和領土的投資。

(4) 在由歐盟提供經費的投資招標與供貨上，在相同的條件下，應開放給所有擁有會員國、屬地或領土國籍的自然人與法人參與。

(5) 以依據第203條未制定特別的規定為限，營業所設立自由章的規定與程序規定適用於在會員國與屬地和領土間其國民與公司的營業所設立權，並且排除任何一種差別待遇。

第200條

(1) 自屬地和領土進口至會員國，禁止課徵關稅；準用在條約（歐洲聯盟條約與歐洲聯盟運作條約）規定禁止在會員國間課徵關稅之規定。

(2) 自會員國、其他屬地和領土進口商品時，在每個屬地與領土依據第30條規定，禁止課徵關稅。

(3) 但屬地與領土得課徵符合其發展與工業化、或作為預算經費提供的財政關稅所需的關稅。

在第1段規定的關稅不得高於適用於來自與相關的屬地或領土維持特別關係的會員國進口商品時所課徵的關稅。

(4) 第2項規定不適用於根據特別的國際義務已經適用無差別待遇關稅稅率的屬地與領土。

(5) 對進口至屬地與領土的商品確定或變更關稅稅率時，既不得在法律上、又不得在事實上導致在個別會員國進口間間接或直接的差別待遇。

第201條

在進口第三國商品至屬地與領土適用的關稅稅率額度，若在適用第200條第1項規定可能造成貿易扭曲而使一會員國受到不利益時，則該會員國得請求執委會，向其他會員國建議採取必要的補救措施。

第202條

保留關於國民健康、公共安全與秩序的規定，應依據第20條之規定，公布來自屬地與領土的勞動力在會員國內的自由遷徙、與來自會員國在屬地和領土勞動力自由遷徙的規範。

第203條

　　基於執行委員會之提案，根據在歐盟與海外屬地及領土結盟範圍所達到的結果與條約（歐洲聯盟條約與歐洲聯盟運作條約）規定的原則，理事會以一致的決議公布關於歐盟與海外屬地及領土結盟的細節與程序。若依據特別的立法程序，由理事會通過這些規定時，則基於執行委員會之提案，且在歐洲議會之聽證後，理事會以一致決議之。

第204條

　　保留在條約（歐洲聯盟條約與歐洲聯盟運作條約）附錄關於格陵蘭特別規定議定書中的特別規定，第198條至第203條規定適用於格陵蘭。

第五部分　歐盟對外行為

標題一：歐盟對外行為的一般規定

第205條

　　在國際層次，在本部分的範圍內，歐盟的行為依據歐洲聯盟條約第一章標題五規定的原則為規定。規定的目標為指引與一般的規定為導向。

標題二：共同貿易政策

第206條

　　藉由關稅同盟之建立，為共同的利益，歐盟應致力於世界貿易的協調發展、逐步地廢除在國際貿易和外國直接投資的限制，以及消除關稅障礙和其他的限制。

第207條

（1）依據一致的原則形成共同貿易政策，特別是適用於關稅稅率之變更、涉及與第三國商品和服務貿易的關稅和貿易協定之締結，以及涉及智慧財產的貿易、外國直接投資、自由化貿易措施之一致化、出口政策和貿易政策上的保護措施，例如傾銷和補貼。應在歐盟對外行動的原

則和目標範圍內，形成共同貿易政策。

(2) 依據普通的立法程序，由歐洲議會與理事會以規章公布規定轉換共同貿易政策範圍的措施。

(3) 在與一個或數個第三國、或國際組織談判和締結協定時，除本條有特別規定外，適用第218條之規定。執行委員會應向理事會提出建議；理事會授權執行委員會進行必要的談判。理事會和執行委員會應注意談判的協定，應符合歐盟的內部政策和內部規定。執行委員會在進行談判時，應與由理事會爲支援談判而任命的特別委員會達成協議，並依據由理事會授與的準繩進行談判。執行委員會應向特別委員會與歐洲議會定期的提出報告，以說明談判的進度。

(4) 在進行第3項協定的談判與締結，由理事會以條件多數決議之。在進行服務貿易、涉及智慧財產的貿易或外國投資的協定談判與締結，若相關協定所涉及的規定在內部規定必須以一致決議時，則應由理事會以一致決議之。同時理事會應以一致決議下列協定之談判與締結：

  a) 文化與視聽的服務貿易，若此一協定有可能影響在歐盟內文化與語言的多樣性；

  b) 與社會、教育和衛生領域有關的服務貿易，若此一協定有可能嚴重干擾此一服務在個別會員國的組織與影響會員國的責任履行時；

(5) 在交通運輸領域的國際協定談判與締結，應適用第三部分標題五與第218條之規定。

(6) 行使在共同貿易政策範圍因本條規定所移轉的職權，不得影響歐盟與會員國間的權限分配，以及不得造成協調會員國法規的結果，但以在條約（歐洲聯盟條約與歐洲聯盟運作條約）內無協調爲限。

標題三：與第三國的合作及人道救援

第一章　發展合作

第208條

(1) 在歐盟對外行動的原則和目標的範圍內，實施歐盟在發展合作領域的政策。在發展合作領域上，歐盟的政策與會員國的政策應相互補充與加強。

在此一範圍，歐盟政策的首要目標，為防制貧窮，長遠目標為消除貧窮。在施行可能影響開發中國家的政治措施時，歐盟應考慮發展合作之目標。

(2) 歐盟與會員國應履行在聯合國及其他主管的國際組織範圍內所作的承諾，並考慮在此一範圍內所同意的目標。

第209條

(1) 依據普通的立法程序，歐洲議會與理事會應公布在發展合作範圍為施行政策的必要措施；這些措施得以多年期計畫與開發中國家進行合作或主題計畫進行。

(2) 歐盟得與第三國及主管的國際組織締結所有的協定，以致力於實現歐洲聯盟條約第21條與本條約第208條規定的目標。

第1段規定不牴觸會員國在國際委員會的談判職權與締結協定的職權。

(3) 依據其章程之規定，歐洲投資銀行應致力於施行第1項規定的措施。

第210條

(1) 在發展合作領域，歐盟與會員國應協調其政策，並相互配合其援助計畫，以及在國際組織與在國際會議上亦同，以期其措施相互間有更好的補充與更有效率。歐盟與會員國得採取共同的措施。必要時，會員國應致力於施行歐盟的援助計畫。

(2) 執行委員會得主動採取所有有助於在第1項規定的協調。

第211條

歐盟與會員國在其各自與第三國與主管的國際組織職權範圍內，進行合作。

第二章　與第三國的經濟、財政與技術合作

第212條

(1) 不牴觸條約（歐洲聯盟條約與歐洲聯盟運作條約）的其他規定，特別是第208條至第211條，歐盟應對非開發中國家的第三國實施經濟、財政與技術合作的措施，亦包括特別是在財政範圍的支援在內。這些措施應符合歐盟的發展政策，且應在其對外行動的原則和目標範圍內實施。歐盟的措施與會員國的措施應相互補充與加強。

(2) 依據普通的立法程序，歐洲議會與理事會應公布為施行第1項的必要措施。

歐盟與會員國在其各自與第三國和主管的國際組織的職權範圍內，進行合作。歐盟合作的細節得於歐盟與相關第三國間的協定內規範。

第1段規定不牴觸會員國在國際委員會談判的職權與締結國際協定的職權。

第213條

若根據在一個第三國內的情況，有必要歐盟立即提供財務援助時，則基於執行委員會之提案，理事會公布必要的決議。

第三章　人道救援

第214條

(1) 在人道援助的範圍，歐盟對外行動的原則與目標形成歐盟措施的範圍。這些措施係用作提供受自然災害或人類所造成災害波及的第三國居民為目標的援助、救援與保護，以期得滿足從這些危急狀況產生的人道需求。歐盟的措施與會員國的措施應相互補充與加強。

(2) 應符合國際法的原則，以及無黨派、中立與無差別待遇的原則，施行人道援助的措施。

(3) 依據普通的立法程序，歐洲議會與理事會規定措施，以規定在該範圍內施行歐盟的人道援助措施。

(4) 歐盟得與第三國及主管的國際組織締結所有的協定，以致力於實現在第1項與歐洲聯盟條約第21條規定的目標。

第1段規定不牴觸會員國在國際委員會談判的職權與締結協定的職
權。

(5) 應建立一個歐洲人道救援自願軍，作為歐洲年輕人共同致力於歐盟人
道援助措施的架構。依據普通的立法程序，歐洲議會與理事會以規章
規定自願軍的法律地位與運作方式的細節。

(6) 執行委員會得主動採取所有有助於在歐盟的措施與會員國的措施間之
協調，以期在人道援助的範圍，歐盟與會員國的計畫更有效率與相互
更好的補充。

(7) 歐盟應關注其人道援助的措施與國際組織和機構，特別是屬於聯合國
體系的機構的措施，並符合國際組織和機構的措施。

標題四：限制措施

第215條

(1) 若依據歐洲聯盟條約標題五第二章公布的決議規定中止、限制或完全
停止與一個或數個第三國的經濟與財務關係時，則基於外交暨安全政
策的歐盟高級代表與執行委員會共同的提案，理事會以條件多數公布
必要的措施。理事會應告知歐洲議會。

(2) 若依據歐洲聯盟條約標題五第二章公布的決議如此規定時，則依據第
1項規定的程序，理事會得對自然人或法人，以及團體或非國家的實
體，公布限制措施。

(3) 在依據本條規定的法規中，應明定權利保護的必要規定。

標題五：國際協定

第216條

(1) 若條約（歐洲聯盟條約與歐洲聯盟運作條約）明文規定締結協定、在
聯盟政策的範圍內締結一協定，係為實現一個在條約（歐洲聯盟條約
與歐洲聯盟運作條約）規定目標所必要的、或在歐盟的一個有拘束力
的法規中明文規定、或在締結協定有可能影響共同的規定或變更其適

用範圍時，歐盟得與一個或數個第三國、一個或數個國際組織，締結協定。

(2) 由歐盟締結的協定，拘束歐盟機關與全體會員國。

第217條

歐盟得與一個或數個第三國、一個或數個國際組織締結協定，具有互惠的權利和義務、共同的行動和特別的程序，以建立結盟關係。

第218條

(1) 不牴觸第207條的特別規定，在歐盟與第三國或國際組織間的協定，應依據下列規定的程序進行談判與締結。

(2) 理事會授權進行談判、規定談判準繩、批准簽署與締結協定。

(3) 執行委員會、或在計畫中的協定專屬於或主要關係到共同的外交暨安全政策時，外交暨安全政策的歐盟高級代表應向理事會提出建議；理事會應公布一個關於授權進行談判與任命的決議，按照計畫中協定的標的、歐盟進行談判的人員與歐盟談判代表團團長。

(4) 理事會得給與談判人員準繩，並指派一個特別委員會；應取得此一委員會的共識，進行談判。

(5) 基於談判人員之提案，理事會公布一個決議，以簽署協定，必要時批准在生效前的暫時適用協定。

(6) 基於談判人員之提案，理事會公布一個關於協定締結之協議。
   除係專屬於共同外交暨安全政策的協定外，理事會公布關於協定締結之協議
   a) 在下列的情形，在歐洲議會之同意後，
      i) 結盟協定；
      ii) 歐洲歐盟加入歐洲保護人權與基本自由公約之協定；
      iii) 以實施合作程序建立一個特別的組織架構的協定；
      iv) 對歐盟具有重大財政結果的協定；
      v) 在適用普通立法程序或應有歐洲議會同意的特別立法程序範圍的協定。
      在緊急的情形，歐洲議會與理事會得協議同意的期限。
   b) 在其他的情形，應在歐洲議會之聽證後，在理事會得依其急迫性

　　　　規定的期限內，歐洲議會應發表其意見。若在此一期限內歐洲議會未發表意見時，則理事會得作成一個決議。

(7) 不適用第5項、第6項與第9項規定，若協定規定此一變更以簡化程序的方式或以協定組成的委員會通過者，在締結一個協定時，理事會得授權談判人員，以歐盟的名義同意協定之變更。必要時，理事會得以特別的條件，拘束此一授權。

(8) 在全部的程序中，理事會以條件多數決議。
　　若協定涉及必須以一致決議公布聯盟法規的領域，以及在結盟協定與依據第212條規定與想加入國家締結協定時，則理事會應以一致決議之。理事會亦應以一致決議歐盟加入歐洲保護人權與基本自由公約的協定。

(9) 基於執行委員會或外交暨安全政策的歐盟高級代表之提案，理事會公布一個關於中止適用一協定與規定以歐盟名義在一個由協定組成的委員會代表的立場，只要是此一委員會應公布有法律效果的法規，但補充或變更相關協定組織架構的法規，不在此限。

(10) 在程序的所有階段，應立即與廣泛地告知歐洲議會。

(11) 一會員國、歐洲議會、理事會或執行委員會得向歐洲法院請求作一鑑定，計畫中的協定是否符合條約（歐洲聯盟條約與歐洲聯盟運作條約）的規定。若法院的鑑定否定時，則僅得在修改該協定或條約（歐洲聯盟條約與歐洲聯盟運作條約）時，計畫中的協定才得發生效力。

第219條

(1) 不適用第218條，基於歐洲中央銀行之建議或基於執行委員會之建議且在歐洲中央銀行之聽證後，在努力取得符合價格穩定目標之共識後，理事會得作成歐元對第三國貨幣匯率制度的形式協議。依據第3項規定的程序，且在歐洲議會之聽證後，理事會以一致決議之。
　　基於歐洲中央銀行之建議或執行委員會之建議，且在歐洲中央銀行之聽證後，在努力取得符合價格穩定目標之共識後，理事會得確定、變更或廢止在匯率制度內歐元的指標匯率。理事會主席應通知歐洲議會歐元指標匯率之確定、變更或廢止。

（2）若對一個或數個第三國貨幣不存在第1項規定的匯率制度時，基於執行委員會之建議，且在歐洲中央銀行之聽證後，或基於歐洲中央銀行之建議，理事會得擬定對這些貨幣匯率政策的一般方針。這些一般方針不得牴觸中央銀行歐洲體系保證價格穩定的首要目標。

（3）關於貨幣問題或外匯規定，由歐盟與一個或數個第三國、或國際組織進行談判協議時，不適用第218條規定，基於執行委員會之建議，且在歐洲中央銀行之聽證後，理事會決議此一協議談判與締結的進行方式。以這些談判與締結的進行方式，保證歐盟採取一致的立場。執行委員會應全面參與談判。

（4）不牴觸歐盟的職權與關於經濟暨貨幣同盟的歐盟協議，會員國享有在國際委員會進行談判的權利與締結國際協議的權利。

標題六：歐盟與國際組織和第三國之關係及歐盟的代表團

第220條

（1）歐盟應與聯合國及其專門組織、歐洲理事會、歐洲安全暨合作組織，以及經濟合作暨發展組織，維持所有合乎目的之合作。
此外，以合乎目的為限，歐盟應與其他的國際組織維持關係。

（2）外交暨安全政策的歐盟高級代表與執行委員會應施行本條規定。

第221條

（1）歐盟派駐第三國與在國際組織的代表團應關注歐盟的代表性。

（2）歐盟的駐外代表團隸屬於外交暨安全政策的歐盟高級代表之領導。歐盟的駐外代表團應與會員國的外交和領事代表緊密地合作。

標題七：團結條款

第222條

（1）若一會員國受恐怖攻擊、自然災害或由人為所造成的災害波及時，歐盟與會員國應在團結的精神下共同行動。歐盟應調動所有可支配的資源，包括由會員國提供給歐盟的軍事方法，以期

　　a) －防禦在會員國領土內的恐怖威脅；

　　　　－防止民主的機構與一般人民遭受可能的恐怖攻擊；

　　　　－在一會員國遭受恐怖攻擊的情形，基於其政治機關之請求，在其領土內支援該會員國；

　　b) 在自然災害或由人為所造成災害的情形，基於其政治機關之請求，在其領土內支援該會員國。

(2) 若一會員國受恐怖攻擊、自然災害或由人為所造成的災害波及時，基於其政治機關之請求，其他會員國應予以支援。為達成此一目標，會員國應在理事會達成約定。

(3) 由理事會基於執行委員會與外交暨安全政策的歐盟高級代表共同的提案作成的決議，規定由歐盟適用此一團結條款的細節。若此一決議影響防禦領域時，則理事會應依據歐洲聯盟條約第31條第1項規定決議之。應告知歐洲議會。

　　為達成此項規定之目標，不牴觸第240條規定，在共同安全暨防禦政策範圍成立的政治暨安全政策委員會，以及依據第71條成立的委員會，應向理事會提出共同的意見。

(4) 歐洲高峰會議應定期進行歐盟遭受的威脅評估，以便歐盟與其會員國以有效率的方式行動。

第六部分　組織架構規定與財政規定

標題一：關於機關的規定

第一章　機關

第一節　歐洲議會

第223條

(1) 歐洲議會應擬定在全體會員國內依據一致的程序、或符合全體會員國的共同原則，對於一般直接選舉必要的規定草案。

　　依據特別的立法程序，且在歐洲議會以其議員過半數之同意後，理事

會以一致決議必要的規定。這些規定在會員國依據其憲法規定同意後，發生效力。

(2) 依據特別的立法程序，且在執行委員會之聽證後，且經理事會之同意，歐洲議會自己創制以規章規定其議員履行任務之規定與一般條件。所有涉及現任議員或卸任議員租稅規定之規定與條件，由理事會以一致決議規定之。

第224條

依據普通的立法程序，歐洲議會與理事會以規章規定在依據歐洲聯盟條約第10條第4項與特別是其資金來源的規定，在歐洲層次政黨的規定。

第225條

歐洲議會得以其議員過半數，針對其認為必須擬定歐盟法以施行條約（歐洲聯盟條約與歐洲聯盟運作條約）的問題，要求執行委員會提出適當的法案。若執行委員會未提出法案時，則執行委員會應向歐洲議會告知理由。

第226條

在履行其任務時，基於議員四分之一以上之申請，歐洲議會得決議設立一個非常設的調查委員會；不得妨礙其他機關或機構行使依據條約（歐洲聯盟條約與歐洲聯盟運作條約）移轉的職權，調查委員會應調查所主張的違反歐盟法或在適用歐盟法時所造成的弊端；但不適用於所主張的事實已經繫屬於法院，而尚未終結的情形。

非常設的調查委員會以提出其報告，終止其繼續存在。

依據特別的立法程序，歐洲議會自己創制，在理事會與執行委員會之同意後，歐洲議會以規章決議規定調查權行使之細節。

第227條

任何一個歐盟人民、其住所或依其章程所在地在任何一個會員國的自然人或法人，針對聯盟的職務範圍且與其有直接關係的事務，得單獨或集體向歐洲議會提出請願。

第228條

(1) 歐洲議會應選任一位監察人，有權受理由歐盟人民、或其住所或依其章程所在地在任何一個會員國內的自然人或法人，針對歐盟機關、機構或其他單位在執行職務時造成弊端提出的請願，但歐洲聯盟法院已

經行使其審判權時，不在此限。監察人應調查這些請願，並提出報告。

在其委任的範圍內，監察人應主動、根據直接或經由歐洲議會議員送達之請願，進行其認為正當的調查；但不適用於所主張的事實已經訴訟繫屬或終結訴訟程序之情形。若監察人已經確認一個弊端時，應給相關的機構或其他單位三個月的期限，以期得向監察人發表意見。接著，監察人應向歐洲議會與相關的機關、相關的機構或其他的單位，提出報告。監察人應告知這些調查的結果。

監察人每年應向歐洲議會提出其調查結果的報告。

(2) 在每一次的歐洲議會選舉後，以其會期的期限，選任監察人。連選得連任。

監察人不再符合其執行職務的前提要件或犯有重大過錯時，基於歐洲議會之申請，由歐洲聯盟法院免除監察人的職務。

(3) 監察人應完全獨立執行其職務。在履行其義務時，監察人不得請求或不受任何政府、機關、機構或其他單位之指示。在其任期內，監察人不得從事其他的有給職或無給職的職業活動。

(4) 依據特別的立法程序，在執行委員會發表意見後，且在理事會之同意後，歐洲議會基於自己的創制，以規章規定監察人執行任務的規定與一般的條件。

第229條

歐洲議會每年舉行一個會期。無召集必要時，每個月的第二個星期二舉行會議。

基於其議員過半數之申請，以及基於理事會或執行委員會之申請，歐洲議會得召開非常的會期。

第230條

執行委員會得參與所有的歐洲議會的會議，且基於執行委員會之申請舉行聽證。

執行委員會應以口頭或書面答覆由歐洲議會或其議員提出的問題。

依據歐洲高峰會議議事規則與理事會議事規則之規定，歐洲議會聽取歐洲高峰會議與理事會之意見。

第231條

以條約（歐洲聯盟條約與歐洲聯盟運作條約）無其他規定者爲限，歐洲議會以其出席議員過半數決議之。

議事規則應規定決議能力。

第232條

歐洲議會制定其議事規則；必須有其議員過半數之同意。

依據條約（歐洲聯盟條約與歐洲聯盟運作條約）與其議事規則之規定，應公告歐洲議會之會議記錄。

第233條

歐洲議會應在公開的會議中討論年度總報告，並應向執行委員會提出總報告。

第234條

因執行委員會之職務而提出不信任申請時，歐洲議會不得在提出後三天結束前，且僅得以公開表決決定之。

若歐洲議會以其出席議員三分之二之多數，且其議員過半數通過不信任申請時，則必須免除執行委員會全體委員的職務，且外交暨安全政策的歐盟高級代表應免除其執行委員會範圍內的職務。執行委員會全體委員應繼續執行其正在進行的業務，直至依據歐洲聯盟條約第17條之規定任命其繼任者爲止。在此一情形，被任命爲繼任者的執行委員會委員，其任期終於必須退職的委員任期結束時。

第二節　歐洲高峰會議

第235條

（1）歐洲高峰會議的每一位成員得將其表決權移轉給另一位成員行使。

若歐洲高峰會議以條件多數決議時，則應適用歐洲聯盟條約第16條第4項與本條約第238條第2項之規定。主席與執行委員會主席不參與歐洲高峰會議之表決。

出席或被代理的成員棄權，不影響歐洲高峰會議應以一致決議的效力。

（2）歐洲高峰會議得聽取歐洲議會議長之意見。

(3) 歐洲高峰會議以普通多數決議程序問題與公布其議事規則。

(4) 理事會的秘書處應支援歐洲高峰會議。

第236條

歐洲高峰會議以條件多數公布下列的決議：

(1) 規定理事會組成的決議，但不包括歐洲聯盟條約第16條第6項規定的「一般事務理事會」與「外交事務理事會」；

(2) 依據歐洲聯盟條約第16條第9項規定在所有組成理事會主席的決議，但不包括「外交事務理事會」。

第三節　理事會

第237條

理事會由其主席自己的決定、基於一成員或執行委員會之申請，召集之。

第238條

(1) 若必須以普通多數作成理事會之決議時，則理事會以其成員過半數決議之。

(2) 若非基於執行委員會或外交暨安全政策的歐盟高級代表之提案，自2014年11月1日起，不適用歐洲聯盟條約第16條第4項規定，並保留過渡條款議定書之規定，理事會作成決議時，有理事會成員至少占72%的多數，視為條件多數，且此一多數代表至少歐盟人口總數的65%。

(3) 在適用條約（歐洲聯盟條約與歐洲聯盟運作條約）時，非理事會全體成員有表決權的情形，保留過渡條款議定書之規定，自2014年11月1日起，條件多數適用下列的規定：

　　a）至少有同意的會員國55%的多數，且此一多數代表至少有同意會員國人口總數的65%時，視為條件多數。

　　阻礙的少數至少應有理事會成員代表反對國總人口數超過35%的最低數目，包括一個會員國；否則應視為達到條件多數。

　　b）非基於執行委員會或外交暨安全政策的歐盟高級代表之提案，理事會作成決議時，不適用第a款規定，有理事會成員至少占72%的多數，且此一多數代表至少有同意會員國人口總數的65%。

(4) 出席或被代理成員棄權，不影響理事會應以一致決議的效力。

第239條

　　每個會員國得將其表決權，最多只能移轉給另一會員國行使。

第240條

　　(1) 由會員國政府常設代表組成的委員會，負責準備理事會的工作與執行由理事會交付的任務。在理事會議事規則規定的情形，委員會得作成程序上的決議。

　　(2) 由秘書處支援理事會，秘書處隸屬於由理事會任命的秘書長。
　　　　理事會以普通多數決議秘書處之組織。

　　(3) 理事會以普通多數決議程序問題與公布其議事規則。

第241條

　　理事會以普通多數決議，得要求執行委員會進行理事會認為係為實現共同目標的適當調查與向理事會提出相關的法案。若執行委員會未提出法案時，則應向理事會說明理由。

第242條

　　在執行委員會發表意見後，理事會以普通多數決議，規定在條約（歐洲聯盟條約與歐洲聯盟運作條約）內明定的委員會的法律地位。

第243條

　　理事會應規定歐洲高峰會議主席、執行委員會主席、外交暨安全政策的歐盟高級代表、執行委員會委員、歐洲聯盟法院院長、法官與事務長，以及理事會秘書長等的薪水、津貼與退休金。同時，理事會應規定所有作為報酬支付的津貼。

第四節　執行委員會

第244條

　　依據歐洲聯盟條約第17條第5項之規定，在由歐洲高峰會議以一致決議規定的輪值制度選任執行委員會委員，該輪值制度依據下列的原則：

　　a) 在規定順序與任期期限時，會員國在執行委員會的國籍完全平等待遇；因此，任何兩個會員國的國民負責的委任總數絕不超過一個完全不同的職位。

　　b) 保留第a款的規定，每個後續的委員會應以令人滿意的方式反應會員

　　國整體的人口與地理分配。

第245條

　　執行委員會不得作任何違反其任務的行爲。全體會員國應尊重其獨立性，且不得試圖影響執行委員會履行其任務。

　　在其任職期間，執行委員會不得從事其他有給職或無給職的職業活動。在從事其職務時，執行委員會委員應承擔莊嚴的義務；在執行職務時與在職務執行期結束後，應履行其職務產生的義務，特別是承擔一定的職務、或對職務結束後的利益，並應履行正派的與拘謹的義務。若違反這些義務時，基於理事會以普通多數決議或執行委員會之申請，根據個案的情況，歐洲法院得依據第247條之規定，免除該委員的職務、剝奪其退休金請求權或其他在其職務所給與的津貼。

第246條

　　除定期的重新任命與死亡的情形外，執行委員會因退職或免職，而終止其職務。

　　對於退職、免職或死亡的委員，經執行委員會主席之同意，在歐洲議會之聽證後，且依據歐洲聯盟條約第17條第3項第2段規定之要件，對於所剩餘的任期，由理事會任命一位同國籍的新委員。

　　基於執行委員會主席之提案，理事會以一致決議，對於執行委員會離職的委員所剩餘的任期不須再任命，特別是在短的期限的情形。

　　在執行委員會主席退職、免職或死亡的情形，應對所剩餘的任期任命繼任者。歐洲聯盟條約第17條第7項第1段規定的程序適用於任命繼任者。

　　在外交暨安全政策的歐盟高級代表退職、免職或死亡的情形，應依據歐洲聯盟條約第18條第1項之規定就其所剩餘的任期，任命繼任者。

　　在執行委員會全體委員退職的情形，至依據歐洲聯盟條約第17條規定就所剩餘任期重新任命委員時止，全體委員應繼續執行其正在進行的業務。

第247條

　　任何一位執行委員會委員不再構成其執行職務的前提要件或犯重大過錯時，基於理事會以普通多數決議或執行委員會之申請，得由歐洲法院免除其職務。

第248條

　　不牴觸歐洲聯盟條約第18條第4項規定，由執行委員會主席依據歐洲聯盟條約第17條第6項之規定編制執行委員會的管轄權，並分配給其委員。主席得在任期期間變更此一管轄權之分配。在主席的領導下，執行委員會委員執行由主席移轉的任務。

第249條

(1) 執行委員會應制定其議事規則，以期保證按規定的工作與其單位。執行委員會應關注公告此一議事規則。

(2) 每年，且至遲在歐洲議會會期開始前一個月，執行委員會應公告歐盟職務的總報告。

第250條

　　執行委員會以其委員過半數，作成決議。

　　在其議事規則內，規定執行委員會的決議能力。

第五節　歐洲聯盟法院

第251條

　　歐洲法院應以法庭或大法庭，依據歐洲聯盟法院組織法所規定之規則開庭。

　　以組織法有規定時為限，歐洲法院亦得以全院庭開庭。

第252條

　　由八位總辯官支援歐洲法院，基於歐洲法院之申請，理事會得以一致決議，提高總辯官之人數。

　　完全超黨派與完全獨立，按照歐洲聯盟法院組織法之規定，必須有總辯官共同參與之案件，總辯官必須公開提出附具理由的最終決議。

第253條

　　應從給與保障獨立且在其國內符合最高法官職務必要要件的人士、或公認具有卓越能力的法學家中，選任歐洲聯盟法院的法官與總辯官；在第255條規定的委員會聽證後，由會員國政府在相互同意下，以六年任期任命法官與總辯官。

　　依據歐洲聯盟法院組織法之規定，每三年應重新任命部分的法官與總辯

官。

由法官互選歐洲法院院長，任期三年；連選得連任。

得再任命已卸任的法官與總辯官。

歐洲法院應任命一位事務長，並規定其地位。

歐洲法院應公布其訴訟程序法。訴訟程序法應經理事會之核准。

第254條

普通法院法官之人數，應規定於歐洲聯盟法院組織法。在組織法中，得規定總辯官支援普通法院。

應從給與保障獨立且具有資格行使高等的法官職務的人士中，選任普通法院的法官。在第255條規定的委員會聽證後，由會員國政府在相互同意下，以六年任期任命法官。每三年應重新組成普通法院。得再任命已卸任的法官。

由法官互選普通法院院長，任期三年；連選得連任。

普通審法院應任命其事務長，並規定其地位。

普通法院應在歐洲法院之同意下，公布其訴訟程序法。訴訟程序法應經理事會之核准。

以歐洲聯盟法院組織法無其他規定者為限，這些條約針對歐洲法院的相關規定亦適用於普通法院。

第255條

應設立一個委員會，其任務為在會員國政府依據第253條與第254條任命法官前，應針對候選人執行歐洲法院法官或總辯官、或普通法院法官職務之資格，發表意見。

委員會由七名委員組成，應從過去歐洲法院與普通法院的法官、個別會員國最高法院的法官與公認具有卓越能力的法學家中選任委員，其中一名由歐洲議會建議。理事會應公布規定此一委員會運作方式規定之決議方式與此一委員會任命委員之決議方式。應基於歐洲法院院長之提案，理事會決議之。

第256條

(1) 普通法院對於第263條、第265條、第268條、第270條與第272條所規定訴訟的第一級審判，有裁判權，但不包括依據第257條之規定移轉給專業法院的訴訟與依據歐洲聯盟法院組織法保留給歐洲法院的訴訟。在歐洲聯盟法院組織法中，得規定普通法院有權審判其他類型的

訴訟。

不服普通法院在本項規定之判決，依據歐洲聯盟法院組織法規定的條件與範圍內，僅限於法律問題，得向歐洲法院提起上訴。

（2）普通法院負責不服專業法院的法律救濟審判。

不服依據本項規定的普通法院判決，若有嚴重會牴觸歐盟法的一致性或整合之虞時，得依據歐洲聯盟法院組織法規定的條件與範圍內，在例外的情形，由歐洲法院審查。

（3）普通法院在組織法規定的特別事務範圍，對於第267條規定的預先裁判，有審判權。

若普通法院認為，一法律案件必須有一個涉及歐盟法的一致性或整合的原則判決時，則得將此一法律案件移送歐洲法院審判。

若有嚴重會牴觸歐盟法的一致性或整合之虞時，普通法院得依據在組織法內規定的條件與範圍內，提出裁判預先裁判之訴的申請，在例外的情形，得由歐洲法院覆查。

第257條

歐洲議會與理事會得依據普通的立法程序，設立一個與普通法院並列的專業法院，以管轄針對特別事務範圍提起的特定類型訴訟的第一審判決。基於執行委員會之提案，在歐洲法院之聽證後、或基於歐洲法院之申請，在執行委員會之聽證後，歐洲議會與理事會以規章作成決議。

在設立專業法院的規章中，應規定此一法院的組成與移轉的管轄權範圍。

不服專業法院的判決，限於法律問題，得向普通法院訴請法律救濟、或若設立專業法院規章有規定時，亦得對事實問題，訴請相關的法律救濟。

應從給與獨立保障與具有行使法官職務資格的人士中，選任專業法院的成員。並由理事會以一致決議任命之。

在歐洲法院的同意下，專業法院公布訴訟程序法。此一訴訟程序法應經理事會之核准。

以設立專業法院規章無其他規定者為限，條約（歐洲聯盟條約與歐洲聯盟運作條約）中關於歐洲聯盟法院的規定與歐洲聯盟法院組織法亦適用於專業法院。標題一與歐洲聯盟法院組織法第64條並適用於專業法院。

第258條

　　若執行委員會認為，一會員國違反依據條約（歐洲聯盟條約與歐洲聯盟運作條約）的義務時，則執行委員會對此應附具理由發表意見；在發表意見前，執行委員會必須給該會員國陳述意見的機會。

　　在執行委員會所規定的期限內，該會員國未遵守此一意見時，執行委員會得向歐洲聯盟法院提起訴訟。

第259條

　　若一會員國認為另一會員國違反條約（歐洲聯盟條約與歐洲聯盟運作條約）的義務時，任何一會員國得向歐洲聯盟法院提起訴訟。

　　在一會員國對另一會員國，因所謂的違反條約（歐洲聯盟條約與歐洲聯盟運作條約）的義務，而提起訴訟前，必須先向執行委員會請求處理。

　　執行委員會應發表附具理由的意見；在發表意見前，執行委員會應給與在互為對造訴訟中有利害關係的會員國有書面及言詞陳述意見的機會。

　　在會員國向執行委員會請求後三個月內，若執行委員會未發表意見時，不考慮欠缺執行委員會之意見，得直接向歐洲法院提起訴訟。

第260條

　(1) 若歐洲聯盟法院確認，依會員國違反條約（歐洲聯盟條約與歐洲聯盟運作條約）規定的義務時，則該會員國應採取歐洲聯盟法院判決規定的措施。

　(2) 若執行委員會認為，相關會員國未採取歐洲聯盟法院判決規定的措施時，在執行委員會給與該會員國陳述意見的機會後，執行委員會得向歐洲法院提起訴訟。對此，執行委員會指定相關會員國應一次支付的金額款項、或按狀況認為適當數額的強制金。
　　　若歐洲法院認為，相關的會員國未遵守其判決時，則歐洲法院得對該會員國科處支付一次的金額款項或強制金。
　　　此一訴訟不牴觸第259條規定。

　(3) 若執行委員會向歐洲法院提起第258條規定的訴訟，因執行委員會認為相關會員國已經違反其義務，未告知轉換依據立法程序公布的指令之措施時，若執行委員會認為符合目的時，則執行委員會得指定該會員國應一次支付的金額款項、或按狀況認為適當數額的強制金。

若歐洲法院確認違反時，則歐洲法院得對相關會員國科處由執行委員會指定金額以下的一次支付金額款項或強制金。支付義務自歐洲法院在其判決中規定的時間起生效。

第261條

依據條約（歐洲聯盟條約與歐洲聯盟運作條約）由歐洲議會與理事會共同，以及理事會公布的規章，關於其所規定的強制措施，得移轉給歐洲聯盟法院，包括全部的裁量審查職權、變更或採取強制措施的職權。

第262條

不牴觸條約（歐洲聯盟條約與歐洲聯盟運作條約）的其他規定，理事會得依據特別的立法程序，在歐洲議會聽證後，以一致決議公布規定，以規範在由理事會規定的範圍內移轉給歐洲聯盟法院的職權，以審判與適用基於條約（歐洲聯盟條約與歐洲聯盟運作條約）公布創設智慧財產歐洲權利名義的法規有關聯的法律爭訟。這些規定在會員國依其憲法規定同意後生效。

第263條

歐洲聯盟法院應監督法規、理事會行為、執行委員會行為與歐洲中央銀行行為之合法性，但不包括建議或意見，以及監督歐洲議會行為之合法性、歐洲高峰會議對第三人具有法律效果行為之合法性。同時，歐洲聯盟法院監督聯盟機構或其他單位對第三人具有法律效果行為之合法性。

為達成此一目標，歐洲聯盟法院對於由一會員國、歐洲議會、理事會或執行委員會因無職權、違反重要的形式規定、違反條約（歐洲聯盟條約與歐洲聯盟運作條約）或在施行條約（歐洲聯盟條約與歐洲聯盟運作條約）應適用的法律規範、或因裁量權的濫用，而提起的訴訟，有管轄權。

在相同的條件下，歐洲聯盟法院對於審計院、歐洲中央銀行與區域委員會，為維護其權利所提起的訴訟，有管轄權。

在相同的條件下，依據第1項與第2項之規定，任何自然人或法人得對其直接作成或與其直接和個人有關的行為，以及具有規章性質但直接涉及其個人且非施行措施的法規，提起訴訟。

在設立歐盟機構與其他單位的法規中，得規定由自然人或法人對於這些機構與其他單位對其有法律效果的行為，提起訴訟的特別條件與細節。

在二個月內，應提起在本條規定的訴訟；依據個案的情形，自相關行為公

告後、通知原告後、或未通知時自原告知悉此一行爲時起，開始計算此一期限。

第264條

　　若訴訟有理由時，則歐洲聯盟法院應宣告被撤銷的行爲爲無效。

　　若歐洲法院宣告一行爲爲無效時，在歐洲法院認爲有必要時，應宣告該行爲應作爲繼續適用的效力。

第265條

　　在違反條約（歐洲聯盟條約與歐洲聯盟運作條約）下，歐洲議會、歐洲高峰會議、理事會、執行委員會或歐洲中央銀行不做決議時，則會員國與歐盟的其他機關得向歐洲聯盟法院提起確認此一違反條約之訴。

　　本條規定準用於歐盟機構與其他單位不作爲的情形。

　　在有疑義的機關事前要求有疑義的機構或其他單位履行其作爲義務時，才得提起此一訴訟。若在要求後二個月內該機構或單位未發表意見時，在二個月的延展期限內得提起訴訟。

　　依據第1項與第2項之規定，任何自然人或法人對於歐盟機關、機構或其他單位不對其作成建議或發表意見以外的法律行爲，得向歐洲法院提起抗告。

第266條

　　無效宣告的行爲對其造成負擔的機關、機構或其他單位、或其不作爲被宣告違反條約的機關、機構或其他單位，應採取歐洲聯盟法院判決內規定的措施。

　　不牴觸在適用第340條第2項規定產生的義務，存在此一義務。

第267條

　　歐洲聯盟法院以預先裁判的方式，審判

　　（1）條約之解釋，

　　（2）歐盟機關、機構或其他單位行爲的效力與解釋。

　　若一會員國的法院提出此一問題，且此一法院認爲歐洲法院的判決對其作成判決是有必要時，得向歐洲法院提起請求裁判。

　　在訴訟繫屬中，在個別會員國法院提出此一問題，而其判決本身不得再以其本國法的法律救濟予以撤銷時，此一法院必須向歐洲法院提起訴訟。

　　在涉及一受羈押人的訴訟繫屬中，若在個別會員國法院提出此一問題時，

則歐洲法院應在最短的時間內裁判。

第268條

歐洲聯盟法院對於第340條第2項規定的損害賠償訴訟，有管轄權。

第269條

歐洲法院對於審判依據歐洲聯盟條約第7條規定由歐洲高峰會議或理事會公布法規的合法性，僅基於歐洲高峰會議或理事會的相關會員國之確認申請，且僅針對遵守上述條文規範的程序規定，有管轄權。

在每個法規確定後一個月內應提出申請。歐洲法院應在申請提出後一個月內裁判之。

第270條

依據在歐盟公務員任用法與在對於歐盟其他職員工作條件規定的範圍內與條件，歐洲聯盟法院對於所有在歐盟與其職員間的訴訟，有管轄權。

第271條

依據下列的規定，歐洲聯盟法院就下列的訴訟，有管轄權

(1) 依據歐洲投資銀行章程，會員國應履行的義務。就此，歐洲投資銀行的行政理事會享有在第258條移轉給執行委員會的職權；

(2) 歐洲投資銀行管理理事會的決議。任何一個會員國、執行委員會與歐洲投資銀行的行政理事會得依據第263條之規定，提起訴訟。

(3) 歐洲投資銀行行政理事會的決議。僅得由會員國或執行委員會依據第263條之規定，且僅因為違反歐洲投資銀行章程第21條第2項、第5項至第7項的形式規定，訴請撤銷這些決議。

(4) 由會員國的中央銀行履行基於條約（歐洲聯盟條約與歐洲聯盟運作條約）、中央銀行歐洲體系暨歐洲中央銀行章程產生的義務。就此，歐洲中央銀行的行政理事會對會員國的中央銀行享有在第258條針對會員國授與執行委員會的職權。若歐洲聯盟法院確認，一會員國的中央銀行已經違反基於條約（歐洲聯盟條約與歐洲聯盟運作條約）的義務時，則此一中央銀行必須採取在歐洲聯盟法院判決中所規定的措施。

第272條

根據由歐盟或因歐盟利益所締結的公法上或私法上契約所包含的仲裁條款的裁決，歐洲聯盟法院有管轄權。

第273條

歐洲法院對任何與條約（歐洲聯盟條約與歐洲聯盟運作條約）內容有關聯的會員國間依據仲裁條約的訴訟，有管轄權。

第274條

以歐洲聯盟法院無管轄權時為限，根據條約（歐洲聯盟條約與歐洲聯盟運作條約）規定，在歐盟當事人的訴訟，不得剝奪個別會員國法院的管轄權。

第275條

歐洲聯盟法院對於關於共同外交暨安全政策的規定與基於這些規定公布的法規，無管轄權。

但歐洲法院對於監督遵守歐洲聯盟條約第40條與歐洲聯盟運作條約第263條第4項的要件下涉及對自然人或法人由理事會依據歐洲聯盟條約標題五第二章公布的限制措施決議合法性監督所提起的訴訟，有管轄權。

第276條

在第三部分標題五第四章與第五章關於自由、安全與司法區域規定的範圍內的職權行使上，歐洲聯盟法院對於審查一會員國警察或其他犯罪追訴機關措施的效力或適當性、或審查會員國對維護公共秩序和保護國內安全的職權行使，無管轄權。

第277條

不問在第263條第6項規定的期限屆滿與否，任何訴訟當事人在歐盟的一個機關、一個機構或其他的單位所公布具有一般效力的法規之合法性被撤銷的訴訟中，得向歐洲聯盟法院主張根據在第263條第2項所指稱的事由，不適用此一法規。

第278條

歐洲聯盟法院的訴訟，無停止的效力。但歐洲法院認為，依據事實狀況有必要時，得中止執行被撤銷的行為。

第279條

對繫屬於歐洲聯盟法院的案件，歐洲聯盟法院得採取必要的假處分。

第280條

依據第299條之規定，應執行歐洲聯盟法院的判決。

第281條

　　歐洲法院組織法規定於一個特別的議定書。

　　依據普通的立法程序，理事會得變更歐洲聯盟法院組織法，但不包括標題一與第64條。基於歐洲法院之申請且在歐洲議會與執行委員會之聽證後、或基於執行委員會之提案且在歐洲法院之聽證後，歐洲議會與理事會作成決議。

第六節　歐洲中央銀行

第282條

(1) 歐洲中央銀行與會員國的中央銀行組成中央銀行歐洲體系。歐洲中央銀行與其貨幣是歐元的會員國中央銀行組成歐元體系，並推動歐盟的貨幣政策。

(2) 由歐洲中央銀行的決議機關領導中央銀行歐洲體系。其首要目標為保證價格穩定。不牴觸此一目標，應支援在歐盟的一般經濟政策，以期致力於其目標之實現。

(3) 歐洲中央銀行擁有法律人格。其專屬的職權為核准歐元之發行。歐洲中央銀行獨立的行使其職權與管理其資金。歐盟機關、機構與其他的單位，以及會員國政府應尊重此一獨立性。

(4) 依據第127條至第133條、第138條之規定與依據中央銀行歐洲體系暨歐洲中央銀行章程之規定，歐洲中央銀行公布履行其任務所必要的措施。依據這些規定，其貨幣非為歐元的會員國與其中央銀行保留在貨幣範圍的職權。

(5) 在其職權的涵蓋範圍，歐洲中央銀行對於歐盟法規的所有草案，以及對在會員國層次的所有法規草案，應進行聽證，並得發表意見。

第283條

(1) 歐洲中央銀行的理事會，由歐洲中央銀行董事會的董事與其貨幣為歐元的會員國中央銀行總裁組成。

(2) 董事會由總裁、副總裁與其他四位董事組成。
　　董事會的總裁、副總裁與其他董事，由歐洲高峰會議基於理事會在歐洲議會與歐洲中央銀行的理事會之聽證後所提出的建議，從對貨幣或銀行問題公認有經驗的人士中，以條件多數決議挑選與任命之。

其任期為八年；不得連續任命。

僅會員國國民得擔任董事會的董事。

第284條

(1) 理事會的主席與執行委會的委員，得參與歐洲中央銀行理事會之會議，但無表決權。

理事會主席得向歐洲中央銀行理事會提出協商之申請。

(2) 在討論涉及中央銀行歐洲體系之目標與任務的議題時，理事會應邀請歐洲中央銀行總裁參加理事會的會議。

(3) 歐洲中央銀行應向歐洲議會、理事會與執行委員會，以及歐洲高峰會議，提出關於中央銀行洲歐洲體系的工作、去年和今年金融與貨幣政策的年度報告。歐洲中央銀行總裁應向理事會與歐洲議會提出報告，歐洲議會得依據此一報告進行一般性的討論。

歐洲中央銀行總裁與董事會的其他董事，得基於歐洲議會之請求或主動地聽取歐洲議會主管委員會之意見。

第七節　審計院

第285條

審計院應進行歐盟的帳目審查。

審計院由每一會員國的一位國民組成。審計員應完全獨立為歐盟的一般福祉，執行其任務。

第286條

(1) 在隸屬於或曾經隸屬於各會員國所屬的審計機關、或特別適合此一職務的人士中，選任審計院的審計員。應保障審計員的獨立。

(2) 以六年的任期任命審計員。根據個別會員國建議的候選人名單，在歐洲議會之聽證後，由理事會通過提名。審計員連選得連任。

自審計員中，以三年任期選舉審計院院長。連選得連任。

(3) 在履行其任務時，審計員既不得要求會員國政府或其他機關給與指示，亦不得接受會員國政府或其他機關的指示。審計員不得作違反其任務的行為。

(4) 在任職期間，審計員不得從事其他有給職或無給職的職業活動。在著

手其職務時，審計員應承擔莊嚴的義務，在執行職務時與在職務執行結束後，應履行由其職務產生的義務，特別是在承擔一定的職務或對職務結束後的利益，應履行正派的與拘謹的義務。

(5) 除定期的重新任命與死亡的情形外，審計員因退職、或因由歐洲法院依據第6項規定予以免職，而終止其職務。

對卸任的審計員所剩餘的任期，應任命繼任者。

除在免職的情形外，審計員至重新任命時止，應繼續執行職務。

(6) 歐洲法院基於審計院之申請，確認審計員不再符合必要的前提要件、或不再履行由其職務產生的義務時，方得免除審計院審計員的職務、或宣告喪失其退休金請求權或在其職位所給與的其他津貼。

(7) 理事會規定對於審計院院長與審計員的工作條件，特別是薪水、津貼與退休金。理事會規定其他作為報酬而支付的津貼。

(8) 關於歐洲聯盟特權與豁免議定書中適用於歐洲聯盟法院法官的規定，亦適用於審計院的審計員。

第287條

(1) 審計院應審查歐盟的所有收入與支出的帳冊。同時亦審查每個由歐盟設置機構或其他單位的所有收入與支出的帳冊，以其設立法規無排除規定者為限。

審計院應向歐洲議會和理事會提出關於會計項目的可靠性，以及所根據的過程之合法性與符合制度之聲明，並應在歐洲聯盟的公報中公告該聲明。得以對所有歐盟更大的職務範圍的特別判斷補充此一聲明。

(2) 審計院應審查收入與支出的合法性與符合規章制度，以及確信預算執行符合經濟效益。就此方面，審計院特別是應報告所有舞弊行為的情形。

收入的審查，應以實際向歐盟繳納的款項與支付的收入為依據。

支出的審查，應以義務性的支出與支付為依據。

這些審查得在相關的預算年度帳目結束前進行。

(3) 根據帳冊資料及必要時在其他的歐盟機關所在地、管理歐盟收入與支出帳目的機構或其他單位場所，以及獲得預算支付的自然人與法人、與在會員國內進行審查。在會員國內的審查，應與個別會員國的會計

審查機關聯繫、或會員國的會計審查機關無必要的職權時，則應與個別會員國的主管單位聯繫。在維護會員國會計審查機關的獨立性下，審計院與會員國的會計審查機關應充分信任的合作。這些機關或單位應通知審計院，是否想參與帳目審查的工作。

歐盟的其他機關、管理歐盟收入與支出帳目的機構或其他單位、獲得預算支付的自然人或法人、個別會員國的會計審查機關、或個別會員國的會計審查機關無必要的職權時，個別會員國的主管單位等，基於審計院之請求，應交付給審計院對履行其任務必要的帳冊或資訊。

與歐洲投資銀行在管理歐盟收入與支出有關的工作，審計院有調閱歐洲投資銀行資料的權利，應規定於在審計院、歐洲投資銀行與執行委員會間的協議中。若無相關的協議時，審計院亦有權調閱為審查由歐洲投資銀行管理歐盟的收入與支出必要的資料。

(4) 在每個預算年度結束後，審計院應製作年度報告。此一年度報告應向歐盟的其他機關提出，並與這些機關針對審計院的意見答覆一起公告於歐洲聯盟公報。

此外，審計院得隨時針對特別的問題提出意見，特別是以特別報告的形式提出，且依據歐盟其他機關的申請發表意見。

審計院以其成員過半數作成年度報告、特別報告或意見。依據其議事規則之規定，對作成特定類型的報告或意見，審計院得成立小組委員會（Kammer）。

在監督預算的執行上，審計院應支援歐洲議會與理事會。

審計院應規定自己的議事規則。應由理事會核准此一議事規則。

第二章　歐盟的法規、通過程序與其他規定

第二節　歐盟法規

第288條

為行使歐盟之職權，機關應採取規章、指令、決議、建議與意見。

規章有一般的效力。規章在其所有的部分具有拘束力，且直接適用於每個會員國。

指令對於其所指稱的每個會員國，針對其所欲達成的目標，具有拘束力，

但由會員國的機關自行選擇形式與方法。

　　決議在其所有的部分具有拘束力；若決議針對特定人作成時，則僅對這些人具有拘束力。

　　建議與意見不具有拘束力。

第289條

　(1) 普通立法程序爲基於執行委員會之提案，由歐洲議會與理事會共同的通過規章、指令或決議。普通立法程序規定於第294條。

　(2) 在條約（歐洲聯盟條約與歐洲聯盟運作條約）規定的特定情形，由歐洲議會在理事會參與、或由理事會在歐洲議會參與而通過規章、指令或決議，視爲特別立法程序。

　(3) 依據立法程序通過的法規爲制定法。

　(4) 在條約（歐洲聯盟條約與歐洲聯盟運作條約）規定的特定情形，得由會員國的團體或歐洲議會之創制、歐洲中央銀行之建議、或歐洲法院之申請、或歐洲投資銀行之申請，而制定公布法規。

第290條

　(1) 在制定法中，執行委員會得行使移轉的職權，公布無法律性質但具有一般效力的法規，以補充相關制定法的特定但非重要的規定。
在相關的制定法應明確規定職權移轉的目標、內容、適用範圍與期限。制定法應保留一個領域的重要觀點，因此對該重要觀點不可能移轉職權。

　(2) 應在制定法中明確規定移轉的條件，而應有下列的可能性：
　　a) 歐洲議會或理事會得決議，撤回所移轉的職權。
　　b) 僅在歐洲議會或理事會在制定法規定的期限內未提出異議時，此一法規才得生效。
爲達成第a款與第b款之目標，歐洲議會應以其議員過半數與理事會以條件多數決議之。

　(3) 在授權法規的標題中，應加上「授權」字義。

第291條

　(1) 會員國應依據其國內法，採取所有施行有拘束力歐盟法規的必要措施。

(2) 若對於施行歐盟具有拘束力的法規必須有一致的條件時，則應在此一法規中移轉施行權給執行委員會，或在相關附具理由的特別情形與在歐洲聯盟條約第24條與第26條的情形，理事會移轉施行權。

(3) 為達成第2項之目標，依據普通的立法程序，由歐洲議會與理事會以規章事前規定一般的規則和原則；依據這些規則和原則，由執行委員會監督會員國履行施行權。

(4) 在施行法的標題中，應加上「施行」之字義。

第292條

　　理事會應提出建議。在所有依據條約規定應由執行委員會提案公布法規的情形，理事會應依據執行委員會之提案決議之。在應由歐盟以一致決議公布法規的領域，理事會以一致決議之。執行委員會與在條約（歐洲聯盟條約與歐洲聯盟運作條約）規定的特定情形，歐洲中央銀行應提出建議。

第二節　立法程序與其他規定

第293條

(1) 若根據條約（歐洲聯盟條約與歐洲聯盟運作條約）之規定，理事會應基於執行委員會之提案立法時，則理事會僅得以一致決議變更此一提案；此一規定不適用於第294條第10項與第13項、第310條、第312條、第314條與第315條第2項規定的情形。

(2) 只要理事會未作成決議時，執行委員會得在歐盟通過法規的程序中隨時變更提案。

第294條

(1) 若在條約（歐洲聯盟條約與歐洲聯盟運作條約）中規定應依據普通的立法程序通過法規時，則適用下列的程序。

(2) 執行委員會向歐洲議會與理事會提出一個草案。

第一讀

(3) 在第一讀中，歐洲議會確定其立場，並將其立場告知理事會。

(4) 若理事會同意歐洲議會之立場時，則應以歐洲議會立場之版本公布相關的法規。

(5) 若理事會不同意歐洲議會之立場時，則理事會應在第一讀中確定其立

場，並將其立場告知歐洲議會。

(6) 理事會應詳細告知歐洲議會關於其在第一讀中確定其立場的全部理由。執行委員會應完全地告知歐洲議會關於其立場。

第二讀

(7) 若歐洲議會在告知後三個月內

　　a）同意理事會在第一讀的立場時，或未發表意見時，則視爲通過理事會在第一讀立場版本的相關法規。

　　b）以其議員過半數否決理事會在第一讀的立場時，則視爲未通過所提案的法規。

　　c）以其議員過半數變更理事會在第一讀的立場時，則應將變更的版本交付給理事會與執行委員會；執行委員會應就此一變更發表意見。

(8) 若理事會在歐洲議會的變更版本到達後三個月內，以條件多數決議

　　a）同意所有變更的內容時，則視爲通過相關的法規。

　　b）不同意所有變更的內容時，則在歐洲議會議長之同意下，由理事會主席在六個星期內召集調解委員會。

(9) 執行委員會對變更版本發表不同意的意見時，應由理事會以一致決議之。

調解

(10) 由理事會的成員或其代表與同數代表歐洲議會的議員組成調解委員會。調解委員會的任務，爲基於歐洲議會與理事會在第二讀的立場，達成協議。

(11) 執行委員會應參與調解委員會的工作，並採取所有必要的創制，以期致力於使歐洲議會與理事會的立場更接近。

(12) 若在召集後六個星期內，調解委員會不同意其共同的草案時，則視爲未通過所提案的法規。

第三讀

(13) 若在此一期限內調解委員會同意共同的草案時，則歐洲議會與理事會在自此一同意起六個星期的期限，在歐洲議會應有其出席議員過半數同意，且在理事會應有條件多數同意，以期符合此一法案公布

相關的法規。其他的情形視為未通過所提案的法規。

(14) 在本條規定的三個月或六個星期期限，得由歐洲議會或理事會提議最多延長一個月或二個星期。

特別的規定

(15) 若在條約（歐洲聯盟條約與歐洲聯盟運作條約）規定的情形，由一會員國的團體提案、歐洲中央銀行建議或歐洲法院之申請，以普通的立法程序公布法規時，則不適用第2項、第6項第2句與第9項之規定。

在這些情形，歐洲議會與理事會應告知執行委員會法規的草案與其在第一讀和第二讀的立場。在整個程序進行中，歐洲議會或理事會得向執行委員會請求發表意見，執行委員會並得主動發表意見。執行委員會並得依據第11項之規定參與調解委員會，但以執行委員會認為必要者為限。

第295條

歐洲議會、理事會與執行委員會應相互諮詢與一致的規範其合作細節；為達成此一目標，在維護條約（歐洲聯盟條約與歐洲聯盟運作條約）下，歐洲議會、理事會與執行委員會得締結有拘束力的機構間協議。

第296條

若條約（歐洲聯盟條約與歐洲聯盟運作條約）未規定應公布法規的類型時，則由機關在個案中在遵守應適用的程序和比例原則下，決定法規的類型。

法規應附具理由，且應說明在條約（歐洲聯盟條約與歐洲聯盟運作條約）內規定的提案、創制、建議、申請或意見。

若歐洲議會與理事會處理一個制定法的草案時，則不通過依據立法程序對相關領域未規定的法規。

第297條

(1) 依據普通的立法程序公布的制定法，應由歐洲議會議長與理事會主席簽署。

依據特別的立法程序公布的制定法，應由公布法規的機關首長簽署。

應在歐洲聯盟的公報公告制定法。制定法在其所規定的日期生效、或在公告後第二十日，發生效力。

(2) 無法律特性的法規，以規章、指令或決議，但未對特定人公布時，應

由公布法規的機關首長簽署。

針對全體會員國公布的規章與指令，以及未指明特定人的決議，應公告於歐洲聯盟的公報。在其所規定的日期、或在公告後第二十日，發生效力。

其他的指令、針對特定人作成的決議，應對其所規定的人公布，且因公布而發生效力。

第298條

(1) 為履行其任務，歐盟機關、機構與其他的單位應實施一個公開、有效率與獨立的歐洲行政。

(2) 在遵守第336條規定的章程與工作條件，依據普通的立法程序，由歐洲議會與理事會以規章公布為達成此一目標之規定。

第299條

理事會、執行委員會與歐洲中央銀行課以支付責任的法規，具有執行名義；但不適用於國家。

依據在其領土內進行強制執行會員國的民事訴訟法規定，進行強制執行。在審查僅得針對執行名義的真實性後，由會員國政府為此一目標規定，且執行委員會與歐洲聯盟法院指稱的會員國機關給與執行名義。

若依據進行執行的當事人履行這些形式規定時，則得依據會員國法進行強制執行，應直接向主管機關請求強制執行。

僅得由歐洲聯盟法院以判決中止強制執行。但會員國的司法機關有權審查執行措施的合法性。

第三章　歐盟的諮詢機構

第300條

(1) 經濟暨社會委員會與區域委員會履行諮詢的任務，應支援歐洲議會、理事會與執行委員會。

(2) 經濟暨社會委員會由資方與勞方組織的代表，以及其他市民社會的代表組成，特別是來自社會、經濟、國民、職業與文化領域的代表。

(3) 區域委員會由區域與地方的區域團體代表組成，這些代表基於選舉在區域與地方的區域團體履行任務或對經選舉的集會，負政治責任。

（4）經濟暨社會委員會與區域委員會的委員，不受指示拘束。委員完全獨立，為歐盟一般的福祉，執行職務。

（5）第2項與第3項關於這些委員會組成的種類，應由理事會作定期的檢討，以期考慮在歐盟的經濟、社會與人口的發展。為達成此一目標，基於執行委員會之提案，理事會公布決議。

第一節　經濟暨社會委員會

第301條

經濟暨社會委員會最多為350位委員。

基於執行委員會之提案，理事會以一致決議，公布委員會組成的決議。

理事會應規定委員會委員之薪酬。

第302條

（1）以五年任期，任命委員會的委員。依據個別會員國建議的委員名單，理事會通過當選名單。委員會委員得連任。

（2）在執行委員會之聽證後，理事會決議之。理事會得徵求在經濟和社會生活、及市民社會不同領域涉及歐盟職務的歐洲權威組織的意見。

第303條

委員會自其委員中選舉主席與主席團，任期為二年半。

委員會應制定議事規則。

基於歐洲議會、理事會或執行委員會之申請，由主席召集經濟暨社會委員會。主席亦得主動召集委員會。

第304條

在條約（歐洲聯盟條約與歐洲聯盟運作條約）規定的情形，歐洲議會、理事會或執行委員會應聽取委員會之意見。在所有歐洲議會、理事會或執行委員會認為合乎目的之情形，均得聽取委員會之意見。委員會認為係合乎目的之情形，並得主動發表意見。

若歐洲議會、理事會或執行委員會認為有必要時，應規定委員會提出意見的期限；自通知到達委員會主席時起算，此一期限至少應為一個月。在期限屆滿後，得不考慮其意見之欠缺。

委員會的意見，以及諮詢報告，應交付給歐洲議會、理事會與執行委員會。

第二節　區域委員會

第305條

區域委員會最多為350位委員。

基於執行委員會之提案，理事會以一致決議，公布委員會組成的決議。

以五年的任期任命委員會的委員，以及同數的副委員；並得連任。依據個別會員國建議的委員與副委員名單，理事會通過當選名單。委員會委員的任期自動終止於在第300條第3項規定的在其提案的任務結束時；應依據相同的程序，就所剩餘的任期，任命繼任者。委員會委員不得同時是歐洲議會的議員。

第306條

區域委員會自其委員中選舉主席與主席團，任期二年半。

區域委員會應制定議事規則。

基於歐洲議會、理事會或執行委員會之申請，由主席召集區域委員會。主席亦得主動召集委員會。

第307條

在條約（歐洲聯盟條約與歐洲聯盟運作條約）規定的情形與在所有其他歐洲議會、理事會或執行委員會認為合乎目的之情形，特別是涉及跨國合作的情形，歐洲議會、理事會或執行委員會應聽取區域委員會之意見。

若歐洲議會、理事會或執行委員會認為有必要時，應規定委員會提出意見的期限；自相關的通知到達委員會主席時起算，此一期限至少應為一個月。在期限屆滿後，得不考慮其意見之欠缺。

若依據第304條之規定聽取經濟暨社會委員會之意見時，則歐洲議會、理事會或執行委員會應將經濟暨社會委員會請求的意見通知區域委員會。若區域委員會認為係涉及特別的區域利益時，得發表相關的意見。

若區域委員會認為合乎目的時，得主動發表意見。

委員會的意見，以及諮詢的報告，應交付給歐洲議會、理事會與執行委員會。

第四章　歐洲投資銀行

第308條

歐洲投資銀行具有法律人格。

　　歐洲投資銀行的成員，爲全體會員國。

　　歐洲投資銀行章程以議定書附加於條約（歐洲聯盟條約與歐洲聯盟運作條約）。基於歐洲投資銀行之申請，且在歐洲議會與執行委員會之聽證後、或基於執行委員會之提案，且在歐洲議會與歐洲投資銀行之聽證後，依據特別的立法程序，理事會以一致決議變更歐洲投資銀行章程。

第309條

　　歐洲投資銀行的任務，係爲歐盟的利益，致力於單一市場的均衡與順利發展；就此，歐洲投資銀行應運用資金市場與其自己的資金。在此一意義下，歐洲投資銀行不以營利爲目的，以提供貸款與保證，使所有的經濟領域在下列指稱的計畫提供資金更容易：

　　(1) 爲開發較少發展區域的計畫；

　　(2) 爲企業之現代化或轉型、或爲創造新的就業機會的計畫，這些計畫係由內部市場之建立或發揮作用產生，且由於其範圍或其種類無法完全由在個別會員國以其現有的經費提供資金。

　　(3) 對數個會員國具有共同利益的計畫，這些計畫由於其範圍或其種類無法完全由在個別會員國以其現有的經費提供資金。

　　在履行其任務時，歐洲投資銀行應連結結構基金與歐盟其他提供資金方法的支援，使投資計畫的資金提供更容易。

標題二：財政規定

第310條

　　(1) 歐盟的所有收入與支出，應編入每一個預算年度，並列入預算案。
　　　　依據第314條之規定，由歐洲議會與理事會編列歐盟的年度預算案。
　　　　預算案應平衡收入與支出。

　　(2) 在預算案編列的支出應依據第322條之規定，以規章批准一個預算年度。

　　(3) 在預算案編列支出之執行，應以公布歐盟具有拘束力的法規爲前提，並應包含歐盟的措施與依據第322條規定相關的規章執行相關支出的法律依據，以此一規章未規定例外爲限。

(4) 為確保預算項目，歐盟不得公布有可能重大影響預算案的法規，不保證在歐盟的自主財源範圍內，與在遵守第322條規定的多年期財政架構下，得提供經費給此一法規連結的支出。

(5) 應符合預算執行有經濟效益的原則執行預算。會員國應與歐盟合作，以期確保符合此一原則使用在預算案編列的經費。

(6) 歐盟與會員國應依據第325條之規定，防制詐欺與其他違反歐盟財政利益的違法行為。

第一章　自主財源

第311條

歐盟應籌措必要的經費，以期能達成其目標與施行其政策。

不牴觸其他的收入，預算應完全由自主財源提供經費。

依據特別的立法程序，且在歐洲議會之聽證後，理事會以一致決議公布一個決議，以制定歐盟自主財源制度的規定。並得實施自主財源新的類別或廢除現有的類別。在會員國依據其個別的憲法規定同意後，此一決議才發生效力。

依據特別的立法程序，理事會以規章制定歐盟自主財源制度的施行措施，以在第3項公布的決議有規定時為限。在歐洲議會之同意後，理事會決議之。

第二章　多年期財政架構

第312條

(1) 以多年期財政架構，應確保歐盟的支出在其自主財源的限度內，進行有秩序的發展。

應以至少五年的期限編列多年期財政架構。

在編列歐盟的年度預算時，應遵守多年期財政架構。

(2) 依據特別的立法程序，理事會公布一個規章，以規定多年期財政架構。在歐洲議會以議員過半數之同意後，理事會以一致決議之。

歐洲高峰會議得以一致決議，若理事會公布第1段規定的規章時，則理事會得以條件多數決議之。

(3) 在財政架構，應規定按義務支出類別經費的年度上限與支付經費的年度上限。僅得分類少數的支出類別，應符合歐盟主要的職務範圍。

財政架構亦得包含所有其他有助於年度預算程序順利進行的規定。

(4) 至上一個財政架構屆滿止，若理事會為公布規章以編列新的財政架構時，至公布此一法規時止，應繼續規定上一個財政架構最後一年的上限與其他規定。

(5) 在至通過財政架構的整個程序中，歐洲議會、理事會與執行委員會應採取所有必要的措施，以期更容易公布法規。

第三章　年度預算案

第313條

預算年度始於1月1日，終於12月31日。

第314條

在特別的立法程序範圍，歐洲議會與理事會依據下列的規定，制定歐盟的年度預算案：

(1) 除歐洲中央銀行外，每個機關在每年的7月1日前，應對其下一個預算年度的支出編列預算。執行委員會彙整這些編列的預算，應作成一個預算草案，並得包含不適用的預算。

預算草案應包括收入項目與支出項目。

(2) 至遲應在相關的預算年度前一年的9月1日，執行委員會向歐洲議會與理事會提出預算草案的提案。

在至召集第5項規定的調解委員會止進行的程序中，執行委員會得變更其預算草案。

(3) 理事會對預算草案應確定其立場，至遲應在相關的預算年度前一年的10月1日，向歐洲議會提出預算草案。理事會應完全告知歐洲議會關於其確立立場的理由。

(4) 在交付後42日內，若歐洲議會

a) 同意理事會的立場時，則通過預算案；

b) 未作成決議時，則視為通過預算案；

c) 以其議員過半數修正時，則應向理事會與執行委員會交付修正的版本。在理事會主席的同意下，歐洲議會議長應立即召集調解委員會。在交付修正版的草案10日內，若理事會通知歐洲議會，其

同意所有的修正時，則不召開調解委員會。

(5) 由理事會成員或其代表與同數的歐洲議會議員代表組成調解委員會，其任務為在召集調解委員會後21日內，依據歐洲議會與理事會的立場，以理事會成員或其代表的條件多數與歐洲議會議員代表過半數，就共同的草案達成共識。

執行委員會應參與調解委員會的工作，並採取所有必要的創制，以期致力於歐洲議會與理事會接近的立場。

(6) 在第5項規定的21日期限內，若調解委員會就共同草案達成共識時，則自達成共識時起，歐洲議會與理事會有14日期限，以期同意共同草案。

(7) 在第6項規定的14日期限內，若

　a) 歐洲議會與理事會都同意共同草案或均未作成決議、或其中的一機關同意共同草案，而另一機關未作成決議時，則視為依據共同的草案最終的通過預算案，或

　b) 歐洲議會以其議員過半數否決共同草案，且理事會議否決共同草案、或其中之一機關否決共同草案，而另一機關未作成決議時，則執行委員會應提出新的預算案，或

　c) 歐洲議會以其議員過半數否決共同草案，而理事會同意時，則執行委員會應提出新的預算草案，或

　d) 歐洲議會同意共同草案，而理事會否決共同草案時，則自否決日起14日內，歐洲議會得以其議員過半數且出席議員之五分之三之決議，由理事會確認在第4項第c款規定的全部或一部修正。若歐洲議會之修正未獲確認時，則應在調解委員會接受修正的內容作為預算項目合議的立場。在這個基礎上，視為最終的通過預算案。

(8) 在第5項規定的21日期限內，若調解委員會就共同草案未達成共識時，則執行委員會應提出新的預算草案。

(9) 在本條的程序結束後，歐洲議會議長應確認最終通過的預算案。

(10) 在維護條約（歐洲聯盟條約與歐洲聯盟運作條約）與依據條約（歐洲聯盟條約與歐洲聯盟運作條約）特別是在歐盟自主財源與收支平

衡範圍公布的法規下，每個機關行使依據本條規定授與的職權。

第315條

　　若一個預算年度已經開始而仍未最終的通過預算案時，則得依據第322條規定的預算法之規定，對於每一章每個月的支出，按照在預算案相關章節編列經費的十二分之一的額度，但不得超過預算案同一章節經費項目的十二分之一。

　　基於執行委員會之提案，在遵守依據第322條公布規章第1項的其他規定下，理事會得批准超過此十二分之一的支出。理事會應立即告知歐洲議會其決議。

　　在第2項的決議中，在注意第311條指稱的法規下，應規定關於經費施行本條規定的必要措施。

　　以歐洲議會在此一期限內未以其議員過半數之決議縮減支出為限，決議在其公布後三十日生效。

第316條

　　依據第322條所公布規定之標準，至預算執行期間結束止，對非人事支出所規定的經費未用盡時，僅得移至下一個預算年度。

　　應按章編排前述的經費，並按種類或規定總結支出；依據第322條規定的預算法細分各章。

　　不牴觸對特定的共同支出之特別規定，應在預算案分開列舉歐洲議會、歐洲高峰會議、理事會、執行委員會，以及歐洲聯盟法院的支出。

第四章　預算執行與免責

第317條

　　依據第322條規定的預算法，以自己的責任，並在分配經費的範圍符合有經濟效益執行預算的原則，執行委員會與會員國共同執行預算。會員國應與執行委員會合作，以期確保經費使用符合有經濟效益執行預算的原則。

　　在預算法中應規定，在執行預算時，會員國的監督與經濟效益檢查義務，以及相關結合的責任。更進一步應規定每個機關參與支出進行的責任與特別的細節。

　　依據第322條規定的預算法，執行委員會得從一章至另一章、或從一細目

至另一細目移轉經費。

第318條

　　每年執行委員會應向歐洲議會與理事會提出已經結束的預算年度的預算帳目。更進一步，執行委員會應交付給歐洲議會與理事會歐盟資產與負債的一覽表。

　　執行委員會還必須向歐洲議會與理事會提出一份歐盟財政的評價報告，應依據特別是針對由歐洲議會與理事會依據第319條給與的讓步達成的結果作評價。

第319條

(1) 基於理事會之建議，歐洲議會免除執行委員會執行預算的責任。爲達成此一目標，在理事會後，歐洲議會應審查在第318條規定的帳目、資產與負債一覽表與評價報告，以及審計院的年度報告連同受檢查機關答覆審計院的意見、在第287條第1項第2句規定的可靠性聲明與審計院相關的特別報告。

(2) 在免除執行委員會責任前，以及爲達成與其執行預算職權相關的其他目標，歐洲議會得要求執行委員會答覆關於執行支出或財政監督體系的運作方式。基於歐洲議會之請求，執行委員會應向歐洲議會提出所有必要的資料。

(3) 執行委員會應採取所有符合目的之措施，以期履行在免責決議內的意見、歐洲議會對執行支出的意見，以及在理事會的免責建議內附加的說明。

　　基於歐洲議會或理事會的請求，執行委員會應將根據這些意見與說明採取的措施，特別是爲了執行預算對主管單位給與的指示，作成報告。並將這些報告送交審計院。

第五章　共同的規定

第320條

　　多年期財政架構與年度預算應以歐元編列。

第321條

　　保留告知相關會員國的主管機關，以有必要者爲限，執行委員會得將以該

會員國貨幣計算的結餘兌換成另一會員國的貨幣，以期在條約（歐洲聯盟條約與歐洲聯盟運作條約）規定的目標使用這些結餘。若執行委員會持有以所需貨幣的可支配或流動結餘時，則執行委員會應盡可能避免此種兌換。

執行委員會透過會員國指定的機關與會員國保持聯繫。在實施金融業務時，執行委員會應利用相關會員國發行貨幣的銀行或其他由相關會員國核准的金融機構。

第322條

(1) 依據普通的立法程序，且在審計院之聽證後，歐洲議會與理事會以規章，公布下列的規定：

a) 預算法規，特別是應在預算法規中詳細規定預算案的編列與施行，以及帳目與查帳。

b) 規範財政審查員監督責任與特別是有指示權人與會計人員監督責任的規定。

(2) 基於執行委員會之提案，且在歐洲議會與審計院之聽證後，理事會應規定在歐盟的自主財源規定中所規定執行委員會可支配預算收入的細節與程序，以及應採取的措施，以期必要時提供必要的現金資金。

第323條

歐洲議會、理事會與執行委員會應確保提供歐盟能履行其對第三人法律義務的財政資金。

第324條

基於執行委員會之創制，在依據本標題規定的預算程序範圍，應定期召集歐洲議會議長、理事會主席與執行委員會的聚會。應採取所有必要的措施，以期促進相關機關的立場協調與更接近，以及更容易施行本標題的規定。

第六章　詐欺防制

第325條

(1) 歐盟與會員國應防制詐欺與其他針對歐盟財政利益的違法行為，依據本條規定，以威嚇該行為、且在會員國、歐盟機關、機構與其他單位內達成有效保護效果的措施。

(2) 為防制針對歐盟財政利益的詐欺，會員國應採取與為防制針對其本國

財政利益詐欺的相同措施。

(3) 不牴觸條約（歐洲聯盟條約與歐洲聯盟運作條約）的其他規定，會員國應協調其工作，以防止歐盟的財政利益不受詐欺。為達成此一目標，會員國與執行委員會應互相關注在主管機關間進行緊密和定期的合作。

(4) 為保證在會員國，以及在歐盟機關、機構與其他單位的有效率和等值的預防，依據普通的立法程序，且在審計院之聽證後，歐洲議會與理事會決議必要的措施，以預防與防制針對歐盟財政利益的詐欺。

(5) 執行委員會與會員國合作，每年應向歐洲議會與理事會提出關於施行本條所採取措施的報告。

標題三：加強合作

第326條

加強合作應遵守條約（歐洲聯盟條約與歐洲聯盟運作條約）與歐盟的權利。

加強合作既不得損害單一市場，亦不得損害經濟、社會與領域的結合。加強合作係為會員國間的貿易，但既不得為阻礙，亦不得為差別待遇；加強合作不得造成會員國間競爭扭曲的結果。

第327條

加強合作應注意未參與合作會員國的職權、權利與義務。這些未參與合作的會員國不得阻礙由參與會員國施行的加強合作。

第328條

在成立加強合作時，應對全體會員國開放，只要會員國符合在為此授權的決議必要時規定的參與要件。此一規定亦適用於任何其他的時間點，只要除上述的要件外，會員國應遵守在此範圍已經公布的法規。

(1) 執行委員會與參與加強合作的會員國應關注盡可能促進許多會員國的參與。

(2) 執行委員會與必要時外交暨安全政策的歐盟高級代表應定期向歐洲議會與理事會報告加強合作的發展。

第329條

(1) 除歐盟享有專屬權的領域與共同外交暨安全政策外，彼此想在條約（歐洲聯盟條約與歐洲聯盟運作條約）的一個領域想要建立一個加強合作的會員國應向執行委員會提出申請，在申請中應列舉適用範圍與想要進行的加強合作所要致力的目標。執行委員會得向理事會提出相關的提案。若執行委員會未提出提案時，則執行委員會應向相關的會員國說明其理由。

基於執行委員會之提案，且在歐洲議會之同意後，由理事會給與依據第1段展開加強合作的授權。

(2) 彼此在共同外交暨安全政策範圍想要建立加強合作的會員國，應向理事會提出申請。外交暨安全政策的歐盟高級代表應向理事會為凝聚想要加強合作與歐盟的共同外交暨安全政策發表意見，以及告知執行委員會，特別是為凝聚想要加強合作與歐盟其他領域的政策所發表的意見。另外，應向歐洲議會告知交付申請。

由理事會以一致決議，以決議給與展開加強合作的授權。

第330條

全體理事會成員得參與理事會的諮商，但僅參與加強合作的理事會成員有表決權。

一致決議係僅指參與加強合作的會員國代表的票數。

應依據第238條第3項之規定，確定條件多數。

第331條

(1) 想要在第329條第1項規定的領域加入現存加強合作的任何一個會員國，應告知理事會與執行委員會其意圖。

在相關會員國參與的通知到達後四個月內，執行委員會應確認。必要時，執行委員會確認已經履行參與要件與公布適用在加強合作範圍已經公布法規的必要過渡措施。

若執行委員會認為，未履行參與要件時，則執行委員會應說明為履行這些要件必須公布哪些規定，且應確定重新審查申請的期限。在此一期限屆滿後，執行委員會應依據在第2段規定的程序重新審查申請。若執行委員會認為，尚未履行參與要件時，則提出申請的相關會員國

得請理事會處理此一問題。理事會依據第330條規定決議之。此外，基於執行委員會之提案，理事會得公布第2段規定的過渡措施。

(2) 想要在共同外交暨安全政策範圍參與現存加強合作的任何一個會員國，應告知理事會、共同外交暨安全政策的歐盟高級代表與執行委員會其意圖。

在外交暨安全政策的歐盟高級代表之聽證後，理事會應確認相關會員國之參與，必要時確認已經履行的參與要件。更進一步，基於歐盟高級代表之提案，爲適用在加強合作已經公布的法規，理事會得採取必要的過渡措施。若理事會認爲，未履行參與要件時，則理事會應說明爲履行這些要件必要的步驟，並確定重新審查參與的期限。

爲達成此項規定的目標，理事會依據第330條以一致決議之。

第332條

除機關的行政費用外，由施行加強合作產生的支出，應由參與的會員國分擔，但以在歐洲議會之聽證後，理事會未以其全體成員一致爲其他決議者爲限。

第333條

(1) 在加強合作範圍，若依據條約（歐洲聯盟條約與歐洲聯盟運作條約）之規定，有可能應由理事會以一致決議時，則依據第330條規定以一致決公布一個決議，理事會得規定以條件多數決議之。

(2) 在加強合作範圍，若依據條約（歐洲聯盟條約與歐洲聯盟運作條約）之規定，有可能應由理事會依據特別的立法程序公布法規時，則依據第330條規定以一致決公布一個決議，理事會得依據普通的立法程序決議。在歐洲議會之聽證後，理事會決議之。

(3) 第1項與第2項規定不適用於涉及軍事或防禦政策事務的決議。

第334條

理事會與執行委員會應確保在加強合作範圍施行的措施相互間、及符合聯盟的政策，並進行相關的合作。

第七部分　一般規定與最終條款

第335條

在每個會員國內，依據會員國法律規定給與歐盟享有法人廣泛的權利能力與行為能力；特別是歐盟得取得和讓與動產及不動產，以及進行訴訟。為達成此一目標，由執行委員會代表歐盟。涉及個別機關作用的問題，依據行政自治，由相關的機關代表歐盟。

第336條

依據普通的立法程序，且在其他相關機關之聽證後，歐洲議會與理事會以規章公布歐盟公務員法與歐盟其他雇員的工作條件。

第337條

為履行移轉給執行委員會的任務，執行委員會得請求所有必要的詢問與進行所有必要的審查；由理事會以普通多數決議，依據條約（歐洲聯盟條約與歐洲聯盟運作條約）之規定，對此規定範圍與更詳細的標準。

第338條

(1) 不牴觸關於中央銀行歐洲體系暨歐洲中央銀行章程議定書第5條規定，若係施行歐盟職務有必要時，依據普通的立法程序，歐洲議會與理事會決議製作統計的措施。

(2) 在維護超黨派、可靠、客觀、學術獨立、費用效率與統計上保密下，製作歐盟的統計資料；因而不得造成經濟上的過度負擔。

第339條

歐盟機關的成員、各委員會委員、歐盟的職員與其他雇員，不得洩漏在性質上屬於職業秘密的消息，在終止其職務後，亦同；此一規定特別是適用於關於企業、企業的業務關係或成本要素的消息。

第340條

依據相關契約應適用的法律，確定歐盟在契約上的責任。

在非契約責任的範圍，依據會員國法律制度共同的一般法律原則，歐盟應賠償由其機關或雇員在執行職務時所造成的損害。

不適用第2項規定，依據會員國法律制度共同的一般法律原則，歐洲中央銀行應賠償由其或其雇員在執行職務時所造成的損害。

依據公務員法的規定或對其適用的工作條件，確定雇員對歐盟個人的賠償責任。

第341條

在全體會員國政府間的共識下，確定歐盟機關的所在地。

第342條

不牴觸歐洲聯盟法院組織法，由理事會以一致決議，以規章規範歐盟機關語言問題的規則。

第343條

在全體會員國領土內，依據1965年4月8日關於歐盟的特權與豁免議定書之規定，歐盟享有為履行其任務所必要的特權與豁免。相同的規定亦適用於歐洲中央銀行與歐洲投資銀行。

第344條

不得不同於在條約（歐洲聯盟條約與歐洲聯盟運作條約）內的規定，會員國必須規範關於條約（歐洲聯盟條約與歐洲聯盟運作條約）解釋或適用的爭訟。

第345條

條約（歐洲聯盟條約與歐洲聯盟運作條約）不牴觸在不同會員國內的財產制度。

第346條

(1) 條約（歐洲聯盟條約與歐洲聯盟運作條約）的規定不得牴觸下列的規定：

　a）一會員國不得給與其認為洩漏將違反其重要安全利益的消息；

　b）以關於武器、彈藥與戰爭物資製造或交易為限，任何一個會員國得採取其認為係為維護其重要安全利益的必要措施；關於特定商品不是特別為軍事目標，這些措施在單一市場上不得損害競爭條件。

(2) 基於執行委員會之提案，理事會得以一致決議，修訂其在1958年4月15日規定適用第1項第b款的商品名單。

第347條

會員國應互相達成共識，以期藉由共同行動阻止一會員國因其國內公共秩

序受嚴重干擾時、在戰時、在一個可能出現戰爭危險嚴重的國際緊張時、或在
履行鑑於維持和平與國際安全而承擔的義務時，因採取措施而損害單一市場發
揮作用。

第348條

　　依據第346條與第347條規定採取的措施扭曲在單一市場上的競爭條件
時，則執行委員會應與有利害關係的會員國共同檢討，如何能符合條約（歐洲
聯盟條約與歐洲聯盟運作條約）的規定調整這些措施。

　　除第258條與第259條規定的程序外，若執行委員會或一會員國認為另一會
員國濫用在第346條與第347條規定的職權時，執行委員會或一會員國得直接向
歐洲法院提起訴訟。在禁止公開下，歐洲法院進行審判。

第349條

　　在考慮瓜德羅普島、法屬圭亞那島、馬丁尼克島、留尼汪島、聖巴爾賽勒
米與聖馬丁島、亞速爾群島、馬德拉群島與加納利群島，因地處偏遠、島嶼位
置、微小的面積、崎嶇的地形與氣候條件，以及經濟上依賴少數產品等因素，
而造成困難的結構條件上的社會與經濟狀況下，這些因素是固定不變的情況，
且因其相互作用而嚴重影響發展，基於執行委員會之提案，且在歐洲議會之聽
證後，理事會決議規定特別的措施，特別是以達成條約（歐洲聯盟條約與歐洲
聯盟運作條約）適用於上述這些區域的條件為目標的特別措施，包括共同政策
在內。若依據特別的立法程序，由理事會公布相關的特別措施時，則應基於執
行委員會之提案，且在歐洲議會之聽證後，理事會決議之。

　　第1項規定的措施，特別是涉及關稅暨貿易政策、租稅政策、免稅區、農
業暨漁業政策、原料和基本日用品的供應條件、國家補貼，以及取得結構基金
與水平的歐盟計畫的條件。

　　在考慮在最邊緣地區區域特別特徵與壓力下，理事會應決議第1項規定的
措施，而不會因而削弱包括單一市場與共同政策在內的歐盟法律制度之完整與
整合。

第350條

　　以條約（歐洲聯盟條約與歐洲聯盟運作條約）之適用無法達到聯合目標為
限，條約（歐洲聯盟條約與歐洲聯盟運作條約）不得阻礙在比利時與盧森堡
間、比利時、盧森堡與荷蘭間區域聯合的存在與施行。

第351條

　　條約（歐洲聯盟條約與歐洲聯盟運作條約）不得牴觸在1958年1月1日以前、或之後才加入會員國在其加入聯盟前，在一會員國或數個會員國與一個或數個第三國所締結協定產生的權利義務。

　　以這些協定牴觸條約（歐洲聯盟條約與歐洲聯盟運作條約）為限，相關的會員國應使用所有適當的方法，以期消除已經確定的牴觸。必要時，為達成此一目標，會員國應互相幫助；必要時，會員國應採取共同的立場。

　　在適用第1項指明的協定時，會員國應考量此一狀況，即由任何一個會員國在條約（歐洲聯盟條約與歐洲聯盟運作條約）內給與的利益係歐盟建立的構成要件，且因而與共同機關之建立、移轉職權給這些共同機關、與由所有其他會員國給與相同的利益有不可分離的關係。

第352條

(1) 若顯示條約（歐洲聯盟條約與歐洲聯盟運作條約）規定的政策領域的範圍內，有必要歐盟採取行動，以期實現條約（歐洲聯盟條約與歐洲聯盟運作條約）的一個目標，而在條約（歐洲聯盟條約與歐洲聯盟運作條約）內未對此規定必要的授權時，基於執行委員會之提案，且在歐洲議會之同意後，理事會以一致決議公布適當的規定。若理事會依據特別的立法程序公布這些規定時，則應基於執行委員會之提案，且在歐洲議會之同意後，理事會以一致決議之。

(2) 在監督遵守輔助原則範圍，執行委員會應依據歐洲聯盟條約第5條第3項之規定，讓會員國國會注意依據本條規定作成的提案。

(3) 在條約（歐洲聯盟條約與歐洲聯盟運作條約）排除這種調適法規的情形，依據本條規定採取的措施，不得包含調適會員國的法律規定。

(4) 本條規定不得作為實現共同外交暨安全政策目標的法律依據，而依據本條規定公布的法規應在歐洲聯盟條約第40條第2項規定的限度內。

第353條

　　歐洲聯盟條約第48條第7項不適用於下列的條款：

(1) 第311條第3項與第4項，

(2) 第312條第2項第1段，

(3) 第352條，

（4）第354條。

第354條

　　為達成歐洲聯盟條約第7條中止特定與隸屬於歐盟結合的權利之目的，代表相關會員國的歐洲高峰會議成員或理事會成員無表決權，且在計算第7條第1項與第2項規定會員國的三分之一或五分之四時，不算入相關會員國的票數。出席或被代表成員棄權不影響公布第7條第2項規定的決議。

　　公布歐洲聯盟條約第7條第3項與第4項規定的決議，應依據本條約第238條第3項第b款之規定，確定條件多數。

　　在公布歐洲聯盟條約第7條第3項規定的中止表決權決議後，若理事會依據條約（歐洲聯盟條約與歐洲聯盟運作條約）的一個規定，以條件多數決議時，則應依據本條約第238條第3項第b款之規定，確定條件多數、或基於執行委員會或歐盟高級代表之提案，理事會處理外交暨安全政策時，則應依據本條約第238條第3項第a款之規定，確定條件多數。

　　為達成歐洲聯盟條約第7條規定的目標，歐洲議會以其出席議員三分之二的多數與其議員過半數決議之。

第355條

　　補充歐洲聯盟條約第52條之規定，關於條約（歐洲聯盟條約與歐洲聯盟運作條約）地域的適用範圍，適用下列的規定：

（1）依據第349條，條約（歐洲聯盟條約與歐洲聯盟運作條約）適用於瓜德羅普島、法屬圭亞那、馬丁尼克島、留尼汪島、聖巴爾賽勒米島、聖馬丁島、亞速爾群島、馬德拉群島與加那利群島。

（2）在第四部分規定的特別結盟制度，適用於在附件二列舉的海外屬地與領土。

　　　條約（歐洲聯盟條約與歐洲聯盟運作條約）不適用於與英國維持特別關係且未在上述附件列舉的海外屬地與領土。

（3）條約（歐洲聯盟條約與歐洲聯盟運作條約）適用於一會員國代表其外交關係的歐洲領土。

（4）依據關於奧地利、芬蘭與瑞典加入條件法第2號議定書之規定，條約（歐洲聯盟條約與歐洲聯盟運作條約）適用於奧爾蘭島。

（5）除歐洲聯盟條約第52條與本條第1項至第4項外，適用下列的規定：

a）條約（歐洲聯盟條約與歐洲聯盟運作條約）不適用於法羅群島。

b）條約（歐洲聯盟條約與歐洲聯盟運作條約）適用於英國屬地賽浦路斯、阿窩堤理與德科理亞，僅以有必要適用為限，以期確保附加於捷克、愛沙尼亞、賽浦路斯、拉脫維亞、立陶宛、匈牙利、馬爾他、波蘭、斯洛維尼亞、斯洛伐克加入歐洲聯盟加入條件法英國在賽浦路斯屬地議定書規定依據該議定書標準之適用。

c）僅以有必要時為限，條約（歐洲聯盟條約與歐洲聯盟運作條約）才適用於海峽群島與馬恩群島，以期確保在1972年1月22日新會員國簽署加入歐洲經濟共同體條約與歐洲原子能共同體條約中對這些島嶼明定的規定之適用。

（6）基於相關會員國之創制，歐洲高峰會議得公布對歐盟變更在第1項與第2項指明的丹麥、法國或荷蘭海外領土或屬地的身分決議。在執行委員會之聽證後，歐洲高峰會議以一致決議之。

第356條

本條約無適用期限。

第357條

本條約須經全體會員國依據其憲法的規定批准。批准文件寄存於義大利政府。

本條約在最後批准文件寄存的下一個月第一日生效。若此一寄存在下一個月開始前少於十五日時，則條約在寄存後第二個月的第一日生效。

第358條

歐洲聯盟條約第55條規定適用於本條約。

簽約的全權代表在本條約下簽名
1957年3月25日，於羅馬

參、重要的議定書

第一號　關於會員國國會在歐洲聯盟角色的議定書

全體締約國——

牢記針對歐洲聯盟職務，由會員國國會進行的政府監督種類是每個會員國特別的憲法上形式與實踐的事務，

祈願促進會員國國會參與更多的歐洲聯盟職務，並給與會員國國會更多的機會可以對歐洲聯盟的法規草案與其他對會員國國會可能有特別利益的議題發表意見，

達成共識，在歐洲聯盟條約、歐洲聯盟運作條約與歐洲原子能聯盟條約附加下列的規定：

第一章　告知會員國

第1條

執行委員會的諮商文件（綠皮書、白皮書與函示），在執行委員會公告時，應直接交付給會員國國會。而執行委員會交付給會員國國會，應同時轉達歐洲議會與理事會每年的立法計畫，以及所有擬定的立法計畫或政治策略的其他文件。

第2條

交付給歐洲議會與理事會的法律草案，應交給會員國國會。

在本議定書內所指稱的「法律草案」，係指執行委員會的提案、一群會員國的創制、歐洲議會的創制、法院的申請、歐洲中央銀行的建議與歐洲投資銀行的申請，以期法規之公布。

由執行委員會提出的法律草案，應由執行委員會轉交給歐洲議會與理事會，同時直接交給會員國國會。

由歐洲議會提出的法律草案，應由歐洲議會直接交給會員國國會。

由一群會員國、法院、歐洲中央銀行或歐洲投資銀行提出的法律草案，應

由理事會交給會員國國會。

第3條

依據關於適用輔助原則與比例原則議定書規定的程序，會員國國會應符合輔助原則向歐洲議會議長、理事會主席與執行委員會主席發表附具理由的意見。

若由一群會員國提出法律草案時，則理事會主席應轉交給這些會員國政府附具理由的意見。

若由法院、歐洲中央銀行或歐洲投資銀行提出的法律草案時，則理事會主席應轉交給相關的機關或機構附具理由的意見。

第4條

在以歐盟的官方語言向會員國國會交付的法律草案的時間點和在立法程序範圍內為公布或為確定立場的時間點之間，理事會暫時的議程必須有八星期的期限。在法規或理事會附具理由的緊急情況，得有例外。除在符合制度附具理由的緊急情況外，在此八星期內得不確認對於法律草案的共識。在符合制度附具理由的緊急情況外，在理事會會議暫時議程通過法律草案與確立立場之間，應有十天期限。

第5條

轉交給會員國政府，應同時直接交給會員國國會理事會會議的議程與此會議的結果，包括理事會諮商法律草案的議程記錄在內。

第6條

若歐洲高峰會議意圖行使歐洲聯盟條約第48條第7項第1句或第2句規定的修改條約時，則至少在歐洲高峰會議創制公布決議前六個月，應告知會員國國會。

第7條

轉交給歐洲議會與理事會，審計院應同時轉交給會員國國會告知的年度報告。

第8條

在會員國國會的制度上，若非係一院制時，則第1條至第7條適用於國會的每個議院。

第二章　國會間的合作

第9條

　　歐洲議會與會員國國會間應共同規定，在歐盟內得如何形成與促使國會間有效率和定期的合作。

第10條

　　會員國國會間的歐洲委員會會議得使歐洲議會、理事會與執行委員會知悉每個符合目的所出版的文章。此一會議更進一步應促進會員國國會與歐洲議會間，包括其專門委員會在內，的資訊交流與證明合理的實踐。此一會議並得針對個別議題，組織國會相互間的會議，特別是討論共同外交暨安全政策的議題，包括共同安全暨防禦政策在內。會議的文章不拘束會員國國會，且不採取其立場。

第二號　關於適用輔助原則與比例原則議定書

　　全體締約國──

　　祈願確保在歐盟內盡可能作成接近人民的決策，

　　決議規定適用歐洲聯盟條約第5條規定的輔助原則與比例原則之條件，以及建立一個適用這些原則的監督制度，

　　達成共識，在歐洲聯盟條約與歐洲聯盟運作條約中附加下列的規定：

第1條

　　每個機關應持續的關注遵守在歐洲聯盟條約第5條規定的輔助原則與比例原則。

第2條

　　在提出法律草案前，執行委員會應進行廣泛的聽證。就此，必要時應考慮措施對區域與地方的意義。在非常緊急的情況，執行委員會得不進行諮商；應在其提案中附具理由。

第3條

　　在本議定書所指稱的「法律草案」，係指執行委員會的提案、一群會員國

的創制、歐洲議會的創制、法院的申請、歐洲中央銀行的建議與歐洲投資銀行的申請，以期法規之公布。

第4條

　　執行委員會應同時向會員國國會與歐盟的立法機關，交付其法律草案與由其變更的草案。

　　歐洲議會應交付給會員國國會其法律草案與其變更的草案。

　　理事會應交付給會員國國會由一群會員國、法院、歐洲中央銀行或歐洲投資銀行提出的法律草案與變更的草案。

　　只要歐洲議會通過其立法決議，且理事會確定其立場時，歐洲議會與理事會應將這些交付給會員國國會。

第5條

　　針對輔助原則與比例原則，法律草案應附具理由。每個法律草案應以詳細的資料可以判斷的註記是否遵守輔助原則與比例原則。這一註記應說明預估的財務影響，以及在指令的情形，應說明對於由會員國公布法律規定的影響，包括必要時對於區域法律規定的影響在內。確認在歐盟層次更能達成歐盟的目標，依據品質與以可能為限數量的標準。而法律草案應考慮對歐盟、會員國政府、地區與地方機關、經濟參與人民的財政負擔與行政花費，應盡可能的維持小額，且與應達成的目標有相當的關係。

第6條

　　在轉交法律草案的時間點後八星期內，會員國國會或此一國會的一議院得以歐盟的官方語言向歐洲議會的議長、理事會主席與執行委員會主席說明附具理由的意見，為何其認為草案不符合輔助原則。因此，必須與該會員國國會或會員國的該議院，必要時有立法職權的區域議會，進行諮商。

　　若由一群會員國、法院、歐洲中央銀行或歐洲投資銀行提出法律草案時，則應由理事會主席轉交意見給相關的機關或相關的機構。

第7條

　　(1) 歐洲議會、理事會與執行委員會，以及必要時一群會員國、法院、歐洲中央銀行或歐洲投資銀行，只要是由其提出法律案，應考慮會員國國會或這些國會的一院附具理由的意見。

　　　　每個會員國國會有二票表決權，依照個別會員國的國會制度分配之。

在兩院制，每個議院有一票。

(2) 若附具理由的意見認爲法律草案不符合輔助原則的數目至少已經達到第1項第2句分配票數的會員國國會總數的三分之一時，則必須覆查草案。若法律草案係依據歐洲聯盟運作條約第76條之規定，涉及自由、安全與司法區域時，則門檻爲票數的四分之一。

在覆查結束後，執行委員會或必要時一群會員國、歐洲議會、法院、歐洲中央銀行或歐洲投資銀行，只要是由執行委員會或其他這些提案人提出法律草案時，得決議應維持、變更或撤回草案。此一決議必須附具理由。

(3) 此外，在普通的立法程序範圍，適用下列的規定：若附具理由的意見認爲法律草案不符合輔助原則的數目至少已經達到第1項第2句分配票數的會員國國會總數過半數時，則必須覆查草案。在此一覆查結束後，執行委員會得決議維持、變更或撤回草案。

若執行委員會維持草案時，則執行委員會應以一個附具理由的意見說明，爲何其認爲草案符合輔助原則。執行委員會附具理由的意見應與會員國國會附具理由的意見一起向歐盟立法機關提出，以便歐盟立法機關在立法程序範圍加以考量：

a) 在第一讀結束前，立法機關（歐洲議會與理事會）應審查法律草案是否符合輔助原則；立法機關應特別考慮由大多數會員國國會支持的理由，以及執行委員會附具理由的意見。

b) 若立法機關有理事會成員55%的多數與歐洲議會表決多數，認爲草案不符合輔助原則時，則不繼續審查法律草案。

第8條

歐盟法院對於法規因牴觸輔助原則依據歐洲聯盟運作條約第263條之規定，由一會員國提起或依據一會員國的國內法律制度以其國會或此一國會的一議院名義轉交的訴訟，有管轄權。

依據上述的條款，針對依據歐洲聯盟運作條約之規定應有區域委員會聽證而公布的法規，亦得由區域委員會提起相關的訴訟。

第9條

每年執行委員會應向歐洲高峰會議、歐洲議會、理事會與會員國國會提出

關於適用歐洲聯盟條約第5條的報告。此一年度報告亦應送交經濟暨社會委員會與區域委員會。

第三號　歐洲聯盟法院組織法議定書

全體締約國——

祈願規定在歐洲聯盟運作條約第281條規定的歐洲聯盟法院組織法，

達成共識，在歐洲聯盟條約、歐洲聯盟運作條約與歐洲原子能共同體條約附加下列的規定：

第1條

歐洲聯盟條約、歐洲聯盟運作條約、歐洲原子能共同體條約與此組織法應適用於歐洲聯盟法院的設立與職務。

標題一：法官與總辯官

第2條

在接受職務前，每位法官應在法院公開的會議宣誓就職、中立與認真負責的執行職務與保守諮商的秘密。

第3條

法官不隸屬於任何的審判籍。關於其職務的特性所進行的行為，包括其言詞與書面的意見發表在內，在其職務終止後，法官亦得享有此一豁免。

歐洲法院得以全體會議的決定廢止此一豁免。若判決涉及普通法院或專業法院的成員時，則歐洲法院應在相關法院的聽證後判決之。

若在廢止豁免後對一法官展開刑事訴訟時，則此一法官在任何一個會員國僅得在該會員國最高法院法官有訴訟管轄權的法院應訴。

歐洲聯盟特權與豁免議定書第11條至第14條與第17條適用於歐洲聯盟法院的法官、總辯官、事務長與輔助的書記官；不牴觸第1項至第3項涉及法官豁免審判的規定。

第4條

　　法官不得擔任政治的職位，亦不得擔任行政的職位。

　　法官不得從事有給職或無給職的職業活動，但理事會以過半數決議例外的給與豁免此一規定者，不在此限。

　　在履行其職務時，法官應履行莊嚴的義務，在執行職務其間或在其職務終止後，法官應榮譽的與審慎的履行由其職務產生的義務，特別是接受特定的工作或在此一工作結束後的利益。

　　在有疑義的情形，歐洲法院應判決之。若判決係涉及普通法院或專業法院的一位成員時，則歐洲法院應在相關法院的聽證後判決之。

第5條

　　除定期的重新組成與死亡的情形外，一法官因退職而結束其職務。

　　在法官退職時，應向歐洲法院院長交付轉交給理事會主席的退職信函。以通知理事會主席免除法官的職位。

　　在適用第6條規定的例外情形，每位法官應至其繼任人就職時止，執行職務。

第6條

　　若依據歐洲法院的法官與總辯官一致的判決，一法官不再符合必要的要件或不再履行由其職位產生的義務時，才得免除法官的職務或宣布喪失退休金請求權或其他由其職位所給與的優惠。利害關係人不參與決議程序。若利害關係人是普通法院或專業法院的成員時，歐洲法院應在相關的法院聽證後判決之。

　　事務長應使歐洲議會議長與執行委員會主席知悉歐洲法院的判決，並將該判決轉交給理事會主席。

　　若因此一判決而免除一法官的職務時，則以通知理事會主席免除法官的職位。

第7條

　　若一法官在其任期屆滿前結束職位時，則應重新任命法官剩餘的任期。

第8條

　　第2條至第7條規定適用於總辯官。

標題二：歐洲法院的組織

第9條

　　每三年應重新任命部分的法官職位，係更換十四位與十四位法官。

　　每三年應重新任命部分的總辯官職位，每次更換四位總辯官。

第10條

　　事務長應在歐洲法院宣誓就職、中立與認真負責的執行職務與保守諮詢的秘密。

第11條

　　歐洲法院應規範事務長無法執行職務的代理。

第12條

　　應派給歐洲法院公務員與其他的職員，以使其能履行其任務。這些公務員與職員在院長的監督下，隸屬於事務長。

第13條

　　依據普通的立法程序，基於歐洲法院之申請，歐洲議會與理事會得規定輔助書記官之任命與規定其地位。依據訴訟法之規定得援引輔助書記官參與處理繫屬於歐洲法院的案件，並與書記官合作。

　　應從賦與保障獨立與具有必要的法律資格證明的人士中挑選輔助書記官；由理事會以過半數決議任命之。輔助書記官應在歐洲法院宣誓就職、中立與認真負責的執行職務，並保守諮詢的秘密。

第14條

　　法官、總辯官與事務長必須居住於歐洲法院的所在地。

第15條

　　歐洲法院應持續行使其職務。在考量公務的必要性下，由歐洲法院規定法院休假的期限。

第16條

　　由三位與五位法官的法庭組成歐洲法院。由法官中選任庭長。有五位法官的法庭庭長，任期為三年。連選得連任一次。

　　大法庭由十三位法官組成。由歐洲法院院長擔任審判長。除五位法官的法庭庭長外，依據訴訟程序法之規定，任命大法庭的法官。

　　若參與訴訟的一會員國或一歐盟機關提出申請時，歐洲法院應以大法庭進行審判。

　　若歐洲法院依據歐洲聯盟運作條約第228條第2項、第245條第2項、第247條或第286條第7項審理時，歐洲法院應以全院庭審判。

　　此外，若歐洲法院認為其所審理的案件具有非常的意義時，在總辯官之聽證後，歐洲法院得判決將此一案件移送全院庭。

第17條

　　歐洲法院僅得以奇數的法官人數作成具有法律效力的判決。

　　三位或五位法官的法庭之判決，僅在由三位法官作成時，才會發生效力。

　　大法庭的判決僅在九位法官出庭時，才會發生效力。

　　歐洲法院全院庭的判決，僅在十五位法官出庭時，才會發生效力。

　　在一法庭的法官應迴避時，依據訴訟程序法之規定，得由其他法庭的法官代理。

第18條

　　法官與總辯官不得參與審理先前係由一當事人的訴訟代理人、輔佐人或律師、或曾擔任法院、調查委員會或在其他特殊性質的成員的案件。

　　若一法官或總辯官認為，基於特別的理由，不得參與一特定案件的審判或調查時，則應向院長告知。若院長認為一法官或總辯官基於特別的理由，不適合參與一特定案件的審理或判決時，則院長應將此一事由告知該法官或總辯官。

　　在適用本條規定時，若產生困難時，歐洲法院應判決之。

　　一當事人得申請變更歐洲法院或其一法庭之組成，但不得以法官的國籍、歐洲法院或其一法庭無一位具有其國籍的法官為理由。

標題三：歐洲法院的訴訟程序

第19條

　　對每個案件選任訴訟代理人代理會員國，以及歐盟機關在歐洲法院進行訴訟；訴訟代理人得由一位輔佐人或一位律師協助。

　　非會員國的歐洲經濟區協定締約國與在歐洲經濟區協定指稱的歐洲自由貿

易協定監督機關，以相同的方式代理之。

其他當事人應由一位律師代理之。

僅在一會員國法院或在歐洲經濟區協定其他締約國登錄有權出庭的律師，得在歐洲法院以代理人或一當事人的輔佐人身分出庭。

依據訴訟程序法之規定，在歐洲法院出庭的訴訟代理人、輔佐人與律師享有為獨立執行其任務必要的權利與保證。

依據訴訟程序法之規定，對於在歐洲法院出庭的輔佐人與律師，歐洲法院應承認其有在法院通常的職權。

具有會員國國籍的大學教授，依據該會員國法律制度允許其作為當事人的代理人出庭時，在歐洲法院出庭時，享有依據本條規定給與律師的法律地位。

第20條

歐洲法院的訴訟程序分為書面程序與言詞程序。

書面程序包括訴狀、書狀、答辯狀與聲明之提出，必要時提出被告抗辯的答辯、所有為支援的證據、文件或給當事人其決定為訴訟標的之歐盟機關的認證副本。

應依據訴訟程序法規定的順序與期限內交付給事務長。

言詞程序包括由書記官朗讀、已提出的報告、訴訟代理人、輔佐人與律師之聽證與由歐洲法院朗讀總辯官的最終決議，以及必要時訊問證人與專家。

若歐洲法院認為，一案件未出現新的法律問題時，則在總辯官之聽證後，歐洲法院得決議，無須總辯官之最終決議，而判決案件。

第21條

向歐洲法院提起訴訟，應向事務長提出訴狀。訴狀必須載明原告的姓名與住所、簽名者的地位、被告當事人與訴訟標的，以及各項申請和訴訟理由簡短的陳述。

必要時應附上申請宣告無效的法規、或在歐洲聯盟運作條約第265條規定的情形，在該條規定的催告時間所產生的資料。若這些資料未附加於訴狀時，則事務長應催告原告，在相當的期限內補正；不得因此駁回訴訟，因補正係在提起訴訟規定的期限屆滿後為之。

第22條

在歐洲原子能共同體條約第18條規定的情形，向歐洲法院提起訴訟，應向

事務長提出訴訟。訴狀必須載明原告的姓名與住所、簽名者的地位、不服提起訴訟的決定、對造當事人與訴訟標的，以及各項申請與訴訟理由簡短的陳述。

附加仲裁委員會撤銷決定的認證副本。

若歐洲法院駁回訴訟時，則仲裁委員會的決定有法律效力。

若歐洲法院廢止仲裁委員會的決定時，則必要時在一訴訟當事人的要求下，得重新開始仲裁委員會的程序。仲裁委員會應受歐洲法院所作法律判斷的拘束。

第23條

在歐洲聯盟運作條約第267條規定的情形，會員國的法院必須中止程序，向歐洲法院起訴，並交付給歐洲法院此一決定。歐洲法院的事務長應送達此一決定給有利害關係的當事人、會員國與執行委員會，以及系爭其行為效力或解釋的歐盟機關、機構或其他單位。

在此一送達後二個月內，當事人、會員國與執行委員會，以及必要時系爭其行為效力或解釋的歐盟機關、機構或其他單位，得向歐洲法院交付書狀或發表書面說明。

在歐洲聯盟運作條約第267條規定的情形，除上述規定的對象外，歐洲法院的事務長應送達會員國法院的決定給非會員國的歐洲經濟區協定的締約國與在歐洲經濟區協定指稱的歐洲自由貿易協定監督機關，若係涉及協定的適用範圍時，則在送達後二個月內，得向歐洲法院交付書狀或發表書面說明。

若由理事會與一個或數個會員國針對特定領域締結的一個協定規定這些國家得交付書狀或發表書面說明時，若一會員國法院向歐洲法院針對該協定適用範圍的問題提起預先裁判之訴時，則包含此一問題的會員國法院的判決亦應送達給相關的第三國，在送達後二個月內，相關的第三國得向歐洲法院交付書狀或發表書面說明。

第24條

歐洲法院得要求當事人提出所有文件與其認為有值得追求的所有答覆。在拒絕的情形，歐洲法院應明確地確認拒絕。

再者，歐洲法院得要求非訴訟當事人的會員國、歐盟機關、機構或其他單位，其為規範此一訴訟認為必要的所有詢問。

第25條

　　歐洲法院得隨時選任委託個人、人合團體、公職單位、委員會或機構，提出鑑定報告。

第25a條

　　在訴訟程序法中，得規定快速審理程序與針對自由、安全與司法區域預先裁判請求的緊急程序。

　　這些程序得規定，交付書狀或書面說明適用比第23條更短的期限與不適用第20條第4項規定，不須提出總辯官的最終決議。

　　此外，緊急程序得限制在第23條規定得交付書狀或發表書面說明的當事人與其他利害關係人，與在非常緊急的情形，並得規定取消書面程序。

第26條

　　依據訴訟程序法，得訊問證人。

第27條

　　依據訴訟程序法，對於不出庭的證人，歐洲法院得行使通常承認法院的職權與課以罰鍰。

第28條

　　在使用在訴訟程序法規定的宣誓形式或在其國家法律制度規定的方式宣誓後，得訊問證人與專家。

第29條

　　歐洲法院得命令，由其住所地的法院訊問證人或專家。

　　應對有管轄權的法院作成命令，依據訴訟程序法之規定，以執行此一命令。在執行司法互助請求所作成的書狀，應依據相同的規定，交付給歐洲法院。

　　歐洲法院承認因此所產生的費用；必要時，歐洲法院應分配給當事人分擔費用。

第30條

　　每個會員國處理證人或專家的違誓，如同在其本國的民事案件有管轄權法院的犯罪行為。根據歐洲法院的告發，會員國在其有管轄法院追訴行為人。

第31條

　　審理應公開，但歐洲法院依職權或基於重要理由依據當事人之申請，為其

他決議者，不在此限。

第32條

在審理時，歐洲法院得訊問專家、證人及當事人本身。但僅對當事人的訴訟代理人為言詞審理。

第33條

針對每個言詞審理，應由院長與事務長簽名，以完成筆錄。

第34條

由院長規定庭期表。

第35條

應秘密進行法院的評議，並保守法院評議的秘密。

第36條

判決應附具理由。判決應載明參與判決法官的姓名。

第37條

判決由院長與事務長簽名。在公開的法庭，朗讀判決。

第38條

歐洲法院應判決費用。

第39條

歐洲法院院長在必要時得不適用本組織法個別規定且在訴訟程序法規定的縮短程序中，依據歐洲聯盟運作條約第278條與歐洲原子能共同體條約第157條之規定判決中止程序之申請、依據歐洲聯盟運作條約第279條判決公布假處分的命令、或依據歐洲聯盟運作條約第299條第4項或歐洲原子能共同體條約第164條第3項之規定判決強制執行之中止。

在院長無法執行職務時，依據訴訟程序法之規定，由其他法官代理之。

由院長或其代理人作成的命令僅係暫時的規定，並不影響歐洲法院對訴訟標的之判決。

第40條

會員國與歐盟機關得參加繫屬於歐洲法院的訴訟。

相同的適用於歐盟的機構與其他單位，以及所有其他的人，只要其得相信對於繫屬於歐洲法院的訴訟結果有合法的利益。自然人或法人不得參加在會員國間的訴訟、在歐盟機關間的訴訟、或在會員國與歐盟機關間的訴訟。

不牴觸第2項規定，若訴訟涉及歐洲經濟區協定的適用範圍時，非會員國的歐洲經濟區協定締約國與在歐洲經濟區協定指稱的歐洲自由貿易協定的監督機關得參加繫屬於歐洲法院的訴訟。

以依據參加訴訟提出的申請，僅得支援一當事人的申請。

第41條

若依法被傳喚的被告未提出書面的申請時，則得對其作缺席判決。不服此一判決，在送達後一個月內，得提起異議。異議不會造成中止由缺席判決產生執行的結果，但歐洲法院為其他決議者，不在此限。

第42條

會員國、歐盟機關、機構或其他單位，以及所有的自然人與法人，得依據訴訟程序法之規定，在訴訟程序法規定的情形，若判決影響其權利，且其未參與法律訴訟時，則得對該判決提起第三人異議之訴。

第43條

若一判決的意義與範圍有疑義時，而一當事人或一歐盟機關相信其有合法利益時，基於當事人或該歐盟機關之申請，歐洲法院有權解釋此一判決。

第44條

僅在一事實在宣告判決前歐洲法院與申請再審的當事人不知，但該事實明顯的有決定性的意義，才得向歐洲法院申請程序的再審。

由歐洲法院明確的確認有新事實、承認新事實具有開始再審必要的特徵、且因而宣告申請合法的判決，開始再審。

在判決公布後十年屆滿後，即不得再提起再審申請。

第45條

在訴訟程序法中應規定考慮偏遠地區的特別期限。

若利害關係人舉證，因存在不可預見的情況或不可抗力時，則期限屆滿並無權利不利益的結果。

第46條

由歐盟非契約上的責任派生的請求權，在其根據的事件發生後五年，消滅時效。向歐洲法院交付訴訟或受害人之前向主管的歐盟機關主張其請求權，而中斷消滅時效。在第二種情形，必須在歐洲聯盟運作條約第263條規定的二個月期限內提起訴訟；必要時應適用歐洲聯盟運作條約第265條第2項規定。

本條規定亦適用於由歐洲中央銀行非契約上責任派生的請求權。

標題四：普通法院

第47條

第9條第1項、第14條、第15條、第17條第1項、第2項、第4項與第5項，以及第18條規定準用於普通法院及其法官。

第3條第4項、第10條、第11條與第14條規定準用於普通法院的事務長。

第48條

普通法院由二十八位法官組成。

第49條

普通法院的法官得選任總辯官，以行使總辯官的職務。

總辯官應完全超黨派與獨立的向普通法院提出的特定訴訟公開提出附具理由的最終決議，以期支援普通法院履行其任務。

應在普通法院的訴訟程序法中規定確定這些訴訟的標準與選任總辯官的細節。

在一訴訟案件被選任為總辯官的法官，不得參與此一訴訟的審理。

第50條

普通法院分為三位法官或五位法官的法庭。由法官中選任庭長。五位法官的法庭，以三年任期選任庭長。連選得連任。

依據訴訟程序法，規定法庭的組成與案件的分配。在訴訟程序法規定的情形，普通法院得以全院庭或獨任法官開庭。

訴訟程序法亦得規定，在訴訟程序法規定的情形與條件下，普通法院以大法庭開庭。

第51條

不適用歐洲聯盟運作條約第256條第1項明定的規定，歐洲法院依據歐洲聯盟運作條約第263條與第265條之規定保留訴訟，

(1) 對歐洲議會或理事會的行為或因其不為決議、或在由此二機關共同決議的情形，由一會員國提起的訴訟，但不包括

　　a) 依據歐洲聯盟運作條約第108條第2項第3段規定的理事會決議；

　　b) 依據歐洲聯盟運作條約第207條規定的貿易政策保護措施，理事會以規章所公布的法規；

　　c) 以理事會的行為，理事會依據歐洲聯盟運作條約第291條第2項規定行使施行職權；

(2) 歐洲聯盟運作條約第331條第1項規定，對執行委員會的行為或因其不為決議，由一會員國提起的訴訟。

　　同樣的，依據相同的條款，歐洲法院保留訴訟，即由一歐盟機關對歐洲議會或理事會的行為或因不為決議、此二機關共同決議的情形、或對執行委員會的行為或因不為決議，而提起的訴訟，以及由一歐盟機關對歐洲中央銀行的行為或因不為決議而提起的訴訟。

第52條

　　歐洲法院院長與普通法院院長應意見一致的規定配置在歐洲法院的公務員與其他職員，以何種方式提供普通法院勤務，以期使普通法院能履行其任務。在普通法院的監督下，個別的公務員或其他職員隸屬於普通法院的事務長。

第53條

　　依據標題三，規定普通法院的訴訟程序。

　　以係必要者為限，由歐洲法院的訴訟程序法規定普通法院訴訟程序的細節與補充。訴訟程序法得不適用第40條第4項與第41條規定，以期考慮在智慧財產領域法律爭訟的特性。

　　不適用第20條第4項之規定，總辯官得以書面提出附具理由的最終決議。

第54條

　　若應向普通法院提起的訴狀或其他的書狀，錯誤地交付給歐洲法院的事務長時，歐洲法院事務長應立即通知普通法院的事務長；若應向歐洲法院提起的訴狀或其他的書狀，錯誤的送交給普通法院的事務長時，普通法院事務長應立即通知歐洲法院的事務長。

　　若普通法院確認，對一訴訟無管轄權而是屬於歐洲法院管轄時，則應將訴訟移送歐洲法院；若歐洲法院確認，普通法院對一訴訟有管轄權時，則應移送該訴訟給普通法院，普通法院即不得宣告無管轄權。

　　若繫屬於歐洲法院與普通法院的案件係有相同的標的、出現相同的解釋問題或涉及相同的法規效力時，則在至歐洲法院公布判決時止，在當事人之聽證

後，普通法院得中止訴訟程序，或係關於歐洲聯盟運作條約第263條的訴訟時，則普通法院得宣告無管轄權，以便歐洲法院審判此一訴訟。在相同的要件下，歐洲法院亦得決議中止繫屬於歐洲法院的訴訟程序；在這種情形，應繼續普通法院的訴訟程序。

若一會員國與一歐盟機關撤銷相同的法規時，則普通法院應宣告無管轄權，以便歐洲法院審判此一訴訟。

第55條

普通法院應告知每個當事人，以及全體會員國與歐盟機關普通法院的判決、訴訟標的的一部判決或因無管轄權或不合法而提起抗辯終結的中間判決，即便是會員國與歐盟機關在普通法院的案件未以訴訟參加人身分參加訴訟時，亦同。

第56條

不服普通法院的判決、不服訴訟標的的一部判決或因無管轄權或不合法而提起抗辯終結的中間判決，得向歐洲法院提起法律救濟；法律救濟期限自被撤銷判決送達後起算二個月。

此一法律救濟得由一完全或部分受到不利益的當事人以申請提起。會員國或歐盟機關等其他訴訟參加人僅在普通法院判決與其直接有關時，才得提起此一法律救濟。

除涉及歐盟與其職員間的爭訟外，亦得由未在普通法院參加訴訟的會員國與歐盟機關提起此一法律救濟。在這種情形，該會員國或該歐盟機關與在普通法院參加訴訟的會員國與歐盟機關，享有相同的地位。

第57條

若普通法院拒絕訴訟參加的申請時，在拒絕的判決送達後二星期內，申請人得向歐洲法院提起法律救濟。

不服普通法院依據歐洲聯盟運作條約第278條、第279條或第299條第4項規定、歐洲原子能共同體條約第157條或第164條第3項規定作成的判決，在判決送達後二個月內，訴訟程序的當事人得向歐洲法院提起法律救濟。

依據第39條之規定，作成在第1項與第2項規定提起的法律救濟的判決。

第58條

向歐洲法院提起的法律救濟，僅限於法律問題。僅得基於普通法院的無管

轄權、影響提起法律救濟者利益的程序瑕疵，以及因普通法院違反歐盟法爲限。

法律救濟不得僅不服費用判決或不服費用確定。

第59條

若不服普通法院判決提起法律救濟時，則在歐洲法院應進行書面程序與言詞程序。在訴訟程序法規定的要件下，在總辯官與當事人之聽證後，歐洲法院得不經言詞程序審判。

第60條

不牴觸歐洲聯盟運作條約第278條、第279條或歐洲原子能共同體條約第157條規定，法律救濟無停止之效力。

不適用歐洲聯盟運作條約第280條規定，僅在本組織法第56條第1項規定的期限屆滿後，或在此一期限內提起法律救濟在駁回後，普通法院宣告一規章無效的判決發生效力；但利害關係人得依據歐洲聯盟運作條約第278條、第279條或歐洲原子能共同體條約第157條之規定，向歐洲法院申請中止被宣告無效規章的效力或其他暫時命令。

第61條

若一法律救濟有理由時，則歐洲法院應廢止普通法院的判決。若此一訴訟已達可判決的程度時，則歐洲法院得自爲最終的判決、或駁回普通法院以審判該案件。

在駁回的情形，普通法院受歐洲法院判決法律判斷之拘束。

若未參加普通法院訴訟的一會員國或一歐盟機關所提起的法律救濟有理由時，歐洲法院若認爲係必要時，則歐洲法院得標明普通法院被廢止判決的效力，對於訴訟當事人視爲繼續有效。

第62條

在歐洲聯盟運作條約第256條第2項與第3項規定的情形，若首席總辯官認爲，對損害歐盟法的一致或整合有嚴重的危險時，則首席總辯官得建議歐洲法院覆審普通法院的判決。

應在普通法院判決宣判後一個月內，提出建議。由首席總辯官提出建議後一個月內，歐洲法院應審判是否應覆審判決。

第62a條

　　以緊急訴訟程序的方式，依據由普通法院所交付的卷宗，歐洲法院審判覆審標的之問題。

　　在本組織法第23條指稱的利害關係人——在歐洲聯盟運作條約第256條第2項規定的情形——以及訴訟當事人針對覆審標的之問題，在特定的期限內，得向歐洲法院交付書狀或發表書面的說明。

　　歐洲法院得決議，在判決前開啟言詞程序。

第62b條

　　在歐洲聯盟運作條約第256條第2項規定的情形，不牴觸歐洲聯盟運作條約第278條與第279條規定，覆審的建議與開啟覆審程序的判決無停止之效力。若歐洲法院確認，普通法院的判決損害歐盟法的一致或整合時，應將案件發回普通法院，普通法院受歐洲法院法律判斷之拘束；歐洲法院得標明普通法院判決對訴訟當事人視為最終的效力。但在考慮覆審的結果下，自普通法院判決依據的事實確認產生訴訟結果時，則歐洲法院應做最終判決。

　　在歐洲聯盟運作條約第256條第3項規定的情形，只要未提出覆審建議或開啟覆審程序的判決時，要求普通法院答覆的問題，在第62條第2項規定的期限屆滿後，發生效力。在開啟覆審程序的情形，覆審標的之答覆在此一程序結束時，發生效力；但歐洲法院有其他決議者，不在此限。若歐洲法院確認，普通法院的判決影響歐盟法的一致或整合時，則應由歐洲法院答覆覆審標的之問題，以取代普通法院的答覆。

標題四a：法庭

第62c條

　　在本組織法的附件，列舉關於依據歐洲聯盟運作條約第257條規定設立的法庭，訴訟管轄權、組成、組織架構與訴訟程序之規定。

標題五：最終條款

第63條

歐洲法院與普通法院的訴訟程序法應包含所有適用本組織法與必要時補充本組織法必要的規定。

第64條

關於歐洲聯盟法院語言問題的規定，由理事會以一致決議公布規章規定之。基於歐洲法院之申請，且在執行委員會與歐洲議會之聽證後、或基於執行委員會之提案，且在歐洲法院與歐洲議會之聽證後，公布此一規章。

至公布這些規定止，繼續適用歐洲法院訴訟程序法與普通法院訴訟程序法關於語言問題規則的規定。不適用歐洲聯盟運作條約第253條與第254條規定，應由理事會以一致決議批准上述規定之修正或廢止。

附件：歐洲聯盟公務法院

第1條

歐洲聯盟公務法院以下簡稱「公務法院」，管轄依據歐洲聯盟運作條約第270條規定在歐盟與其職員間的第一審訴訟，包括在機構、局、處與其職員間，歐洲聯盟法院管轄的訴訟在內。

第2條

公務法院由七位法官組成。基於歐洲法院之申請，理事會得決議提高法官的數目。

以六年的任期，任命法官。得再任命卸任的法官。

以六年的任期任命新法官，補足出缺的法官職位。

第3條

(1) 理事會依據歐洲聯盟運作條約第257條第4項規定決議，在本條規定的委員會之聽證後，任命法官。在任命法官時，理事會應注意公務法院的均衡組成，以便在考慮會員國的國民下，盡可能基於更廣泛的地理位置選任法官與考慮特別代表個別會員國的法律制度。

(2) 擁有歐盟人民資格與符合歐洲聯盟運作條約第257條規定的要件之任

何人得交付應徵信。基於歐洲法院之建議，理事會應規定應徵信提出與處理的要件與細節。

(3) 應設立一個由過去的歐洲法院與普通法院法官，以及公認卓越的法律人中選出七人組成的委員會。理事會應任命委員會委員與基於歐洲法院院長之建議，公布其運作規定。

(4) 委員會應就在公務法院執行法官的職務應徵人的資格，發表意見。委員會在應徵者名單上附上根據其經驗在高的層級上最適合的意見。此一名單至少應有理事會應任命法官人數的雙倍應徵者。

第4條

(1) 以三年任期，自法官中選任公務法院院長。連選得連任。

(2) 公務法院應以三位法官的法庭，開庭；在訴訟程序法中規定的特定情形，法院得以全院庭、五名法官的法庭或獨任法官，開庭。

(3) 公務法院院長是全院庭與五名法官法庭的庭長。三名法官的法庭庭長依第1項規定的程序選任之。若公務法院院長分配至三名法官的法庭時，則由其擔任庭長。

(4) 應依據訴訟程序法規定全院庭的訴訟管轄與決議能力，以及法庭的組成與案件分配。

第5條

歐洲聯盟法院組織法第2條至第6條、第14條、第15條、第17條第1項、第2項與第5項，以及第18條規定，準用於公務法院及其法官。

組織法第2條規定在歐洲法院宣誓、組織法第3條、第4條與第5條規定的判決，在公務法院之聽證後，由歐洲法院為之。

第6條

(1) 公務法院應以歐洲法院與普通法院的職務為依據。歐洲法院院長或必要時普通法院院長應與公務法院院長達成共識，規定配置在歐洲法院與普通法院的公務員與其他職員，以何種方式，提供公務法院服務，以期使公務法院能履行其任務。在公務法院院長的監督下，個別的公務員或其他職員隸屬於公務法院的事務長。

(2) 公務法院任命其事務長與規定其地位。歐洲聯盟法院組織法第3條第4項、第10條、第11條與第14條規定，準用於公務法院的事務長。

第7條

(1) 除第22條與第23條的規定外，依據歐洲聯盟法院組織法標題三規定公務法院的訴訟程序。

(2) 普通法院語言規則的規定，準用於公務法院。

(3) 書面程序包括訴狀與答辯狀之提出，只要公務法院未決議時，必須第二次交換書狀。若第二次交換書狀時，經得當事人之同意，公務法院得決議，不經言詞，審理判決。

(4) 在每個訴訟階段、或自已經交付訴狀時起，公務法院得審查案件和平調解的可能性與嘗試促進此一調解合意。

(5) 公務法院應判決費用。保留訴訟程序法的特別規定，依申請判決理由敗訴當事人負擔費用。

第8條

(1) 若應向公務法院提出的訴狀或其他書狀，錯誤的送交歐洲法院或普通法院的事務長時，則歐洲法院或普通法院的事務長應立即通知公務法院的事務長。若應向歐洲法院或普通法院提出的訴狀或其他書狀，錯誤的送交公務法院的事務長時，則公務法院的事務長應立即通知歐洲法院或普通法院的事務長。

(2) 若公務法院確認其對一訴訟無管轄權，而係由歐洲法院或普通法院管轄時，則應將訴訟發回歐洲法院或普通法院。若歐洲法院或普通法院確認一訴訟應由公務法院管轄時，則應將訴訟發回公務法院，公務法院不得宣告無管轄權。

(3) 若繫屬於公務法院與繫屬於普通法院的訴訟出現相同的解釋問題或涉及相同法規的效力時，在訴訟當事人之聽證後，至普通法院宣布其判決時止，公務法院得中止訴訟程序。

若繫屬於公務法院與繫屬於普通法院的訴訟係有相同的訴訟標的時，則公務法院應宣告無管轄權，以期普通法院得審判此一訴訟。

第9條

不服公務法院的判決、不服訴訟標的之一部判決、不服以無管轄權或不合法抗辯的中間判決時，得向普通法院提起法律救濟；法律救濟期限自被撤銷判決送達起算二個月。

　　全部或部分受不利益的任何當事人，以申請得提起此一法律救濟。僅在公務法院的判決直接有關時，會員國或歐盟機關作爲其他訴訟參加人才得提起此一法律救濟。

第10條

(1) 若公務法院拒絕訴訟參加人之申請時，受駁回申請的任何人在拒絕判決送達後二星期內，得向普通法院提起法律救濟。

(2) 不服依據歐洲聯盟運作條約第278條、第279條或第299條第4項規定作成的判決、不服依據歐洲原子能共同體條約第157條或第164條規定作成的判決，在判決送達後二個月內，訴訟當事人得向普通法院提起法律救濟。

(3) 普通法院院長得在一個縮短的程序中判決第1項與第2項的法律救濟，若有必要得不適用本附件的規定，並在普通法院的訴訟程序法明文規定。

第11條

(1) 向普通法院提起的法律救濟限於法律問題。法律問題僅得係依據公務法院無管轄權、公務法院的程序瑕疵損害提起法律救濟者的利益，以及因公務法院違反歐盟法。

(2) 法律救濟不得僅不服費用判決或不服費用確定。

第12條

(1) 不牴觸歐洲聯盟運作條約第278條與第279條規定，以及歐洲原子能共同體條約第157條規定，在普通法院的法律救濟無停止之效力。

(2) 若不服公務法院的判決而提起法律救濟時，則在普通法院的程序包括書面程序與言詞程序。在訴訟程序法規定的要件下，在當事人之聽證後，普通法院得不經言詞程序判決。

第13條

(1) 若法律救濟有理由時，則普通法院應廢止公務法院的判決，並自爲判決。若訴訟尚未達判決的程度時，則普通法院應將案件發回公務法院審判。

(2) 在發回的情形，公務法院應受普通法院判決法律判斷之拘束。

第六號　關於歐盟機關、特定機構與其他單位所在地規定議定書

會員國政府代表——

依據歐洲聯盟運作條約第341條與歐洲原子能共同體條約第189條，

牢記與確認1965年4月8日的決議，但不牴觸未來機關、機構、其他單位所在地決議，

達成共識，在歐洲聯盟條約、歐洲聯盟運作條約與歐洲原子能共同體條約附加下列的規定：

唯一的條款

(1) 歐洲議會所在地位於史特拉斯堡；每個月在史特拉斯堡舉行全體大會，包括預算會議在內。額外的全體大會在布魯塞爾舉行。在布魯塞爾召開歐洲議會的委員會。歐洲議會的秘書處與其單位位於盧森堡。

(2) 理事會所在地位於布魯塞爾。每年四月、六月與十月，理事會在盧森堡召開會議。

(3) 執行委員會所在地位於布魯塞爾。在1965年4月8日決議第7條、第8條與第9條列舉的單位所在地為盧森堡。

(4) 歐洲聯盟法院所在地位於盧森堡。

(5) 審計院所在地位於盧森堡。

(6) 經濟暨社會委員會所在地位於布魯塞爾。

(7) 區域委員會所在地位於布魯塞爾。

(8) 歐洲投資銀行所在地位於盧森堡。

(9) 歐洲中央銀行所在地位於法蘭克福。

(10) 歐洲警察署所在地位於海牙。

第七號　關於歐洲聯盟特權與豁免規定的議定書

全體締約國——

考量依據歐洲聯盟運作條約第343條與歐洲原子能共同體條約第191條之規定，歐洲聯盟與歐洲原子能共同體在會員國的領土內為履行其任務，享有必要的特權與豁免，

達成共識，在歐洲聯盟條約、歐洲聯盟運作條約與歐洲原子能共同體條約。附加下列的規定：

第一章　歐洲聯盟的財產標的、不動產、存款結存額與交易

第1條

歐盟的場所與建築物係不可侵犯。歐盟的場所與建築物不得搜查、查封、沒收或徵收。未經歐洲法院之授權，不得將歐盟財產標的與存款結存額作為行政機關或法院強制措施之標的。

第2條

歐盟的檔案係不可侵犯。

第3條

歐盟、其存款結存額、收入與其他的財產標的免繳任何的直接稅。

歐盟為其職務所需而進行更大的採購，在價格中包含間接稅與營業稅時，在所有可能的情形，會員國的政府應採取適當措施，公布或補償其間接稅和包括動產或不動產價格在內營業稅捐的金額。但在施行這些措施時，不得扭曲在歐盟內的競爭。

僅係作為公共供應企業報酬的稅捐，不得豁免。

第4條

豁免歐盟所有的關稅、進、出口禁止與進、出口限制，包括其職務使用特定的標的在內；以此一方式進口的物件在其進口的會員國領土內不得有償或無償轉讓，但若該會員國應批准時，不在此限。

再者，歐盟有權公告豁免關稅、進、出口禁止與進、出口限制。

第二章　通訊與證件

第5條

歐盟的機關在每個會員國領土內享有如同外交代表一樣的待遇，有權發布其官方通訊與傳遞所有的書面文件。

官方文書往來與歐盟機關其他的官方通訊，不受檢查。

第6條

歐盟的機關首長得發給這些機關的成員與職員證件，由理事會以普通多數規定證件的形式，並由會員國的機關承認其爲合法的旅遊證件。應依據聯盟公務員身分法與其他職員就業條件法之規定，發給公務員與其他職員證件。

執行委員會得締結承認此種證件的協定，在第三國領土視爲有效的旅遊證件。

第三章　歐洲議會議員

第7條

歐洲議會議員往來在歐洲議會開會地點，不受任何行政或其他的限制。

歐洲議會議員在通關與外匯檢查時，取得

(1) 在其本國政府方面，如同高級公務員因公務暫時前往外國，相同的簡化程序；

(2) 在其他會員國政府方面，如同負有暫時公務的外國政府代表，相同的簡化程序。

第8條

因執行其任務而發表意見或表決時，歐洲議會議員在一調查程序，不受牽連、逮捕或追訴。

第9條

在歐洲議會的會期中

(1) 歐洲議會議員在其本國領土內享有議員的不可侵犯性，

(2) 歐洲議會議員在任何其他的會員國內，不得受逮捕或法院之追訴。

不可侵犯性亦存在於往來歐洲議會開會地點。

在現行犯的逮捕，不得主張不可侵犯性；逮捕亦不得違反歐洲議會的職

權，以廢止議員之不可侵犯性。

第四章　會員國參與歐洲聯盟機關工作的代表

第10條

　　會員國參與歐盟機關工作的代表，以及其顧問與專家，在執行其職務期間與往來開會地點，享有通常的特權、豁免與簡化程序。

　　此一規定亦適用於歐盟諮詢機關的成員。

第五章　歐洲聯盟的公務員與其他職員

第11條

　　歐盟的公務員與其他職員在每個會員國領土內，不問其國籍，享有下列的優先權與豁免：

　　(1)　針對其職位性質的行為，不受法院訊問，包括其言詞與書面的意見在內，但保留條約（歐洲聯盟條約與歐洲聯盟運作條約）關於公務員與其他職員對歐盟的責任、歐洲聯盟法院對於歐盟與其公務員或其他職員間訴訟管轄規定之適用。此一豁免亦適用於其職務終止後；

　　(2)　豁免移入的限制與外國人的申報義務；同樣的規定適用於其配偶與由其扶養的家屬；

　　(3)　在貨幣與外匯法規定領域，依慣例給與國際組織官員的簡易措施；

　　(4)　在就任其職位時，有權免關稅進口其家具設備與個人使用的物品至該國，以及在該國職務結束時，有權免關稅再出口家具設備與個人使用的物品，保留在行使這些權利國家的政府在特定情形認為必要的條件；

　　(5)　只要是在其最後居住國或其本國在該國在單一市場適用的條件取得的汽車，有權免關稅進口為自己使用特定的汽車與免關稅再出口，保留在行使這些權利國家的政府在特定情形認為必要的條件。

第12條

　　歐盟支付給其公務員與其他職員的薪資、所得與其他薪水，優惠歐盟，依據普通的立法程序，在相關聽證後，由歐洲議會與理事會以規章制定的規定與程序課稅。

公務員與其他職員就其由歐盟支付的薪資、所得與薪水，免課徵國內稅。

第13條

僅爲執行職務，在其他會員國設立的歐盟單位，且在任職時在歐盟有其納稅住所的歐盟公務員與其他職員，在上述這兩個國家對於所得稅、財產稅與遺產稅的課徵，以及對適用在會員國與歐盟間避免雙重課稅所締結的協定，應如同其保留過去的住所之處理，只要該住所係在歐盟的會員國內。此一規定亦適用於以未從事自己職業的配偶，以及在本條指稱公務員或職員的監督且受其扶養的子女。

在第1項指稱的公務員或職員在居留國領土內的動產，在此一會員國免繳遺產稅；保留第三國的權利與在適用雙重課稅的國際協定，對於課徵遺產稅，視此一國家爲其課稅的住所。

在適用本條款時，僅係爲執行在其他國際組織職位的職務而創設的住所，不予考慮。

第14條

依據普通的立法程序，在相關機關之聽證後，歐洲議會與理事會以規章規定對歐盟公務員與其他職員的社會給付制度。

第15條

依據普通的立法程序，在相關機關之聽證後，歐洲議會與理事會以規章規定第11條、第12條第2項與第13條全部或一部適用於聯盟公務員與其他職員的群組。

應定期告知會員國政府這些群組公務員與其他職員的姓名、職級、職位與地位。

第六章　在歐盟內第三國任命的代表之特權與豁免

第16條

在其領土內有歐盟機關所在地的會員國給與在歐盟內第三國任命的代表通常的外交特權與豁免。

第七章 一般規定

第17條

僅係爲歐盟的利益，給與歐盟公務員與其他職員特權、豁免與簡化程序。

在認爲不牴觸歐盟利益的所有情形，每個歐盟機關應廢止公務員或其他職員之豁免。

第18條

在適用本議定書時，歐盟機關與參與會員國負責任的當局應相互和睦的行爲。

第19條

第11條至第14條與第17條規定適用於執行委員會的委員。

第20條

第11條至第14條與第17條規定適用於歐洲聯盟法院的法官、總辯官、事務長與輔助書記官；不因而牴觸歐洲聯盟法院組織法議定書第3條關於法官與總辯官迴避審判的規定。

第21條

此一議定書亦適用於歐洲投資銀行、參與歐洲投資銀行工作的機關成員、職員與會員國的代表；不因而牴觸歐洲投資銀行章程議定書的規定。

除免繳因增加其資本的所有的稅與其他稅捐，以及不適用不同的形式規定外，歐洲投資銀行應與其所在地會員國結合。相同的，在解散與清算時，免課徵稅捐。歐洲投資銀行與其機關的職務，以依據其章程規定行使者爲限，免繳營業稅。

第22條

此一議定書亦適用於歐洲中央銀行、其決議機關的成員與其職員；不因而牴觸中央銀行歐洲體系暨歐洲中央銀行章程議定書的規定。

除免繳因增加其資本的所有的稅與其他稅捐，以及不適用不同的形式規定外，歐洲中央銀行應與其所在地會員國結合。歐洲中央銀行與其決議機關的職務，以係依據中央銀行歐洲體系暨歐洲中央銀行章程規定行使者外，免繳營業稅。

第八號　針對歐洲聯盟條約第6條第2項關於聯盟加入歐洲保護人權與基本自由公約議定書

全體締約國—

達成共識，在歐洲聯盟條約與歐洲聯盟運作條約附加下列的規定：

第1條

在依據歐洲聯條約第6條第2項之規定協議加入歐洲保護人權與基本自由公約（以下簡稱歐洲人權公約）上，歐洲聯盟應關注維持歐盟與歐盟法特別的性質，特別是針對

a）歐盟參與歐洲人權公約監督機制的特別規定；

b）必要的機制，以期確保非會員國與個人可符合制度向會員國且／或必要時向歐盟提出請願。

第2條

在依據第1條的協議中應確保歐盟之加入不會牴觸歐盟之權限與其機關之職權，並應確保協議之規定就歐洲人權公約不會牴觸會員國特別的情況，特別是就其議定書、由會員國依據第15條規定不適用歐洲人權公約所採取的措施、與會員國依據第57條對歐洲人權公約所提出的保留。

第3條

依據第1條的協議規定不得牴觸歐洲聯盟運作條約第344條。

第九號　關於在2014年11月1日至2017年3月31日期間與自2017年4月1日起適用歐洲聯盟條約第16條第4項與歐洲聯盟運作條約第238條第2項的理事會決議議定書

全體締約國—

在考慮至批准里斯本條約時止具有重要意義的事實下與達成在2014年11月1日至2017年3月31日期間與自2017年4月1日起達成共識適用歐洲聯盟條約第16條第4項與歐洲聯盟運作條約第238條第2項的理事會決議之事實下—

達成共識，在歐洲聯盟條約與歐洲聯盟運作條約附加下列的規定：

唯一條款

在理事會審查係針對以修改或廢止決議或決議某一規定的草案，或係針對促成間接修改其適用範圍或其意義的草案前，而應修訂歐盟的其他法規時，則歐洲高峰會議應就此一草案進行臨時的諮商，並應依據歐洲聯盟條約第15條第4項規定達成共識。

第十號　關於歐洲聯盟條約第42條規定常設的結構合作議定書

全體締約國—

依據歐洲聯盟條約第42條第4項與第46條規定，

牢記歐盟追循共同外交暨安全政策，係以達到會員國行為更佳凝聚為基礎，

牢記共同安全暨防禦政策是共同外交暨安全政策結合的構成要素，共同安全暨防禦政策應確保歐盟有一個以民事和軍事方法為依據的運作能力，在執行歐洲聯盟條約第43條的任務時，歐盟亦得啟動此一運作能力，在歐盟外依據聯合國憲章的原則，以確保和平、預防衝突與加強國防安全，且因依據僅一次出兵原則，由會員國提供的軍事能力履行此一任務，

牢記歐盟的共同安全暨防禦政策不牴觸特定會員國之安全暨防禦政策的特殊性質，

牢記歐盟的共同安全暨防禦政策應遵守會員國源自北大西洋公約產生的義務，應由大西洋公約組織規定履行共同防禦的義務，這些義務是北大西洋公約組織成員集體防禦的根本，這些義務在任何的架構下應在每個範圍符合所規定的共同安全暨防禦政策，

確信在安全暨防禦的範圍內，符合所謂的活化更新大西洋結盟的加進柏林協議，致力於聯盟的關鍵角色，

堅定決意歐盟必須能在國際社會完全的履行其應負的責任，

體認到聯合國有可能請求歐盟支持執行聯合國憲章第六章與第七章的緊急任務，

體認到由會員國加強安全暨防禦政策應在能力範圍盡力，

確信由準備好的會員國發展歐洲安全暨防禦政策進入新的階段應有決定性的努力，

牢記歐盟外交暨安全政策高級代表廣泛的參與在常設結構合作範圍工作的重要性—

達成共識，在歐洲聯盟條約與歐洲聯盟運作條約附加下列的規定：

第1條

任何一個自里斯本條約生效時起有義務的會員國得參與歐洲聯盟條約第42條第6項規定的常設結構合作，

　　a) 以擴大會員國的會費與必要時以參與多國的軍隊，最重要的歐洲軍備計畫及歐洲防禦局的行動，更緊密的發展其防禦能力，與

　　b) 至遲在2010年應有能力以履行預計任務的裝備部隊作為會員國的配額或作為多國軍對結盟的一部分，在戰略上係作為部隊的結盟、可支配對其他運輸與物流的支援、與有能力在歐洲聯盟條約第43條規訂的5至30日內承擔任務，以期特別是履行聯合國的請求與維持前30日期限，有可能延長至120日的任務。

第2條

參與常設結構合作的會員國負有下列的義務，以期達成第1條規定的目標

　　a) 自里斯本條約生效時起，為達成所約定的目標，就防禦物資的投入支出金額與在安全範圍和歐盟的國際責任上為定期檢討這些目標，進行合作；

　　b) 儘可能廣泛得調適其防禦方法，特別是會員國應整合軍需品的調查、共同利用其防禦工具與能力與必要時應專業化防禦工具與能力，以及在訓練與物流上加強合作；

　　c) 採取具體的措施，以加強其部隊的可支配相互支援、靈活性與調派能力，特別是這些措施應就軍隊之派遣訂立共同的目標及必要時檢討其國內的決議程序；

　　d) 以會員國採取必要措施為目標進行合作，以期以多國的概念與不損及

會員國在北大西洋公約組織範圍內相關的義務與塡補在發展能力機制
範圍已確認的漏洞；

e）實際的促成在歐洲防禦局範圍內發展重要物資的共同或歐洲計畫。

第3條

歐洲防禦局應致力於定期判斷參與國家的貢獻能力，特別是依據第2條規
定的標準判斷，並至少每年製作一次報告。判斷得用作提出建議的依據，以及
歐洲聯盟條約第46條規定公布理事會決議之依據。

第十一號　針對歐洲聯盟條約第42條議定書

全體締約國—

考慮完全轉換歐洲聯盟條約第42條第2項之必要性，

考慮依據第42條規定歐盟的政策不牴觸各會員國安全暨防禦政策特別性質
的事實，一些會員國應履行依據北大西洋公約應遵守在北大西洋公約組織內共
同防禦義務的事實，與應符合每個範圍規定的共同安全暨防禦政策的事實，

達成共識，在歐洲聯盟條約與歐洲聯盟運作條約附加下列的規定：

歐洲聯盟與西歐聯盟共同草擬在歐洲聯盟與西歐聯盟間加強合作的規定。

第十二號　關於在出現過度赤字時程序議定書

全體締約國—

祈願規定在歐洲聯盟運作條約第126條所規定在出現過度赤字時程序的細
節—

達成共識，在歐洲聯盟條約與歐洲聯盟運作條約附加下列的規定：

第1條

在歐洲聯盟運作條約第126條第2項規定的參考值爲：

—在預計或事實上的公共赤字與國民生產總值對市場價格間比例的3%，

—在公共債務與國民生產總值對市場價格間比例的60%。

第2條

歐洲聯盟運作條約第126條與本議定書意指

—「公共」為國家，係指中央政府、區域或地方團體或社會保險機構，但不包括在歐洲國民經濟總結算體系的營利交易在內；

—「赤字」為在歐洲國民經濟總結算體系的融資赤字；

—「投資」是指在歐洲國民經濟總結算體系的總投資金額；

—「負債狀況」指在第1款的國家層級個別的範圍內與相互間的彙整後對於在年底的名義價值的毛負債總額。

第3條

為保證在過度赤字時程序的效率，在此一程序範圍內，會員國的政府應對第2條第1款規定的公共赤字負責任。會員國保證將此一公共赤字納入在預算範圍的國內程序，以履行其在此一範圍自條約產生的義務。會員國必須立即與定期的告知執委會預計和事實上的赤字與其負債狀況的金額。

第4條

執委會應提供為適用此一議定書所必須的統計資料。

第十三號　關於凝聚標準議定書

全體締約國——

祈願更詳細的規定，在依據歐洲聯盟運作條約第140條規定決議廢止適用例外規定的例外規定時，凝聚標準應領導聯盟，

達成共識，在歐洲聯盟條約與歐洲聯盟運作條約附加下列的規定：

第1條

在歐洲聯盟運作條約第140條第1項第1段規定的價格穩定標準，係指一會員國應有持續的價格穩定與在審查前的一年內有適度的通貨膨脹率，通貨膨脹率不再超過最多三個在價格穩定領域達到最佳結果的會員國每個會員國的1.5%。根據消費者價格指數在類似的基礎上，考慮在個別會員國內不同的定義，評定通貨膨脹。

第2條

　　在歐洲聯盟運作條約第140條第1項第2段規定的公共財政狀況的標準，係指在審查時，理事會未依據歐洲聯盟運作條約第126條第6項規定作成決議，指明相關的會員國存在過度赤字。

第3條

　　在歐洲聯盟運作條約第140條第1項第3段規定的參與歐洲貨幣體系匯率機制的標準，係指一會員國至少在審查前的最近兩年必須遵守在歐洲貨幣體系匯率機制範圍內規定的正常範圍，而沒有太大的變動幅度。特別是該會員國在相同的時期內，其貨幣對歐元的雙邊指導匯率未因本身因素貶值。

第4條

　　在歐洲聯盟運作條約第140條第1項第4段規定的利率凝聚標準，係指在審查前一年的期限在一會員國內，長期平均的掛牌利率不再超過最多三個月在價格穩定領域達到最佳結果的會員國每個會員國相關利率的2%。根據長期政府債券或類似的有價證券，在考慮在個別會員國不同的定義下，評定利率。

第5條

　　由執行委員會提供為適用本議定書所必要的統計數據。

第6條

　　基於執行委員會之提案，且在歐洲議會、歐洲中央銀行與經濟暨財政委員會之聽證後，理事會以一致決議公布適當的規定，以規範在歐洲聯盟運作條約第140條規定的凝聚標準之細節，以取代此一議定書。

第十四號　關於歐元集團議定書

　　全體締約國——

　　祈願改善在歐洲聯盟內更強勢經濟成長的前提要件，為達成此一目標，促進在歐元貨幣區更緊密的經濟政策協調，

　　有意識的必須規範在歐元國間加強對話的特別規定，直至歐元成為歐盟全體會員國的貨幣止，

　　達成共識，在歐洲聯盟條約與歐洲聯盟運作條約附加下列的規定：

第1條

　　歐元國的部長應召開非正式的會議。在有需要時，應召開這些會議，以期討論在單一貨幣領域與其共同特別責任有關的問題。執行委員會應參與會議。應邀請歐洲中央銀行至由歐元國財政部長代表與執行委員會進行的準備會議。

第2條

　　歐元國的部長以二年半的任期，以這些會員國過半數選任一位主席。

第十九號　關於在歐洲聯盟範圍納入申根現狀的議定書

　　全體締約國——

　　鑑於在1985年6月14日與1990年6月19日由歐洲聯盟的會員國在申根簽署關於逐步廢除在共同邊界檢查的協定，以及相關的協定、與依據這些協定公布的法規，由1997年10月2日的阿姆斯特丹條約納入歐洲聯盟的範圍，

　　祈願自阿姆斯特丹條約生效時起，維護繼續發展的申根現狀與繼續發展此一現狀，以期致力於實現給與歐盟人民一個無內部邊界自由、安全與司法區域之目標，

　　考慮丹麥的特別地位，

　　考慮愛爾蘭與英國並未參與申根現狀的全部規定，應使這些會員國全部或部分接受申根現狀的其他規定，

　　體認下列規定是必須追溯在條約（歐洲聯盟條約與歐洲聯盟運作條約）中在一些會員國間加強合作的規定，

　　考慮必須與冰島和挪威維持特別的關係，因為這兩個國家，以及在歐洲聯盟會員國北歐國家以規定締結北歐護照同盟，

　　達成共識，在歐洲聯盟條約與歐洲聯盟運作條約附加下列的規定：

第1條

　　比利時、保加利亞、捷克、丹麥、德國、愛沙尼亞、希臘、西班牙、法國、義大利、賽浦路斯、拉脫維亞、立陶宛、盧森堡、匈牙利、馬爾他、荷蘭、奧地利、波蘭、葡萄牙、羅馬尼亞、斯洛維尼亞、斯洛伐克、芬蘭、瑞典授權彼此在由理事會規定形成申根現狀的領域內，建立一個加強合作。在歐洲

聯盟的組織架構與法律的範圍內，且在遵守相關的條約（歐洲聯盟條約與歐洲聯盟運作條約）規定下，進行這些合作。

第2條

不牴觸2003年4月16日加入條約第3條與2005年4月25日加入條約第4條規定，申根現狀適用於在第1條列舉的會員國。理事會取代由申根協定設立的行政委員會。

第3條

丹麥參與公布繼續發展申根現狀措施之公布，以及在丹麥轉換與適用這些措施應遵守關於丹麥地位議定書的相關規定。

第4條

愛爾蘭與英國得隨時申請亦應對其適用申根現狀的個別或全部規定。

理事會以一致決議此一申請，而一致決議係指應有第1條規定會員國的贊成與相關國家政府代表的贊成。

第5條

(1) 依據申根現狀的提案與創制應遵守條約（歐洲聯盟條約與歐洲聯盟運作條約）的相關規定。

在這方面，只要愛爾蘭或英國未以書面告知理事會在可接受的期限內想參與時，依據歐洲聯盟運作條約第329條規定對於在第1條規定的會員國與對愛爾蘭或英國視為給與授權，只要此二會員國其中一國想要參與在相關領域的合作。

(2) 若由愛爾蘭或英國依據第4條規定的決議視為告知時，則愛爾蘭或英國得在三個月的期限內以書面告知理事會，不想參與提案或創制。在這種情形，愛爾蘭或英國未參與提案或創制之通過。自第二個告知起，至第3項或第4項規定的程序結束時止或至在程序中撤回上述的告知時止，中止制定依據申根現狀措施的程序。

(3) 針對依據第2項規定為告知的會員國，理事會依據第4條作成的決議，自提案的措施生效時起不再適用，而在理事會的決議應規定必要的範圍與基於執行委員會之提案，由理事會以條件多數決議規定條件。應依據下列的標準作成決議：理事會應在最大可能的限度努力維持相關會員國的參與，而實際施行不會嚴重損害申根現狀的不同部分

與維護其整合。在第2項的告知後，執行委員會應盡可能提出其提案。在執行委員會提案後四個月內，必要時理事會應決議召開連續的兩個會議。

(4) 在四個月期限屆滿後，若理事會未作成決議時，則一會員國得立即申請由歐洲高峰會議處理。在這種情形，歐洲高峰會議應在下一個會議，基於執行委員會之提案，依據在第3項規定之標準，以條件多數作成決議。

(5) 至第3項或4項規定的程序結束時止，若理事會或必要時歐洲高峰會議未作成決議時，則應結束依據申根現狀措施制定程序之中止。若接著通過措施時，自措施生效日起，在由執行委員會決議的範圍與條件下，理事會依據第4條作成的決議不再適用於相關的會員國，但相關會員國在通過措施前，撤回其依據第2項的告知時，不在此限。至通過措施日止，執行委員會應決議之。在作決議時，執行委員會應遵守第3項的標準。

第6條

在施行申根現狀與其繼續的發展上，應與冰島和挪威結盟。由理事會以一致決議由第1條規定的會員國與這兩個國家締結一個協定規定對此相關的程序。協定亦應包括冰島與挪威在施行本議定書產生費用的分擔額。

由理事會以一致決議與冰島和挪威締結一個特別的協定，以規定一方為愛爾蘭與英國，另一方為冰島與挪威，在這些國家適用申根現狀領域的權利和義務。

第7條

在歐洲聯盟接受新會員國的談判上，申根現狀與歐盟機關在適用範圍內採取的其他措施，視為歐盟現狀，應由全體加入歐盟的候選國完全繼受之。

第二十三號　針對外部邊界之跨越，關於會員國的對外關係議定書

全體締約國——

牢記會員國必要時與第三國合作，必須關注在其外部邊界有效的檢查，

達成共識，在歐洲聯盟條約與歐洲聯盟運作條約附加下列的規定：

在歐洲聯盟運作條約第77條第2項第b款針對跨越外部邊界措施所通過的規定，不得牴觸會員國與第三國談判和締結協定的職權，只要這些協定符合歐盟的法律規定與其他相關的國際協定。

第二十五號　關於行使競合職權議定書

全體締約國——

達成共識，在歐洲聯盟條約與歐洲聯盟運作條約附加下列的規定：

唯一條款

若歐盟依據歐洲聯盟運作條約第2條第2項之規定，在一特定的領域關係到競合職權執行職務時，則職權行使涵蓋由歐盟以相關法規規範的要素，而不包括全部的範圍。

第二十七號　關於單一市場與競爭議定書

全體締約國——

在考慮單一市場包括一個防止競爭扭曲制度的事實下，

達成共識，爲達成此一目標，必要時歐盟應依據條約（歐洲聯盟條約與歐洲聯盟運作條約）之規定，包括歐洲聯盟運作條約第352條規定在內，執行職務。

此一議定書附加於歐洲聯盟條約與歐洲聯盟運作條約。

第三十六號　關於過渡規定議定書

全體締約國——

考慮在里斯本條約生效前適用條約（歐洲聯盟條約與歐洲聯盟運作條約）組織機構的過渡規定，必須對上述條約的過渡規定加以規範，

達成共識，在歐洲聯盟條約、歐洲聯盟運作條約與歐洲原子能共同體條約附加下列的規定：

第1條

在此議定書中「條約」，係指歐洲聯盟條約、歐洲聯盟運作條約與歐洲原子能共同體條約。

標題一：關於歐洲議會之規定

第2條

在2009年歐洲議會選舉前，依據歐洲聯盟條約第14條第2項第2段之規定，歐洲高峰會議應及時公布歐洲議會組成的決議。

至2004年至2009年會期結束止，歐洲議會的組成與議員數目應適用里斯本條約生效時的組成與數目。

標題二：關於條件多數的規定

第3條

(1) 依據歐洲聯盟條約第16條第4項之規定，本項規定與歐洲聯盟運作條約第238條第2項定義在歐洲高峰會議與理事會的條件多數規定，於2014年11月1日生效。

(2) 下列規定適用於自2014年11月1日至2017年3月31日止：若必須以條件多數作成決議時，理事會的一成員得申請依據第3項規定的條件多數作成決議。在這種情形，應適用第3項與第4項。

(3) 不牴觸歐洲聯盟運作條約第235條第1項第2段之規定，至2014年10月31日止，適用下列的規定：

若在歐洲高峰會議與理事會必須以條件多數作成決議時，則成員的票
數依據下列規定計算：

比利時	12	盧森堡	4
保加利亞	10	匈牙利	12
捷克	12	馬爾他	3
丹麥	7	荷蘭	13
德國	29	奧地利	10
愛沙尼亞	4	波蘭	27
愛爾蘭	7	葡萄牙	12
希臘	12	羅馬尼亞	14
西班牙	27	斯洛維尼亞	4
法國	29	斯洛伐克	7
義大利	29	芬蘭	7
賽浦路斯	4	瑞典	10
拉脫維亞	4	英國	29
立陶宛	7	克羅埃西亞	7

在依據條約（歐洲聯盟條約與歐洲聯盟運作條約）規定基於執行委員
會之提案作成決議之情形，這些決議以成員過半數同意至少有255票
贊成。在其他的情形，決議應以成員至少三分之二之同意，且至少有
255票贊成。

歐洲高峰會議或理事會的一位成員得申請覆查在公布以歐洲高峰會議
或理事會的條件多數決議法規時，贊成的會員國是否構成此一條件多
數、至少有聯盟總人口數的62%。若證實未履行此一條件時，則未公
布相關的法規。

(4) 至2014年10月31日止，在適用條約（歐洲聯盟條約與歐洲聯盟運作
條約）非全體理事會成員都有表決權的情形，即在涉及歐洲聯盟運作
條約第238條第3項規定的條件多數的情形，如同在本條第3項規定的
理事會成員的加重票數與成員的數目相同的比例，以及必要時相關會
員國人口的相同比例。

標題三：理事會組成的規定

第4條

　　至依據歐洲聯盟條約第16條第6項規定的決議生效時止，理事會得召集在上述第6項第2段與第3段所規定的組成，以及其他類型的組成，這些類型由「一般事務」理事會決議表列規定，理事會以普通多數決議之。

標題四：關於執行委員會，包括共同外交暨安全政策的聯盟高級代表的規定

第5條

　　至里斯本條約生效時止，執行委員會現任的委員留任至其任期結束時止。在共同外交暨安全政策的歐盟高級代表的任命日，與歐盟高級代表有相同國籍的委員任期終止。

標題五：關於理事會秘書長、共同外交暨安全政策歐盟高級代表與理事會副秘書長的規定

第6條

　　理事會秘書長、共同外交暨安全政策歐盟高級代表，以及理事會副秘書長的任期終於里斯本條約生效時。理事會依據歐洲聯盟運作條約第240條第2項規定任命其秘書長。

標題六：關於諮詢機構的規定

第7條

　　至歐洲聯盟運作條約第301條規定的決議生效時止，經濟暨社會委員會委員分配，如下列規定：

比利時	12	盧森堡	6
保加利亞	12	匈牙利	12
捷克	12	馬爾他	5

丹麥	9	荷蘭	12
德國	24	奧地利	12
愛沙尼亞	7	波蘭	21
愛爾蘭	9	葡萄牙	12
希臘	12	羅馬尼亞	15
西班牙	21	斯洛維尼亞	7
法國	24	斯洛伐克	9
義大利	24	芬蘭	9
賽浦路斯	6	瑞典	12
拉脫維亞	7	英國	24
立陶宛	9	克羅埃西亞	9

第8條

　　至歐洲聯盟運作條約第305條規定的決議生效時止，區域委員會委員分配，如下列規定：

比利時	12	盧森堡	6
保加利亞	12	匈牙利	12
捷克	12	馬爾他	5
丹麥	9	荷蘭	12
德國	24	奧地利	12
愛沙尼亞	7	波蘭	21
愛爾蘭	9	葡萄牙	12
希臘	12	羅馬尼亞	15
西班牙	21	斯洛維尼亞	7
法國	24	斯洛伐克	9
義大利	24	芬蘭	9
賽浦路斯	6	瑞典	12
拉脫維亞	7	英國	24
立陶宛	9	克羅埃西亞	9

標題七：依據歐洲聯盟條約標題五與標題六通過法規在里斯本條約生效前的過渡規定

第9條

在里斯本條約生效前，歐盟機關、機構與其他單位依據歐洲聯盟條約通過的法規，至在適用條約（歐洲聯盟條約與歐洲聯盟運作條約）廢止這些法規、宣告無效或修訂時止，保留其法律效力。此一原則亦適用於依據歐洲聯盟條約在會員國間締結的協定。

第10條

(1) 在里斯本條約生效前，在刑事案件警察合作與司法合作領域通過的歐盟法規，在里斯本條約生效時，下列規定視為過渡措施：歐洲聯盟運作條約第258條關於執行委員會的職權規定不適用，不變更在里斯本條約生效前，依據歐洲聯盟條約標題六版本規定的歐洲聯盟法院的職權，包括在歐洲聯盟條約第35條第2項規定所承認歐洲聯盟法院職權的情形在內。

(2) 第1項指稱的法規修訂的效果，是針對修訂的法規關於修訂後的法規適用於會員國，適用在第1項指稱的機關在條約（歐洲聯盟條約與歐洲聯盟運作條約）規定的職權。

(3) 依據第1項規定的過渡措施，無論如何在里斯本條約生效後五年失效。

(4) 至遲在第3項規定的過渡期限結束前六個月，英國得告知理事會，針對第1項的法規，不承認在第1項指稱機關在條約（歐洲聯盟條約與歐洲聯盟運作條約）規定的職權。在英國為此一通知的情形，依據第1項規定的所有法規自依據規定的過渡期限結束日起，不再適用於英國。關於依據第2項規定適用於英國的修訂法規，不適用此段規定。

基於執行委員會之提案，理事會以條件多數決議必要的後續措施與過渡措施。英國不參與此一決議表決。依據歐洲聯盟運作條約第238條第3項第a款之規定，確定理事會的條件多數。

再者，基於執行委員會之提案，理事會得以條件多數作成決議，以規定英國分擔不再參與這些法規而必須且無可避免所產生的一些直接的財務後果。

(5) 之後，英國得隨時告知理事會，其想參與依據第4項第1段規定不再適用於英國的法規。在這種情形，適用關於在歐洲聯盟區域納入申根現狀議定書與對自由、安全與司法區域關於英國與愛爾蘭地位議定書相關的規定。關於這些法規，適用在條約（歐洲聯盟條約與歐洲聯盟運作條約）規定的機關職權。若歐盟的機關與英國在相關議定書的範圍內行為時，在維護歐盟的凝聚下，關於自由、安全與司法區域，則應致力於在最大可能的程度恢復英國參與歐盟的現狀，而不會嚴重影響歐盟不同現狀實際的作用能力。

附錄二
歐洲聯盟條約新舊條文對照表

依據里斯本條約第5條之規定，調整歐洲聯盟條約與歐洲聯盟運作方式條約的條文編排對照表。

歐洲聯盟條約條文舊編號	歐洲聯盟條約條文新編號
標題一：共同的規定	標題一：共同的規定
第 1 條	第 1 條
	第 2 條
第 2 條	第 3 條
第 3 條（廢止）	
	第 4 條
	第 5 條
第 4 條（廢止）	
第 5 條（廢止）	
第 6 條	第 6 條
第 7 條	第 7 條
	第 8 條
標題二：修訂歐洲經濟共同體條約關於建立歐洲共同體之規定	標題二：關於民主原則之規定
第 8 條（廢止）	第 9 條
	第 10 條
	第 11 條
	第 12 條
標題三：修訂歐洲煤鋼共同體條約之規定	標題三：關於機關之規定
第 9 條（廢止）	第 13 條
	第 14 條
	第 15 條
	第 16 條
	第 17 條

	第 18 條
	第 19 條
標題四：修訂歐洲原子能共同體條約	標題四：關於加強合作的規定
第 10 條（廢止）	第 20 條
第 27a 條至第 27e 條（被取代）	第 20 條
第 40 條至第 40b 條（被取代）	第 20 條
第 43 條至第 45 條（被取代）	第 20 條
標題五：關於共同外交暨安全政策規定	標題五：關於歐盟對外行為的一般規定與共同外交暨安全政策的特別規定
	第一章　歐盟對外行為的一般規定
	第 21 條
	第 22 條
	第二章　共同外交暨安全政策的特別規定
	第一節　共同規定
	第 23 條
第 11 條	第 24 條
第 12 條	第 25 條
第 13 條	第 26 條
	第 27 條
第 14 條	第 28 條
第 15 條	第 29 條
第 22 條（調整）	第 30 條
第 23 條（調整）	第 31 條
第 16 條	第 32 條
第 17 條（調整）	第 42 條
第 18 條	第 33 條
第 19 條	第 34 條
第 20 條	第 35 條
第 21 條	第 36 條
第 22 條（調整）	第 30 條
第 23 條（調整）	第 31 條
第 24 條	第 37 條
第 25 條	第 38 條
	第 39 條
第 47 條（調整）	第 40 條

第 26 條（廢止）	
第 27 條（廢止）	
第 27a 條（被取代）	第 20 條
第 27b 條（被取代）	第 20 條
第 27c 條（被取代）	第 20 條
第 27d 條（被取代）	第 20 條
第 27e 條（被取代）	第 20 條
第 28 條	第 41 條
	第二節　共同安全暨防禦政策規定
第 17 條（調整）	第 42 條
	第 43 條
	第 44 條
	第 45 條
	第 46 條
標題六：在刑事案件關於警察與司法合作的規定（廢止）	
第 29 條（被取代）	
第 30 條（被取代）	
第 31 條（被取代）	
第 32 條（被取代）	
第 33 條（被取代）	
第 34 條（廢止）	
第 35 條（廢止）	
第 36 條（被取代）	
第 37 條（廢止）	
第 38 條（廢止）	
第 39 條（廢止）	
第 40 條（被取代）	第 20 條
第 40a 條（被取代）	第 20 條
第 40b 條（被取代）	第 20 條
第 41 條（廢止）	
第 42 條（廢止）	
標題七：加強合作的規定（被取代）	
第 43 條（被取代）	第 20 條

第 43a 條（被取代）	第 20 條
第 43b 條（被取代）	第 20 條
第 44 條（被取代）	第 20 條
第 44a 條（被取代）	第 20 條
第 45 條（被取代）	第 20 條
標題八：最終條款	標題六：最終條款
第 46 條（廢止）	
	第 47 條
第 47 條（被取代）	第 40 條
第 48 條	第 48 條
第 49 條	第 49 條
	第 50 條
	第 51 條
	第 52 條
第 50 條（廢止）	
第 51 條	第 53 條
第 52 條	第 54 條
第 53 條	第 55 條

歐洲共同體條約條文舊編號	歐洲聯盟運作方式條約新編號
第一部分：原則	第一部分：原則
第 1 條（廢止）	
	第 1 條
第 2 條（廢止）	
	標題一：歐盟職權的種類與範圍
	第 2 條
	第 3 條
	第 4 條
	第 5 條
	第 6 條
	標題二：一般效力的規定
	第 7 條
第 3 條第 1 項（廢止）	

第 3 條第 2 項	第 8 條
第 4 條（調整）	第 119 條
第 5 條（被取代）	
	第 9 條
	第 10 條
第 6 條	第 11 條
第 153 條第 2 項（調整）	第 12 條
	第 13 條
第 7 條（廢止）	
第 8 條（廢止）	
第 9 條（廢止）	
第 10 條（廢止）	
第 11 條（被取代）	第 326 條至第 334 條
第 11a 條（被取代）	第 326 條至第 334 條
第 12 條（調整）	第 18 條
第 13 條（調整）	第 19 條
第 14 條（調整）	第 26 條
第 15 條（調整）	第 27 條
第 16 條	第 14 條
第 255 條（調整）	第 15 條
第 286 條（被取代）	第 16 條
	第 17 條
第二部分：歐盟人民	第二部分：禁止差別待遇與歐盟人民
第 12 條（調整）	第 18 條
第 13 條（調整）	第 19 條
第 17 條	第 20 條
第 18 條	第 21 條
第 19 條	第 22 條
第 20 條	第 23 條
第 21 條	第 24 條
第 22 條	第 25 條
第三部分：共同體政策	第三部分：歐盟的內部政策與措施
	標題一：內部市場
第 14 條（調整）	第 26 條

第 15 條（調整）	第 27 條
標題一：商品自由流通	標題二：商品自由流通
第 23 條	第 28 條
第 24 條	第 29 條
第一章　關稅同盟	第一章　關稅同盟
第 25 條	第 30 條
第 26 條	第 31 條
第 27 條	第 32 條
第三部分　第十章　關稅合作（調整）	第二章　關稅合作
第 135 條（調整）	第 33 條
第二章　會員國間禁止數額限制	第三章　會員國間禁止數額限制
第 28 條	第 34 條
第 29 條	第 35 條
第 30 條	第 36 條
第 31 條	第 37 條
標題二：農業	標題三：農業與漁業
第 32 條	第 38 條
第 33 條	第 39 條
第 34 條	第 40 條
第 35 條	第 41 條
第 36 條	第 42 條
第 37 條	第 43 條
第 38 條	第 44 條
標題三：自由遷徙、自由勞務流通與資金流通	標題四：自由遷徙、自由勞務流通與資金流通
第一章　勞動力	第一章　勞動力
第 39 條	第 45 條
第 40 條	第 46 條
第 41 條	第 47 條
第 42 條	第 48 條
第二章　營業所設立權	第二章　營業所設立權
第 43 條	第 49 條
第 44 條	第 50 條
第 45 條	第 51 條

第 46 條	第 52 條
第 47 條	第 53 條
第 48 條	第 54 條
第 294 條（調整）	第 55 條
第三章　勞務	第三章　勞務
第 49 條	第 56 條
第 50 條	第 57 條
第 51 條	第 58 條
第 52 條	第 59 條
第 53 條	第 60 條
第 54 條	第 61 條
第 55 條	第 62 條
第四章　資金與支付流通	第四章　資金與支付流通
第 56 條	第 63 條
第 57 條	第 64 條
第 58 條	第 65 條
第 59 條	第 66 條
第 60 條（調整）	第 75 條
標題四：簽證、庇護、移民與關於人員自由遷徙的其他政策	標題五：自由、安全與司法的區域
	第一章　一般規定
第 61 條	第 67 條
	第 68 條
	第 69 條
	第 70 條
	第 71 條
第 64 條第 1 項（被取代）	第 72 條
	第 73 條
第 66 條（被取代）	第 74 條
第 60 條（調整）	第 75 條
	第 76 條
	第二章　在邊界管制、庇護與移民範圍的政策
第 62 條	第 77 條

第 63 條第 1 款、第 2 款 與第 64 條第 2 項	第 78 條
第 63 條第 3 款與第 4 款	第 79 條
	第 80 條
第 64 條第 1 項（被取代）	第 72 條
	第三章　在民事案件的司法合作
第 65 條	第 81 條
第 66 條（被取代）	第 74 條
第 67 條（廢止）	
第 68 條（廢止）	
第 69 條（廢止）	
	第四章　在刑事案件的司法合作
	第 82 條
	第 83 條
	第 84 條
	第 85 條
	第 86 條
	第五章　警察合作
	第 87 條
	第 88 條
	第 89 條
標題五：交通	標題六：交通
第 70 條	第 90 條
第 71 條	第 91 條
第 72 條	第 92 條
第 73 條	第 93 條
第 74 條	第 94 條
第 75 條	第 95 條
第 76 條	第 96 條
第 77 條	第 97 條
第 78 條	第 98 條
第 79 條	第 99 條
第 80 條	第 100 條

標題六：關於競爭、租稅問題與法規調適的共同規定	標題七：關於競爭、租稅問題與法規調適的共同規定
第一章　競爭規定	第一章　競爭規定
第一節　對企業的規定	第一節　對企業的規定
第 81 條	第 101 條
第 82 條	第 102 條
第 83 條	第 103 條
第 84 條	第 104 條
第 85 條	第 105 條
第 86 條	第 106 條
第二節　國家補貼	第二節　國家補貼
第 87 條	第 107 條
第 88 條	第 108 條
第 89 條	第 109 條
第二章　租稅規定	第二章　租稅規定
第 90 條	第 110 條
第 91 條	第 111 條
第 92 條	第 112 條
第 93 條	第 113 條
第三章　法規調適	第三章　法規調適
第 95 條（調整）	第 114 條
第 94 條（調整）	第 115 條
第 96 條	第 116 條
第 97 條	第 117 條
	第 118 條
標題七：經濟暨貨幣政策	標題八：經濟暨貨幣政策
第 4 條（調整）	第 119 條
第一章　經濟政策	第一章　經濟政策
第 98 條	第 120 條
第 99 條	第 121 條
第 100 條	第 122 條
第 101 條	第 123 條
第 102 條	第 124 條
第 103 條	第 125 條

第 104 條	第 126 條
第二章　貨幣政策	第二章　貨幣政策
第 105 條	第 127 條
第 106 條	第 128 條
第 107 條	第 129 條
第 108 條	第 130 條
第 109 條	第 131 條
第 110 條	第 132 條
第 111 條第 1 項至第 3 項與第 5 項（調整）	第 219 條
第 111 條第 4 項（調整）	第 138 條
	第 133 條
第三章　組織架構規定	第三章　組織架構規定
第 112 條（調整）	第 283 條
第 113 條（調整）	第 284 條
第 114 條	第 134 條
第 115 條	第 135 條
	第四章　歐元為其貨幣會員國的特別規定
	第 136 條
	第 137 條
第 111 條第 4 項（調整）	第 138 條
第四章　過渡規定	第五章　過渡規定
第 116 條（廢止）	
	第 139 條
第 117 條第 1 項、第 2 項第 6 款與 第 3 項至第 9 項（廢止）	
第 117 條第 2 項前 5 款（調整）	第 141 條第 2 項
第 121 條第 1 項（調整） 第 122 條第 2 項第 2 句（調整） 第 123 條第 5 項（調整）	第 140 條
第 118 條（廢止）	
第 123 條第 3 項（調整） 第 117 條第 2 項前 5 款（調整）	第 141 條
第 124 條第 1 項（調整）	第 142 條
第 119 條	第 143 條

第 120 條	第 144 條
第 121 條第 1 項（調整）	第 140 條第 1 項
第 121 條第 2 項至第 4 項（廢止）	
第 122 條第 1 項、第 2 項第 1 句、第 3 項、第 4 項、第 5 項與第 6 項（廢止）	
第 122 條第 2 項第 2 句（調整）	第 140 條第 2 項第 1 句
第 123 條第 1 項、第 2 項與第 4 項（廢止）	
第 123 條第 3 項（調整）	第 141 條第 1 項
第 123 條第 5 項（調整）	第 140 條第 3 項
第 124 條第 1 項（調整）	第 142 條
第 124 條第 2 項（廢止）	
標題八—就業	標題九—就業
第 125 條	第 145 條
第 126 條	第 146 條
第 127 條	第 147 條
第 128 條	第 148 條
第 129 條	第 149 條
第 130 條	第 150 條
標題九：共同貿易政策（調整）	第五部分　標題二：共同貿易政策
第 131 條（調整）	第 206 條
第 132 條（廢止）	
第 133 條（調整）	第 207 條
第 134 條（廢止）	
標題十一—關稅合作	第三部分　標題二：第二章　關稅合作
第 135 條（調整）	第 33 條
標題十一：社會政策、一般與職業教育、及青少年	標題十一：社會政策
第一章　社會規定（廢止）	
第 136 條	第 151 條
	第 152 條
第 137 條	第 153 條
第 138 條	第 154 條

第 139 條	第 155 條
第 140 條	第 156 條
第 141 條	第 157 條
第 142 條	第 158 條
第 143 條	第 159 條
第 144 條	第 160 條
第 145 條	第 161 條
第二章　歐洲社會基金	標題十一：歐洲社會基金
第 146 條	第 162 條
第 147 條	第 163 條
第 148 條	第 164 條
第三章　一般與職業教育、及青少年	標題十二：一般與職業教育、青少年與體育
第 149 條	第 165 條
第 150 條	第 166 條
標題十二：文化	標題十三：文化
第 151 條	第 167 條
標題十三：衛生	標題十四：衛生
第 152 條	第 168 條
標題十四：消費者保護	標題十五：消費者保護
第 153 條第 1 項、第 3 項、第 4 項與第 5 項	第 169 條
第 153 條第 2 項（調整）	第 12 條
標題十五：泛歐網	標題十六：泛歐網
第 154 條	第 170 條
第 155 條	第 171 條
第 156 條	第 172 條
標題十六：產業	標題十七：產業
第 157 條	第 173 條
標題十七：經濟暨社會結合	標題十八：經濟、社會暨領域結合
第 158 條	第 174 條
第 159 條	第 175 條
第 160 條	第 176 條
第 161 條	第 177 條
第 162 條	第 178 條

標題十八：研究與科技發展	標題十九：研究、科技發展與航太
第 163 條	第 179 條
第 164 條	第 180 條
第 165 條	第 181 條
第 166 條	第 182 條
第 167 條	第 183 條
第 168 條	第 184 條
第 169 條	第 185 條
第 170 條	第 186 條
第 171 條	第 187 條
第 172 條	第 188 條
	第 189 條
第 173 條	第 190 條
標題十九：環境	標題二十：環境
第 174 條	第 191 條
第 175 條	第 192 條
第 176 條	第 193 條
	標題二十一：能源
	第 194 條
	標題二十二：觀光
	第 195 條
	標題二十三：災害保護
	第 196 條
	標題二十四：行政合作
	第 197 條
標題二十：發展合作（調整）	第五部分　標題三：第一章　發展合作
第 177 條（調整）	第 208 條
第 178 條（廢止）	
第 179 條（調整）	第 209 條
第 180 條（調整）	第 210 條
第 181 條（調整）	第 211 條
標題二十一：與第三國的經濟、財政與技術合作（調整）	第五部分　標題三：第二章　與第三國的經濟、財政與技術合作
第 181a 條（調整）	第 212 條

第四部分：與海外屬地及領土的結盟	第四部分：與海外屬地及領土的結盟
第 182 條	第 198 條
第 183 條	第 199 條
第 184 條	第 200 條
第 185 條	第 201 條
第 186 條	第 202 條
第 187 條	第 203 條
第 188 條	第 204 條
	第五部分：聯盟的對外行為
	標題一：歐盟對外行為的一般規定
	第 205 條
第三部分　標題九：共同貿易政策（調整）	標題二：共同貿易政策
第 131 條（調整）	第 206 條
第 133 條（調整）	第 207 條
	標題三：與第三國的合作及人道救援
	第一章　發展合作
第 177 條（調整）	第 208 條
第 179 條（調整）	第 209 條
第 180 條（調整）	第 210 條
第 181 條（調整）	第 211 條
第三部分　標題二十一：與第三國的經濟、財政與技術合作（調整）	第二章　與第三國的經濟、財政與技術合作
第 181a 條（調整）	第 212 條
	第 213 條
	第三章　人道救援
	第 214 條
	標題四：限制措施
第 301 條（被取代）	第 215 條
	標題五：國際協定
	第 216 條
第 310 條（調整）	第 217 條
第 300 條（被取代）	第 218 條
第 111 條第 1 項至第 3 項 與第 5 項（調整）	第 219 條

	標題六：歐盟與國際組織和第三國之關係，以及聯盟的代表團
第 302 條至第 304 條（被取代）	第 220 條
	第 221 條
	標題七：團結條款
	第 222 條
第五部分：共同體的機關	第六部分：組織架構規定與財政規定
標題一：關於機關的規定	標題一：關於機關的規定
第一章　機關	第一章　機關
第一節　歐洲議會	第一節　歐洲議會
第 189 條（廢止）	
第 190 條第 1 項至第 3 項（廢止）	
第 190 條第 4 項至第 5 項	第 223 條
第 191 條第 1 項（廢止）	
第 191 條第 2 項	第 224 條
第 192 條第 1 項（廢止）	
第 192 條第 2 項	第 225 條
第 193 條	第 226 條
第 194 條	第 227 條
第 195 條	第 228 條
第 196 條	第 229 條
第 197 條第 1 項（廢止）	
第 197 條第 2 項、第 3 項與第 4 項	第 230 條
第 198 條	第 231 條
第 199 條	第 232 條
第 200 條	第 233 條
第 201 條	第 234 條
	第二節　歐洲高峰會議
	第 235 條
	第 236 條
第二節　理事會	第三節　理事會
第 202 條（廢止）	
第 203 條（廢止）	
第 204 條	第 237 條

第 205 條第 1 項至第 3 項（廢止）	
第 205 條	第 238 條
第 206 條	第 239 條
第 207 條	第 240 條
第 208 條	第 241 條
第 209 條	第 242 條
第 210 條	第 243 條
第三節　執行委員會	第四節　執行委員會
第 211 條（廢止）	
	第 244 條
第 212 條（調整）	第 249 條第 2 項
第 213 條	第 245 條
第 214 條（廢止）	
第 215 條	第 246 條
第 216 條	第 247 條
第 217 條第 1 項、第 3 項 與第 4 項（廢止）	
第 217 條第 2 項	第 248 條
第 218 條第 1 項（廢止）	
第 218 條第 2 項	第 249 條
第 219 條	第 250 條
第四節　歐洲法院	第五節　歐洲聯盟法院
第 220 條（廢止）	
第 221 條第 1 項（廢止）	
第 221 條第 2 項 與第 3 項	第 251 條
第 222 條	第 252 條
第 223 條	第 253 條
第 224 條	第 254 條
	第 255 條
第 225 條	第 256 條
第 225a 條	第 257 條
第 226 條	第 258 條
第 227 條	第 259 條

第 228 條	第 260 條
第 229 條	第 261 條
第 229a 條	第 262 條
第 230 條	第 263 條
第 231 條	第 264 條
第 232 條	第 265 條
第 233 條	第 266 條
第 234 條	第 267 條
第 235 條	第 268 條
	第 269 條
第 236 條	第 270 條
第 237 條	第 271 條
第 238 條	第 272 條
第 239 條	第 273 條
第 240 條	第 274 條
	第 275 條
	第 276 條
第 241 條	第 277 條
第 242 條	第 278 條
第 243 條	第 279 條
第 244 條	第 280 條
第 245 條	第 281 條
	第六節　歐洲中央銀行
	第 282 條
第 112 條（調整）	第 283 條
第 113 條（調整）	第 284 條
第五節　審計院	第七節　審計院
第 246 條	第 285 條
第 247 條	第 286 條
第 248 條	第 287 條
第二章　數個機關的共同規定	第二章　歐盟的法規、立法程序與其他規定
	第一節　歐盟的法規
第 249 條	第 288 條
	第 289 條

	第 290 條
	第 291 條
	第 292 條
	第二節　立法程序與其他規定
第 250 條	第 293 條
第 251 條	第 294 條
第 252 條（廢止）	
	第 295 條
第 253 條	第 296 條
第 254 條	第 297 條
	第 298 條
第 255 條（調整）	第 15 條
第 256 條	第 299 條
	第三章　歐盟的諮詢機構
	第 300 條
第三章　經濟暨社會委員會	第一節　經濟暨社會委員會
第 257 條（廢止）	
第 258 條第 1 項、第 2 項與第 4 項	第 301 條
第 258 條第 3 項（廢止）	
第 259 條	第 302 條
第 260 條	第 303 條
第 261 條（廢止）	
第 262 條	第 304 條
第四章　區域委員會	第二節　區域委員會
第 263 條第 1 項與第 5 項（廢止）	
第 263 條第 2 項與第 4 項	第 305 條
第 264 條	第 306 條
第 265 條	第 307 條
第五章　歐洲投資銀行	第四章　歐洲投資銀行
第 266 條	第 308 條
第 267 條	第 309 條
標題二：財政規定	標題二：財政規定
第 268 條	第 310 條

	第一章　歐盟的自主財源
第 269 條	第 311 條
第 270 條（廢止）	
	第二章　多年期財政架構
	第 312 條
	第三章　歐盟的年度預算
第 272 條第 1 項（調整）	第 313 條
第 271 條（調整）	第 316 條
第 272 條第 1 項（調整）	第 313 條
第 272 條第 2 項與第 10 項	第 314 條
第 273 條	第 315 條
第 271 條（調整）	第 316 條
	第四章　預算執行與免責
第 274 條	第 317 條
第 275 條	第 318 條
第 276 條	第 319 條
	第五章　共同的規定
第 277 條	第 320 條
第 278 條	第 321 條
第 279 條	第 322 條
	第 323 條
	第 324 條
	第六章　詐欺防制
第 280 條	第 325 條
	標題二：加強合作
第 11 條與第 11a 條（被取代）	第 326 條
第 11 條與第 11a 條（被取代）	第 327 條
第 11 條與第 11a 條（被取代）	第 328 條
第 11 條與第 11a 條（被取代）	第 329 條
第 11 條與第 11a 條（被取代）	第 330 條
第 11 條與第 11a 條（被取代）	第 331 條
第 11 條與第 11a 條（被取代）	第 332 條
第 11 條與第 11a 條（被取代）	第 333 條

第 11 條與第 11a 條（被取代）	第 334 條
第七部分：一般規定與最終條款	第七部分：一般規定與最終條款
第 281 條（廢止）	
第 282 條	第 335 條
第 283 條	第 336 條
第 284 條	第 337 條
第 285 條	第 338 條
第 286 條（被取代）	第 16 條
第 287 條	第 339 條
第 288 條	第 340 條
第 289 條	第 341 條
第 290 條	第 342 條
第 291 條	第 343 條
第 292 條	第 344 條
第 293 條（廢止）	
第 294 條（調整）	第 55 條
第 295 條	第 345 條
第 296 條	第 346 條
第 297 條	第 347 條
第 298 條	第 348 條
第 299 條第 1 項（廢止）	
第 299 條第 2 項第 1 句、第 3 句與第 4 句	第 349 條
第 299 條第 2 項第 2 句、第 3 項至第 6 項（調整）	第 355 條
第 300 條（被取代）	第 218 條
第 301 條（被取代）	第 215 條
第 302 條（被取代）	第 220 條
第 303 條（被取代）	第 220 條
第 304 條（被取代）	第 220 條
第 305 條（廢止）	
第 306 條	第 350 條
第 307 條	第 351 條
第 308 條	第 352 條
	第 353 條

第 309 條	第 354 條
第 310 條（調整）	第 217 條
第 311 條（廢止）	
第 299 條第 2 項第 1 句與 第 3 項至第 6 項（調整）	第 355 條
第 312 條	第 356 條
最終條款	
第 313 條	第 357 條
	第 358 條
第 314 條（廢止）	

國家圖書館出版品預行編目資料

里斯本條約後歐洲聯盟新面貌／陳麗娟著. --
四版. -- 臺北市：五南圖書出版股份有限
公司, 2025.01
面；　公分
ISBN 978-626-423-058-2（平裝）

1.CST: 歐洲聯盟　2.CST: 歐洲統合
3.CST: 國際條約

578.1642　　　　　　　113019480

1U87

里斯本條約後歐洲聯盟新面貌

作　　者 ― 陳麗娟（266.1）

編輯主編 ― 劉靜芬

責任編輯 ― 林佳瑩、呂伊真

封面設計 ― 封怡彤

出 版 者 ― 五南圖書出版股份有限公司

發 行 人 ― 楊榮川

總 經 理 ― 楊士清

總 編 輯 ― 楊秀麗

地　　址：106台北市大安區和平東路二段339號4樓

電　　話：(02)2705-5066

網　　址：https://www.wunan.com.tw

電子郵件：wunan@wunan.com.tw

劃撥帳號：01068953

戶　　名：五南圖書出版股份有限公司

法律顧問　林勝安律師

出版日期　2010 年 9 月初版一刷
　　　　　2013 年 3 月二版一刷
　　　　　2018 年 7 月三版一刷
　　　　　2025 年 1 月四版一刷

定　　價　新臺幣520元

經典永恆・名著常在

五十週年的獻禮——經典名著文庫

五南，五十年了，半個世紀，人生旅程的一大半，走過來了。

思索著，邁向百年的未來歷程，能為知識界、文化學術界作些什麼？

在速食文化的生態下，有什麼值得讓人雋永品味的？

歷代經典・當今名著，經過時間的洗禮，千錘百鍊，流傳至今，光芒耀人；

不僅使我們能領悟前人的智慧，同時也增深加廣我們思考的深度與視野。

我們決心投入巨資，有計畫的系統梳選，成立「經典名著文庫」，

希望收入古今中外思想性的、充滿睿智與獨見的經典、名著。

這是一項理想性的、永續性的巨大出版工程。

不在意讀者的眾寡，只考慮它的學術價值，力求完整展現先哲思想的軌跡；

為知識界開啟一片智慧之窗，營造一座百花綻放的世界文明公園，

任君遨遊、取菁吸蜜、嘉惠學子！